Soumialot et le secret des Simba

Yves HOFMANN

Soumialot et le secret des Simba

Un rebelle et un trésor oubliés au Congo

Disponible : amazon.fr

Couverture : © Nathalie le Doussal

ISBN : 978-3-033-06598-7

Email : livre-soumialot@hotmail.com

Facebook : Soumialot et les Simba
(http://bit.ly/2CGAavW)

Copyright © 2018 Yves Hofmann
Tous droits de reproduction, d'adaptation et de traduction réservés pour tous pays.

A mon père qui m'a fait découvrir le monde

et à tous ces enfants qui font ma joie de vivre : Benoît et Eric Gentizon, Gabriela et António José Camâra, Andrea Cafiero, Laurent von Wattenwyl et à mon petit ange Aurélien Chaubert.

AVANT-PROPOS

Lorsque Martin Hofmann, mon père, est décédé en 2006, j'ai découvert qu'il a laissé derrière lui des témoignages du Congo[I] qui constituent des archives impressionnantes, mises aujourd'hui en lieu sûr. En me lançant dans des recherches pour découvrir son passé et celui de mes grands-parents qui avaient également vécu au Congo, je ne m'étais pas imaginé un seul instant que je m'intéresserais plus particulièrement à l'Histoire du pays et que cela m'amènerait indubitablement à la vie de Gaston Soumialot. Mais pour étudier ces documents laissés sans aucun classement, dans différents endroits, sans structure, sans ordre chronologique, bref un océan de feuilles, de copies, de documents originaux, de classeurs, de photos et d'enregistrements sur vidéo, j'ai d'abord dû classer minutieusement ce legs, un travail qui m'a pris des mois et m'a fait découvrir d'innombrables événements qui font désormais partie de l'Histoire de la République démocratique du Congo (RDC[II]).

J'étais adolescent lorsque j'ai rencontré Gaston Soumialot pour la première fois en 1982. Je ne connaissais pas l'Histoire du pays et n'avais aucune idée du passé rebelle de Soumialot et encore moins des conséquences du conflit armé dont il a été l'instigateur. Cet homme était pour moi un vieil Africain vivant dans une grande simplicité, ne se démarquant pas de ces concitoyens. Ce n'était pas un intellectuel, il

---

[I] *Selon le contexte historique, je parle du Congo belge, du Zaïre et de la République démocratique du Congo, de Léopoldville et de Kinshasa ou encore de Congolais et de Zaïrois.*
[II] *Liste des abréviations en annexe.*

n'impressionnait ni par son physique ni par sa personnalité et je ne soupçonnais pas qu'il avait été l'interlocuteur de chefs d'Etats. Par la suite, quelques allusions et quelques rares histoires à son sujet m'ont fait comprendre qu'il avait été un révolutionnaire, et j'en ai parfois parlé avec lui mais ce n'est qu'à travers ces archives que j'ai découvert qui il était. J'ai aussi compris que, si l'on veut comprendre le Congo contemporain, il faut remonter aux années 60, à l'indépendance et à la rébellion qui a suivi.

Les récits inédits sont basés sur les archives laissées par mon père qui sont en grande partie inconnues du public, des documents tombés dans l'oubli ou sciemment cachés pendant près de 50 ans et je me base sur des révélations de Simba[I] qui ont participé à la rébellion. Je me réfère également à des interviews filmées que mon père a faites avec Soumialot en 1986, c'est pourquoi il est fort possible que des noms de Congolais ou de lieux sont écorchés car, bien souvent, je n'en ai qu'une mention orale. Des années de recherches, de lecture de rapports, de la presse, de littérature spécialisée et d'innombrables ouvrages se rapportant à l'Afrique, au Congo belge, au Zaïre, à des personnalités emblématiques telles que Léopold II, Lumumba, Tshombe, Kalonji, Mobutu, Gizenga pour ne nommer que celles-ci, ont été nécessaires pour approfondir mes connaissances et compléter le présent ouvrage.

Suite à un article publié en 2015 à Kinshasa[II] et se terminant par « Sans doute, le dossier de la récupération de ce trésor fabuleux qui a suscité beaucoup d'espoir et de convoitises auprès des Congolais, reste-t-il à jamais hors de leur portée[1] », j'ai réalisé que, mis à part quelques personnes impliquées dans ce projet, personne ne connait la vérité sur le trésor des Simba et ce, plus de 50 ans après les événements.

Soumialot est décédé six mois après mon père ; les deux ont disparu avec leur secret que je dévoile dans cet ouvrage afin que ce récit puisse être raconté aux générations futures.

Yves Hofmann

[I] *En swahili : lion.*
[II] *Liste des noms de localités (anciens et nouveaux) en annexe.*

INTRODUCTION

La vie du révolutionnaire Gaston Soumialot nous fait découvrir une période clé de l'histoire du Congo, le début des années 60 et les événements relatifs à l'indépendance. Cette période riche en rebondissements à l'origine de la rébellion est aussi une des répercussions de l'affrontement entre le bloc de l'Est et celui de l'Ouest. Pourtant, cette guerre reste oubliée. Mais c'est bien l'histoire de ce conflit qui nous amène au secret du trésor des Simba car la rébellion de Soumialot générera un trésor de guerre à l'image de celui d'Ali Baba. Un butin qui, une fois le conflit terminé, va vite tomber dans l'oubli. La rencontre entre Soumialot et Martin Hofmann, 20 ans après cette révolte, sera à l'origine d'une véritable chasse au trésor.

Mais avant d'en arriver à ce secret, il est nécessaire de connaître la véritable histoire de Soumialot, son enfance et sa jeunesse sous la colonie, son parcours politique et sa rébellion. Les événements politiques avant et après l'indépendance sont des éléments majeurs amenant à ce conflit armé. Une guerre révélant une brutalité insoutenable. Les principaux événements sont détaillés pour rappeler que cette époque entre 1960 et 1964 au Congo a été un des centres d'intérêt principaux du monde. Ces années-là font découvrir les dégâts de la guerre froide dans le tiers monde, amenant le capharnaüm politique après l'indépendance du Congo avec les interventions américaines et soviétiques sur le terrain, sans oublier le rôle ambigu de la Belgique. Le Congo est devenu pendant un laps de temps l'échiquier de la guerre froide avec comme résultat la rébellion des Simba. Ce décor politique est primordial pour comprendre le parcours et la vie de Soumialot, mais également pour résoudre l'équation entre l'incroyable secret que le chef rebelle a gardé pendant des décennies et la recherche d'une solution à ce secret.

En 1964, quatre ans après l'indépendance du Congo, éclate la rébellion déclenchée par Gaston Soumialot et les Simba. Cette rébellion est d'une extrême violence. Si des milliers d'Européens ont été pris en otages au plus profond de l'Afrique, devant faire face à une barbarie inqualifiable et déplorant nombre de victimes, principalement belges, c'est la population congolaise qui en paie le tribut le plus lourd et le plus effroyable. Aujourd'hui, ce conflit est complètement tombé dans l'oubli ; pourtant, cette guerre a été à la une de tous les médias pendant près de huit mois. Cette révolte, qui a débuté avec des lances et des machettes et ne concernait que la politique interne du Congo, a pourtant eu tous les ingrédients pour un conflit mondial.

L'appartenance ethnique, le tribalisme, le clanisme et le régionalisme dont les origines de certains conflits se sont parfois perdues dans la nuit des temps, se révéleront être une bombe à retardement pour cette jeune démocratie. Il est impressionnant de voir la rapidité avec laquelle les divers événements se suivent après la proclamation de l'indépendance. Le règne de Mobutu est né du résultat de ces balbutiements démocratiques.

Le paradoxe a voulu que Martin Hofmann fasse la rencontre du président du Zaïre dans les années 70 et de l'ancien leader rebelle simba en 1982, Mobutu Sese Seko Kuku Ngbendu wa za Banga et Gaston André Eté Tambwe Kingombe Soumialot, deux hommes à la quête du pouvoir qui s'étaient violemment opposés et combattus en 1964 : deux personnalités aux aspirations et à la vision politique diamétralement opposées, aux destinées si différentes.

Des années de recherches de Martin Hofmann, sur l'instigation et avec l'aide de Gaston Soumialot, l'ont amené à prouver l'existence et la localisation d'un trésor fabuleux grâce à des documents originaux.

CHAPITRE I

Soumialot

Quand deux éléphants se battent, c'est l'herbe qui est écrasée.
(Proverbe congolais)

NAISSANCE D'UN RÉVOLUTIONNAIRE

Dors dans la maison et tu sauras où la pluie tombe.
(Proverbe congolais)

La vie de Gaston Soumialot est relatée selon les confidences et les récits qu'il a confiés au fil des années et des multiples discussions qui ont eu lieu. Des documents et des écrits de Soumialot ainsi que des entretiens filmés sur vidéo en sont aussi la base. Si Gaston Soumialot a été un des rebelles qui a marqué l'histoire de son pays lors de « la plus grande insurrection populaire dans un pays indépendant d'Afrique[2] » et en porte une grande responsabilité, sa vie est jusqu'à présent mal connue. Pourtant, dans sa jeunesse et sa vie de jeune adulte, il y a des périodes charnières et des expériences vécues dans un environnement colonial qui permettent de comprendre d'où proviennent certains aspects de sa personnalité et de mieux saisir ses engagements politiques.

La jeunesse de Gaston Soumialot (1922)

Gaston André Eté Tambwe Kingombe Soumialot est né le 23 mars 1922 à Lufumbe (Luhembwe) près de Malela, dans le Maniema. Sous ces latitudes, les noms ont toujours une signification importante. Dans le cas précis, le nom de Gaston lui a été donné lors de son baptême en 1936, André lors de sa confirmation, Eté signifie *arbre* et était le nom du chef du village où il est né, Tambwe le nom de l'aîné des frères paternels signifiant *lion*, Kingombe le nom d'un ami congolais du père, et Soumialot était un ami européen du nom de Soumulot, mais déformé par son père habitué à prononcer des noms musulmans tels que Sumaïli. Les Arabes qui faisaient encore régner la terreur en pratiquant l'esclavage trente ans plus tôt, étaient toujours présents au Maniema, mais Gaston Soumialot n'a pas d'origine musulmane comme on a pu le sous-entendre dans certains écrits ou dans la presse occidentale où on le nomme souvent *Gaston Soumaïli dit Soumialot*. Par son père, il appartient à la tribu des Kusus, peuple du Maniema qui se trouve au Kivu et, par sa mère, à l'ethnie Songye qui fait partie de la tribu des Lubakat se trouvant au Katanga. Afin de constater l'importance que porte ce personnage aux traditions africaines, en particulier à la sorcellerie, il faut se pencher sur les diverses infortunes qu'il a dû affronter en 1927, lorsqu'il avait 5 ans. Il est alors circoncis en même temps que son grand frère Choma ; apparemment, le résultat n'est pas une réussite, car l'opération devra être renouvelée 10 ans plus tard. Son explication est la suivante : « Mon père attribua cet incident à son imprudence, car en réalité la coutume du clan Benia Owolo auquel nous appartenons, ne permet pas la circoncision, les mêmes jour et endroit, des enfants de différents âges issus de la même famille. »

Son malheur ne s'arrête pas là car, la même année, en se promenant dans la savane brûlée, il est mordu par un serpent venimeux. Comme il l'explique, c'est la sorcellerie qui l'en guérit cette fois-ci : « C'est une guérisseuse de passage, consultée par mes parents qui, avant de me soigner, me mit sur une nouvelle natte renversée en tatouant mon pied mordu et déjà fort gonflé. A l'étonnement de tous, la guérison fut instantanée. »

Il ne s'écoule pas un mois qu'il doit faire face à la prochaine malchance : un accident lors d'un jeu où des enfants s'exercent au tir avec des lances sur un bananier. L'une d'elles, tirée par l'un des cousins de son père, lui perce les côtes droites et se loge dans la poitrine sans toutefois toucher ni le foie ni le poumon. Encore une fois, tout l'espoir repose sur la tradition africaine, car il n'y a des hôpitaux que dans les grands centres urbains et seuls quelques missionnaires possèdent des connaissances médicales qui, elles-mêmes, doivent être mises dans le contexte de l'époque, soit au début du siècle passé. Mais encore une fois, et selon Soumialot, ce sont les bienfaits d'un guérisseur qui agissent : « Le sorcier se débat et parvient à me guérir mystérieusement en utilisant seulement la poussière d'un bois brûlé. Je n'étais pas encore tout à fait remis que je suis atteint du pian, drôle de maladie détestée chez les Songye, l'ethnie de ma mère, qui ne la tolèrent pas et qui ont l'habitude d'éloigner de leur village toute personne atteinte de cette maladie. C'est pourquoi j'irai avec ma mère chez mes grands-parents à Kabebe chez son frère qui est le Grand Chef des Songye. »

Le pian est une forme d'ulcère causé par la maladie dite *framboesia* qui est très contagieuse[3]. Cette maladie a comme conséquence une infection cutanée qui peut atteindre les tissus profonds, voire même osseux. Deux de ses frères l'amènent à Malela pour le faire soigner. Cette visite médicale restera un événement important dans la vie de Soumialot, il n'a que 5 ans lors de sa première rencontre avec l'homme blanc : « C'est donc dans ces circonstances dues à mon état de santé que j'eus pris mon premier contact avec les religieux catholiques qui furent, à cette époque, tous blancs. Je dois la guérison de mes plaies, d'abord, à mes deux frères qui m'amenèrent à la Mission pour y être soigné, et, ensuite, aux Missionnaires qui me traitèrent bien. » Et lorsqu'il a fait part de cet épisode, il n'a pu s'empêcher de dire : « Ne dit-on pas qu'à quelque chose malheur est bon ? »

Début de la vie active (1938)

Soumialot va à l'école primaire de Malela dirigée par des Congolais. Après sa scolarité, il se rend à Kongolo où il arrive le 16 septembre 1938 à l'âge de 16 ans. Deux jours après son arrivée, il est engagé par un colon italien du nom d'Hector Cipola comme commis chargé de la main d'œuvre (pointage, engagement des travailleurs) et de la comptabilité de l'entreprise où il restera cinq mois. Ensuite, en mars 1939, après avoir passé un examen auprès de monsieur Georges Launoy, chef du MOI (Main d'œuvre indigène), il est admis à la *Compagnie ferroviaire des grands lacs* (CFL). Mais tout d'abord il est envoyé à l'Ecole du Mouvement et Trafic de la CFL pour être formé, pendant six mois, aux fonctions de chef de gare, chef d'escale, chef de train. Son salaire n'étant pas à la hauteur de ses espérances, il quitte la CFL au terme de son contrat d'essai pour se rendre à Lubunda dans le Nord-Katanga, près de la frontière sud du Kivu, pour parachever des études Normales Supérieures chez les *pères blancs*. De là, il sera engagé à Kamituga en qualité de commis dactylographe à la *Compagnie minière des grands lacs* (MGL) et affecté au Service indigène pour, en plus, être chargé du contrôle des cantines, des centres d'achat ainsi que de la distribution des équipements aux travailleurs nouvellement engagés. Ce parcours professionnel peut paraître insignifiant mais il n'est pas à sous-estimer, comme il l'a dit lui-même : « C'est à la M.G.L. de Kamituga où je prendrai contact avec le peuple Rega qui peuple trois grands territoires s'étendant du Sud-Kivu au Maniema, notamment Mwenge, Shabunda et Pangi. Sur le plan politique, les Rega sont, en général, des réactionnaires. Puis je rencontrais les Rundi lors de mon passage à Bujumbura en route pour Kamituga via Bukavu. »

*

Ce ne sera pas par hasard que Soumialot déclenchera la guerre à l'Est du pays où il profitera de ses relations et connaissances parmi les diverses populations de cette énorme région. Et l'on observera dans son parcours professionnel qu'il est toujours au contact de ses compatriotes tout en œuvrant pour les intérêts de l'employeur qui est de fait européen et donc blanc. Les employés remarqueront assez vite qu'il n'est pas un autochtone soumis, ce qui en impressionnera plus d'un. Soumialot devait ressentir un certain sens du syndicalisme car les employés de la MGL à Kamituga étaient principalement des Regas et des Rundis ; il y avait également une importante minorité de Congolais provenant de différentes tribus, ce qui l'avait amené à participer à la création d'une *association mutuelle sans but lucratif* dénommée *Union des membres d'association du personnel indigène divers*, dont il avait été le secrétaire adjoint du comité. L'Administrateur territorial principal, un Belge, était alors venu personnellement de Shabunda pour une sévère mise en garde des initiateurs et de leurs partisans contre la création d'un quelconque mouvement d'association dans le cadre minier. Ceci démontre la suprématie du colon sur l'autochtone lui refusant toute émancipation ou velléité d'organisation. C'est cette constante frustration ajoutée au sentiment d'injustice vécus par Gaston Soumialot qui affutera son ressentiment envers le patronat qui n'est autre que l'envahisseur, le Blanc et donc l'Occidental.

*

Sa frustration lui joue un mauvais tour à la fin de l'année 1941. Après différents chefs directs qui se montrent très satisfaits de son rendement et réévaluent constamment son salaire, un nouveau chef arrive, un monsieur Stevens, qui n'a aucune considération du Noir selon Gaston Soumialot : « Un tel chef est, pour moi, insupportable. Bien qu'un jour je devais me permettre de lui *apprendre* à vivre mieux avec les noirs, c'est-à-dire, lui administrer des coups. »

L'aspect physique de ce chef est inconnu, mais Soumialot étant de petite taille et ne possédant pas un corps d'athlète, on peut imaginer sa rage pour *oser* lever la main sur un Blanc. Un tel geste est inconcevable à l'époque, même sans la présence de témoin. C'est ainsi que, peu après, ce monsieur Stevens dépose plainte auprès de l'officier de Police judiciaire, accusant Soumialot d'avoir détourné des équipements destinés aux travailleurs et d'être un meneur, excitant le personnel de la compagnie à la désobéissance. Il est condamné à deux mois de prison ferme. En prison, il est fouetté huit coups chaque fois qu'il est mis au rapport matinal par les militaires, c'est la punition de la chicote. Cette pratique n'a d'ailleurs pas lieu que dans l'enceinte de la prison mais également dans tout le pays et même en public. Si la punition est dégradante pour la victime, c'est une tribu entière qui est humiliée lorsqu'un notable, tel qu'un chef de village, voire même un chef coutumier, personne vénérable pour la population, reçoit la chicote au vu de son peuple[4]. Animosité et rancune resteront au plus profond de beaucoup de Congolais et se transformeront par la suite, chez certains, en une revanche violente. Soumialot se souvient si bien de cette première expérience qu'il précise : « J'ai reçu 72 coups sur mes fesses en huit semaines avec un fouet spécialement travaillé, fait de peau de buffle. Ce genre de punition, uniquement réservée aux noirs du Congo, est très cynique. Il est de même des travaux forcés. »

Son sentiment d'injustice est amplifié par le fait qu'il a été accusé à tort. D'ailleurs Soumialot ajoute : « On constatera plus tard, après la fuite de Monsieur Stevens, que c'était lui-même le grand voleur, et que mon arrestation, pourtant arbitraire, trouvait sa justification dans la haine qu'il avait contre moi, alimentée par tous les Européens de la place, tout simplement parce que j'avais frappé une peau blanche. Dès lors, j'ai réalisé le mépris qu'a toujours affiché l'homme blanc à l'endroit de l'homme noir du Congo. J'ai également compris, par là, que pour le colonisateur belge, le noir du Congo est un être méprisable, moins intelligent, semblable au singe ; bref, un instrument d'exploitation. »

*

En lisant ces lignes, on découvre les ressentiments que ce jeune homme de 19 ans éprouvait alors, d'autant plus que cette rancœur a été évoquée par lui-même plusieurs décennies plus tard. Cette expérience était le pain quotidien de nombreux Congolais ; on comprend dès lors la motivation de Soumialot, comme de beaucoup d'autres de ses camarades, de vouloir chasser l'homme blanc du pays. On conçoit la provenance du penchant pour la vengeance et la violence lorsque, plus tard, l'occasion sera donnée à des rebelles se trouvant en face de Blancs, en particulier de Belges démunis de tout pouvoir. Mais Soumialot a très vite réalisé que sa rage n'était pas contre la peau blanche mais envers l'homme qui abusait du pouvoir, à l'image des combats qu'il a menés lors de la rébellion contre ses compatriotes qu'il traitait *d'alliés de l'Occident*. Si lors de cette rébellion il y a eu beaucoup d'abus à l'encontre d'Européens, cela était notamment dû au fait que les rebelles lâchaient leur frustration de l'intouchabilité du Blanc. Si l'administration belge était perçue comme arrogante, il y a lieu de préciser que notamment beaucoup de Belges faisaient bénéficier leurs employés des bienfaits de la modernité, de la médecine et de leurs infrastructures en les traitant avec égard. Cependant, le colonialisme a laissé beaucoup de rancœur dans la génération qui l'a vécue de près, et Soumialot l'a de toute évidence mal vécue. Il a exprimé ses profonds ressentiments envers le colonialisme en ces termes : « Chez nous au Congo, aussitôt victorieuse de la guerre contre ce que la Belgique appelait *la traite des esclaves* et au nom de prétendues civilisation et action humanitaire, elle nous soumit, pour mieux nous dominer, fouet à la main et baïonnette au fusil, aux travaux forcés comme la corvée d'extraction du caoutchouc, de la culture obligatoire de champs de coton et de café pour l'Etat et les colons, le creusage des gisements miniers pour les sociétés à charte. En l'absence de cheval pouvant tirer la charrette transportant l'homme blanc, c'est l'homme noir qui en effectua le remplacement. Ainsi, tout agent blanc de la colonisation, peu importe son titre ou son travail, tels fonctionnaire de l'Administration Publique, agronome, agent sanitaire, médecin, agent d'une société minière ou de chemin de fer, colon, était transporté en tipoï[I] par les indigènes, et ce, avec un salaire de famine ou souvent sans rien toucher. Mais, comble de malheurs, ces Congolais qui se sont donnés, corps et âme, aux travaux harassants, recevaient, en guise de remerciement, des injures et punitions. C'était un pur régime d'esclavage ayant fait beaucoup de victimes dans nos rangs, régime caractérisé par des emprisonnements en cascade sans motif plausible dont l'occupant avait échafaudé un arsenal de lois afin de les justifier. Exemple : le prétexte de *n'avoir pas achevé sa tâche* suffisait amplement pour justifier la persécution du noir au Congo. Tous les représentants européens recrutés, engagés et envoyés au Congo par les services de Léopold II, Souverain belge, créateur et propriétaire de l'Etat du Congo, faisaient indiscutablement partie d'une immense colonne semi-militaire qui jouait le rôle d'expédition punitive contre les indigènes. Colonne à la tête de laquelle se trouvait l'éminent explorateur anglo-américain, Henry Morton Stanley. En règle générale, l'occupant dispose de l'occupé comme le vainqueur du vaincu. »

Cette dernière phrase résume parfaitement le sentiment de beaucoup de Congolais de l'époque : ils étaient prisonniers de leurs occupants. D'ailleurs cette attitude de l'oppresseur est à l'image du titre du livre de Pierre Ryckmans, gouverneur général du Congo : *Dominer pour servir*[5] publié en 1948. Le Congolais est dominé et la Belgique en tire les profits. Lorsque Soumialot exprime ces sentiments à l'égard du colonialisme, il le fait en 1986. Si ces propos sont de fait révoltants, ils le sont d'autant plus qu'au même moment un homme croupit au fond d'une cellule africaine parce qu'il combat les mêmes injustices : Nelson Mandela qui ne sera libéré qu'en 1991.

*

Libéré de la prison, Soumialot quitte la *Compagnie minière des grands lacs* à Kamituga pour se rendre à Costermansville[II]. Là, il est

---

[I] *Chaise à porteur.*
[II] *Entre 1927 et 1953, la ville de Bukavu était appelée Costermansville en l'honneur de Paul Costermans.*

engagé par un monsieur Georges Clemens, directeur de la SEDEC SA (Société anonyme d'entreprise commerciale du Congo belge), en qualité de dactylographe, à un salaire très convenable qui est augmenté, par la suite, chaque deux mois. Mais le directeur est appelé à Pretoria pour se rendre sous les drapeaux lors de la deuxième guerre mondiale. Il est remplacé par monsieur Freddy Schindler qui apprécie aussi son travail, ce qui explique son transfert du secrétariat à la comptabilité. Mais là a lieu une seconde altercation avec un Blanc : « Hélas, un agent européen, Monsieur Etienne Mombaerts, chargé des opérations des ventes au Magasin de gros, viendra envenimer l'atmosphère en me giflant, tout simplement, parce que je n'ai pas vite couru pour lui amener un facturier demandé. C'est me connaître très mal. Car, je n'avale pas ce genre de provocation et ma riposte était immédiate. Mais cette fois-ci, le directeur, Monsieur Schindler, qui suivait la scène, me donnera raison. »

L'épouse du jeune Soumialot

A l'âge de 20 ans, il a une première romance. Lorsqu'il est à Kamituga, Soumialot fait la connaissance d'une jeune fille du nom de Gertrude Véronique Mangaza qui, en octobre 1942, le rejoint à Costermansville : « Ma fiancée m'a rejoint afin de contracter le mariage religieux avec moi. Et pour ce faire, nous nous sommes présentés devant le Très Révérend Père Supérieur de la Mission Catholique, pour lui exprimer notre désir de nous unir à jamais devant Dieu. Ce missionnaire, très prudent, nous a fixés dans les yeux et, après un temps de réflexion et d'hésitation, il nous a conseillé de rentrer à la maison et de revenir un mois plus tard. Ce qui voulait dire que nous devions cohabiter pour mieux nous connaître et décider en conséquence. Les 30 jours passés, les idées avaient changé. En effet, pendant cette période d'essai, j'avais constaté que ma fiancée, qui pourtant m'aimait beaucoup, devenait de plus en plus infidèle. Mais pire, Gertrude Véronique Mangaza ira jusqu'à se faire photographier, sans sous-vêtement, par un groupe de touristes européens faisant de sa photo des cartes postales pour ainsi faire la publicité de la beauté naturelle d'une noire congolaise. Cela sera l'occasion pour me défaire d'elle. »

La rupture de cette aventure amoureuse est donc indirectement due à l'intervention de l'homme blanc. L'amour étant ce qu'il est, c'est Soumialot qui intervient, cette fois-ci, dans la vie d'un Blanc, non pas par vengeance, mais parce qu'il tombe amoureux de la compagne d'un homme qui ne lui est pas inconnu : il s'agit de monsieur Georges Launoy, le chef de la Main d'œuvre indigène (MOI) qui l'avait engagé en 1938 à la CFL. Soumialot est totalement séduit par Rose Mwamini Kihondo qui vit avec cet homme à Albertville (Kalemie). Si la demande en mariage de Gaston Soumialot est acceptée par Rose, il n'en va pas de même du père de celle-ci : « Celui-ci considérait ma demande comme un complot visant à provoquer le malheur à toute sa famille entretenue grâce à la position sociale de sa fille. Il convient de noter qu'à cette époque, pour le noir congolais, voir sa fille se marier à un blanc, est un grand honneur et un prestige jamais connu, sans parler des moyens matériels à récolter. Donc, le complexe d'infériorité aidant, c'est avec raison qu'il craignait un départ de sa fille qui pouvait entraîner ipso facto la disgrâce de sa famille entière. »

Au courant des intentions de Soumialot, le compagnon de Rose, M. Launoy, tente d'obtenir son licenciement par son patron. Celui-ci, au lieu de le renvoyer, le mute au comptoir de l'Interfina à Mulongo, en territoire Mwanza. Soumialot y reste un an et a ainsi l'occasion de faire la connaissance et de nouer des contacts avec le peuple Luba, dit du Katanga, qui est, d'après lui, une population aux idées très progressistes. C'est dans cette contrée que sa fiancée Rose Mwamini Kihondo le rejoint le 31 décembre 1943 où débute leur union : « Effectivement, immédiatement après son arrivée, je devais, pour légitimer notre union, envoyer par mandat postal à l'adresse de mon beau-père, la somme de 1'200 francs constituant la première dot. Malgré cela il résistera en maintenant sa position. J'ai compris alors que c'est contre vents et marées que mon épouse avait quitté Albertville pour me rejoindre et de ce fait, choisi la pauvreté à la richesse et la dignité au prestige. »

En démissionnant en mars 1944, Soumialot passe à nouveau quelques temps à Albertville où il découvre les Tabwa, Bwari et Holoholo, natifs de la région. Soumialot les décrit de nature très calme, dociles et foncièrement croyants catholiques ; il ajoute : « Du fait de leur état, ils se trouvent souvent inaptes au service militaire ; raison pour laquelle, pendant la colonisation belge, le recrutement des soldats de cette partie du Katanga était rare. »

Gaston Soumialot va ensuite à Kalundu pour travailler à la Compagnie des Chemins de Fer du Kivu (CEFAKI) qui deviendra par la suite l'Office d'Exploitation des Transports Coloniaux (OTRACO) du réseau du Kivu. A Kalundu, il est condamné par l'Administrateur territorial principal du territoire d'Uvira à deux mois de prison, accusé *d'injures contre les soldats et mépris des Autorités coloniales blanches du Territoire* ; les mises au rapport lui coûtent quatre fois huit et deux fois six coups de fouet. Il rectifie cependant : « En réalité, concernant les soldats il s'agissait du refus de mon épouse, alors enceinte, de céder aux tentations du 1er Sergent, commandant l'escouade d'Uvira, qui voulait la violer. Pour ce qui est des blancs, mes attitudes allaient à l'encontre de celles de l'homme blanc qui sont fondées sur les discriminations raciales et sociales dans tous les domaines. Cela suffisait à l'Administration coloniale du Territoire d'Uvira de punir et ridiculiser un noir aux idées révolutionnaires. C'était mon cas. »

L'employeur fait néanmoins les démarches nécessaires afin que Gaston Soumialot soit autorisé à travailler le jour au secrétariat de la direction de la CEFAKI et ne passe que les heures hors service en prison. Cet accord permet à Soumialot de toucher la moitié de son salaire et de faire vivre ainsi sa famille convenablement. Libéré, il dépose plainte au parquet général d'Elisabethville contre cet administrateur colonial pour arrestation arbitraire. D'après lui, celui-ci doit alors faire face à de nombreux problèmes et est destitué de ses fonctions. La conséquence pour Soumialot est d'être mis à l'index par toute l'Administration coloniale belge : « Tout ceci, simplement parce que j'avais osé démontrer des irrégularités et parti pris dans le jugement m'ayant innocemment condamné [sic] en m'en prenant à un blanc alors seul autorisé à tout faire dans l'impunité. Car pendant la colonisation, un blanc ne mentait, ni ne commettait des erreurs. C'est un être parfait et irréprochable. »

La solidarité africaine à aussi des failles ; c'est un collègue de travail qui accuse Soumialot de discréditer les autorités du territoire en se ventant d'avoir provoqué la disgrâce de l'administrateur colonial. Soumialot est arrêté et condamné à quinze jours de prison. Une fois de plus, il subit trois fois six coups de fouet.

Rose, son épouse, met au monde en 1946 leur premier enfant baptisé Jean-Pierre Henri Gilbert Soumialot.

Les Evolués (1952)

Les *Evolués*, comme les Congolais désignent l'élite qui a suivi une scolarisation, sont devenus soit des sous-officiers dans l'armée, des *clercs* comme sont appelés les auxiliaires administratifs, des infirmiers, chefs de gare, employés ou artisans de tout autre métier qualifié. S'ils ont bénéficié d'une meilleure formation, c'est en partie en raison de la deuxième guerre mondiale : l'intégration de colons belges « aux opérations de la Royal Air Force ou de sa section sud-africaine[6] » a pour conséquence la promotion massive du personnel congolais pour remplacer les Blancs absents. Les autochtones se rendent alors compte qu'il y a des Congolais qui représentent une élite noire bénéficiant d'une formation intellectuelle suffisante pour remplacer l'homme blanc ; d'un autre côté, les soldats congolais qui combattent aux côtés des Blancs remarquent les faiblesses de ces derniers. Ainsi, l'image d'invincibilité et de supériorité du Blanc est sérieusement ébranlée et fissurée. On constate la naissance d'une élite congolaise, scolarisée et bénéficiant d'une formation intellectuelle qui ambitionne de se différencier de ses compatriotes. Curieusement, cette élite ne cherche pas à combattre la discrimination raciale mais la transforme en discrimination sociale. On le constate lorsque cette nouvelle intelligentsia tente de se démarquer de ses compatriotes pour se rapprocher de la qualité de vie du colon et obtenir des avantages. Il faut rappeler qu'à cette époque il y a une multitude d'interdictions pour les autochtones ; se rendre dans des bars ou des restaurants réservés aux Blancs ne leur est pas permis et, à 16 heures, ils doivent quitter la ville pour rentrer dans leur quartier appelé *cité indigène*. La ségrégation est même appliquée dans la maison de Dieu ; en effet, dans les églises, les Blancs et les Noirs sont séparés. En 1952, sous la pression du nouveau développement au sein de la population congolaise et afin d'éviter toutes sortes de revendications, l'administration belge crée officiellement l'*Evolué*, contribuant ainsi à l'émergence d'une bourgeoisie congolaise. Cette élite obtient une carte spéciale accordée par le Tribunal qui consent quelques privilèges, tels que s'asseoir à côté des Blancs dans l'autobus. L'obtention ne se limite pas aux études effectuées, le comportement est également jugé, comme par exemple être en possession de fourchettes et de couteaux pour manger comme les Blancs. Quatre ans après la création de cette classe sociale, on comptera 0,007% d'*Evolués*[7] parmi la population congolaise. Ce pourcentage démontre que l'administration belge ne faisait rien pour donner accès à la vie moderne occidentale et de ce fait intégrer les Congolais dans la communauté blanche. L'intellectuel autochtone privilégié remarquera au contraire que l'humiliation raciale reste malgré tout de rigueur.

Soumialot face à l'administration coloniale

En 1946, bien avant la création officielle de l'*Evolué* par l'administration coloniale, Soumialot participe avec quelques camarades à la création de *l'Union des Evolués de la Province de Costermansville* (UNECO) pour laquelle plusieurs Européens l'encouragent et le soutiennent. Il s'installe ensuite à Uvira, une ville qui se trouve au bord du lac Tanganyika et dont la première maison y avait été construite en 1895 par un lieutenant du nom de Chargeois[8]. La création de l'UNECO ne plaît pas à l'administration coloniale de Costermansville qui décide la poursuite et l'arrestation des principaux dirigeants de cette union considérée comme subversive pour avoir composé avec certains Européens de tendance socialiste. Malgré cela, la nouvelle organisation, une espèce de syndicat pour la défense des intérêts des *Evolués*, tient bon. A en juger les dires de Soumialot, même l'église fait pression et soutient le combat de l'administration coloniale : « J'étais le secrétaire de la section d'UNECO à Uvira. Le président et moi-même étions souvent convoqués à la Mission Catholique d'Uvira où le Révérend Père Supérieur Coosemans, nous demandait, en notre qualité de chrétiens, d'abandonner l'UNECO à cause de l'infiltration, en son sein, d'éléments blancs connus pour leur tendance communiste. »

Son insubordination à l'autorité coloniale qu'il qualifie d'injuste et sa participation au regroupement de Congolais au sein d'organisations telles que l'UNECO ou comme on l'a vu auparavant avec *l'Union des membres d'association du personnel indigène divers*, lui vaut d'être perçu pour la première fois comme un agitateur subversif. Connu sous cet aspect par les autorités coloniales, il ne peut désormais plus agir à sa guise ; toutes les occasions sont bonnes pour le mettre à l'écart en lui attribuant la responsabilité de faits pour lesquels il a beau clamer son innocence. L'histoire de son frère le démontre. En effet, Ferdinand Choma Gongo, son grand frère, est ajusteur et chaudronnier ; il rejoint Gaston en 1947 à Kalunda où il trouve un travail au salaire de 8 francs par jour. L'année suivante, il quitte son employeur sans l'en aviser et se rend incognito à Punia ; muni de faux documents qu'il a pu se procurer, il décroche un emploi avec un salaire mensuel de 1200 francs sans compter les primes de rendement. Il est arrêté sur dénonciation et Soumialot, son frère à la renommée de meneur séditieux, est également arrêté et accusé d'être celui qui avait délivré les faux documents. Il décrit cet épisode de la manière suivante : « Cela suffit, évidemment, à l'Administration d'Uvira, mal disposée à mon endroit, pour saisir cette occasion unique pour se permettre encore, sans preuve aucune, de m'arrêter et m'expédier au Parquet de Bukavu où j'irai trouver mon frère déjà écroué à la prison centrale. Evidemment, cette fois-ci, la cible visée par l'Administration Territoriale d'Uvira est atteinte : je suis, comme mon grand frère, détenu en prison pendant un an et ce, depuis septembre 1949. Nous sommes, à l'exemple de la plupart des prisonniers congolais, condamnés aux travaux forcés. Ainsi, nous participerons à tous les travaux lourds, tels, creuser et casser des pierres à la carrière, creuser des fondations et transporter les matériaux pour la construction de l'Athénée Royale de Bukavu. Quelques mois plus tard, je suis appelé à travailler au bureau de la prison de Bukavu comme commis. C'est dans cette même prison où je prends connaissance des révoltés (Kumu et Nyanga) de Masisi condamnés à plusieurs années pour s'être rebellés contre l'Administration coloniale belge. A cet endroit, j'y apprendrai qui sont mes vrais amis et comment on est abandonné par, soit ses amis, soit sa famille. »

Durant sa longue incarcération, Soumialot a l'opportunité de parler avec les autres prisonniers dont beaucoup sont incarcérés en raison de leur méconduite selon les lois coloniales. Ceci alimente sa perception du comportement racial de l'homme blanc ; il voit ces lois comme une barrière de protection des Européens mais en aucun cas pour régler de manière juste et impartiale la vie entre les différentes communautés et individus. Soumialot raconte ses rencontres carcérales : « Aussi, j'y apprendrai beaucoup sur la discrimination raciale caractérisée par les injustices sociales dans le rapport entre blancs et noirs du Congo. En effet, j'y constate que la loi n'est pas équitable, elle varie selon qu'il s'agit du blanc ou du noir. Les faits que nous vivons chaque jour, dans cette prison, sont stupéfiants. A vrai dire, la loi, par son application, est trop sévère pour les noirs du Congo et complaisante pour les blancs ou étrangers. Si le blanc ou l'étranger (indien, arabe etc.) a des relations sexuelles ou cohabite avec une Congolaise, c'est tout à fait normal, mais quand un Congolais est soupçonné ou trouvé agir de la sorte ou même s'entretenir amicalement avec une blanche ou étrangère, il est d'office poursuivi, arrêté et sévèrement puni pour tentative de viol ou de meurtre. En prison, j'ai connu un menuisier arrêté pour avoir prétendument entretenu des rapports coupables avec une Mademoiselle du nom de Nicole Cambouris. De même pour un surveillant de prison qui a été arrêté et condamné à 20 ans de prison, accusé d'avoir embrassé une demoiselle européenne sur la route menant entre la colline de la Mission Catholique et la baie de Kawa. De même pour le boy qui était condamné à trois ans de prison pour tentative de viol, pour avoir vu en sous-vêtement, la femme blanche, épouse de son patron. La liste des motifs ou infractions inventés pour mettre un Congolais en prison, est longue. Beaucoup sont en prison pour s'être permis soit d'utiliser le verre à boire de son patron, soit de goûter la nourriture qu'il prépare pour son patron, et aussi, s'absenter sans autorisation ; tandis que la plupart des intellectuels le sont pour arrogance, insolence envers leurs employeurs ou chefs européens et sont, dans plusieurs cas, accusés d'être des meneurs ou des excitateurs rien que pour avoir seulement osé dire non aux attitudes parfois vexatoires du blanc à l'égard du Congolais. On peut en déduire que, pour l'homme blanc, le noir du Congo n'a droit ni de répondre ni de manifester son mécontentement face au traitement toujours humiliant qu'il lui est infligé. On voit bien qu'il s'agit de lois sciemment élaborées par les colonisateurs pour uniquement soumettre leurs colonisés et, par extension, bien exploiter le Congo. Et au vu de tout cela, les rapports entre blancs et noirs du Congo sont et restent, d'ores et déjà, irréconciliables. »

Dans son récit, Soumialot fait la différence entre les Noirs, les Blancs et les étrangers qui incluent toutes les autres races. Certains qui l'ont côtoyé, affirment n'avoir jamais perçu le moindre racisme chez lui ; aucune animosité dans ses paroles ou attitude envers une race précise, ce qui ne veut pas dire qu'au plus profond de lui-même, il ne gardait pas une rancœur vis-à-vis du Belge de l'époque coloniale. Son attitude se rapprochait plutôt de la description faite par Lumumba en

1957 à savoir « Les causes du dualisme Blanc-Noir sont surtout d'ordre économique et social et, subsidiairement, d'ordre racial[9] ». D'ailleurs, dans une lettre adressée à Martin Hofmann en 1988, Soumialot écrit : « (...) je l'ai appris et ma longue expérience le confirme : la méfiance réciproque bouche le chemin vers une intégration raciale effective ». Cependant, en 1991, Hofmann a fait état de son étonnement quant à une certaine hostilité tribale de Soumialot qu'il sentait enfouie en lui.

C'est en prison, le 1er janvier 1950, que Soumialot apprend la mort de son fils. Le directeur de prison l'autorise, en compagnie de son frère également incarcéré, à assister aux obsèques. Après sa libération, son épouse Rose accouche à Costermansville, le 19 juin 1951, d'un garçon qui est baptisé Jean-Pierre, Antoine, Ongo, Soumialot. Il sera par la suite l'heureux père de six autres garçons à savoir Léopold Amisi, Gaston Choma, Marcel Ntenzi, Ambroise Elongo, Patrice Olela et Michel Mukenge.

Soumialot part pour Léopoldville (1951)

Tenu à l'œil par les autorités de sa province, Soumialot décide de s'éloigner de celle-ci pour aller vivre ailleurs. Accompagné de sa famille, il quitte Costermansville le 7 octobre 1951 pour Léopoldville mais, avant son départ, la police locale fait une descente dans son habitation pour y opérer une perquisition dont il ignore la raison ; il se doute bien que les autorités ont eu vent de son plan de déménagement pour la capitale et qu'elles en cherchent l'explication. Le périple à travers cet immense territoire dure un mois et vingt jours : en voiture de Costermansville à Kamanyola, en chemin de fer entre Kamanyola et Kindu, en bateau entre Kindu et Ponthierville puis à nouveau en train jusqu'à Stanleyville, de là c'est en bateau sur le fleuve Congo que lui et sa famille rejoignent Léopoldville. De nos jours ce genre de voyage se fait par avion notamment parce que les autres voies sont souvent devenues impraticables alors que, à l'époque coloniale, les moyens de transport et les routes étaient en bon état. Un retard à Kindu leur vaut cependant de rater l'embarcation. Soumialot raconte cet incident : « J'arrive en train en compagnie de ma famille à 21 heures à Kindu où une section de policiers m'arrête, me ligote et me conduit devant leur chef, un commissaire de police, évidemment Belge. Ce dernier après m'avoir fouillé et perquisitionné mes colis, me soumettra aux interrogatoires serrés espérant découvrir, en moi un suspect ou un voleur en fuite. N'ayant rien trouvé lors de la fouille et mes réponses à ses questions ne donnant aucun aveu, Monsieur le commissaire de police ose me garder en détention pour besoin d'enquête. Le lendemain matin, alors que le bateau pour Ponthierville était déjà parti, Monsieur le commissaire de police me libère en me déclarant : " Je m'excuse pour vous avoir mis en détention et fait retarder votre voyage. Il s'agissait d'un télégramme reçu du Chef de poste de Samba demandant votre arrestation parce qu'il a perdu 70'000 francs la veille de votre départ de Samba. Ce même Chef de Poste vient de m'adresser un autre message télégraphique annonçant avoir retrouvé, et le voleur, et la somme volée ". En apprenant cela, ne pouvant plus perdre mon temps en demandant le dédommagement pour le préjudice moral causé, j'ai jugé bon de partir immédiatement de Kindu par la toute première occasion. J'ai donc pris un autre navire et atteint Ponthierville après deux jours de navigation. »

L'explication de son arrestation semble plutôt être une excuse des autorités belges, car on remarquera bientôt que sa personne, taxée d'élément subversif, est étroitement surveillée par les pouvoirs de la métropole. Agé de 29 ans, il arrive à Léopoldville le 27 novembre 1951. Le lendemain de leur arrivée dans la capitale, Soumialot se rend en compagnie de sa femme et de son fils dans *les bureaux de la Population Noire* où il est immédiatement servi par deux fonctionnaires congolais qui ont, semble-t-il, reçu des instructions précises le concernant. En effet, l'octroi et l'établissement des pièces nécessaires pour leur résidence permanente, telles que la carte d'identité, sont spontanés alors que la délivrance de ce genre de documents n'est accordée qu'à des personnes régulièrement engagées par l'Etat ou par des entreprises locales, ainsi qu'aux résidents ayant toujours habité sur place. Ce qui pousse Soumialot à faire la réflexion suivante : « Il va de soi que si l'Administration de la Population Noire l'a vite fait dans mon cas, c'est qu'il y avait un message envoyé par l'Administration Provinciale de Costermansville prévenant l'arrivée prochaine à Léopoldville d'un élément à surveiller étroitement, et ce, en ma personne. Donc, l'octroi immédiat de toutes les pièces régulières pour notre résidence, est un moyen sûr de me surveiller. La descente des agents des services de sécurité à mon domicile pour y faire une perquisition le 7 décembre 1951, sous prétexte que des soupçons pèsent sur moi de posséder de l'or, le confirme. »

Il trouve immédiatement un travail de comptable à la Société Commerciale de l'Inkisi (SOCOLI) ; il y reste douze mois, avant de se faire réengager à la SEDEC à la demande de monsieur Georges Clemens, l'ancien chef d'Agence à Costermansville devenu directeur commercial de la même société à Léopoldville. Les années passent et après diverses affectations dans cette entreprise, il est un des rarissimes cadres autochtones à être nommé directeur du Magasin de Gros à Ndjili[1]. C'est sa dernière promotion. Accusé civilement d'être responsable du détournement de fonds commis par les agents placés sous sa responsabilité, il est arrêté et condamné à deux ans de prison ferme par le Tribunal du district de Léopoldville avant d'être acquitté par celui de 1ère Instance. Soumialot, humilié, refuse malgré son ancienneté de reprendre sa place à la SEDEC. Il est alors engagé comme comptable sous la direction du chef-comptable de la société Comelco. Cet emploi est le dernier car, désormais, il entre dans la vie politique.

---

[1] *Commune proche de Léopoldville.*

L'INDÉPENDANCE

L'eau que tu boiras ne t'échappera pas.
(Proverbe congolais)

L'histoire de la politique congolaise passant du colonialisme à l'indépendance et les premiers pas démocratiques les plus chaotiques du début des années 60 sont tout aussi marquants pour Soumialot que la vie quotidienne vécue sous l'autorité des colons belges. A cela s'ajoute sa rencontre avec Patrice Lumumba. Tous ces événements vont indubitablement l'amener à la rébellion.

L'émancipation devient un sujet (1955)

Si, à cette époque, le Congo belge se situe à l'autre bout du monde pour beaucoup de citoyens de la métropole, cette distance trouble la vue de bon nombre de Belges. En 1946, le gouverneur général du Congo, Pierre Ryckmans, n'avait pas hésité à dire que « les jours du colonialisme sont révolus[10] » mais il n'y a pas eu d'écho ; au contraire, à Bruxelles, on continue à parler de la *colonie tranquille*. Pour le roi Baudouin qui visite le Congo, il n'est pas question d'émancipation, il dit d'ailleurs dans son discours du 17 mai 1955 au Stade Baudouin à Léopoldville : « Mon Père, le roi Léopold III, qui porte à ce pays, comme ses prédécesseurs, le plus vif attachement, m'a élevé dans l'idée que Belgique et Congo ne forment qu'une nation (...)[11] ».

Une revue flamande publie en décembre 1955 un article intitulé *un plan de trente ans pour l'émancipation politique de l'Afrique belge* sous la signature de Jef Van Bilsen. Il ne faut pas attendre la traduction française, publiée en février 1956 dans une autre revue, pour que des adeptes parmi certains *Evolués* se manifestent dans la lointaine colonie, alors que ce plan provoque un tollé en Belgique et que Van Bilsen devient le pestiféré de Bruxelles. Il se fait traiter de fou et le ministre des Colonies, Auguste Buisseret, lui fait dire qu'il ne comprend rien à l'Afrique[12]. Le plan Van Bilsen propose une émancipation lente afin de former une élite intellectuelle émanant de toute une génération, de telle sorte qu'elle soit prête à affronter et à réaliser les réformes nécessaires pour prendre en main la destinée du pays en 1985. Tel un Galilée traîné devant le tribunal de l'inquisition catholique en 1633 pour avoir osé le sacrilège d'affirmer que la terre tournait autour du soleil, Van Bilsen est mis au pilori par la Belgique officielle en 1955 pour avoir osé envisager l'indépendance du Congo. Le gouvernement ne veut rien entendre de tel, il ne veut pas perdre la colonie à terme, alors qu'au Congo, bon nombre d'*Evolués* trouvent le délai bien trop long.

Ce plan provoque de longs débats au sein d'une association d'étudiants catholiques au Congo belge, appelée *Conscience africaine*. Les initiateurs de ce groupe d'étudiants sont des jeunes, dont Joseph-Albert Malula qui deviendra cardinal, et Joseph Iléo qui, lui, sera Premier ministre. Le 1er juillet 1956, ils publient le *Manifeste Conscience africaine* que l'on peut qualifier de première revendication officielle à l'émancipation congolaise, où entre autres, la fin de la discrimination raciale est une condition sine qua non comme le droit à l'expression politique. Là aussi, on semble s'accommoder d'un long délai pour son obtention.

A la suite de ce manifeste et du plan Van Bilsen, dont l'ABAKO a soigneusement étudié chaque détail, le fondateur de l'association, Joseph Kasa-Vubu, réclame l'indépendance immédiate le 23 août 1956. C'est la première fois que des Congolais exigent l'émancipation totale, ce qui suscite évidemment de graves inquiétudes à l'administration coloniale, d'autant plus que l'on commence à craindre *le roi Kasa*, comme est appelé cet homme influent dans tout le Bas-Congo et à Léopoldville également.

Dans la diversité des propositions politiques qui surgissent subitement afin de définir l'avenir du Congo, il y a aussi celle qui propose « une union fédérale avec la Belgique, sous la couronne du roi Baudouin 1er [13] », à laquelle se rallie le général Janssens, commandant en chef de l'armée appelée Force publique. Mais une tendance croissante à l'anticolonialisme se fait sentir à partir de 1957.

Début de la vie politique pour les Congolais

Soumialot qui a rencontré beaucoup d'ennuis, surtout depuis sa participation à *l'Union des Evolués de Costermansville* en 1946, décide en connaissance de cause de participer politiquement à l'émancipation du pays : « A partir de ce moment-là, j'ai définitivement mis fin à ma carrière sociale où j'avais à côtoyer mes collègues blancs très imbus d'eux-mêmes. »

En 1957, l'administration belge ouvre une brèche démocratique en accordant le droit d'éligibilité à tout homme ayant atteint l'âge de 25 ans. La population entière, donc les colons et les Congolais, est invitée à élire les municipalités de la capitale Léopoldville ainsi que de deux autres villes, Jadotville et Elisabethville. A cette époque, il n'existe pas encore de parti politique congolais mais des associations culturelles et tribales. Si l'administration ne parle pas d'élection mais de consultation, il s'agit bien là des premiers pas démocratiques. Il faut préciser que c'est le conseil communal qui est élu, alors que le bourgmestre, c'est-à-dire le maire, est nommé par le gouverneur de province ; nomination, il est vrai, effectuée sur proposition du conseil communal[14]. Notons également que ces maires ne disposent pas des moyens nécessaires pour gérer leur municipalité ; en effet, ni les finances communales leur sont mises à disposition ni la totalité du pouvoir sur la police[15]. En 1958, suivent les villes de Luluabourg, Stanleyville, Coquilhatville et Bukavu. Les résultats de ces élections à la majorité simple ont pour conséquence le développement d'un sentiment de frustration. En effet, certains de ces résultats provoquent des surprises car il y en a où les colons battent les autochtones, d'autres où des minorités tribales remportent un succès inattendu. Ayant une population locale de plus de 50 pourcent, les Bakongo ont cependant logiquement gagné à Léopoldville grâce au système électoral, cela évidemment au détriment des minorités. Ces premières expériences démocratiques et ces désillusions sont les raisons de l'apparition, entre 1958 et 1959, des partis politiques.

Exposition universelle à Bruxelles (octobre 1958)

Dans le passé, diverses expositions avaient accueilli des Congolais. Ils étaient alors exhibés comme des spécimens de la lointaine colonie comme, en 1897, à l'exposition au Parc du cinquantenaire à Bruxelles et à Tervuren où la vie quotidienne était présentée par une case en terre avec des Congolais vêtus d'habits rudimentaires, jouant du tam-tam, dansant, cuisinant et mangeant par terre, que l'on visitait comme des bêtes en cage. Cette représentation de mauvais goût démontrait non seulement l'état d'esprit dans lequel se trouvait notre *civilisation*, mais également l'attitude des autorités qui exposaient des êtres humains comme des animaux dans un zoo. Précisons à ce sujet que les 90 soldats de la Force publique qui avaient fait le voyage à Bruxelles ne dormaient pas dans une baraque, même simple, mais bien dans les écuries royales[16]. Plusieurs Congolais y ont d'ailleurs laissé leur vie, ne supportant pas les conditions qui leur avaient été imposées.

Du 17 avril au 18 octobre 1958, l'Exposition universelle a lieu en Belgique. C'est la première fois que l'on voit autant de Congolais à Bruxelles où environ 700 d'entre eux font le déplacement. On retrouve la reconstitution d'un village congolais où des figurants illustrent la vie quotidienne. Ces Congolais qui sont payés pour ce travail vont rompre leur contrat et reprendre l'avion après que les visiteurs leur avaient jeté des cacahuètes et des bananes en faisant le cri du singe. Mais la grande majorité des Belges est méduseé de voir ces Congolais qui ont une conduite dite civilisée et s'expriment mieux que beaucoup de leurs compatriotes ; ils ont par ailleurs des habitudes européennes telles que manger à une table en utilisant des couverts, lire le journal ou s'intéresser aux us et coutumes belges, bref il ne s'agit pas de sauvages…

Parmi ces Congolais se trouvent 300 militaires[17] de l'armée congolaise, la Force publique, ainsi que des assistants médicaux, des journalistes, bref des *Evolués* congolais provenant de différents horizons professionnels. Soumialot ne va pas à l'exposition universelle mais un dénommé Mobutu y est en tant que journaliste. Etant donné ce regroupement, beaucoup de Congolais rencontrent pour la première fois d'autres compatriotes, ils nouent des liens avec des intellectuels d'autres colonies, comme le Martiniquais Aimé Césaire alors âgé de 45 ans[1]. Ils échangent des idées politiques avec différents milieux et divers intellectuels européens, découvrent la littérature révolutionnaire internationale et les livres consacrés à la question coloniale ; des Congolais ramèneront au pays des ouvrages de Staline, de Lénine et de Mao. Apparemment, certains Congolais auraient même établi des premiers contacts avec des mouvements communistes européens. Cependant, ces Congolais fraîchement débarqués en Europe subissent aussi un choc culturel. Si d'une part la modernité de la métropole et la qualité de vie sont frappantes, ils remarquent évidemment que tous les travaux sont effectués par des Blancs, que ce soit le balayeur de rue, le jardinier ou le chauffeur de représentants officiels. De plus, la population bruxelloise traite avec égard ces Congolais, eux qui sont habitués à être tutoyés d'office ; il n'y a aucun endroit réservé aux Blancs, ils peuvent se rendre partout sans offusquer qui que ce soit. Cette exposition permet aussi des rencontres fructueuses entre les différentes personnalités de l'élite congolaise. Les échanges d'opinions politiques sont fréquents ; certains prêchent le maintien des structures coloniales en remplaçant l'occupant, d'autres ne peuvent l'imaginer sans la présence belge et veulent une émancipation permettant de profiter de toutes les possibilités offertes aux colons en étant traité d'égal à égal sur tous les plans, et il y a ceux qui préconisent une organisation totalement nouvelle sans présence étrangère. Certains planifient même de créer dès leur retour un mouvement politique unifiant différentes tendances provenant de toutes les régions du Congo belge : le Mouvement pour le Progrès National Congolais[18]. Mais ils sont pris de court par Lumumba car, huit jours avant la fin de l'exposition à Bruxelles, Lumumba crée le *Mouvement National Congolais* (MNC) au Congo.

---

[1] *Le poète écrira en 1966 la pièce de théâtre « Une saison au Congo ». Avec le Sénégalais Léopold Sédar Senghor et le Guyanais Léon-Gontran Damas, il a créé le concept de la « négritude ».*

Création du MNC (octobre 1958)

Gaston Soumialot participe au MNC dès sa création le 10 octobre 1958. Ce parti a comme doctrine le nationalisme et n'a donc aucun caractère tribal. Lumumba met l'accent avec persistance sur l'unité du pays ; il est l'un des premiers à l'évoquer car, à cette époque, les Congolais n'ont pas vraiment une conscience nationale ; pour eux les frontières naturelles se limitent en règle générale à celles des tribus et ils ne se rendent pas réellement compte de l'immensité du territoire national que les Européens ont tracé au XIXe siècle sans tenir compte des ethnies. Deux arguments convainquent Soumialot : le premier est que ce parti s'est doté d'un programme d'action consistant à mobiliser et réunir tous les Congolais dans la lutte pour l'indépendance nationale et immédiate ; le second élément, très important à ses yeux, est que quelques auteurs du *Manifeste Conscience africaine* se trouvent parmi les cofondateurs. De plus, l'homme qui deviendra un des Africains les plus connus impressionne fortement Soumialot, ce qui lui fait dire : « Pour affronter cette époque de colonialisme en furie, il fallait un homme dynamique, courageux et aux visions très lointaines comme Patrice Lumumba. »

Ainsi, Soumialot fait la connaissance des membres du comité central, dont certains seront appelés à prendre de grandes responsabilités politiques, tels que Cyrille Adoula et Joseph Iléo qui deviendront plus tard Premiers ministres. De mémoire, il pouvait citer la composition du premier comité central provisoire du MNC[1].

L'adhésion de Soumialot à un parti politique ne plaît pas à son épouse qui considère cet acte comme un porte-malheur pour toute la famille engendrant souffrances et la mort. Ses craintes proviennent entre autres de ce qu'elle a subi, directement ou indirectement, en raison des positions prises par son mari quelques années plus tôt. Mais rien ne peut arrêter Gaston Soumialot, le militantisme et la

---

[1] *Président : Patrice Emery Lumumba*
Vice-président : Cyrille Adoula
Directeur à la Propagande & Presse : Joseph Ngalula
Directeurs du Bureau Politique : Joseph Iléo et Martin Ngwete
Secrétaire Général : Antoine Gwenza
Secrétaire Général adjoint : Emmanuel Kibimbi
Trésorier Général : André Jokamba Kasende

détermination à l'émancipation sont fortement ancrés en lui. Il dit à propos des craintes de son épouse : « Tout en reconnaissant les conséquences néfastes pouvant intervenir de ma participation au MNC, je devais faire comprendre à ma chère épouse que le MNC s'étant fixé comme objectif de lutter pour la libération et l'indépendance réelle du Congo, le bonheur et l'avenir du peuple congolais, ma famille comprise, sont à ce prix. »

Après avoir quitté son emploi à Ndjili, il habite avec sa famille à Matete[I]. C'est là qu'il prend ses premières fonctions au sein du parti : il est chargé du bureau politique au *Comité Sectionnaire de Matete*.

La conférence panafricaine d'Accra

Dans l'entre-temps, le MNC a été invité à participer à la première Conférence panafricaine devant se tenir à Accra (Ghana) du 5 au 13 décembre 1958 avec pour thème : la stratégie et les tactiques d'une révolution africaine pacifique. Soumialot se souvient de l'invitation : « Monsieur Lumumba, Président du MNC, (…) répondra présent à cette conférence et y rencontrera les leaders africains progressistes comme Kwame Nkrumah, Sekou Touré et Modibo Keïta. »

Gaston Diomi et Joseph Ngalula sont également présents à Accra. Joseph Kasa-Vubu est aussi invité, mais il ne s'y rend pas pour la simple et bonne raison qu'il a omis de se faire vacciner et, de ce fait, n'a pas reçu le carnet médical à temps, document indispensable pour obtenir l'autorisation de voyage octroyée par le cabinet du gouverneur général. Ceci dit, c'est l'opportunité que saisit l'administration belge qui ne voit pas d'un bon œil Kasa-Vubu aller à la rencontre de fortes personnalités africaines[II] qui représentent l'élite de l'indépendance de l'Afrique noire. Les positions anticolonialistes du mouvement ABAKO de Joseph Kasa-Vubu sont perçues comme dangereuses par les autorités belges ce qui n'est pas encore le cas pour Lumumba. A Accra, Lumumba présente le programme du nouveau parti politique,

---

[I] *Commune au sud de Léopoldville.*
[II] *Holden Roberto de l'Angola, Joshua Nkomo de la Rhodésie du Sud, Kenneth Kaunda de la Rhodésie du Nord (futur président de Zambie), Julius Nyerere de la Tanzanie, Sekou Touré de la Guinée, Modibo Keïta du Mali ou encore Kwame Nkrumah du Ghana.*

le MNC, dont les objectifs prioritaires sont de se débarrasser de l'emprise coloniale et de prétendre à l'indépendance. La plateforme d'Accra lui permet de nouer des contacts avec les leaders africains de l'époque et lui donne une première légitimation sur tout le continent africain. Après la conférence, Soumialot note les premiers commentaires taxant Lumumba de communiste : « Monsieur Lumumba avait pris conscience de l'indispensable solidarité africaine. Aussi curieuses que puissent paraître les idées préconçues de certains Belges, attardés de l'histoire, sur M. Lumumba, la participation de celui-ci à cette conférence panafricaine, pourtant importante pour l'avenir du continent africain, et ses contacts pendant ladite conférence, lui valaient déjà le qualificatif de *communiste* ainsi que les diatribes de tous genres. C'est le début de son calvaire dû à ses idées révolutionnaires, à sa détermination et à son courage dans la lutte pour l'indépendance qu'il allait mener. »

Soumialot est également subjugué par les qualités d'orateur du président du Mouvement National Congolais : « Lumumba s'est révélé, pour la première fois, lors du grand meeting populaire qu'il a tenu, dans la commune de Kalamu le dimanche 28 décembre, après son retour d'Accra, meeting auquel les gendarmes et les policiers se tenaient aux aguets. Au fait, les qualités de meneur de foules, la force de persuasion, les visions politiques lointaines, le dynamisme, l'habileté politique et l'intelligence rendent Lumumba très influent, populaire, fort et capable de faire du MNC un très grand parti national bien structuré et profondément enraciné. »

Soumialot est présent lors de ce premier grand meeting, parmi dix milles personnes, écoutant Lumumba haranguer la foule, les enjoignant de se mobiliser afin de lutter pour l'indépendance. Le leader du MNC cherche aussi des représentants de toutes les régions du pays pour son parti afin d'en obtenir l'unité en précisant qu'il : « invitait les Congolais des deux sexes, des différentes ethnies, de toute condition et de toute opinion religieuse, les Congolais des centres urbains et des milieux ruraux, les individus et les associations déjà organisées à s'unir autour du MNC (…) [19] ».

Ce meeting est le point de départ du succès du parti et de la fulgurante mais si courte carrière politique de Lumumba.

La Force publique

Un élément très important est la Force publique. Cette armée congolaise, créée en 1886 par Roget sous Léopold II, est constituée selon une organisation bien coloniale : des soldats uniquement autochtones encadrés par des officiers exclusivement belges. Ni les hommes politiques ni l'administration coloniale n'ont songé à une formation intellectuelle des militaires en prévision d'une africanisation des cadres ; les seuls qui ont opté pour le développement intellectuel des Congolais sont des membres de l'Eglise. Pourtant, certains responsables militaires ont reproché aux religieux de s'être arrogé le monopole de l'enseignement jusqu'en 1940 et de s'être gardé la liberté de choisir les élèves les plus talentueux « c'est pourquoi, à partir de 1945, la Force Publique ouvrit ses propres écoles primaires et moyennes[20] ». Quoi qu'il en soit, ni la métropole ni l'administration coloniale n'ont jamais été intéressées à la formation d'une élite capable de remplacer un jour les colons. Fait remarquable de la Force publique qui perdura d'ailleurs pendant des décennies, c'est le rigoureux mélange ethnique des troupes congolaises au sein de l'armée, ce qui a permis de l'engager dans n'importe quel endroit sans tenir compte des problèmes tribaux. Vu la diversité linguistique de l'énorme pays et afin de faciliter la communication, une langue unique était imposée tant aux Congolais qu'aux Belges de la Force publique, à savoir le lingala. Cette décision restera et influencera également l'ère Mobutu. Cette armée, répartie sur un territoire grand comme l'Europe occidentale, devant compter « 25'000 hommes, sur pied de paix, et 40'000, sur pied de guerre[21] », était sous les ordres du général Janssens qui avait pris les commandes en 1954. Cependant, il n'y avait pas que la Force publique au Congo, il y avait aussi des troupes belges. Le pays disposait donc de deux forces armées différentes qui étaient sous deux commandements : la Force publique dépendait du gouverneur général au Congo et les troupes belges dépendaient du ministère de la Défense nationale de la métropole. Cela peut être considéré comme un manque de confiance dans les forces congolaises de la part de Bruxelles, mais il y avait un autre aspect : « [l']intérêt à disposer d'un refuge de souveraineté[22] » pour ses troupes loin de l'Europe car, à cette époque, la Belgique portait encore les cicatrices de la deuxième guerre mondiale. C'est pourquoi les bases militaires de Kamina, Kitona et Banana avaient été mises en service et seront des sujets de négociations lors de l'indépendance pour qu'elles puissent rester sous l'emprise belge après que le Congo ait pris en main sa propre destinée.

Les événements du 4 janvier 1959

Comme on l'a vu, Lumumba a tenu avec succès son premier meeting le 28 décembre 1958. Le dimanche suivant débute comme tous les précédents par une matinée calme et paisible, mais ce jour-là est tout autre et fera prendre conscience aux expatriés qu'ils ne sont pas à l'abri d'une révolte. Les événements du 4 janvier 1959 peuvent être considérés comme le réveil du peuple dominé mais également celui de l'élite. Pour les uns, c'est le début d'un mouvement nationaliste dont l'influence s'étendra sur toute une population aussi bien rurale qu'urbaine, pour les autres, c'est un choc considérable qui a des répercussions psychologiques aussi bien chez les Belges du Congo qu'à Bruxelles.

A cette époque, il est normal de voir la Force publique soutenir la police urbaine mais, ce dimanche, un grand nombre de soldats sont libérés de leur charge et profitent de leur congé. C'est au tour de l'autre grand parti politique d'organiser une réunion, l'Alliance des Bakongo, l'ABAKO, qui regroupe les peuplades Kongo. Cette alliance, issue de l'association du même nom, est devenue un parti politique ; à l'origine, c'était un mouvement culturel créé au début des années 50 avec pour ambition la défense de la culture et de la langue des peuples du Bas-Congo. Ce parti politique décide donc, sous l'égide de Kasa-Vubu, de tenir un meeting en réponse au succès du MNC qui avait eu lieu une semaine plus tôt. Cette manifestation doit avoir lieu « au centre de la Young Men's Christian Action, l'YMCA, au cœur de la commune de Kalamu[23] » à Léopoldville où il est prévu que des personnalités telles que Kasa-Vubu, mais aussi Gaston Diomi ou encore Arthur Pinzi prennent la parole[24]. Une grande confusion est à l'origine des premiers troubles véritablement graves sous la colonie belge : la lettre de l'ABAKO, envoyée le mardi pour informer le bourgmestre de la tenue de cette manifestation, ne parvient que le vendredi à cause des fêtes de fin d'année et la réponse négative ne peut de ce fait qu'arriver la veille du meeting. C'est à se demander si l'administration belge a conscience de l'influence grandissante du parti de Kasa-Vubu, car cela semble devoir tomber sous le sens de monsieur Tordeur, le bourgmestre, qu'interdire à si court terme ne peut que causer des problèmes. Evidemment, les militants, partisans, sympathisants et curieux veulent écouter les propos du président de l'ABAKO et accourent durant toute la journée. L'information que le meeting est remis au 18 janvier n'y fait rien, la foule augmente d'heure en heure et attend que la manifestation ait lieu. La population commençant à s'énerver, un représentant de l'administration territoriale, apparemment mal informé, annonce que le meeting aura lieu et fait patienter la foule. Kasa-Vubu, averti de la situation précaire, se rend personnellement sur place pour annoncer le report du meeting. Mais même après cette intervention, la foule ne se disperse pas. Pire, c'est à ce moment-là, et par pur coïncidence, que s'ajoute à cette énorme foule une masse non moins importante venant du stade Baudouin (aussi appelé stade Tata Raphaël) où vient de se terminer un match de football. Grossie par les fans de foot frustrés de la défaite de leur équipe locale du V-Club, la foule qui compte environ 200'000 personnes[25] commence à se déplacer[1]. Selon d'autres témoignages, Daniel Kanza et Kasa-Vubu tiennent leur discours ce qui provoque l'intervention de la police ; il y a les premières bagarres, les premiers jets de pierres et quelques tirs de sommation. La manifestation à l'origine pacifique se transforme rapidement en une énorme émeute ; des hordes d'individus détruisent tout ce qui leur tombe sous la main, pillent des magasins, mettent le feu à des voitures et à des immeubles, bousculent et tabassent des expatriés dans le quartier où Portugais et Grecs tiennent leurs commerces. Lorsque les émeutiers se présentent à l'entrée de la cité européenne, la police tire tout d'abord des coups de semonce, puis ouvre le feu sur la foule et fait couler le sang. Le soir venu, les militaires de la Force publique interviennent et reprennent le commandement. L'opération militaire se termine six jours plus tard lorsque la police reprend ses droits. Mais ce n'est que le 19 janvier 1959 que le calme est complètement rétabli. Les autorités coloniales annoncent officiellement la mort de 47 victimes congolaises et 241 blessés alors que la communauté européenne ne déplore aucun mort mais 49 blessés[26]. Cependant, il est clair que ces événements ont coûté la vie à beaucoup plus de personnes, il est même question de 300 personnes, voire 500[27]. Ces estimations astronomiques sont dues au fait que les familles enterrent leurs morts au plus vite afin d'éviter tout problème avec les autorités

---

[1] Léopoldville comptait 350'000 habitants à l'époque.

coloniales. Ces troubles sont un premier choc pour la Belgique et, surtout, pour les expatriés vivant au Congo belge car ils révèlent, selon Arnaud de Monstelle : « (…) les visées résolument antibelges nourries par les meneurs de l'ABAKO et le besoin de destruction de tout ce qui représentait la civilisation européenne, profondément ancré dans la masse des sans travail des grands centres de la Colonie[28] ». Plusieurs responsables de l'ABAKO sont arrêtés, dont Kasa-Vubu « accusé d'incitation à la haine raciale[29] ». Deux jours après le début des émeutes, c'est-à-dire le 6 janvier 1959, Gaston Soumialot, accusé d'avoir été parmi les animateurs de troubles, est arrêté et transféré à la prison cellulaire de Luzumu qui est, à l'époque de la colonie, réservée aux prisonniers dangereux. Il explique sa mise en liberté : « J'ai retrouvé ma liberté quelques mois plus tard dès le retour au pays des Messieurs Joseph Kasa-Vubu, Daniel Kanza et autres qui eux aussi, avaient été arrêtés pour les mêmes raisons, mais avaient été déportés en Belgique. »

Le réveil brutal des colons belges

Pour se rendre compte des conséquences de la colonisation, il faut s'arrêter sur le mot colonie défini dans Le Petit Robert : « Etablissement fondé par une nation appartenant à un groupe dominant dans un pays étranger à ce groupe, moins développé, et qui est placé sous la dépendance et la souveraineté du pays occupant dans l'intérêt de ce dernier[30] ». Le pays dominateur engrange donc tous les bénéfices de l'exploitation des ressources et dispose de toutes les richesses tout en imposant sa politique, son économie, son organisation sociale et sa culture qui, souvent, vient de très loin. Si la recherche d'autres territoires est un phénomène connu déjà des Grecs, les colonies naissent massivement au XIXe siècle quand les empires cherchent à gagner de l'influence à travers le monde. C'est au cours du siècle suivant que ces peuplades exploitées, placées sous l'autorité de l'homme blanc, cherchent à s'émanciper. Plusieurs colonies à travers le monde se sont enflammées pour aboutir à la mise en œuvre d'un processus d'indépendance. Prenons l'exemple de la France et restreignons-nous au continent africain avant 1960 : elle a eu, en Afrique du Nord, un protectorat au Maroc de 1911 à 1956 et en Tunisie de 1881 à 1956 ; dans l'Afrique sub-saharienne, on trouve la Guinée (1891-1958) également émancipée et la France prépare de longue date l'indépendance des autres colonies. Le véritable souffle de liberté aura lieu en 1960, où l'on prévoit l'indépendance de 16 pays (toutes colonies confondues) sur le continent africain :

Cameroun	01.01.1960	colonie française et britannique
Sénégal	04.04.1960	colonie française
Togo	27.04.1960	colonie française
Madagascar	26.06.1960	colonie française
Somalie	01.07.1960	colonie italienne et britannique
Bénin	01.08.1960	colonie française
Niger	03.08.1960	colonie française
Burkina Faso (Haute-Volta)	05.08.1960	colonie française
Côte d'Ivoire	07.08.1960	colonie française
Tchad	11.08.1960	colonie française
Centrafrique	13.08.1960	colonie française
Congo-Brazzaville	15.08.1960	colonie française
Gabon	17.08.1960	colonie française
Mali	22.09.1960	colonie française
Nigéria	01.10.1960	colonie britannique
Mauritanie	28.11.1960	colonie française

Jusqu'en 1959, il n'est absolument pas question d'indépendance du Congo ; la seule date évoquée en Belgique est celle dont fait mention le professeur belge Van Bilsen dans son *plan de 30 ans* qui permettrait au Congo d'atteindre son émancipation en 1985…

Il faut vraiment être sourd et aveugle pour ne pas constater le processus historique en cours à la fin des années 50 et la mutation de la situation politique sur tout le continent africain. Quant à la Belgique, elle ne voit rien venir. A cette époque, la majorité des colons estime avoir affaire à une population autochtone qui, un peu plus de 70 ans plus tôt, était encore considérée comme des plus arriérée. Toujours d'après ces colons, les Congolais n'étaient absolument pas prêts à une quelconque émancipation. Les événements du 4 janvier réveillent donc brutalement les esprits belges. Coïncidence ou pas, c'est le 13 janvier 1959, donc quelques jours après les émeutes, que le roi Baudouin fait une déclaration devant la Chambre des députés, dans laquelle il annonce la volonté de l'État belge de lancer un processus d'autodétermination au Congo belge[1]. Concernant cette émancipation, on observe une approche différente entre ceux de la colonie et ceux de la métropole.

A ce moment-là, le paysage politique est très restreint et se limite à quelques partis : ABAKO, Action socialiste, Centre de Regroupement africain, Interfédérale, MNC et Union Congolaise. Suite à la déclaration du roi, les partis politiques écloront à telle enseigne que l'on en comptera une quarantaine à la fin 1959[31].

Scission au sein du MNC

Lumumba, toujours soucieux de consolider l'unité au sein de son parti, aplanit les difficultés surgies dans son Comité central provisoire pour réaliser son but qui est d'accomplir la formation d'un bloc solide de toutes les forces vives du pays, même celles du Ruanda-Urundi sous mandat belge, pour faire face à ce que Soumialot appelle « les menées subversives du colonialisme belge et ses laquais ». Les partis qui commencent à pulluler sont principalement à caractère ethnique ou régional ; seules deux grandes formations à vocation nationale émergent : le PNP (Parti National du Progrès) et le MNC. Le MNC est à ce moment-là prépondérant dans tout le pays sauf dans la capitale, le Bas-Congo, c'est-à-dire le fief de Kasa-Vubu, et dans ce qui deviendra le Katanga de Tshombe. Le problème, encore une fois, est la rapidité des événements qui s'enchaînent. Les nouveaux partis politiques subissent de plein fouet cette instabilité. Un petit différent entre deux fortes personnalités d'un même parti peut avoir des effets dévastateurs car il est susceptible de mener à une scission. Ces différents ne sont pas toujours de nature politique, la source est parfois à chercher dans des querelles de clan ou tout simplement de pouvoir. Le danger d'un désaccord profond est assurément beaucoup plus grave et conséquent pour un parti à vocation nationale. C'est pourquoi Lumumba doit très rapidement déchanter car, malgré sa volonté de réunir en son mouvement différentes tendances et personnalités, le MNC se divise en juillet 1959 en MNC-Lumumba (MNC-L) et MNC-Kalonji ; plus tard, en avril 1960, il y aura même une troisième scission, celle du

---

[1] *En fait, le 24 décembre 1958, un groupe de travail remettait un rapport au ministre du Congo, van Hemelrijck, qui avait alors annoncé que l'avenir politique et administratif du Congo serait annoncé le 13 janvier 1959.*

MNC-Nendaka. Soumialot commente les séparations au sein de son parti : « Les impérialo-colonialistes veulent diviser et créer des scissions au sein des partis politiques congolais. Selon les milieux réactionnaires occidentaux, le MNC cesserait d'être dangereux une fois Lumumba écarté. En juin 1959, quelques membres du Comité Central provisoire du MNC dont Cyrille Adoula, Joseph Iléo, Joseph Ngalula, Emmanuel Kibimbi et Martin Ngwete, auteurs pourtant du Manifeste de la *Conscience Africaine*, poussés et aidés financièrement par le Clergé de Léopoldville et les milieux catholiques belges, se désolidarisent de leur Président, Patrice Lumumba. Ces opportunistes exploitent la naïveté et l'ambition de Monsieur Albert Kalonji, Président provincial du MNC au Kasaï, et vont jusqu'à inciter celui-ci de faire autant. Il est important de rappeler ici qu'il s'agit bien de cet Albert Kalonji que l'Administration coloniale belge, par ses fonctionnaires au Kasaï, commettra l'erreur grave d'arrêter et déporter à Nkole le rendant ainsi populaire. Et, par ailleurs, c'est pour obtenir sa libération que Patrice Lumumba, après avoir rencontré à ce sujet le Gouverneur de la Province du Kasaï à Luluabourg, s'est rendu à Nkole pour chercher celui (Kalonji) qui deviendra son ennemi juré. »

Effectivement, un mini putsch est tenté par des membres du Comité provisoire du MNC. Le vice-président Adoula, le directeur à la Propagande & Presse Ngalula, les deux directeurs du Bureau politique Iléo et Ngwete et le secrétaire général adjoint Kibimbi se réunissent le 16 juillet et décident que la représentation du MNC est dès lors collégiale mais que Patrice Lumumba n'en fait pas partie. A noter que, lors de ces délibérations, ni le président Lumumba ni le second vice-président Diomi ou encore le secrétaire général Gwenza ne sont présents. La réaction du chef du parti est immédiate ; il convoque pour le lendemain une assemblée extraordinaire des comités sectionnaires qui, eux, le soutiendront. Suite à cela, les dissidents créent une propre aile et désignent Albert Kalonji comme leur président, le MNC-Kalonji est né.

Soumialot constate assez vite que la personnalité de Lumumba fait prendre conscience à maintes personnalités congolaises et européennes de son importance dans le nouvel échiquier politique du Congo. Ce constat au sein même du MNC est en grande partie la source de scissions internes. Lumumba prend beaucoup de place et se laisse aller à des tendances autoritaires. Les premiers jeux politiques entrepris par les nouvelles figures émergeantes sont emblématiques et, par la suite, chacun mettra tout en œuvre pour s'approprier le pouvoir afin d'être en position de force lors d'une éventuelle indépendance. Soumialot accuse les colons de manipuler les autochtones les uns contre les autres et de freiner cette nouvelle liberté de parole qui se transforme en euphorie politicienne échappant à leur contrôle.

Premier Congrès extraordinaire du MNC

Soumialot raconte que, conscient du danger des « menées subversives du colonialisme belge » que courent le MNC et les autres partis politiques congolais dits progressistes, Lumumba organise et convoque à Stanleyville le premier Congrès extraordinaire du MNC qui a lieu du 23 au 31 octobre 1959, ainsi que la première Conférence de tous les partis politiques à tendance progressiste du 1er au 3 novembre 1959. Le Comité central est élu lors de ce premier congrès, après l'élection à l'unanimité de Patrice Emery Lumumba comme président du Comité national et celle de Victor Nendaka en tant que vice-président. Le Comité national du MNC, composé du président, du vice-président et des six présidents provinciaux (Léopoldville, Orientale, Katanga, Equateur, Kasaï et Kivu-Maniema), est le deuxième organe du parti après le Congrès. Quant au Comité central, c'est un organe d'exécution dirigé par le président du MNC et dont fait partie Gaston Soumialot en tant que directeur national à la Propagande et Presse ; c'est donc avant l'indépendance que Soumialot devient un proche de Lumumba. Lors de ce congrès, Lumumba exige l'indépendance immédiate et la création d'une table ronde entre Belges et Congolais.

Pendant ce Congrès, d'autres assemblées se tiennent ailleurs comme le raconte Soumialot : « Au même moment et pour la même période, comme pour semer la confusion, les détracteurs du MNC font convoquer parallèlement, par Albert Kalonji de retour de la Belgique, un autre congrès à Elisabethville le 1er novembre. Tandis qu'à Coquilhatville, toujours pour contrecarrer l'influence de Lumumba et l'impulsion du MNC, le Parti National du Progrès (P.N.P.), créé à l'instigation des colonialistes et fabriqué en Belgique par un Sénateur, tenait aussi sous les auspices de l'Administration coloniale belge son Congrès réunissant les fonctionnaires indigènes Congolais de l'Administration Publique coloniale et les Chefs des milieux ruraux bien triés parmi les corrompus. Je rappelle d'ailleurs que jadis les fonctionnaires indigènes comme d'ailleurs les soldats, n'étaient pas autorisés à adhérer à un parti ou à une organisation politique quelconque sous peine d'être révoqués. Bref, par ce genre d'intrigues que nous avons d'ailleurs déjouées, la Belgique espérait pouvoir mobiliser toutes couches de la population congolaise dans sa campagne de dénigrement menée pour obtenir l'échec de Lumumba et de son parti, et pour amener le triomphe du P.N.P., chéri à la Belgique, aux premières élections législatives organisées et dirigées par le Gouvernement Belge. »

Au terme des travaux du premier Congrès, Soumialot doit assister aux assises de la conférence interpartis qui doit réunir, avec le MNC, les dirigeants de six formations. Celles-ci sont :

CEREA	Centre de Regroupement Africain
UNECO	Union Economique Congolaise
BALUBAKAT	Association des Baluba du Katanga
ATCA	Association des Tchokwe du Congo, de l'Angola et de la Rhodésie
UNA	Union Nationale Ruandaise (Ruanda)
UPRONA	Union pour le Progrès National (Urundi).

Le Ruanda-Urundi est à ce moment-là la septième province du Congo. Annexé au Congo en 1925 par les Belges, il a un statut spécial. Après la première guerre mondiale et suite à la conférence de Versailles de 1919, la Belgique a, en 1923, *hérité* de ce territoire allemand selon le mandat de la Société des Nations. En 1946 ce mandat est transformé en tutelle par l'Organisation des Nations unies et cela reste ainsi lorsque le Congo devient indépendant en 1960. Après son indépendance le 1er juillet 1962, cette province au statut distinct devient le Rwanda et le Burundi, les deux pays que l'on connaît aujourd'hui.

Les 30 et 31 octobre 1959 ont lieu des troubles graves à Stanleyville. Soumialot accuse les autorités de la colonie belge d'avoir pris la veille de cette conférence comme justification pour intervenir avec violence, car elles prétendent avoir affaire à une réunion interdite ayant pour objectif de s'opposer aux autorités. Les émeutes en Province Orientale sont, selon lui, la conséquence de cette action et provoquent à leur tour les autorités coloniales qui ouvrent le feu sur les congressistes. Officiellement, il sera question d'une vingtaine de morts, nombre qui, encore une fois, est certainement à augmenter massivement, mais les « plusieurs milliers » articulés par Soumialot semblent assurément exagérés. Son explication des événements prouve qu'à ces yeux la Belgique n'est pas prête fin octobre 1959 à lâcher prise, au contraire, elle combat toutes les forces émergeantes dont l'autonomie lui paraît dangereuse. En fait, il semblerait que Lumumba aurait appelé les Congolais à la désobéissance civile, ce qui aurait incité le gouverneur de province à vouloir le faire arrêter provoquant ainsi les émeutes. Soumialot rappelle ces événements : « Mais hélas, l'Administration coloniale qui avait reçu mission de décapiter le MNC et d'éliminer son Président, n'a pas hésité à passer aux actes de provocation jusqu'à susciter des troubles sanglants par la fusillade des congressistes, laquelle fera plusieurs milliers de morts parmi les populations de la Province Orientale accusées d'avoir commis le seul crime d'adhérer massivement au MNC. Cela avait été savamment préparé par les agents du capitalisme à la recherche de raisons pour empêcher l'union de toutes forces progressistes du pays et pour arrêter Patrice Lumumba. Arrestation qui d'ailleurs aura lieu de manière préméditée et arbitraire le 1er novembre 1959 à 12 heures. Comme l'on devait s'y attendre, accusé d'incitation à la haine contre l'autorité de l'Etat et traduit devant le tribunal du Parquet de 1ère Instance de Stanleyville, il a été jugé et condamné le 21 janvier 1960 à 6 mois de S.P.P.[1]. Aussitôt le verdict était prononcé, menottes aux poings, en culotte et singlet, nu-pieds, Patrice E. Lumumba est transféré à la prison de Kasapa à Jadotville dans le Katanga, pour éviter des troubles éventuels de la part de la population de la Province Orientale exigeant sa libération immédiate. »

Soumialot part au Kivu et au Burundi

Pendant que Lumumba se trouve écroué à Kasapa, Victor Nendaka, vice-président national du MNC, convoque deux réunions. La première à Léopoldville en novembre 1959, rassemblant les membres du comité central et tous les présidents provinciaux pour examiner la situation du parti après les événements survenus au congrès de

---

[1] *Servitude pénale principale.*

Stanleyville. Ensuite, à Bukavu, au mois de décembre de la même année, Nendaka convie à une réunion des unitaristes en vue d'arrêter une position commune lors de la tenue éventuelle d'une table ronde à Bruxelles. Soumialot est désigné chef d'une délégation qui doit se rendre au préalable à Bukavu afin de préparer la réunion et contacter les dirigeants du Comité central du CEREA, seul parti politique existant au Kivu, ainsi que quelques sympathisants du MNC dans la région. La réunion des unitaristes débute le 25 décembre 1959 ; à son issue, la composition de la délégation des membres du MNC à la Table Ronde de Bruxelles, qui doit se tenir en janvier 1960, est décidée. L'envoi à travers toute la Province du Kivu-Maniema des responsables du département de la Propagande et Presse pour la création des sections et l'implantation du MNC est également décrété. Une fois encore, Soumialot est amené à se faire connaître dans cette région où, plus tard, la rébellion aura lieu. Il dit : « C'est ainsi que la création et l'implantation du MNC dans l'ensemble de la Province du Kivu, sont l'œuvre de ma délégation qui avait à sillonner tous les villages reculés de cette région, étroitement surveillée, comme tant d'autres, par les colonialistes belges. (…) [Les différents comités] avaient été formés et ce, pendant notre longue et pénible tournée à travers le Kivu-Maniema et même le Burundi (Usumbura). »

Soumialot parcourt toute la région et tient de multiples meetings. Le succès au courant de ce mois de janvier 1960 est immense. Une grande assemblée est même tenue à Usumbura (ou Ujumbura qui deviendra Bujumbura à l'indépendance en 1962) exhortant les Burundais à s'affilier respectivement à l'UPRONA (Union pour le Progrès National) et au MNC. Ce premier rassemblement ne fait pas seulement de l'effet sur la population qui adhère massivement, mais laisse aussi les autorités coloniales locales perplexes. Soumialot évoque les conséquences de ce succès : « On peut dès lors comprendre la force et l'implantation de l'UPRONA, parti progressiste, fondé par le Prince Louis Rwagasore, fils du roi Mwami Mwambutsa IV du Burundi, lequel Prince, jugé encombrant par les forces du mal coalisées, sera liquidé prochainement. En effet, ayant personnellement participé au congrès des progressistes et unitaristes tenu à Stanleyville et présidé par Lumumba, le Prince Louis Rwagasore avait naturellement réveillé la haine de groupes d'intérêts qui, déjà, accusaient son parti, l'UPRONA, d'être l'émanation du MNC ». Soumialot poursuit : « Et aussi, notre meeting au Burundi viendra mettre de l'essence sur le feu, c'est-à-dire attiser la colère des capitalistes qui ont juré l'élimination totale de tout élément progressiste, soupçonné pouvoir nuire à leurs intérêts. »

En effet, au Urundi, il y a ce grand parti politique du prince Louis Rwagasore, l'UPRONA, qui a la particularité de réunir « (…) sans distinction Tutsis et Hutus[32] ». On y trouve aussi l'Uprohutu (Union pour la Promotion Hutue) que l'on peut comparer au Palipehutu fondé en 1980, parti pour la libération du peuple hutu ; en 1960 cependant, « (…) différents partis de tendances " sociales-chrétiennes " que l'on disait patronnés par l'administration belge (…)[33] » se sont regroupés en un front commun qui remporte ces élections communales. L'UPRONA est battue mais, lors des élections législatives en septembre 1961, le prince Rwagasore sort grand vainqueur et devient Premier ministre. Le 13 octobre 1961, alors âgé de 29 ans, il est tué par balle dans un restaurant près du Lac Tanganyika. L'assassin est un jeune colon grec du nom de Jean Kageorgis qui est arrêté et condamné à mort. Le meurtre avait été apparemment commandité par des leaders d'un parti adverse « (…) soutenu par la Belgique[34] », selon l'association de réflexion et d'information sur le Burundi il s'agit du PDC[35] (Parti Démocrate Chrétien). Il y avait aussi une rumeur accusant le frère cadet du prince d'être à la source de l'attentat. Les Belges exécutent Kageorgis en date du 30 juin 1962, le dernier jour de la suprématie coloniale : le lendemain, l'indépendance du Burundi est proclamée. Ceci dit, les présumés complices de cet assassinat n'auront pas plus de chance auprès des nouveaux dirigeants, car ils seront pendus après l'indépendance, le 15 janvier 1963, dans le stade Gitega.

La Table Ronde à Bruxelles (janvier 1960)

Pendant que Soumialot s'active à l'Est du Congo au mois de janvier, les événements historiques du pays se précipitent. Du 17 décembre 1959 au 3 janvier 1960, le roi Baudouin fait une visite surprise au Congo[36]. Le jour même de la rentrée du roi en Belgique, le ministre des colonies, M. De Schryver, annonce la Table Ronde pour le 20 janvier. L'appel à l'indépendance des nouveaux partis congolais se fait de plus en plus pressant. L'idée d'une table ronde émanant du PTC (Parti Travailliste Congolais) apparaît une première fois en juillet 1959 et, après Lumumba en octobre, le MNC-Kalonji propose en novembre de réunir à Bruxelles des représentants des partis congolais avec ceux du parlement belge. A cette conférence, on trouve du côté belge le parti socialiste qui joue un rôle majeur mais se trouve alors dans l'opposition. Du côté congolais, il y a les différents partis politiques ainsi qu'une délégation de chefs coutumiers ; un cartel de tendance fédéraliste (CONAKAT[1], MNC-Kalonji, ABAKO) donne cependant un poids particulier à l'ABAKO qui compte onze représentants. L'unitariste Lumumba manque à l'appel vu qu'il est en prison. C'est un des trois représentants du MNC-Lumumba, Victor Nendaka, qui demande la présence de son chef, faute de quoi son parti quittera la conférence. Le 25 janvier, Lumumba passe de sa crasseuse cellule congolaise à la salle feutrée de la conférence de la Table Ronde à Bruxelles. Une unité interpartis congolaise apparaît alors dans le but d'atteindre l'indépendance le plus tôt possible malgré des divisions flagrantes. Curieusement, une absence totale de l'exploitation des disputes entre fédéralistes et unitaristes est à constater du côté belge, et les négociateurs se mettent d'accord pour promulguer l'indépendance à la date du 30 juin 1960. Cette date émane unilatéralement du camp congolais, ce qui fait dire à un diplomate belge « La date d'émancipation avait été proposée par les enfants aux parents[37] », illustrant au passage la condescendance des politiciens belges envers les Congolais. Il reste à négocier des résolutions sur les institutions, la constitution et un traité général d'amitié, d'assistance et de coopération afin de régler les relations entre le Congo et la Belgique. Tout cela sans oublier que cinq mois plus tard, le nouvel Etat verra le jour. Il y avait eu le plan de 30 ans dont personne n'avait voulu et voilà que la décision de l'indépendance est bâclée en un mois. Le 20 février, tout est dans la poche et le Congo indépendant existe en théorie sur des documents établis lors de cette Table Ronde. En pratique, cela s'avérera beaucoup plus chaotique…

Soumialot développe le MNC à l'Est du pays.

Les politiciens de retour au pays s'affairent à obtenir l'influence nécessaire sur la population en vue des élections. Le bureau du Comité central du MNC télégraphie à Soumialot pour lui annoncer l'arrivée le 5 mars 1960 de Patrice Lumumba. L'avion atterrit à Kamembe au

---

[1] *Confédération des associations tribales du Katanga.*

Ruanda où Soumialot l'accueille et, en sa compagnie, prend place dans la voiture décapotable où Lumumba, debout, salue la foule tout au long du voyage qui l'amène au stade à Bukavu. Là, le président national du MNC tient un discours et, à l'heure de l'indépendance nationale, il exhorte tout le monde au travail. Soumialot rapporte qu'il a dit « l'indépendance n'est pas synonyme de l'oisiveté », car d'aucuns associaient cette indépendance à la liberté, sans réaliser les conséquences néfastes que cela pouvait représenter en cas d'échec économique, c'est pourquoi Lumumba rappelait souvent la responsabilité de l'individu. Avant de partir le lendemain pour Elisabethville, Lumumba remet personnellement à Soumialot des fonds importants pour couvrir les frais de fonctionnement du nouveau bureau du Comité provincial et les frais de déplacement de la délégation de Soumialot. Celui-ci se rend alors à Kindu et tient un meeting populaire devant une foule estimée à 10'000 personnes parmi lesquelles plusieurs Européens. Soumialot expliquera plus tard que ces meetings pouvaient être fort lucratifs : « Les produits de vente des cartes de membre nous avaient permis d'acheter cash deux maisons, l'une à la rive gauche et l'autre à la rive droite, pour en faire les bureaux des comités régional et sectionnaire du MNC à Kindu. »

Soumialot continue sa tournée et fait grandir la popularité du MNC auprès des habitants du Kivu-Maniema et même de l'Urundi. Il organise dans toute la région des comités régionaux (de district), sectionnaires (de territoire), de poste, de secteur et de village. Lors de ce périple, il apprend par la radio que la date du début de la campagne électorale a été fixée. Pour s'y préparer, il dresse des listes avec le Comité régional pour désigner leurs candidats à la députation tant nationale pour la Chambre des représentants que provinciale à l'Assemblée provinciale. Encore une fois, la présence de Soumialot dérange et, comme il le raconte, les ennuis débutent sérieusement lorsqu'il retourne à Kindu : « Je quitte Kasongo pour Kindu où, avec ma délégation, je suis accueilli, à la barrière de Katako-Kombe, à 7 km de la ville de Kindu, par les soldats de la Force publique réquisitionnés pour l'état d'exception déjà instauré au Maniema le 24 mai 1960 par le Collège Exécutif Général. Après de longues discussions, nous avons pu continuer notre route. Le même jour de mon arrivée à Kindu, dans la maison de M. Joseph Kalisibe où j'étais logé, une compagnie de soldats ayant encerclé cette maison dans le but de m'arrêter, s'est introduite dans le salon de celle-ci et y avait enlevé, à ma place,

M. Théodore Yamba-Yamba, Président Régional du MNC qui se trouvait assis à mes côtés. Le lendemain, me présentant au Quartier Général de l'Etat d'Exception pour y demander la libération de M. Yamba-Yamba, le Colonel Six s'est exclamé de l'arrestation opérée contre une personne autre que moi. M. Yamba-Yamba était relâché tandis que j'étais astreint, par le Colonel Six, à quitter le Maniema par la toute première occasion, et ce, en plein mouvement du déroulement des opérations électorales. »

Soumialot rejoint Lumumba à Léopoldville

Soumialot quitte Kindu pour rejoindre Patrice Lumumba à Léopoldville où, ensemble, ils suivent par la voix de la radio nationale, les résultats des premières élections législatives qui se sont déroulées dans le pays. Soumialot évoque la nouvelle mission reçue à la suite de ces résultats très favorables au MNC : « Satisfait de ces résultats, Patrice Lumumba m'avait renvoyé à Bukavu avec mission de contacter les membres élus de l'Assemblée Provinciale en vue de les conscientiser dans leur choix de désigner les futurs sénateurs parmi les chefs coutumiers et certains cadres membres du cartel MNC – CEREA. Ayant réussi à faire coopter les membres de ce cartel politique comme sénateurs, j'ai quitté Bukavu pour retourner à Léopoldville le 9 juin 1960 où le lendemain matin j'étais invité à une réunion élargie à la résidence de Patrice Lumumba pour étudier et analyser la situation politique du moment. »

Gaston Soumialot, dont l'influence au sein du MNC a souvent été sous-estimée, participe pourtant activement au succès du parti en le structurant. Il est proche de Patrice Lumumba et se sait écouté par celui-ci.

*

Plus de 25 ans après les événements, Soumialot était capable de citer toutes sortes de détails, il mentionnait non seulement une date mais l'heure de l'événement et le jour de la semaine, même les résultats des votes du parlement pour l'élection de Lumumba en 1960 au poste de Premier ministre étaient encore présents alors qu'il avait près de 70 ans. Au cours des recherches, tous ces éléments se sont avérés corrects, sa mémoire ne lui avait pas fait défaut.

*

Soumialot se souvient du nombre exact de votes favorables, défavorables et d'abstentions, et sa proximité de Lumumba lui permet de raconter les revirements des quelques jours précédant l'indépendance du 30 juin 1960 :

« Le 13 juin 1960, au courant du complot ourdi pour son écartement du pouvoir, M. Patrice E. Lumumba tient, à sa résidence, une conférence de presse dénonçant les manœuvres tramées par l'Administration coloniale, manœuvres ayant pour objectif : " écarter de la direction du pays les nationalistes qui ont pourtant la confiance du peuple et hisser au pouvoir certaines marionnettes, dans le seul but de servir certains intérêts occultes ". Le même jour, s'adressant à la Jeunesse MNC, Patrice Lumumba déclarait : " Si les manœuvres actuelles se poursuivent, nous serons bien obligés d'inviter le peuple à proclamer lui-même son indépendance ". Le soir de ce 13 juin 1960, M. Walter Ganshof van der Meersch, confie à M. Patrice Lumumba, Chef du parti majoritaire aux premières élections législatives, une mission d'informateur. C'est à cette occasion précise que le Président National du MNC ayant reçu mission d'informateur par le Ministre résident, suspendra provisoirement les activités des membres du Comité Central, chargera M. Christophe Gbenye, Député et Directeur provincial du Bureau Politique de Stanleyville de s'occuper de l'expédition des affaires courantes en ce qui est de l'administration du parti, pendant que je m'occupais des relations publiques. Tandis que M. Patrice Lumumba multipliait ses contacts en vue de former un gouvernement de large union nationale, M. Ganshof van der Meersch, Ministre Résident, était assiégé par des leaders politiques congolais qu'il consultait encore ; pourquoi j'ignore. Parmi ces leaders, se trouvait M. Joseph Iléo, Secrétaire Général du MNC tendance Kalonji (…).

Le vendredi 17 juin, à la grande surprise de la majorité des Congolais, le Ministre Résident Belge, chargé des Affaires générales en Afrique pour ne pas dire d'une mission spéciale au Congo, déchargeait, à la satisfaction, bien entendu, de la contre-révolution congolaise, M. Patrice Lumumba de sa mission d'informateur et par contre charge directement M. Joseph Kasa-Vubu, Chef de l'ABAKO, parti minoritaire, de la mission de formateur…

Mais à l'issue de la victoire écrasante du bloc lumumbiste à l'élection du Bureau de la Chambre des Représentants le 21 juin 1960, le Ministre Résident, Ganshof van der Meersch, n'avait d'autre alternative que de décharger M. Joseph Kasa-Vubu et de confier, de droit, à M. Patrice Lumumba la mission de formateur. Evidemment, il n'a pas eu beaucoup de peine à former le premier Gouvernement Congolais de large union nationale. Après l'élection du Bureau du Sénat le 22 juin 1960, muni de la liste de son équipe gouvernementale très populaire, il avait rendu visite au Ministre Résident pour lui faire le rapport sur sa mission avant de se présenter le 23 juin 1960 à 22 heures, devant la Chambre des Représentants pour y solliciter la confiance. Il l'avait obtenue par 74 voix pour, 1 contre, 5 abstentions, 57 absents. Le lendemain matin, le Sénat avait aussi voté en faveur du Gouvernement Lumumba (60 voix pour, 12 contre et 8 abstentions).

Lumumba allant être maintenant occupé à ses responsabilités de Premier Ministre, il nous a invités à continuer à réorganiser le parti. Il chargera Christophe Gbenye et consort à s'y atteler, je faisais partie de la liste des organisateurs, tout en étant également chargé de rester en permanence au bureau du parti.

Malheureusement, le gouvernement Lumumba bien que démocratiquement investi, paraîtra, aux yeux des milieux capitalistes de l'Occident et de l'Amérique, à cause de la présence, en son sein, des éléments à majorité progressistes, comme une équipe de gauche, partant, dangereuse. Car, pour l'Occident et l'Amérique, tout africain ou noir progressiste est d'emblée de tendance communiste.

En Effet, la manœuvre de la Belgique, en particulier, et de l'Occident, en général, par rapport à la formation du premier gouvernement congolais, consistait, évidemment, à imposer un gouvernement fantoche appelé à défendre leurs intérêts. Dans cette manœuvre sordide, étaient mêlés certaines marionnettes et aigris congolais formant une soi-disant opposition au Gouvernement Lumumba. C'est ces éléments (Bangala et Baluba) qui, mettant en relief la victoire de M. Joseph Kasa-Vubu à M. Jean Bolikango lors de l'élection du Chef de l'Etat le 24 juin 1960 (159 voix contre 43) et la non participation de M. Albert Kalonji au Gouvernement, organisèrent, à Léopoldville, des manifestations hostiles contre le Gouvernement Lumumba.

Une fois l'élection du taciturne, Joseph Kasa-Vubu, comme Chef de l'Etat (cadeau empoisonné pour Patrice Lumumba) terminée, le Congo a été doté d'institutions nouvelles et démocratiques. »

Il est important de noter que Soumialot participe à la réorganisation du parti avec Christophe Gbenye. C'est certainement une des premières fois qu'ils sont amenés à travailler intensément côte à côte, eux qui, par la suite, seront des figures de proue de la rébellion de 1964.

La fin du colonialisme en Afrique

Est-ce que l'on a posé la question aux Congolais s'ils voulaient être colonisés et dominés ? La réponse coule de source, tout le monde sait que la colonisation n'a pas été un choix délibéré ou une volonté de ces peuples africains. Le Congolais a dû se soumettre à l'envahisseur belge qui l'a dominé pendant des décennies après les tutelles portugaise et arabe. Si tout le monde connaît le fléau de l'esclavage, qui a entendu parler des mains coupées[1] et des massacres qu'aurait commis Léopold II au Congo ? En effet, après les calamités de l'esclavage, il faut constater qu'une fois de plus il est question de plusieurs millions de victimes ; à en croire Adam Hochschild, journaliste et écrivain américain, il serait même question de 10 millions de morts[38]. Que dire de toutes les décisions prises par les explorateurs et les colons que l'on a imposées aux autochtones et dont on trouve aujourd'hui encore les traces ? Tels les découpages arbitraires des territoires séparant ainsi des familles, des ethnies, pour devenir des frontières nationales. Des tribus entières ont ainsi été séparées, d'autres qui se faisaient impitoyablement la guerre depuis des générations ont par contre été réunies par la citoyenneté du même pays. L'Occident occulte les conséquences de l'époque coloniale avec le résultat que, de nos jours, les générations européennes ont oublié ce passé que l'on qualifierait aujourd'hui d'abject. Pourtant, sans ces connaissances historiques, nous risquons de continuer à commettre de

---

[1] *La mutilation des morts servait, pour les colons, de justification de la munition manquante lors de la campagne d'exploitation du caoutchouc, les mains coupées étant la preuve du nombre de cartouches utilisées par les soldats autochtones. La conséquence perverse de cette abomination est la mutilation de mains de personnes vivantes.*

graves erreurs. Un peu à l'image de la loi votée en France en 2005 sur « (…) le rôle positif de la présence française outre-mer, notamment en Afrique du nord (…) », ce qui a évidemment suscité de vives réactions, comme en Algérie, dont le président Abdelaziz Bouteflika dira que cette loi représente « une cécité mentale confinant au négationnisme et au révisionnisme » en qualifiant le colonialisme d'« un des plus grands crimes contre l'humanité que l'histoire ait connus »[39]. On voit bien que l'ampleur et la sensibilité du sujet sont ignorées au nord de la mer Méditerranée, alors qu'au sud, la blessure reste indicible. On peut en conclure que les conséquences du colonialisme et de l'esclavage resteront d'actualité aussi longtemps que les ex-dominés et les ex-dominants ne pourront se mettre autour d'une table pour trouver une réparation définitive. « Le Sud ne quémande plus de l'aide au Nord. Il exige des réparations, sinon un acte de contrition (…). Le continent [africain] tout entier crie justice (…). Les Européens minimisent les ravages de l'esclavage. Ils préfèrent exalter son abolition (…) » ont écrit Bertrand Legendre et Gaïdz Minassian dans *Le Monde* en 2007[40]. La question d'une réparation est un thème récurrent depuis les *Réflexions sur l'esclavage des nègres* de Condorcet en 1781, à la différence qu'au XXI siècle se sont ajoutées les spoliations commises durant le colonialisme.

La première brèche à la possession de colonies est faite le 14 août 1941 lorsque Churchill et Roosevelt jettent les fondements d'une nouvelle politique internationale dans ce qui sera appelé la *Charte de l'Atlantique*. Un document qui, en réalité, ne sera jamais signé par les deux protagonistes mais qui, cinq mois plus tard, servira de base à la *Déclaration des Nations unies*. La Charte de l'Atlantique propose une série de principes d'ordre moral devant s'appliquer à la politique nationale, entre autres le refus d'un quelconque élargissement territorial, le droit des peuples à choisir librement leur forme de gouvernement ou encore l'accès libre aux matières premières. En 1956 a lieu la crise du canal de Suez où les Anglais et les Français interviennent suite à la nationalisation de ce passage maritime par Nasser. Apparemment convaincus de leur bon droit et peut-être encore dans un esprit colonialiste, ils ne préviennent pas leurs alliés, en particulier les Américains. Grave erreur, car les Américains mettent alors les Anglais sous pression ; les Anglais doivent se retirer, suivis de l'armée française. La crise du canal de Suez est le début de la fin de l'ère coloniale en Afrique. En effet, les Américains ne sont plus prêts à soutenir ces empires coloniaux, c'est l'annonce de la fin du monopole politique, des profits économiques et de l'oppression des peuples. Les Européens comprennent que les Etats-Unis ont découvert l'importance de l'Afrique mais, ce que les Américains n'ont semble-t-il pas prévu en prônant la liberté des nations africaines, c'est le danger de la guerre froide dont ce continent sera la proie. A cette attitude, les colonisateurs européens, en particulier les Belges, ont bien fait savoir aux Américains qu'ils n'avaient pas de leçons à recevoir de leur part, eux qui pratiquent encore la ségrégation dans leurs Etats du Sud et traitent les afro-américains parfois avec bien plus de mépris que les colonisateurs. Ce différent entre Européens et Américains est toutefois vite oublié, car ils sont des alliés de l'OTAN et la situation de la guerre froide ne permet pas ce genre de querelle intestine. En 1964, après l'indépendance du Congo, les Américains seront par ailleurs amenés à y intervenir militairement avec la Belgique.

Tant que les colonies africaines étaient sous le joug des Occidentaux, le continent était stable pour le monde dit *libre*. Les nouvelles situations politiques occasionnées par les décolonisations provoquent des tensions à l'échelon mondial car, devenus indépendants donc accessibles, ces pays sont automatiquement l'enjeu de la politique internationale. L'intérêt des Soviétiques, qui n'avaient jusqu'alors pas eu une grande influence sur ce continent, augmente, ce qui ne peut laisser les Américains indifférents. Jusqu'à la fin des années 50, les Etats-Unis ont évité de s'engager politiquement en Afrique se contentant de traiter avec les colonies européennes. Ils se sont satisfaits de cette politique africaine favorable à l'Occident, car la présence massive européenne empêchait les ambitions soviétiques[41], mais la donne a fondamentalement changé. Cette situation aurait pu permettre à l'Afrique un développement extraordinaire et très rapide si elle avait su bénéficier de l'enjeu de la guerre froide. La réalité est totalement différente, ce ne sont pas les populations et les Etats qui en ont tiré profit mais principalement des individus à la recherche de pouvoir. Aujourd'hui, l'Occident ne colonise plus mais s'attribue *le droit de s'ingérer*, rien n'a véritablement changé dans son attitude, comme le résume si bien Régis Debray lorsqu'il dit : « Ils ont enlevé le casque. En dessous leur tête reste coloniale.[42] »

L'indépendance du Congo (30 juin 1960)

En accordant l'indépendance dans une précipitation des plus surprenantes, la Belgique veut éviter une guerre d'indépendance comme en Indochine.

Le nombre restreint de ressortissants belges vivant au Congo est un avantage pour la Belgique ; l'administration coloniale renvoie en Europe les fonctionnaires qui ont terminé leur période contractuelle au Congo et très peu s'établissent par la suite dans le pays. La situation est à l'époque tout à fait différente pour la France : près d'un million de Français vivent en Algérie, dont beaucoup depuis des générations ; problème identique dans les colonies britanniques comme en Rhodésie ou au Kenya[43]. En 1958, le Congo belge compte moins de 113'000 salariés belges et de différentes nationalités européennes[44]. A l'armée, seuls les officiers sont Belges et on n'en compte que 562[45]. Les aventuriers qui viennent investir à titre privé, accompagnés de leur famille, sont peu nombreux et n'y sont pas, mis à part quelques rares exceptions, implantés depuis des générations lorsque l'indépendance est proclamée. Les Congolais ont toujours eu affaire, dans la majorité des cas, à des employés de l'administration coloniale, d'où une relation peut-être différente entre ces deux communautés.

C'est dans le contexte de brimades, de souffrances et de vexations vécues par le peuple congolais, qu'il faut mettre le geste et les paroles de Lumumba qui, lors de la cérémonie de l'indépendance, s'invite à la tribune où seuls les discours du premier président du pays Joseph Kasa-Vubu et du roi Baudouin sont prévus mais pas le sien. En dépit de cela, il tient, en tant que Premier ministre, un discours que l'on peut qualifier aujourd'hui d'historique. Devant le roi et le président médusés et en présence de tout le gratin belge et international, il exprime les pensées cachées du peuple congolais à l'encontre des colonisateurs. Ces déclarations sont ressenties comme totalement déplacées par la Belgique, notamment pour débuter une nouvelle relation politique entre les deux pays. Le roi est offusqué et embarrassé alors que l'assemblée congolaise applaudit son Premier ministre. Plusieurs passages de ce discours qui rapportent la souffrance des colonisés, sont diffusés à travers le monde par les médias. Lumumba est un symbole important pour beaucoup d'Africains de sa génération, il marque son époque et restera à tout jamais une légende africaine, même s'il n'aura été que deux mois et demi au pouvoir. S'il est un emblème africain, cela est en grande partie dû à son comportement vis-à-vis de l'Occident et à ce discours où il dit tout haut ce que beaucoup de Congolais pensent tout bas. Si l'on songe aux vexations auxquelles les autochtones ont été confrontés pendant des siècles et en particulier depuis la suprématie belge, on lit ce discours comme une mise au point qui est sans doute nécessaire. D'autant plus si on met en regard le discours du roi qui glorifie les bienfaits de Léopold II, ce qui, en connaissance de l'Histoire et des atrocités commises par ce souverain, sont pour le moins à qualifier de très indélicat, de mauvais goût ou de politiquement incorrect. Le roi Baudouin 1er s'exprime en ces termes : « L'indépendance du Congo constitue l'aboutissement de l'œuvre conçue par le génie du Roi Léopold II, entreprise par Lui avec un courage tenace et continuée avec persévérance par la Belgique (...). Lorsque Léopold II a entrepris la grande œuvre qui trouve aujourd'hui son couronnement, il ne s'est pas présenté à vous en conquérant mais en civilisateur (...)[46] ».

En réponse à ces propos, Lumumba prononce un discours qui est considéré historiquement comme un des plus percutants de l'époque coloniale. Le Premier ministre remet les pendules à l'heure en rappelant certains faits dont le peuple congolais porte encore les stigmates :

« (…) Ce que fut notre sort en 80 ans de régime colonialiste, nos blessures sont trop fraîches et trop douloureuses encore pour que nous puissions les chasser de notre mémoire. Nous avons connu le travail harassant exigé en échange de salaires qui ne nous permettaient ni de manger à notre faim, ni de nous vêtir ou nous loger décemment, ni d'élever nos enfants comme des êtres chers.

Nous avons connu les ironies, les insultes, les coups que nous devions subir matin, midi et soir, parce que nous étions des nègres. Qui oubliera qu'à un noir on disait 'tu', non certes comme à un ami, mais parce que le 'vous' honorable était réservé aux seuls blancs ?

Nous avons connu que nos terres furent spoliées au nom de textes prétendument légaux qui ne faisaient que reconnaître le droit du plus fort.

Nous avons connu que la loi n'était jamais la même selon qu'il s'agissait d'un blanc ou d'un noir : accommodante pour les uns, cruelle et inhumaine pour les autres.

Nous avons connu les souffrances atroces des relégués pour opinions politiques ou croyances religieuses ; exilés dans leur propre patrie, leur sort était vraiment pire que la mort elle-même.

Nous avons connu qu'il y avait dans les villes des maisons magnifiques pour les Blancs et des paillotes croulantes pour les noirs ; qu'un noir n'était admis ni dans les cinémas, ni dans les restaurants, ni dans les magasins dits européens ; qu'un noir voyageait à même la coque des péniches, aux pieds du blanc dans sa cabine de luxe.

Qui oubliera enfin les fusillades où périrent tant de nos frères, les cachots où furent brutalement jetés ceux qui ne voulaient plus se soumettre au régime d'une justice d'oppression et d'exploitation.

Tout cela, mes frères, nous en avons profondément souffert (…)[47] ».

Ces déclarations sont une gifle pour le roi comme pour tous les Belges qui travaillent pour le développement du Congo. Beaucoup d'entre eux voyaient encore en chaque Noir un enfant immature. Cet incident diplomatique est pris comme un affront au roi et un coup bas envers les Belges, en particulier ceux qui veulent continuer à œuvrer pour le bien-être du pays. Dans le contexte précipité de l'indépendance, il n'est pas judicieux de jeter de l'huile sur le feu comme Lumumba le fait et, au point de vue diplomatique, cela n'est certainement pas un trait de génie quand bien même il est question de faits réels. La crudité et la véracité du langage de Lumumba ne sont pas opportuns à ce moment politique très fragile, comme ne l'est pas non plus la glorification de Léopold II faite préalablement par le souverain belge. L'intervention non prévue du Premier ministre est un geste provocateur. Cependant, on ne peut qu'admirer le courage de ce jeune Lumumba qui, en tant que tout premier chef de gouvernement d'un pays libéré, se fait l'interprète d'un peuple opprimé jusqu'alors. Ce discours déclenche toutefois quelque chose que l'on peut qualifier de *début de la fin de Lumumba* ; avant même de commencer ses activités de Premier ministre, il s'est mis à dos son partenaire principal : la Belgique. Penser qu'il est le seul à avoir commis un acte de lèse-majesté en critiquant l'attitude belge, c'est oublier que Kasa-Vubu avait fait de même en 1958 lors de son discours d'intronisation au poste de bourgmestre de Dendale[1]. En effet, il n'avait pas hésité à critiquer ouvertement la colonisation, à telle enseigne que bon nombre

---

[1] *Ancien nom d'une commune de Kinshasa (aujourd'hui Kasa-Vubu).*

de Belges avaient ostensiblement quitté les lieux ; c'était le premier affront officiel que la Belgique s'était vue infliger.

La Belgique lâche *son* Congo de manière irresponsable ; d'un côté des Congolais politiquement et diplomatiquement inexpérimentés doivent reprendre de lourdes responsabilités et, de l'autre côté, des Belges qui ne peuvent effacer du jour au lendemain leur mentalité coloniale.

Les premières personnalités politiques congolaises

Le lendemain des festivités, le 1er juillet 1960, le président Kasa-Vubu et son Premier ministre prennent les rennes d'un Congo indépendant. Le vice-Premier ministre du gouvernement n'est autre qu'Antoine Gizenga qui deviendra Premier ministre 46 ans plus tard en République démocratique du Congo (RDC) ; d'autres membres du gouvernement, dont le ministre des Affaires étrangères Justin Bomboko ainsi que le ministre de l'Information et des Affaires culturelles Anicet Kashamura, joueront un rôle important au cours des prochaines années qui s'annoncent difficiles. Il y a aussi un certain Joseph Désiré Mobutu, membre du MNC-Lumumba, qui est secrétaire d'Etat. Le secrétaire d'Etat aux Affaires étrangères est Thomas Kanza[1] et le ministre de l'Intérieur est Christophe Gbenye, tous deux des personnalités qui seront des hommes clé de la rébellion de Soumialot. Un autre futur rebelle est Pierre Mulele, ministre de l'Education nationale et des Beaux-arts. Si une multitude de partis sont représentés dans le gouvernement Lumumba, même l'ABAKO par le ministre des Finances Pascal Nkayi, il n'y a aucun représentant de l'aile MNC-Kalonji. Bien des membres du premier gouvernement seront des acteurs importants qui feront et marqueront l'Histoire de ce nouvel Etat. Tous sont jeunes et non-initiés aux responsabilités et devoirs gouvernementaux ; les objets de discussions des premiers conseils des ministres reflètent l'état d'esprit de cette nouvelle génération, libérée de la domination coloniale. Thomas Kanza, secrétaire d'Etat aux Affaires étrangères, raconte : « (…) Nous étions ministres enfin ; nous, les colonisés, avions maintenant des titres et une dignité. Mais nous n'avions aucun pouvoir sur les instruments dont nous avions

---

[1] *Premier universitaire du Congo.*

besoin pour exercer nos fonctions. Nous discutions alors des bureaux que nous occuperions, des endroits où nous habiterions, des partages à effectuer entre nous. Nous discutions de la répartition des voitures ministérielles, des résidences ministérielles, des arrangements pour nos familles. Nous parlions sans fin, nous riions comme des fous et concluions immanquablement en blâmant les colonisateurs de tous nos ennuis[48] ».

Si l'euphorie et les discussions interminables priment par rapport au travail et à l'engagement au service de l'Etat, si l'attitude est de savoir ce que peuvent rapporter les nouvelles fonctions et non ce que chacun peut apporter à ce pays nouvellement indépendant, il y a un clivage dès le début entre le chef du gouvernement et le président. Rappelons la constellation ethnique des deux nouveaux dirigeants du Congo indépendant : le président Kasa-Vubu, issu de l'ABAKO, est un Bakongo ; le Premier ministre Patrice Emery Lumumba, chef du MNC, fait partie de l'ethnie des Batetela[1]. Lumumba, à Léopoldville, se trouve dans la région d'influence ethnique de son rival Kasa-Vubu, ce qui n'arrange évidemment rien. Hormis la situation ethnique, une responsabilité politique différente sépare les deux hommes ; c'est au chef du gouvernement que revient la tâche d'établir la Constitution, même si celle-ci a été préparée par les Belges auparavant, alors que le président représente le pays sur le plan international. Cet ordre des choses conduit rapidement à un combat des chefs pour acquérir le vrai pouvoir de décision. Ces tensions ne facilitent ni l'accomplissement des devoirs des deux politiciens ni ne consolident la nouvelle autorité.

Soumialot qui est attelé aux tâches du MNC sera témoin du début chaotique de la nouvelle démocratie. Il sera sollicité par le gouvernement Lumumba après vingt jours intenses en événements qui débutent par une malhabile déclaration du général Janssens le 4 juillet.

Signe avant-coureur (4 juillet 1960)

Si le peuple se sent libéré du colonialisme et de ses contraintes, il n'en va pas de même pour la Force publique qui reste sous les ordres des officiers belges. Le commandement n'est pas *décolonisé* et la base de cette armée commence à manifester un certain mécontentement.

---

[1] *Dans le Kasaï*

Les premiers signes d'indiscipline ont lieu au camp Léopold. Sur le qui-vive depuis des mois, toujours prête à intervenir, la Force publique avait souvent été amenée à régler des conflits ethniques comme à Léopoldville entre Bayaka et Bakongo. Soumialot est d'ailleurs convaincu que ces batailles sanglantes entre ethnies avaient été provoquées par les Belges : « Lorsqu'en 1959 l'ombre de Lumumba hante le sommeil des impérialo-colonialistes, ceux-ci s'attellent à diviser et opposer, par des manœuvres sournoises, les peuples frères du Congo les uns contre les autres tels que les guerres fratricides entre Lulua et Baluba au Kasaï, entre Warenga et Bakusu au Kivu, et même au Ruanda et au Burundi [sic] où les Hutus et les Tutsis s'entretuent. »

Il n'y a donc pas de repos pour les soldats qui sont également sollicités en vue de l'indépendance du 30 juin, en particulier à Léopoldville. La fatigue se fait sentir car « les fêtes de l'indépendance se résumaient en une série de corvées : défilés, garde d'honneur, redéfilés, service de police et de gendarmerie - la police territoriale et urbaine n'y suffisant plus...[49] ». Mais aucune compensation, telle une prime ou une promotion, n'est prévue. Pendant que les nouveaux représentants du gouvernement congolais traversent la ville dans de belles voitures et que l'euphorie de l'indépendance se ressent auprès de la population, rien ne change pour les militaires qui développent alors une frustration malsaine.

Quatre jours ont suffi après la proclamation de l'indépendance pour que les dissensions entre l'armée et le politique éclatent au grand jour. Le général belge Janssens, commandant en chef de l'armée, met le Premier ministre en garde du manque de soutien à l'état-major. Royaliste fidèle, né en 1902, il n'a pas une haute opinion des capacités congolaises ; en 1954, il prend le commandement des Forces publiques et ne prévoit pas d'intégrer des officiers congolais dans sa hiérarchie : comme mentionné, tous les officiers de l'armée congolaise, sans exception, sont de nationalité belge et rien ne change après le 30 juin 1960. Une armée dont les soldats à peau noire restent à la botte du commandement à peau blanche et de nationalité étrangère, quelle image de l'indépendance d'un Etat ! Le général Janssens commet un grave impair en soulignant cette situation devant des journalistes et des militaires congolais en écrivant sur un tableau noir *Après l'indépendance = avant l'indépendance*, formule qui restera dans les livres d'Histoire du pays. Elle exprime exactement ce que les militaires congolais ressentent et ne sont plus prêts à accepter ; il s'agit donc d'une indépendance à demi-mesure, d'une autonomie politique mais pas militaire, en conclusion : la politique est remise aux Congolais et l'armée reste dans les mains des anciens colonisateurs. L'armée belge avait par ailleurs négocié l'utilisation des bases militaires à Kamina et à Kitona où sont stationnés les militaires de l'ancienne métropole. L'un des objectifs de cette situation politico-militaire était peut-être de permettre aux politiciens de s'occuper essentiellement du développement et de l'organisation du nouvel Etat, sans devoir se préoccuper du danger que peut représenter une armée : celui qui est en charge de son commandement pourrait être tenté de supplanter le pouvoir politique. Cependant, la structure à critère racial de l'armée ne peut que déplaire à Lumumba qui veut un pays autonome, sans ingérence ; mais il est sans doute conscient que, sans la présence des officiers belges, l'armée est potentiellement un élément dangereux pour le gouvernement. Cela explique peut-être le fait que quelques jours plus tôt, Lumumba avait repris lors d'un discours devant un groupe belge une des thèses que prônait le général Janssens : « Ce n'est pas parce que le Congo est indépendant que nous pourrons faire d'un soldat de seconde classe un général[50] ».

Les autorités, aussi bien belges que congolaises, pensent maîtriser l'armée. Pourtant, c'est justement cette Force publique qui commence à faire des difficultés et déclenche une avalanche de problèmes néfastes pour les nouvelles autorités de la capitale.

Début de mutinerie à Léopoldville (5 juillet 1960)

Malgré la crainte d'une intervention des troupes de l'armée belge, quelques soldats de la Force publique de Léopoldville montrent des signes sérieux d'agitation, ils refusent de se faire entourer et commander par les officiers belges. Certains représentants des autorités congolaises, dont un certain Mobutu et le ministre des Affaires étrangères Bomboko, vont au-devant des mutins afin de tenter de les ramener à la raison. Si ces mouvements de mutinerie se limitent pour l'instant à Léopoldville, ils risquent de se propager dans le pays, ce qui peut provoquer un vent de panique dans la population et s'avérer dangereux pour le nouveau gouvernement. Il est donc urgent qu'une décision gouvernementale soit prise pour mettre un terme à ces mouvements d'insatisfaction des militaires ; l'occasion est donnée au Premier ministre d'affirmer son autorité par une décision ferme et de bien faire comprendre à la Belgique que le Congo est maintenant indépendant. Lumumba décide donc, le 6 juillet 1960, de révoquer le commandant en chef de la Force publique, le général Janssens.

Les militaires belges auraient dû se rappeler que les mutineries au Congo avaient, si l'on peut dire, une certaine tradition. Les premières révoltes des soldats congolais ont eu lieu à la fin du 19e siècle. Déjà à cette époque, les soldats de la Force publique manifestaient leur mécontentement par rapport à la cruauté et aux mauvais traitements que leur infligeaient les officiers belges. Enormément de Congolais et passablement de militaires belges ont trouvé la mort lors de ces mutineries qui étaient déjà des signes avant-coureurs d'un combat anticolonial. Le général Janssens ayant fait fi de l'histoire militaire au Congo et n'ayant pas su adapter son armée à ce sujet, doit non seulement constater que l'histoire peut se répéter mais aussi en payer les conséquences.

Mutinerie à Thysville (6 juillet 1960)

Le jour de cette révocation, des éléments de la Force publique du camp Hardi, près de Thysville, se révoltent. La population ne se joint pas à ces mouvements d'insatisfaction mais la mutinerie a des conséquences pour la population blanche qui est maltraitée et dont plusieurs femmes sont violées. Les événements de Thysville occasionnent les premières évacuations de femmes, d'enfants et de blessés européens vers la capitale. A la recherche d'informations, les expatriés de Léopoldville vont à la rencontre des réfugiés. Ces derniers, en parlant de viols, de bastonnades et de coups de feu, provoquent évidemment une panique parmi les expatriés européens de la capitale, car les rumeurs circulent vite dans ce pays grâce au bouche à oreille appelé *radio trottoir*. D'autant plus qu'à Léopoldville, un Suisse et un employé de l'ambassade de Belgique ont été blessés par balle par des insurgés[51], ce qui alimente et plaide pour la véracité des rumeurs.

Le gouvernement pourrait faire intervenir l'armée belge en adressant une demande en bonne et due forme aux autorités belges ; le problème serait alors rapidement réglé. Mais Lumumba n'en veut pas car cela risque de créer d'autres difficultés, plus graves encore. Comment expliquer à la nation et aux autres militaires congolais dispersés dans tout le pays, que leur gouvernement utilise une armée étrangère pour mater des éléments perturbateurs de sa propre armée ? Cela démontrerait à la face du monde que le premier gouvernement indépendant est incapable de régler lui-même les problèmes internes. Quel paradoxe cela serait si le nouveau gouvernement, qui vient de se débarrasser de la suprématie belge, devait justement faire appel à ce pays pour intervenir violemment auprès de ses propres frères mutins afin de rétablir l'ordre.

Une semaine ne s'est pas encore écoulée depuis l'arrivée au pouvoir du gouvernement Lumumba et c'est déjà la panique dans la capitale. Le Bas-Congo, cette région qui se situe entre la capitale et la côte de l'océan Atlantique, traversée par le fleuve, continue de s'enflammer après les événements de Thysville, spécialement à Matadi et à Boma. Pire, le mécontentement s'étend à travers le pays comme à Goma au Kivu où les insultes et les violences contre la population blanche s'intensifient, mais c'est à Kongolo, au Katanga, que l'on déplore les premiers morts. Les dangers dus à la situation de l'armée lors de l'indépendance n'avaient été envisagés ni par les politiciens congolais ni par les Belges lors de la Table Ronde.

Le soir du 7 juillet, la rumeur d'un scénario catastrophe se répand sur Léopoldville : les Russes débarquent. L'intensité de la panique est aussi forte chez les Africains que chez les Européens. Il s'agit d'une fausse rumeur, causée peut-être par la présence d'un Iliouchine à l'aéroport de Ndjili qui avait amené les représentants soviétiques à la cérémonie de l'indépendance, mais elle met en évidence la fragilité de la situation et l'insécurité de la population aussi bien africaine qu'européenne. L'ambassadeur belge van den Bosch prétend que ces rumeurs « avaient été lancées par les officiers belges eux-mêmes pour ameuter la troupe[52] ».

Mobutu devient colonel (8 juillet 1960)

Le 8 juillet 1960, le général Janssens, démis de ses fonctions deux jours plus tôt, est remplacé par un simple sergent-chef fait du jour au lendemain général, du nom de Victor Lundula, qui devient ainsi le nouveau commandant en chef de la Force publique. Il est président des anciens combattants congolais et, plus important encore, il est un « onkutshu a membele [un descendant] du Sankuru[53] » comme Lumumba. D'après le journaliste Jean-Pierre Langellier il s'agirait même de l'oncle du Premier ministre[54]. En connaissance du rôle des relations claniques et tribales, cette nomination n'est pas anodine et démontre l'importance que Lumumba porte à l'armée. Mais les soldats du camp Léopold II veulent avoir Mobutu comme général et commandant en chef de l'armée et le font savoir à Lumumba[55]. Afin de satisfaire les militaires, le Premier ministre trouve un compromis et nomme Mobutu colonel et chef de l'état-major. Toutefois, d'après le colonel Mallants cela se fait de manière très aléatoire : il fallait trouver rapidement une personne pouvant assumer cette nouvelle charge. Ce colonel belge raconte comment Lumumba a choisi Mobutu : « Au fait l'armée se trouvait sans aucun commandement et, dans le bureau de Lumumba, il y avait son secrétaire qui était Mobutu. C'était le seul homme qui avait une petite texture militaire et c'est comme ça, dans le bureau, en cherchant [il dira] " toi tu prendras le commandement de l'armée [sic] ". C'est comme ça qu'il est devenu commandant en chef [sic] de l'armée, parce que le hasard a voulu qu'il était au bon endroit voulu, au moment voulu, quand Lumumba a dû prendre la décision[56] ».

D'après Francis Monheim, Mobutu n'est pas présent lors de cette réunion où d'autres nominations sont décidées par Lumumba, comme celle du colonel Marlière en tant qu'adjoint du colonel Henniquiau qui lui-même est nommé « chef des conseillers de l'armée congolaise »[57].

Mobutu, nommé chef de l'état-major (et non commandant en chef), s'empresse d'annoncer la situation à la radio et informe les soldats qu'ils pourront nommer eux-mêmes leurs officiers, les officiers belges étant dès lors considérés comme des conseillers. Ces promotions sont parfois très aléatoires, certains officiers étant tirés au sort par les soldats. Mobutu voulait une nomination tenant compte de l'ancienneté, alors que Lumumba a décidé que les soldats puissent choisir leurs officiers.

Les deux nominations à la tête de l'armée marqueront l'avenir du pays. Le nouveau commandant en chef, Victor Lundula, avait quitté la Force publique en tant qu'infirmier quinze ans plus tôt et n'a jamais vécu à Léopoldville. Mobutu, quant à lui, avait exercé ses talents de journaliste à Léopoldville, est membre du gouvernement et donc connu dans le milieu ; en outre, cela ne faisait que quatre ans qu'il avait quitté l'armée. Le général Victor Lundula reste au Katanga où il s'était rendu à cause de mutineries ; certains prétendent qu'il y a été fait prisonnier, d'autres affirment, comme l'ambassadeur belge, qu'il n'a été arrêté ni par les forces belges ni par la police katangaise. De fait, il continue à s'occuper des mutins pendant un certain temps et ce n'est que le 23 juillet qu'il retournera à Léopoldville. Cette absence prolongée ne lui permettra pas de prendre l'influence nécessaire dans la capitale, aussi bien sur les politiciens que les militaires, alors que Mobutu est dès le début l'homme fort de la Force publique, rebaptisée Armée nationale congolaise (ANC).

Léopoldville se situe au bord du fleuve qui trace la frontière entre les deux pays du même nom, l'un étant le Congo indépendant, dont la capitale est Léopoldville, l'autre Congo[1] a pour capitale Brazzaville. Avec Montevideo et Buenos Aires, Brazzaville et Léopoldville sont les seules capitales au monde à se faire face. L'insécurité et la peur règnent dans la capitale. Le même jour que l'africanisation des cadres de l'ANC, *radio trottoir* propage la rumeur qu'une évacuation au bord du fleuve aura lieu durant la nuit. Un grand nombre de Blancs s'y précipitent afin de le traverser pour fuir le pays. Quinze cents personnes[58], principalement des femmes et des enfants, peuvent quitter la rive en bateau en n'emportant que les habits qu'elles ont sur elles, en abandonnant tous leurs biens et, souvent, en laissant leur mari derrière elles, mais la suite de l'évacuation, organisée dans la panique, sera stoppée par des soldats mutinés.

Troubles à Luluabourg (9 juillet 1960)

Le 9 juillet, lendemain de la nomination de Mobutu au grade de colonel, la situation du Congo indépendant empire. A Luluabourg au Kasaï Occidental, il a suffi de quelques tirs de fusils et de rumeurs locales s'ajoutant à celles venant de Léopoldville pour que près de 1'400 Européens apeurés se regroupent dans un immeuble appelé Immokasaï. Dans la ville, quelques Européennes sont violées et un Européen tué. A Elisabethville au Katanga, on compte plusieurs expatriés tués par des mutins, ce qui fait réagir le gouvernement belge.

---

[1] *Indépendance le 15 août 1960*

Le jour même, et ce malgré le traité d'amitié entre les deux pays, il annonce l'envoi de 1'200 soldats supplémentaires afin de renforcer les 2'500 militaires belges déjà stationnés à Kamina et Kitona[59]. Cela ne fait pas dix jours que la Belgique s'est retirée du pouvoir et c'est pratiquement l'anarchie due au soulèvement d'une partie de l'ANC. Les *paras* belges de Kamina sont appelés par la Belgique à intervenir à Luluabourg car les appels désespérés provenant d'expatriés se font de plus en plus pressants ; l'intervention se fait le jour suivant sans effusion de sang et, le 11 juillet 1960, pratiquement tous les Européens quittent la ville par avion. Pendant ce temps, des ministres, accompagnés par les nouveaux responsables militaires, se rendent dans les différentes villes à problèmes telles que Luluabourg, Coquilhatville ou Stanleyville, afin de calmer les esprits de part et d'autre. L'ambassadeur belge, Jean van den Bosch, qui avait pris son poste le 2 juillet, ne cesse de courir d'un ministère à l'autre et tente vainement de contacter le président du Congo et son Premier ministre qui sont en route à travers le pays pour affronter et calmer les dissidents.

Interventions belges

Le traité entre la Belgique et le Congo règle entre autres l'intervention de l'armée belge ; l'énoncé en est fort simple : l'intervention doit être demandée par le ministre congolais de la Défense nationale et accordée par le gouvernement belge. Les ingérences militaires décidées à Bruxelles posent donc un problème majeur. Sous la pression de son gouvernement, l'ambassadeur van den Bosch a bien cherché à obtenir une demande d'intervention militaire mais tous les responsables sont inatteignables, voyageant ensemble dans le Bas-Congo afin de démontrer leur unité et la volonté commune de calmer les mouvements des émeutiers, mais aussi pour apaiser les craintes des Européens en allant à leur rencontre. Le gouvernement belge a alors décidé unilatéralement de prendre la responsabilité de l'engagement de ses troupes en demandant à son ambassadeur d'informer le président Kasa-Vubu que le « (...) dispositif visait exclusivement à la protection des Européens sans immixtion dans la politique intérieure[60] ». Bruxelles a enclenché un processus lourd de conséquences qui confirme l'attitude de la Belgique ; elle veut bien aider ce nouveau pays indépendant mais, si cela ne se passe pas comme elle l'entend, elle intervient à son gré et agit comme bon lui semble. Comme dans un couple, une déloyauté rompt la confiance ; le Congo et la Belgique sont aujourd'hui encore un couple où la méfiance se conjugue sur tous les tons et cela continue à influencer leurs relations. La Belgique est intervenue militairement dans ce jeune pays sans aucune approbation préalable du gouvernement congolais, ni même l'en avertir ; cela peut être considéré comme une agression militaire ou tout du moins une politique d'ingérence fort arrogante, même si cela peut se comprendre du point de vue des Belges qui ne voulaient pas laisser leurs compatriotes en danger de mort. Ces interventions dans un Etat souverain ne peuvent que susciter incompréhension et méfiance de la part des Congolais et de la communauté internationale confrontée par ailleurs aux dangers de la guerre froide. Le gouvernement de Léopoldville n'a cependant pas le temps de protester vigoureusement car il est appelé à faire face aux problèmes internes dans les différentes régions de cet énorme pays et fera juste remarquer que « la responsabilité de la Belgique est grande[61] ». Mais le fait est grave et fait douter Lumumba de l'intégrité des Belges ; les événements à venir l'amèneront d'autant plus à se méfier de la politique belge concernant le Congo. D'ailleurs, toujours le 11 juillet 1960, une fois de plus sur l'unique ordre de Bruxelles, l'armée belge occupe Boma et Matadi ; l'intervention est sanglante cette fois-ci car les forces belges semblent avoir *interprété* sécurisation du trafic portuaire par suppression des insurgés. Les récents événements et la situation instable font que le Congo est en train de se vider de sa population belge dans l'ensemble du pays.

Sécession du Katanga (11 juillet 1960)

Le 11 juillet 1960, c'est le choc. Moïse Tshombe proclame l'indépendance du Katanga. Dans cette province riche en minerais, la rébellion d'Elisabethville vient juste d'être matée par les militaires belges envoyés par Bruxelles. Kasa-Vubu et Lumumba décident alors de se rendre le lendemain à Elisabethville. Le DC-3 est piloté par des Belges. A l'approche d'Elisabethville, ils n'obtiennent pas la permission d'atterrir du nouveau gouvernement sécessionniste, alors que ce sont les troupes belges qui sont les maîtres de la ville. Faisant déjà nuit et le balisage de la piste n'étant pas allumé, un atterrissage est impossible ; ils font donc demi-tour et se rendent à Luluabourg. Le

13 juillet, Kasa-Vubu et Lumumba décident de se rendre à Stanleyville avec une escale à Kindu. Depuis Kindu, fou de rage contre les Belges qui contrôlent l'aéroport d'Elisabethville et ne sont pas intervenus pour laisser atterrir l'avion du président et de son Premier ministre, Lumumba fait savoir à la Belgique qu'il rompt les relations diplomatiques entre les deux pays. La situation va en empirant. Les passagers quittent Kindu pour Stanleyville mais le pilote belge a apparemment reçu d'autres instructions et prend le chemin de Léopoldville à leur insu. Le général belge Charles Cumont annonce le même jour qu'il promet son aide à la sécession katangaise[62]. C'est à se demander qui de la Belgique ou du Congo a l'autorité suprême dans le pays. Pour Kasa-Vubu et Lumumba, ces affronts sont un manque de respect flagrant et une ingérence inacceptable de ceux qui, deux semaines auparavant, étaient encore les colonisateurs.

Les forces belges obéissant aux ordres directs du ministre belge de la Défense, continuent allégrement à prendre militairement des positions stratégiques. Le 13 juillet, ces militaires prennent Ndjili, l'aéroport de Léopoldville, afin d'assurer l'évacuation des Européens qui, paniqués, se rendent en masse à l'aéroport. C'est alors qu'atterrit l'avion avec Kasa-Vubu et Lumumba. Sur le tarmac, il y a donc un président et un Premier ministre offusqués et fâchés du comportement des autorités de Bruxelles et, en face, des réfugiés européens entourés de militaires belges. Dans cette folle ambiance et pour sauver les apparences, les responsables belges sur place organisent un détachement d'honneur de l'armée belge pour les accueillir ; vu la situation et les péripéties vécues, le président et le Premier ministre refusent catégoriquement de passer en revue la garde belge. Les deux plus hautes autorités du Congo sont conspuées, injuriées et bousculées par les réfugiés européens attendant leur évacuation. Lumumba organise alors un autre avion de Sabena pour se rendre avec Kasa-Vubu à Stanleyville. L'avion prétextant une panne de radio retourne sur Léopoldville. Pour les amener en ville, Sabena, ne trouvant ou ne voulant pas trouver mieux, met à leur disposition une camionnette qui se fait encore secouer par les réfugiés toujours bloqués à l'aéroport de Ndjili ; les militaires belges regardent passivement cette scène surréaliste. Cependant, les réactions internationales se font entendre, car le rôle joué au Katanga par l'armée belge ainsi que ses interventions à travers le pays, en particulier à Matadi, met la Belgique au pilori. Force est de constater que le mot *indépendance* ne se comprend pas de la même façon au Congo qu'en Belgique. D'autant plus que le 15 juillet, le Conseil des ministres belges se réunit afin de débattre de la situation au Katanga. Bien que reconnu en fait, il ne le sera pas en droit : « Le Conseil décide de reconnaître le Katanga en fait en ce sens que la Belgique apportera toute l'aide nécessaire pour consolider le nouvel Etat[63] ». Dans la presse internationale, Lumumba ne cesse d'accuser la Belgique de fomenter les troubles.

L'attitude de Lumumba

Le Congo indépendant n'a officiellement que deux semaines d'existence et doit faire front avec rapidité à une succession d'événements graves. Il a suffi de quelques jours pour que le pays sombre dans le chaos. On dit de Lumumba qu'il est non seulement un très bon orateur et un homme intelligent, possédant un don intuitif remarquable, mais encore très autoritaire, fuyant les consensus. C'est tantôt l'une, tantôt l'autre de ses qualités et défauts qui reprend le dessus et qui l'aide lorsqu'il est, il faut bien le dire, parfois dépassé par les événements. Lumumba a 35 ans, c'est l'époque où l'on trouve une jeune génération au pouvoir en Afrique, telle que Nasser qui a 38 ans lorsqu'il nationalise le canal de Suez en 1956, le prince Rwagasore a 29 ans lorsqu'il est nommé Premier ministre au Burundi, Sékou Touré a 36 ans lorsqu'il devient président de la Guinée. Lumumba porte seul sur ses épaules toute la responsabilité de la mise en marche de cette nouvelle démocratie avec, en face de lui, des démocrates novices de tous bords politiques, de provinces différentes, d'ethnies différentes, cherchant à obtenir des avantages et le pouvoir pour leur région et leur clan, mais aussi pour leurs intérêts personnels. Au niveau international, Lumumba arrive en pleine guerre froide où chaque geste, chaque parole est observée et analysée attentivement. Il est bien seul à affronter les événements du pays et à prendre les décisions gouvernementales, même si celles-ci ne peuvent que susciter le mécontentement de l'Occident.

Pour beaucoup de Belges vivant au Congo, Lumumba reste le simple employé des postes condamné pour vol en 1956, qui n'a aucune personnalité morale et ne bénéficie d'aucune connaissance particulière, un arriviste prêt à tout pour atteindre ses objectifs ; ses détracteurs lui reconnaissent néanmoins quelques qualités, comme sa mémoire d'éléphant, sa rhétorique facile, sa faculté d'entraîner ses auditeurs et une grande capacité de travail. Est-ce en raison de son jeune âge ou de son inexpérience politique, que beaucoup d'observateurs appréhendent une certaine irresponsabilité de sa part face au pouvoir car lorsqu'il a une idée, elle reste souvent spontanée, sans une analyse profonde et réfléchie, sans chercher une cohésion avec la situation du pays.

Pour le général Janssens, Lumumba était « (…) le responsable de maints désordres et notamment de ceux de Stanleyville fin octobre 1959. C'était l'infernal organisateur de la terreur au Maniema et dans la Province Orientale en avril et mai 1960, tandis qu'il y préparait, par des méthodes qui n'avaient rien de démocratique, le succès électoral de son parti, le MNC[64] », des accusations qui concernent de fait Soumialot. Aux yeux des colons belges ainsi que de beaucoup d'observateurs étrangers, Lumumba est un danger. Un danger pour qui ? Evidemment pas pour les Congolais, dont il est le Premier ministre, mais une menace pour les expatriés, pour la Belgique et pour la stabilité entre l'Ouest et l'Est. Les médias ne projettent pas vraiment une image sympathique de Lumumba à en croire un article du franco-allemand Peter Scholl-Latour qui fait la description suivante du Premier ministre : « Est-ce sa barbe à la Méphistophélès ou ses yeux qui roulent comme des boules de billard derrière ses lunettes, il y a quelque chose de terrifiant chez cet homme. Il a la tête d'un Lénine africain[65] ». Moscou ne rejetterait évidemment pas l'idée d'une collaboration en Afrique où elle pourrait exercer son influence et, surtout, mettre un pied au cœur du continent idéalement situé pour étendre son emprise. Il est improbable que Lumumba était ce qu'on imaginait être un communiste ou un agent à la solde de l'Union soviétique, même s'il était souvent qualifié en tant que tel. Larry Devlin, qui n'était pas moins que le chef de la CIA au Congo, est du même avis : « There was no reason to believe that he was a Soviet agent or even a communist, but he was all too close to the Soviet Union[1] (…)[66] ». L'attitude parfois démagogue du Premier ministre, flattant la masse populaire pour remporter son soutien même au prix d'inexactitudes qui discréditent la Belgique et nourrissent la haine du peuple envers l'ancienne métropole le rend imprévisible. Mais cette

---

[1] *Il n'y avait aucune raison de croire qu'il* [Lumumba] *était un agent soviétique ou même un communiste, mais il était bien trop proche de l'Union soviétique.*

façon d'être est une réponse à la politique de Bruxelles qui ne lui facilite pas la tâche et l'on peut aisément comprendre son agacement constant. D'ailleurs, les services secrets belges ont, à l'aide de matériel fourni par la CIA, mis Lumumba sur écoute. Une des raisons à cette étiquette communiste est certainement le fait que, se sentant lâché par un camp, le Premier ministre cherche l'aide auprès de l'autre. Pourtant, Lumumba a dit lors d'une interview : « Je ne suis pas communiste et ne le deviendrai jamais[67] ». A cette époque, il n'y a pas beaucoup d'Occidentaux qui le croient.

Les alliances contre nature ou tout autre retournement de situation sont des événements qui arrivent fréquemment en Afrique centrale, cela est parfois difficilement compréhensible en Occident. C'est ainsi qu'il faut lire le rapprochement avec l'Union soviétique.

Sollicitation de l'aide des Nations unies

Lorsque Lumumba est en déplacement dans le pays, son gouvernement sollicite les forces de l'ONU afin de seconder l'armée nationale pour rétablir l'ordre dans la région du Bas-Congo, une collaboration avec l'armée belge n'étant plus envisageable après les événements vécus dans cette province ; le Premier ministre en est informé par après. Ne sachant pas combien de temps les troupes des Nations unies allaient nécessiter pour être opérationnelles, Bomboko, ministre des Affaires étrangères, s'adresse à l'ambassadeur américain, lui demandant l'assistance militaire des Etats-Unis par l'envoi de 2'000 GI pour restaurer l'ordre, les Américains étant les seuls à même d'intervenir endéans quelques heures. A noter que le même jour, le Ghana[1] offre spontanément aux Congolais de mettre à disposition un bataillon ghanéen. Les Américains, eux, refusent une présence militaire américaine au Congo pour ne pas froisser les Russes, redoutant une réaction de leur part. La situation géopolitique du Congo est trop importante ; toute intervention militaire d'une grande puissance serait extrêmement délicate.

Après les péripéties du voyage à l'est du Congo, Lumumba fait officiellement appel dans la nuit du 13 au 14 juillet 1960 aux Nations unies afin de mettre un terme à l'immixtion permanente de la

---

[1] *Colonie britannique indépendante depuis 1957.*

Belgique. Cette demande est soutenue par le président Kasa-Vubu qui lui-même envoie un télégramme demandant une assistance militaire. A la demande du Secrétaire général Dag Hammarskjöld, un Suédois, le Conseil de sécurité se réunit immédiatement. Le lendemain, Lumumba apprend qu'à New York une résolution a été prise demandant à la Belgique de retirer ses troupes qui seront remplacées par des Casques bleus. Lumumba accepte l'aide des Ghanéens qui viendront sous l'égide de l'ONU. Selon Dag Hammarskjöld, une action de l'ONU sur sol congolais est l'occasion d'affirmer, quinze ans après la seconde guerre mondiale, la place des Nations unies dans la politique mondiale et de mettre en évidence la force d'urgence de l'ONU, formée en 1956. Une intervention forte et intelligente au Congo est donc une opportunité pour concrétiser son rôle dans le tiers-monde et le signe pour la communauté internationale que cette organisation est prête à protéger l'émancipation des pays issus du colonialisme. La situation du Congo est totalement nouvelle pour les Nations unies, car c'est le premier pays africain à subir une mutinerie de l'armée et à faire face à une scission. Mis à part des observateurs militaires envoyés en 1949 en Inde et au Pakistan ainsi qu'en 1958 au Liban, la première opération dans l'histoire de l'ONU est celle du Congo.

Malgré la rapidité de la réponse onusienne, le Premier ministre congolais est déçu, car il manque quelque chose de très important à ses yeux. En effet, il n'apprécie pas que l'ONU ne fasse pas mention d'une condamnation de l'intervention militaire belge au Congo, comme il l'avait demandé et qui avait d'ailleurs été soutenue par le délégué soviétique. Cette contrariété lui fait commettre une erreur. Voulant mettre un terme à la force belge présente dans le pays, Lumumba, sous le coup de l'émotion et de la frustration, fait un geste politique considéré dans plusieurs capitales occidentales comme un signe dangereux : il demande à l'Union soviétique une éventuelle intervention au cas où les militaires belges refuseraient de quitter le pays. Pour l'Occident, il est définitivement taxé de communiste. Les tensions entre l'Est et l'Ouest rendent cette situation encore plus dangereuse, car un leader marxiste au Congo est considéré par les politiciens du monde dit libre comme un sérieux danger pour la paix mondiale. Lumumba explique au représentant de l'ONU à Léopoldville que, ne connaissant pas encore la décision de New York et, en raison du refus américain, il avait sollicité les Russes, ce qui semble plutôt être une excuse. Si Lumumba joue entre l'Est et l'Ouest en favorisant une fois l'un et ensuite l'autre, c'est pour amener la communauté internationale à réagir et l'aider à calmer la situation dans son pays ; il ne réalise cependant pas véritablement l'enjeu et la problématique internationale que ses interventions provoquent. L'attitude de Lumumba fait qu'il devient un fusible qui doit supporter des tensions de plus en plus grandes, mais personne ne sait combien de pression il est capable de supporter. Son gouvernement qui réunit les tendances les plus importantes du paysage politique congolais, comporte évidemment des éléments d'extrême-gauche comme des pro-américains. Cependant, il est intéressant de noter que les ministres n'ont rien contre l'absence répétée de leur chef car cela leur permet de travailler[68]. Bomboko avait fortement soutenu l'idée de l'aide américaine auprès des ministres, apparemment sans avoir consulté Lumumba qui, il faut le dire, n'était pas vraiment atteignable lors de ses voyages à travers le pays en compagnie du président. Mais l'attitude du chef du gouvernement n'est pas plus exemplaire : il fait appel aux Russes de sa propre initiative, sans consulter ses ministres.

La situation du Congo sur le plan international, déjà assez tendue, s'intensifie lorsque l'Union soviétique annonce un pont aérien de vivres pour le Congo. Le Secrétaire général envoie alors des Casques bleus tunisiens 48 heures après que la résolution ait été votée. Ces troupes arrivent le soir du 15 juillet à Léopoldville et seront renforcées quelques jours plus tard par des soldats éthiopiens, ghanéens, irlandais, malaisiens, marocains et suédois avec, à la tête de cette Force de maintien de la paix des Nations unies, le général Carl von Horn qui est de nationalité suédoise. Dès le 17 juillet, les premiers contingents de l'ONU sont attendus à Stanleyville, à l'est du Congo, avec pour mission de prendre la relève des positions militaires belges. Le Congo indépendant n'a alors pas encore trois semaines. Mais les militaires belges interviennent partout : à Léopoldville, Kongolo, Manono, Mwanza, Elisabethville, Kolwezi, Jadotville, Kikwit, Albertville, Bakwanga, Port Francqui, Matadi, Gemena, Banningville, Boende, Libenge, Coquilhatville, Lukula, Boma ou encore Tshikapa ; la présence de ces militaires provoque parfois des violences et l'on déplorera des morts aussi bien du côté belge que congolais lors de nouvelles interventions, comme à Bunia. Le Congo est un Etat souverain, indépendant et reconnu par la communauté internationale, mais la Belgique ne fait confiance ni à l'Armée nationale congolaise ni aux forces de l'ONU ; elle « enfonce même le clou » en faisant savoir qu'elle continuera d'intervenir pour protéger les Européens tant que les Nations unies ne seront pas en mesure de garantir la sécurité. La Belgique demande même à être intégrée aux opérations des forces de l'ONU, ce qui est refusé par les représentants des Nations unies.

Le 17 juillet, Kasa-Vubu et Lumumba lancent un ultimatum ; ils somment les Nations unies de forcer les Belges à quitter le pays jusqu'au 19 juillet à minuit, sinon ils demanderont à l'Union soviétique d'intervenir. Le Conseil de sécurité se réunit le 20 juillet à la demande des Soviétiques et, deux jours plus tard, exige de manière unanime de la Belgique de retirer son armée non seulement du Congo mais également du Katanga. Lumumba, satisfait de cette résolution, déclare alors qu'il ne sollicitera pas l'intervention des Soviétiques. C'est la preuve que Lumumba joue sur les deux fronts de la guerre froide. Une fois de plus, Lumumba ne semble pas conscient du risque et des conséquences de ses interventions qui mettent en évidence l'instabilité qu'il représente pour l'Occident. L'opinion publique occidentale s'exprime à travers la presse, en particulier celle des Belges, où l'on taxe évidemment Lumumba de pro-soviétique.

Soumialot nommé commissaire de district (21 juillet 1960)

Malgré la multitude d'événements survenus depuis l'indépendance, les trois semaines écoulées semblent à Soumialot avoir passé à une vitesse incroyable et en même temps avoir duré une éternité. Sur proposition du gouvernement central, Joseph Kasa-Vubu nomme Gaston Soumialot au poste de Commissaire du district du Maniema[1]. Jean Miruho, appartenant au CEREA (Centre de Regroupement Africain) et président du gouvernement provincial au Kivu dont fait partie le district du Maniema, avait déjà nommé, début juillet, un Commissaire de district en la personne d'Antoine Omari, un modéré originaire de Kibombo. Le gouvernement provincial du Kivu ne manque donc pas de manifester son mécontentement au chef de l'Etat en lui faisant remarquer que, par le « (…) fait de nommer des fonctionnaires dans l'intérieur de la province, sans obtenir au préalable son consentement[69] », le gouvernement central de Léopoldville ne

---

[1] *Selon lui, cela s'est fait par l'ordonnance no 2 du 21 juillet 1960, mais il est aussi fait mention du 13 juillet.*

respecte pas l'autonomie de la province. On peut s'imaginer dès lors que Soumialot est un sujet de conversation entre le président du Congo et son Premier ministre. D'ailleurs, Soumialot dit de sa nomination : « Si mon affectation, pourtant exigée au Maniema, était un apaisement pour les habitants de ce District qui ne supportaient pas M. Antoine Omari précédemment désigné à ce poste par le gouvernement Provincial du Kivu-Maniema, elle était, par contre, pour l'Autorité provinciale, une entorse à l'autonomie interne de cette Province du Kivu-Maniema. »

Le président du gouvernement provincial n'a pas beaucoup de sympathie pour Soumialot mais il le craint parce que lui-même ne fait pas partie du MNC. N'oublions pas que Gaston Soumialot est le directeur national de la Propagande du parti et, de ce fait, a un contact direct et privilégié avec Lumumba. Dès son arrivée à Kindu, Soumialot est convoqué, tout comme Antoine Omari, par le président du gouvernement provincial du Kivu-Maniema à assister au Conseil des ministres élargi. Il résulte de cette séance que c'est à Goma, chef-lieu du district du Nord-Kivu, que Soumialot est affecté. Voici les réflexions de Soumialot par rapport à cette décision : « Etant donné que ma nomination et mon affectation au Maniema par le Chef du Gouvernement Central répond non seulement aux vœux des habitants de cette entité administrative, mais aussi à la mission spéciale de ma part, celle d'enraciner le MNC au Kivu au départ du Maniema (…), je contacterai le camarade Augustin Eboué Mushanda, Député provincial (Conseiller à l'Assemblée provinciale) pour examiner et analyser, avec lui, l'esprit de la décision de me déplacer du Maniema en m'affectant au Nord-Kivu. Il découle de cet entretien, on le voit d'ailleurs à l'œil nu que la décision de me muter au Nord-Kivu, fief du CEREA, est une tactique ingénieuse conçue par les membres de ce parti au pouvoir, dans le but de m'écarter de la zone d'influence de mon parti, le MNC, contrecarrant ainsi l'implantation et l'extension de celui-ci dans l'ensemble de la Province du Kivu-Maniema partant de ses bases fortifiées au Maniema. Ne pouvant cautionner l'acte visant à détourner les objectifs poursuivis par mon parti, je me résous, contre vents et marées, à regagner Kindu, chef-lieu du District du Maniema et non Goma, chef-lieu du District du Nord-Kivu. »

On peut donc en déduire que l'intention première de cette nomination proposée par Lumumba était la propagation du MNC depuis le Maniema.

L'armée belge se fait plus discrète (août 1960)

Pendant que Lumumba est à New York, le général von Horn fait installer ses troupes onusiennes dans le reste du pays et on ne déplore plus que deux interventions de l'armée belge, le 25 juillet 1960, dans le Kivu et dans le Kasaï. Dag Hammarskjöld se rend du 29 juillet au 5 août à Léopoldville. Lumumba toujours absent, c'est le vice-Premier ministre Antoine Gizenga qui le reçoit ; ce dernier lui fait remarquer que l'armée congolaise reste en grande partie désarmée par la volonté de l'ONU, alors que les militaires belges sont en possession de leurs armes. Le 4 août 1960, l'armée belge déclare le retrait accompli. Annonce à relativiser car elle fait abstraction du Katanga ; de plus, les troupes belges ne sont pas retournées en Belgique, mais la grande majorité s'est retirée dans les bases militaires à Kamina et à Kitona. Du fait que les Belges, soi-disant retirés, ne sont du moins plus aussi visibles dans le pays, hormis la Province du Sud-Est, les tensions s'apaisent et le calme revient dans l'Armée nationale congolaise.

Le Katanga sécessioniste et l'ONU

Moïse Tshombe qui appartient à l'ethnie des Lunda, combat la révolte des Baluba au Nord-Katanga. En réaction à la sécession katangaise, Lumumba nomme le leader des Balubakat, Jason Sendwe, *commissaire spécial pour le Katanga*. Le 2 août 1960, Hammarskjöld annonce que, à partir du 6, les troupes de l'ONU se déplaceront vers le Katanga. Le 4 août, le représentant de l'ONU, l'Américain Ralph Bunch, se rend à Elisabethville pour discuter du déroulement de l'arrivée des Casques bleus, mais sans Sendwe. Tshombe accueille M. Bunch froidement et lui fait savoir que le Katanga restera indépendant, tout en soulignant qu'il a toujours évoqué la potentialité de l'unification du Congo sous la forme d'une confédération ; il le prévient toutefois que la population katangaise ne voit pas d'un bon œil l'arrivée des Casques bleus et le met en garde contre le risque que cette présence soit combattue. Depuis la présence de l'armée belge, cette population ne souffre plus des exactions perpétrées par les militaires congolais qui, désarmés, ont été renvoyés chez eux ; ils sont remplacés par un nouveau contingent de militaires recrutés localement et appelés *gendarmes katangais*.

Si l'armée belge devait être amenée à quitter cette province, s'ajouterait l'exode des techniciens et spécialistes belges, ce qui provoquerait l'effondrement de l'économie locale totalement dépendante des petites et moyennes entreprises belges installées au Katanga. Une économie, soit dit en passant, non seulement vitale pour le Katanga, mais encore pour tout le pays. Le gouvernement belge intervient auprès du représentant de l'ONU, Ralph Bunch, en l'informant qu'il n'est pas contre l'arrivée des Casques bleus, mais préconise une collaboration entre les deux armées afin de garantir la stabilité dans la région. Le Katanga est la région la plus riche du pays grâce aux ressources minières comme, entre autres, le cobalt et le cuivre, d'où l'importance de cette région aux yeux de ceux qui peuvent y exercer une influence quelconque. Sur les recommandations de son émissaire, le Secrétaire général de l'ONU renonce à l'envoi des Casques bleus au Katanga et convoque de ce fait le Conseil de sécurité. Mais ce refus fâche entre autres le président du Ghana, Nkrumah, qui menace de mettre ses troupes de Casque bleus sous les ordres directs du gouvernement Lumumba si la force onusienne n'intervient pas au Katanga. Le 8 août, le Conseil de sécurité demande à la Belgique de retirer immédiatement ses troupes du Katanga et précise que la présence de la Force des Nations unies (FNU) est nécessaire et qu'elle restera neutre par rapport aux différents d'ordre constitutionnel ou interne. Le 9 août, fort du soutien de l'ONU, Lumumba rompt définitivement les relations diplomatiques avec la Belgique, c'est le départ de l'ambassadeur belge Jean van den Bosch ; la Belgique se fait désormais représenter par la France. Entre-temps, Tshombe avait annoncé à Hammarskjöld qu'il était tout de même prêt à négocier la présence des Casques bleus. Sur ce revers de situation, le Secrétaire général décide de se rendre le 12 août à Elisabethville. Lorsqu'il débarque à l'aéroport de la capitale katangaise qui se situe à Luano, il est accompagné de deux compagnies de Casques bleus suédois qui se déploient de suite avec leurs armes et prennent place dans l'aéroport. Tshombe et ses ministres l'attendant au bas de l'avion, tout comme les gendarmes katangais formant la haie d'honneur, sont totalement surpris par le débarquement de nombreux soldats. Les militaires belges gardant l'aéroport restent passifs. Le Secrétaire général, aussi pris de court par les Katangais et les Belges, commet une erreur politique car, après avoir reçu les honneurs de la garde des gendarmes, il s'incline devant le drapeau de l'Etat du Katanga. Cela fait beaucoup de remous à Léopoldville car ce geste est interprété comme une reconnaissance de l'état sécessionniste, alors que le but prioritaire de l'ONU est le remplacement de l'armée belge par les Casques bleus. Lumumba, de plus en plus méfiant, exige même l'éviction de toute participation de soldats européens au sein des Casques bleus. Et pour corser la situation, il demande à Moscou des armes. Le 21 août, Antoine Gizenga assiste à la réunion du Conseil de sécurité. Lorsque la Guinée évoque une connivence entre Hammarskjöld et le gouvernement belge, la pression de l'Union soviétique se fait sentir. Le Congo représente de plus en plus une menace pour la paix mondiale, d'autant plus que les Soviétiques fournissent quelques avions avec équipage à Lumumba. Le Congo se trouve au centre des tensions Est-Ouest et ses faits et gestes sont analysés par toutes les capitales du monde, en particulier Washington et Moscou.

Le destin de Lumumba et la CIA

Pendant que Soumialot exerce ses fonctions de commissaire de district au Maniema et établit le MNC dans la région, le destin de Lumumba se dessine dans la capitale.

Le chef de la CIA au Congo, Larry Devlin, ne pense pas que Lumumba est communiste mais plutôt naïf et de nature instable. D'après les Américains, Lumumba n'a ni le pouvoir politique ni les qualités charismatiques permettant d'être le leader incontesté, attributs indispensables d'un dirigeant pour parvenir à garder cet énorme pays unifié alors qu'il est plutôt en voie de désintégration. Cette situation inquiète au plus haut point l'administration américaine ; elle sait très bien que les Russes saisiront tôt ou tard l'opportunité de sauter dans la brèche d'une possible intervention que Lumumba met sans cesse à leur portée. Le danger que les Soviétiques exercent dans ce pays une influence de plus en plus considérable, si pas déterminante, est palpable.

Au mois d'août, le sort de Lumumba est scellé dans le plus grand secret à des milliers de kilomètres de là, dans le bureau ovale de la

Maison Blanche. Bien des années plus tard, Larry Devlin fera part de ce souvenir : « Cela devait être, je pense, entre le 12 et le 15 août que les Etats-Unis ont décidé qu'il était préférable qu'un nouveau gouvernement arrive au pouvoir. Lumumba devait partir, la décision a été prise au plus haut niveau. A l'époque, on m'a dit qu'elle venait du président des Etats-Unis, mais rien ne me permet de prouver ou de démentir que Lumumba devait être éliminé physiquement. Cela ne m'a jamais été communiqué par écrit[70] ».

Il faut que le Premier ministre s'en aille. Si celui-ci ne peut être éliminé politiquement, doit-il réellement disparaître physiquement ? Il est souvent question de mettre Lumumba *hors d'état de nuire* dans les courriers, messages ou télex internes belges : un terme surprenant provenant de hauts diplomates voire même du ministre belge Pierre Wigny. Et cela même s'il faut le traduire par *enfermer* ou *écarter* et non par *éliminer*.

Etant donné que cette mission est des plus délicates et qu'il est hors de question de mettre d'autres personnes dans le secret, c'est à Larry Devlin, alors âgé de 38 ans, d'entreprendre le nécessaire. Il se concentre alors sur la déstabilisation politique par des articles anti-lumumbistes dans la presse nationale, signés par des journalistes congolais, ou par des contremanifestations ; on entend pour la première fois des propos négatifs et parfois même virulents contre Lumumba, chahuté lors de discours par des anti-lumumbistes. Cela écorne l'image du Premier ministre que beaucoup croient adulé et respecté par l'ensemble de la population. Tout est entrepris pour démontrer qu'il n'est pas cet homme fort, maîtrisant toutes les situations et contrôlant tout le territoire.[71] Devlin veut fissurer la stature de Lumumba en provoquant une incertitude quant à ses capacités aussi bien au niveau national qu'international. Soumialot constate rapidement que Lumumba traîne un gros boulet à chaque pied, l'un étant les Etats-Unis, l'autre la Belgique. Désormais, il n'est plus libre de ses mouvements politiques.

Bien que les mutineries soient maîtrisées et qu'un certain calme soit revenu dans l'armée, le Congo se trouve en pleine déroute. Non seulement la sécession du Katanga pose un énorme problème à l'Etat congolais, mais Lumumba a rompu les liens diplomatiques avec la Belgique, le partenaire le plus important. Le gouvernement congolais qui compte des ministres pro-belge, se sait totalement lié économiquement à son ancien colonisateur, mais Lumumba veut prouver qu'il est autonome et libre de ses choix, sans toutefois mesurer les conséquences pour le Congo indépendant. Lumumba pense-t-il être au bout des événements imprévus, aussi bien politiques que militaires ? Il ne faut pas l'espérer, les problèmes vont encore s'accroître.

*

Ces événements historiques sont essentiels car ils représentent le décor du théâtre congolais qui amènera Soumialot à sa rébellion. Les coulisses ne sont cependant pas toutes installées, la tragédie congolaise n'est malheureusement qu'à son début.

*

Sécession du Sud-Kasaï (9 août 1960)

Le 9 août, le leader des Baluba, Albert Kalonji, proclame la sécession du Sud-Kasaï[72] ; Bakwanga, aujourd'hui Mbuji-Mayi, en devient la capitale. La région abrite des mines qui, à l'époque, sont la source de 90% de la production mondiale de diamants industriels. Cette sécession est évidemment inacceptable pour le gouvernement congolais, d'autant plus qu'après le Katanga, il faut à tout prix éviter un effet domino incitant d'autres régions du pays à la dissidence. Lumumba envoie immédiatement l'Armée nationale congolaise avec cinq avions réquisitionnés auprès d'*Air Congo*, puis avec le concours de l'aviation soviétique qui envoie dix Iliouchine II-14[73]. L'ANC mate la rébellion et reprend Bakwanga le 27 août 1960. La présence et l'intervention soviétique suscitent des craintes dans l'entourage occidental de Kasa-Vubu qui perçoit le danger d'un soutien de Lumumba en cas de coup d'Etat. Deux jours plus tard, le 29 août, les soldats congolais, connus pour leur indiscipline et leur cruauté envers la population, sont à la hauteur de leur effroyable réputation en massacrant dans toute la région d'innombrables Baluba, y compris femmes et enfants, à telle enseigne que l'on parle de génocide. Kalonji a juste le temps de fuir à Elisabethville. Les Casques bleus ne se manifestent pas car ils ne veulent pas intervenir dans des querelles internes. Inactifs, ils sont les spectateurs de l'horreur dont la population civile fait l'objet. Ce triste rôle de témoin de la part des Casques bleus ne sera, hélas, pas une exception dans l'histoire des Nations unies.[1]

L'indépendance congolaise n'a que deux ridicules petits mois d'existence et, après les émeutes militaires, il faut maintenant affronter des sécessions et un massacre ; la pagaille démocratique ne cesse d'évoluer dans le mauvais sens. C'est à se demander combien de temps les politiciens de ce pays, tous partis et tendances confondus, peuvent tenir cette cadence d'imprévus politiques. Le monde entier qui observe le Congo d'alors est confus de l'instabilité que représente cette région stratégiquement si importante. C'est pourquoi les intérêts divergeants des deux blocs, à savoir les pays occidentaux et ceux du bloc soviétique, font que chacun est à l'affut de toute influence, manigance, manœuvre afin que le Congo indépendant ne tombe pas sous l'égide de l'autre camp.

Kasa-Vubu et Lumumba se destituent mutuellement (5 septembre 1960)

Le soir du 5 septembre 1960, le président Kasa-Vubu annonce à la radio qu'au vu du carnage commis par l'armée au Kasaï et de la responsabilité du gouvernement, il destitue Patrice Lumumba et charge Joseph Ileo, en tant que nouveau Premier ministre, de former un nouveau gouvernement d'union nationale. Le chef de l'Etat rend le Premier ministre seul responsable et n'a cure des responsabilités du chef d'état-major de l'armée qui n'est autre que Mobutu. Les Américains avaient eu vent quelques jours plus tôt de l'intention de Kasa-Vubu et lui avaient remis un document avec les actions à prendre en considération avant et après cette révocation. Mais Kasa-Vubu n'en tient pas compte. Le soir de cette annonce, le président laisse la station radiophonique sans surveillance particulière et, autre fait marquant, personne ne sait où est Joseph Iléo.[74] La désorganisation est totale. Cela permet à Lumumba, surpris de la rapidité des événements, de prendre la parole le soir même, sur les mêmes ondes, pour destituer à son tour le président. Soumialot explique la légitimité de la destitution du président par Lumumba : « Le MNC de Lumumba a la majorité au

---

[1] *En 1994, génocide au Rwanda ; en 1995 massacre à Srebrenica en ex-Yougoslavie.*

parlement selon le résultat des premières élections libres effectuées par le peuple congolais. Lumumba est donc légitiment Premier ministre, quant à Kasa-Vubu, il a été nommé président par le parlement, c'est pourquoi Lumumba s'arroge le droit de destituer le chef de l'Etat. »

Lumumba accuse Kasa-Vubu d'être de connivence avec l'Occident, en particulier avec les Belges. Dans son discours à la radio, il demande d'une part aux Casques bleus de ne pas intervenir étant donné qu'il s'agit d'un différend interne, et sollicite d'autre part à nouveau Moscou pour une éventuelle intervention si la situation devait l'exiger ; en recourant aux Soviétiques, il utilise une fois de plus les tensions de la guerre froide et met définitivement l'Occident sous pression. La réaction ne se fait pas attendre : les Casques bleus voyant le danger d'un conflit international augmenter, prennent immédiatement place aux points stratégiques du pays et interdisent tout vol aérien n'appartenant pas à l'ONU. Pendant ce temps, des anti-lumumbistes regroupés à Brazzaville, en terre étrangère où l'on trouve entre autres des Belges, des représentants de Tshombe pour le Katanga et de Kalonji pour le Sud-Kasaï, bombardent Léopoldville par radio de messages préjudiciables à Lumumba. Chacun des deux destitués continue de vaquer à ses occupations, de président pour l'un, de Premier ministre pour l'autre. Le 7 septembre, Lumumba réunit le parlement auquel il fait part de son point de vue lors d'un long discours ; les destitutions sont annulées sur vote des députés et Lumumba obtient les pleins pouvoirs. Mais ceux-ci sont annulés par le président qui met le parlement en vacance pour un mois. Le 11 septembre, Lumumba lance un ultime appel à la radio invitant le peuple à contrecarrer les manigances impérialistes. On ne sait plus à quel saint se vouer et il n'y a que deux mois et onze jours qui se sont écoulés depuis la proclamation de l'indépendance. Le souhait de passer de la colonie à la démocratie s'avère être un exercice extrêmement ardu ; de fait, le Congo est devenu une ingouvernable pétaudière.

Le district du Maniema proclamé « zone neutre »

Soumialot qui s'était rendu au Kivu-Maniema comme commissaire de district pendant ces différents événements, ne sait plus sur quel pied danser. Il explique sa réaction et ses décisions prises en raison de la situation à Léopoldville : « En effet la situation est perturbante, surtout avec les événements de Léopoldville et l'attitude équivoque du Gouvernement Provincial. Donc, je prends la décision de proclamer le District du Maniema *zone neutre*, c'est-à-dire, détaché du Kivu et dépendant directement du Gouvernement Central de Lumumba, et ce, jusqu'à nouvel ordre. Le soir du même jour, l'ONU, représentée au Maniema par les forces Néerlandaises, est tenue informée de ma décision de soustraire le Maniema à l'Autorité du Gouvernement du Kivu. Réagissant à ma décision, le Gouvernement Miruho ose, comme s'il minimisait le durcissement de ma décision, envoyer à Kindu son Ministre, M. Mutambala, avec mission d'y installer, de nouveau M. Antoine Omari, aux fonctions de Commissaire de District du Maniema. Le Ministre a été remballé sur Bukavu par le même avion tandis que M. Omari a été arrêté et mis au cachot au camp militaire de Luama pendant deux jours. Libéré à cause de son état de santé apparemment grave, M. Omari est pris en charge (loyer et restauration) par moi-même jusqu'au jour de son renvoi à Bukavu. »

Avant de se réfugier au Katanga, Omari raconte que Soumialot lui aurait dit lors de cette libération : « Pour imposer mon autorité, il a fallu que je commence par l'arrestation de tous les hommes de poids opposés à mon régime, pour ainsi obliger toute la masse à se plier aveuglément à mon système[75] ».

Pendant ce temps, comme il le raconte, Soumialot profite pour mettre de l'ordre dans *son* district :

« Aussi, je saisirai cette opportunité pour remanier l'équipe de la territoriale ainsi que de la police au Maniema en tenant compte du dévouement, de l'honnêteté, du savoir-faire, du militantisme, de fidélité et surtout le bon rapport avec la population de son ressort. Ainsi, certains éléments, accusés ou reconnus d'un comportement contre-révolutionnaire, seront mis à disposition du gouvernement provincial du Kivu, tandis que ceux d'une conduite irréprochable seront maintenus dans leurs fonctions au Maniema.

Après l'assainissement et le renforcement de l'appareil administratif au Maniema, je me suis mis en route pour visiter et inspecter tous les territoires de ma circonscription. Cependant, le Gouvernement Provincial du Kivu suivait attentivement tous mes déplacements. Car tout territoire ou poste à visiter, recevait, au préalable, un message télégraphique prévenant date et heure approximative de mon arrivée. Or, la transmission de tout message télégraphique d'un territoire à l'autre (à l'intérieur de la Province du Kivu-Maniema) passe par la centrale de Bukavu qui le transmet ensuite à la destination finale. Ce mécanisme permet à l'Autorité provinciale de censurer et de prendre connaissance du contenu de chaque message télégraphique interne. C'est ainsi qu'au courant du jour de mon arrivée à Kasongo où je devais installer le camarade Musengezi comme Administrateur du Territoire Titulaire, le Gouvernement du Kivu y a envoyé quelques gendarmes pour tenter de m'arrêter afin de m'escorter à Bukavu.

Bref, pour conclure, en proclamant le Maniema zone neutre, ce n'était pas pour faire une sécession, mais pour s'éloigner de la direction du Gouvernement du Kivu de tendance de Kasa-Vubu. »

Mobutu neutralise les autorités du pays (septembre 1960)

*

Il a souvent été question que Mobutu était l'agent au service des Américains qui a permis de renverser le Premier ministre et, dans différentes littératures ou articles de presse, il est mentionné que Mobutu était un agent de la CIA. Cette affirmation est colportée depuis que Jules Chomé avait écrit en 1974 « Il est assez normal que, de la Sûreté belge, Mobutu ait passé, au bon moment, dans les services secrets américains en l'espèce la C.I.A., la Central Intelligence Agency[76] ». Il est un fait que Mobutu a été pro-occidental et donc pro-américain, mais rien ne démontre qu'il ait été recruté par les services américains et encore moins qu'il ait été un agent à leur solde, ce qui a été confirmé par l'agent de la CIA responsable au Congo, Larry Devlin[77]. Lors de la destitution de Lumumba par Kasa-Vubu, Devlin n'avait d'ailleurs rencontré Mobutu que deux fois : lors d'une réception à Bruxelles à la suite de la Table Ronde et une seconde fois à Léopoldville. Si la CIA pensait que Mobutu était un homme modéré et compétent, elle ne savait pas très bien où le situer, car les Américains craignaient qu'il soit un fidèle de Lumumba.[78] Il est vrai que sans le Premier ministre, Mobutu n'aurait jamais pu accéder aux responsabilités qui étaient les siennes à ce moment-là et qui l'ont amené à devenir le chef d'état-major. Pour les Américains, il était donc tout à fait possible que Mobutu entreprenne diverses actions pour renforcer le pouvoir de Lumumba et ce peut-être même aux dépends du président Kasa-Vubu. Etant l'homme fort de l'armée, Mobutu pouvait représenter un danger potentiel pour les Américains en cas de coup d'état s'il s'avérait être un fidèle de Lumumba.

*

Dans la situation politique catastrophique du Congo où le président et le Premier ministre se révoquent, c'est Bomboko le ministre des Affaires étrangères qui attire l'attention de la CIA concernant les qualités de Mobutu et de ses pensées pro-occidentales. Devlin rencontrera Mobutu en compagnie de Bomboko juste après que le président et le Premier ministre se soient destitués mutuellement. Mobutu lui fera alors comprendre que l'armée était prête à renverser Lumumba à la condition que les Etats-Unis reconnaissent un nouveau gouvernement, à savoir un Collège de commissaires généraux, en précisant que ce gouvernement serait temporaire, c'est-à-dire qu'il resterait au pouvoir aussi longtemps que cela serait nécessaire pour se débarrasser des Soviétiques du Congo et créer un régime démocratique. Malin, Mobutu a cherché à obtenir le soutien des Américains, garants d'un apport de stabilité et de viabilité pour un nouveau gouvernement, tout en indiquant au responsable de la CIA au Congo que son intervention aurait lieu dans quelques jours[79]. Devlin ne connaissait pas très bien Mobutu ; c'est Bomboko qui l'a convaincu que là était l'homme de la situation qu'il fallait absolument soutenir. C'est ainsi que Larry Devlin a dit à Mobutu : « Je peux vous assurer que le gouvernement des Etats-Unis va reconnaître un gouvernement temporaire composé de technocrates civils[80] ».

Le 8 septembre 1960, alors que ces tractations ont lieu, arrive le représentant personnel du Secrétaire général des Nations unies en la personne de l'indien Rajeshwar Dayal ; il doit assumer le contrôle des opérations au Congo. Ce n'est pas un détail anodin, car la CIA au Congo repère rapidement son anti-américanisme[81]. Si Dayal était venu avant la destitution de Lumumba, cela aurait sans doute compliqué la tâche des Américains, alors que cette nouvelle situation ne peut que renforcer la position de Mobutu auprès des Etats-Unis.

Les Américains n'ont pas été prévenus de la date du coup d'Etat de Mobutu, ils l'apprennent en écoutant la radio lorsque le chef de l'armée annonce tôt le matin du 14 septembre 1960 à tous les

Congolais la prise du pouvoir. C'est ainsi que, pour la première fois, l'on entend parler dans le monde entier du jeune chef de l'état-major, le colonel Joseph Désiré Mobutu qui, à 29 ans, retire le pouvoir aussi bien à Kasa-Vubu qu'à Lumumba et à Iléo, lequel avait été nommé Premier ministre par le président. Mobutu ajoute également lors de son allocution radiophonique la notion du temps limitant l'intervention de l'armée : « L'Armée nationale congolaise a décidé de neutraliser le chef de l'Etat jusqu'à la date du 31 décembre 1960. Dès demain chacun pourra se rendre compte qu'il ne s'agit pas d'un coup d'Etat, mais plutôt d'une simple révolution pacifique. L'armée va aider le pays à résoudre tous ces différents problèmes qui deviennent de plus en plus aigus[82] ».

Mobutu répète lors de plusieurs discours qu'il s'agit d'une révolution pacifique et non d'un coup d'Etat. Il essaye également d'en expliquer les raisons, comme dans son message radiodiffusé du 15 septembre : « L'action que nous menons n'est pas un coup d'Etat militaire. Nous voulons simplement aider la Nation à sortir du marasme dans lequel elle est plongée depuis trois mois. Les hommes politiques ont failli à leur tâche initiale : l'intérêt supérieur du pays. Le seul outil valable pour neutraliser leur action et faire fonctionner les départements ministériels, est l'Armée Nationale[83] ».

L'ordre que Mobutu avait reçu du président Kasa-Vubu d'arrêter le Premier ministre Lumumba ainsi que l'ordre reçu de ce dernier d'arrêter le chef de l'Etat, lui fera dire plus tard « (…) j'ai décidé de leur obéir à tous les deux[84] ! ».

Mobutu donne immédiatement deux signes clairs aux observateurs internationaux. D'une part, le 17 septembre, il invite les diplomates soviétiques, chinois et tchécoslovaques à quitter le pays dans les 48 heures ; ceux du Ghana et de l'Egypte sont priés de se retirer en novembre. Cela se passe d'ailleurs très mal avec l'ambassadeur ghanéen qui, bien que déclaré *persona non grata*, refuse de quitter son ambassade. Des documents trouvés sur un diplomate ghanéen lors de sa visite à Lumumba provoquent ce renvoi. Le président ghanéen Nkrumah donne une fin de non-recevoir à l'envoyé spécial du Congo porteur d'une lettre de Kasa-Vubu, le gouvernement congolais décide alors d'envoyer l'armée à l'ambassade ghanéenne. Les versions divergent quant au conflit qui va s'ensuivre. L'une d'elles veut que le colonel Nkokolo et ses hommes se seraient désarmés en face de l'ambassade pour se rendre à la porte du bâtiment et c'est alors qu'une salve de mitraillette les aurait tués. Suite à cela, les troupes de Mobutu auraient encerclé l'ambassade. Puis, les Casques bleus tunisiens seraient intervenus provoquant des tirs nourris durant toute la nuit.[85] Une autre version dit que l'ambassade ghanéenne aurait déjà été protégée par l'ONU lorsque le colonel Nkokolo et sa troupe seraient arrivés sur les lieux. Lors de discussions musclées entre le colonel et un officier tunisien, un soldat congolais aurait lâché un coup de feu ce qui aurait déclenché des tirs de part et d'autre[86]. Le nombre de victimes est également flou selon les diverses sources ; là où les versions se rejoignent, c'est sur le fait que le colonel Nkokolo est tué lors de cette intervention.

La tension à Léopoldville est à son paroxysme. Cependant, le message de Mobutu est clair, il a choisi son camp : voilà quelqu'un dont le choix politique est unilatéral et de surcroît favorable à l'Occident. Notons tout de même que les relations avec les pays de l'Est se renoueront par la suite, à l'instar des Soviétiques qui retourneront à Léopoldville en septembre 1961. Mobutu qui a fait partie dès le début de l'entourage de Lumumba, est toujours resté dans les coulisses de la politique, mais le voilà qu'il émerge subitement comme un rival dangereux pour le MNC-L. Cette nouvelle situation, ainsi que ses démarches dénonçant son soutien à l'Occident, agace au plus haut point Soumialot. Dès lors, Mobutu se trouve sur sa liste d'opposants et devient ainsi de facto un ennemi du peuple. Cette thèse est soutenue par Soumialot du fait que le Premier ministre avait été élu démocratiquement.

Le 19 septembre 1960, Mobutu crée un Collège de commissaires généraux formé de civils qui doivent gérer les institutions publiques jusqu'au retour d'une stabilité politique et leur remet le pouvoir ; la fonction prévue jusqu'à la fin décembre durera effectivement jusqu'au 9 février 1961. Le Collège composé de jeunes universitaires étudiant à l'étranger que Mobutu connaissait, collabore avec des spécialistes provenant aussi bien des Nations unies que de la Belgique. Il est intéressant de noter qu'on trouve Justin Bomboko, l'ancien ministre des Affaires étrangères de Lumumba, comme président du gouvernement provisoire ; sont également dans ce Collège des personnages comme Mario Cardoso appelé Losembe (quelques années plus tard il se réfugiera en Suisse) et Jonas Mukamba (il sera ambassadeur à Berne en 1982). A mentionner également le nom d'Etienne Tshisekedi qui obtient le premier diplôme de docteur en droit à l'université de Lovanium en 1961 et qui sera un des coauteurs en 1967 du manifeste de la Nsele créant ainsi le Mouvement Populaire de la Révolution qui deviendra le parti unique du pays. C'est également Tshisekedi qui deviendra à partir de 1980 un des seuls véritables opposants à Mobutu ayant le courage de le combattre politiquement au Zaïre. Ce ne sont pas des militaires qui assument le pouvoir ; il ne s'agit donc pas d'un putsch de l'armée, tout au moins officiellement, car Mobutu veille à garder son influence. Afin de rendre ce coup d'Etat plus *légal*, les Américains convainquent Mobutu de reconnaître Kasa-Vubu comme la véritable haute autorité du pays ; il décide donc que Kasa-Vubu reste président. Celui-ci, très certainement en contrepartie, le nomme commandant en chef de l'armée. Lumumba avait mis en son temps Lundula à ce poste, mais celui-ci n'a jamais pu instaurer son influence à Léopoldville. Lumumba n'accepte pas ce coup d'Etat et continue à agir en tant que Premier ministre ; il tente de contrecarrer la décision de Kasa-Vubu en nommant M'polo[1] à la même fonction que Mobutu. C'est dans une confrontation entre les deux commandants au camp militaire Léopold que la situation s'éclaircit. En effet, Lumumba vient soutenir M'polo en tant que chef suprême de l'armée, mais n'a pas prévu la présence massive de Baluba du Kasaï qui n'ont pas oublié le massacre du 29 août dans leur région ; devant la révolte des soldats baluba outrés, M'polo s'enfuit et Lumumba, protégé par quelques fidèles, est libéré et raccompagné chez lui par des Casques bleus ghanéens.

Larry Devlin est satisfait car la mission reçue de Washington est accomplie. Il a non seulement contribué à l'éviction de Lumumba du pouvoir, mais également à anéantir les efforts de l'URSS à vouloir s'établir au Congo. De plus, Mobutu, le nouvel homme fort, est sans équivoque pro-américain. Cette nouvelle situation permet enfin aux USA de prendre pied en Afrique centrale. Le président restant à son poste, cela a pour conséquence que l'on voit pour la première fois Kasa-Vubu conseillé par un groupement de trois personnes habitant le quartier de Binza ; il s'agit de Mobutu, Bomboko et Nendaka. Le groupe de Binza est né. C'est bien eux qui tirent les ficelles en se

---

[1] *Maurice M'polo, né à Inongo le 4 mars 1928, sera plus tard une des deux autres victimes accompagnant Lumumba dans la mort.*

cachant derrière le pouvoir présidentiel et gouvernemental ; très vite, ils sont rejoints par Adoula, Cardoso, Ndele et Kandolo. Il est intéressant de noter que Mobutu, Bomboko et Adoula sont tous originaires de l'Equateur[87].

Les Américains, conscients de l'importance de Mobutu et du danger de cette prise de pouvoir, le protègent aussi bien que possible car les jours suivants ne sont pas sans danger. D'après Devlin, plusieurs attentats contre la personne de Mobutu et de sa famille sont planifiés et tentés ; selon ses renseignements, Mulele, ancien ministre de Lumumba, en est l'instigateur. Si toutes les tentatives ont été déjouées, c'est grâce aux renseignements obtenus par des agents infiltrés dans le système congolais et travaillant pour les services américains. Par ailleurs, c'est sur la recommandation de Devlin que Mobutu envoie son épouse et ses enfants en Europe, car la situation est trop dangereuse.[88]

Est-ce que les Américains n'ont pas assez confiance en la capacité de Mobutu de s'imposer au pouvoir ? Veulent-ils renforcer sa position ? Ou craignent-ils un rebondissement de Lumumba ? Sinon comment expliquer que Devlin est contacté le 19 septembre pour le prévenir de l'arrivée d'un agent porteur d'une mission des plus secrètes. Huit jours plus tard, un officier supérieur de la CIA, appelé *Joe from Paris*, le contacte à la sortie de l'ambassade, lui fait part de nouvelles instructions et lui remet plusieurs flacons de poison mortel pour assassiner Lumumba. La décision a apparemment été prise par le président Eisenhower en personne ou tout au moins cautionnée. Il est prévu que le poison soit introduit dans la pâte dentifrice de l'ex-Premier ministre. Voilà donc la nouvelle mission destinée à l'agent Devlin. Pour lui, il est hors de question d'attenter à la vie de Lumumba ou de qui que ce soit d'autre. Un autre facteur entre également en ligne de compte : une telle révélation pourrait sérieusement compliquer les relations entre les Etats-Unis et les pays du tiers-monde des différents continents. De plus, connaissant de mieux en mieux le mécanisme du pouvoir à Léopoldville, Devlin est certain que les Congolais trouveront une solution à la situation de Lumumba, et cela sous leur responsabilité[89].

Réaction du bloc de l'Est

Le bloc de l'Est ne reste pas passif devant les événements se succédant si rapidement qu'il est difficile de les suivre. Les moyens de communication sont encore très primitifs ; en 1960, les liaisons se font essentiellement par télégramme ou par téléphone et cela prend du temps. La Yougoslavie a demandé la réunion du Conseil de sécurité qui tient séance le jour même de l'intervention de Mobutu ; les Soviétiques veulent que toute intervention de l'ONU dans le conflit interne du Congo soit interdite et réclament la reconnaissance par les Nations unies de la légitimé du gouvernement Lumumba. Mais la résolution réitère le maintien de l'ordre des Casques bleus dans le pays tout en observant l'impartialité quant aux événements politiques internes et ajoute que tout apport technique doit être mis à disposition des Nations unies. En lisant entre les lignes, on comprend que ni les Belges ni les Soviétiques ne doivent s'immiscer dans ce débat interne. On rappelle que, 19 jours plus tôt, l'URSS avait soutenu Lumumba en lui fournissant une aide aérienne lui permettant l'intervention au Kasaï.

Situation ambiguë à Léopoldville

La situation est un peu confuse après la prise de pouvoir par Mobutu. Il y a un président qui, malgré le changement de pouvoir, reste à son poste ; Iléo, nommé Premier ministre par le président sans pouvoir exercer ses fonctions alors que l'ex-Premier ministre en la personne de Lumumba ne quitte pas son poste et cherche à continuer d'agir et, en fin de compte, un Collège de commissaires généraux qui reprend les activités du gouvernement. Très vite, les faveurs du peuple se dirigent vers la nouvelle équipe car Mobutu a eu l'ingéniosité de mettre dans ce Collège des représentants de plusieurs ethnies et des différentes régions du pays. De plus, Mobutu a remis de l'ordre dans le cafouillage politique au sommet de l'Etat sans que les militaires s'arrogent le pouvoir. Sa popularité est grandissante tandis que celle de Lumumba s'effrite de plus en plus. Mais Lumumba, qui n'a pas quitté son bureau de Premier ministre, continue à recevoir quotidiennement des parlementaires et autres personnalités influentes de la politique congolaise et africaine.

Les Américains prennent alors contact avec Mobutu et les commissaires généraux afin que l'on fasse arrêter Lumumba[90]. Suite à cela, Bomboko, le nouveau Premier ministre, déclare lors d'un discours : « L'ANC est prête à se battre contre l'ONU pour arrêter Lumumba[91]. »

A partir du 10 octobre 1960, Lumumba reste dans sa villa gardée par des Casques bleus. Quelque deux cents militaires de l'ANC essaient d'arrêter Lumumba ce jour-là[92], date symbolique car c'est le deuxième anniversaire de la création du MNC. Une mission quasi impossible, le cordon militaire des Nations unies ne permettant pas aux militaires congolais de s'approcher de la résidence de l'ex-Premier ministre ; les troupes de l'ONU sont d'ailleurs pour la plupart composées de soldats dont les pays soutiennent Lumumba et ne reconnaissent pas le nouveau gouvernement. La tentative est un échec. Après avoir négocié avec l'ONU, Bomboko annonce que « P. Lumumba ne sera pas appréhendé, mais transféré dans une résidence plus discrète et rendu politiquement inactif[93] ». Sur ce, la complexité du pouvoir est révélée par l'attitude de Mobutu qui démontre une fois de plus qui, de l'armée ou des institutions politique est le vrai chef, en précisant qu'il n'appartient pas « au président Kasa-Vubu *neutralisé* d'ordonner l'arrestation de quiconque ni à J. Bomboko de donner des ordres à l'ANC contre Lumumba[94] » et précise qu'il ferait arrêter Lumumba, si celui-ci cherchait à quitter sa maison pour faire de la politique. L'ancien Premier ministre est désormais en résidence surveillée.

La tension à Léopoldville augmente. Chacun apporte son grain de sel qui ne contribue pas à l'apaisement. Le représentant de l'ONU, Dayal, ne veut pas imaginer de solution à la crise politique sans l'implication d'une manière ou d'une autre de Lumumba[95], cette attitude ne contribue pas à la recherche d'une stabilité politique, au contraire, elle provoque de réelles tensions entre Dayal et les représentants du nouveau gouvernement. Beaucoup de lumumbistes, dont l'ex-vice-Premier ministre Gizenga, sentant la perte de pouvoir de leur leader, quittent la capitale pour Stanleyville. Personne n'est dupe, Mobutu est désormais l'homme incontournable au Congo, même si le Collège des commissaires généraux continue d'exercer ses responsabilités et qu'Iléo, avec son gouvernement, n'a pas été démis de ses fonctions, tout au moins officiellement, et est libre de tout mouvement. Cependant, à des centaines de km plus à l'est du pays, se trouvent des personnes fidèles à Lumumba exerçant des postes influents dans la politique régionale, tel que Soumialot. Cette région se voit de plus en plus être le refuge idéal pour les lumumbistes.

Lumumba en fuite (novembre 1960)

Mobutu sait que Lumumba, bien qu'assigné à résidence, y reçoit différents diplomates du continent africain. Il sait également que le président ghanéen Nkrumah, qui dispose d'une armée encadrée et commandée par des officiers britanniques, a proposé son aide à Lumumba afin qu'il puisse reprendre ses fonctions. Mais c'est dans la nuit du 27 novembre 1960 que les événements se précipitent. Lumumba se cache derrière la banquette avant de la grande Chevrolet, type *station*, qui quitte la résidence sans se faire fouiller par le premier cordon formé de soldats de l'ONU. Le second cordon provenant de l'ANC laisse aussi passer le véhicule qui amène son passager clandestin rejoindre l'ambassade de Guinée. De là, il est conduit par Bernardin Mungul Diaka vers la rivière Nsele ; il est rejoint par Pauline, son épouse, et son fils Roland. Lumumba veut se rendre à Stanleyville où l'attendent déjà bon nombre de ses partisans et, de ce fait, éviter ce dont la rumeur fait état, à savoir une possible arrestation de l'ancien Premier ministre. Il n'est pas seul dans cette aventure : Mulele, Gbenye, Kashamura, Okito et M'polo, entre autres, sont de leur côté également en route pour l'Est du pays. Stanleyville doit permettre à Lumumba et à son équipe de revenir sur le devant de la scène mondiale en proposant la reprise de la responsabilité de son gouvernement ou tout simplement de former un gouvernement dit de rébellion qui a de grandes chances de trouver un soutien important au sein du bloc de l'Est. Rien que cette éventualité en pleine guerre froide démontre le danger que le Congo représente au niveau mondial. Cela mettrait d'autant plus l'Occident dans l'embarras puisque Lumumba est le seul chef de gouvernement élu démocratiquement. A Stanleyville, il serait une réelle bombe à retardement pour l'Occident. Il est cependant clair que les Américains ne laisseront sous aucun prétexte les communistes s'implanter dans cet énorme territoire du centre de l'Afrique. Pour les uns cette fuite est une catastrophe, pour les autres un espoir. Mais Lumumba, trop sûr de lui, commet une faute grave : il oublie son objectif premier, rejoindre Stanleyville au plus vite ; il traverse les villages et s'y attarde, profitant de l'accueil jubilant de la population ; plus grave, il saisit l'occasion pour tenir quelques meetings ici et là. Cette perte de temps est une erreur fatale. Selon Soumialot, Lumumba pressentait que sa politique et sa façon d'être, n'étant pas au goût de l'Occident, représentaient un danger pour sa personne : « Ce Lumumba, accusé de vouloir défendre - avec acharnement - les intérêts de son pays contre ceux de l'étranger ne déclara-t-il pas dans une lettre adressée à sa chère épouse Pauline : *Si je suis tué, ce sera un blanc qui aura armé la main d'un noir* ».

Soumialot arrêté

Suite au coup d'Etat à Léopoldville, le gouvernement provincial du Kivu qui reconnaît le Collège des commissaires généraux, accentue « ses tendances autonomistes[96] » et cherche à renverser le commissaire de District à Kindu. Mais Soumialot bénéficie du soutien des conseillers du Maniema au sein de l'Assemblée provinciale à Bukavu.

Entre-temps. Gizenga a rejoint Stanleyville. Soumialot, toujours chef de sa zone neutre du Maniema, a appris l'arrivée de Gizenga et la fuite de Lumumba de sa résidence surveillée. Il se décide à quitter Kindu pour rejoindre le vice-Premier ministre de Lumumba qui est, à ses yeux et pendant l'absence de Lumumba, l'héritier légitime du gouvernement central. Là est du moins la version de Soumialot 22 ans après les faits. Cependant, à en croire Benoît Verhaegen dans *Les Etudes du CRISP* (Centre de recherche et d'information socio-politiques), Soumialot aurait oublié de préciser qu'il avait présidé un meeting du MNC-L qui a été suivi de troubles et de pillages par la jeunesse MNC-L prétendant « agir selon la consigne de Soumialot[97] ». Ce sont tout d'abord les soldats de l'ONU qui mettent un terme à ces incidents, puis viennent ceux de l'ANC qui occupent Kindu. Les militaires congolais se mettent immédiatement à la recherche de Soumialot qui est accusé par Miruho d'avoir armé les jeunes.

A mi-chemin, Soumialot est arrêté le 31 octobre à Bogote par le commandant Singa Boyenge[1] envoyé par le président du

---

[1] *Sous l'ère de Mobutu, Singa Boyenge sera nommé général, puis commandant en chef de l'armée entre 1981 et 1985.*

gouvernement provincial. Le 2 novembre, Soumialot est incarcéré à la prison à Bukavu où la population manifeste pour sa libération ; il est alors transféré à la prison de Goma.

A Stanleyville, Gizenga a le temps de s'organiser et peut compter sur un soutien non négligeable ; mis à part les lumumbistes, il a surtout l'appui de l'armée stationnée dans la région, restée fidèle à Lumumba, et la police est à la disposition du nouvel homme fort de l'Est.

Lumumba un prisonnier encombrant

Les hommes de Mobutu sont à la poursuite de Lumumba et n'ont qu'un objectif : l'arrestation de ce dernier coûte que coûte. Sur les conseils de la CIA, l'armée surveille quelques passages de rivières que doit emprunter toute personne voulant se rendre de Léopoldville à Stanleyville. L'itinéraire que Lumumba prend traverse en effet plusieurs cours d'eau dont la rivière Sankuru. Un Portugais du nom de Fernandes aurait informé par phonie les autorités de la capitale de la présence de Lumumba dans la région, ce qui aurait permis de le localiser[98]. Même la Belgique s'immisce dans cette fuite au regard du télégramme que l'ambassadeur belge de Brazzaville envoie à Kalonji : « Prenez garde Lumumba en fuite – s'il est à Luluabourg faites l'impossible pour l'arrêter[99] ». C'est ainsi que, le 2 décembre, à la traversée de la rivière Sankuru à Lodi, Lumumba est arrêté. Il en va de même à Mushie pour M'polo et à Kikwit pour Okito. Après avoir été ramené à Léopoldville, Lumumba est transféré au camp militaire de Thysville. Dag Hammarskjöld s'inquiète auprès de Kasa-Vubu du bon traitement de l'illustre prisonnier, car cette arrestation est ressentie comme un tremblement de terre par plusieurs membres des Nations unies, mais le président congolais rappelle que Lumumba est accusé du massacre au Kasaï et invoque tous les griefs dont il est accusé. Selon Soumialot, la situation du prisonnier est des plus ambiguës pour Léopoldville : « Lumumba en prison restait dangereux, libre c'était pire, il ne restait plus que la mort ».

Il y a fort à parier que cette analyse est également faite par le concerné lui-même. Les lumumbistes ne sont pas pour autant divisés, brouillés ou évincés de par l'arrestation de leur leader ; au contraire, même retiré du devant de la scène politique, Patrice Lumumba reste puissant et le MNC-L n'implose pas. Du côté de Léopoldville, on est soulagé de cette arrestation. L'attitude de l'Occident, qui reste plus ou moins discret à ce sujet, se reflète à travers les pensées du général Carl von Horn, chef de la mission de l'ONU au Congo, qui écrira en 1967 : « La plupart d'entre nous étaient à juste titre d'avis qu'il existait maintenant une véritable chance pour que le Congo connaisse une certaine paix. Parlons franchement, si Lumumba était arrivé à Stanleyville, tout le Congo aurait flambé[100] ».

A Léopoldville, les nouveaux responsables s'activent pour trouver une solution concernant cet encombrant prisonnier. Si l'ancien Premier ministre est traduit devant un tribunal c'est pour le condamner à mort ; l'opinion internationale émettrait de vives critiques et les leaders congolais seraient tenus pour responsables par les lumumbistes. Comment se *débarrasser* physiquement du leader politique sans en porter la responsabilité ? Une solution serait de le remettre à son ennemi Tshombe au Katanga mais celui-ci ne semble pas motivé pour recevoir ce cadeau empoisonné que veut lui fourguer Léopoldville. Une autre option serait le transfert au Sud-Kasaï chez Kalonji, ce qui équivaudrait à une mort certaine vu le génocide perpétré dans cette région et dont Lumumba est accusé. Soumialot ajoute même que l'abbé Fulbert Youlou, président du Congo-Brazzaville, avait été contacté par le Gouvernement central, mais il avait refusé de recevoir Lumumba.

L'intervention de Soumialot auprès de Gizenga

Soumialot quitte la prison le 27 décembre 1960, car le président Jean Miruho a été arrêté deux jours plus tôt avec son gouvernement provincial et envoyé à Stanleyville après l'arrivée de l'armée gizenguiste. Comme il le raconte, Soumialot va voir l'homme fort de Stanleyville : « Je suis allé voir Gizenga et j'ai plaidé pour la libération de ces prisonniers afin de ne pas divulguer une mauvaise image, une réputation de terreur en arrêtant tous les opposants, comme on le prétendait d'ailleurs à Léopoldville, cela aurait été une erreur politique. Gizenga les a libérés, mais après une certaine période d'emprisonnement ».

La mort de Lumumba (17 janvier 1961)

*

Patrice Lumumba a été élu par la plus grande mobilisation démocratique africaine avant Nelson Mandela, c'est dire sa légitimité. S'il a été parfois maladroit, inexpérimenté et trop autoritaire, il avait un regard visionnaire de l'Afrique. Il a été un des premiers à vouloir une Afrique détribalisée, indépendante et moderne. Lumumba espérait instaurer une véritable démocratie à l'africaine, mais il faudra attendre trente ans et l'arrivée de Nelson Mandela pour retrouver cette espérance démocratique sur ce continent.

*

L'année 1961, la République démocratique allemande érige le mur de Berlin et, au Congo, elle débute par le dilemme causé par l'emprisonnement de Lumumba à Thysville. Les conditions de son emprisonnement se reflètent dans une lettre que Lumumba écrit à son ami Albert Onawelo : « Voici ma situation ici : je suis ici avec 7 députés ainsi que Joseph Okito. Nous sommes enfermés dans des cachots obscurs tous les jours depuis le 2 décembre 1960. La nourriture qu'on nous donne (la chikwangue et le riz) est infecte et sale et je passe 3 ou 4 jours sans manger. En outre, je souffre d'estomac (constipation). J'ai demandé d'acheter régulièrement des fruits et le médecin (belge) a été d'accord... Mais le Commissaire de district de l'ABAKO ne veut pas ; il dit que c'est un ordre de Kasavubu. Les vêtements que je porte sur moi n'ont jamais été lavés depuis 34 jours. On ne veut même pas que nous portions des souliers. Le médecin a prescrit que je sorte de temps en temps le soir... on ne veut pas me l'accorder. C'est vraiment dur et c'est pire que les colonialistes[101] ».

Ce mauvais traitement est mis en doute par Jacques Brassinne et Jean Kestergat qui affirment que Lumumba « (...) semble bien bénéficier d'un traitement de faveur, occupant seul une chambre d'officier au corps de garde[102] ». En outre, ils ne sont pas certains, comme l'affirme Lumumba, qu'il y ait d'autres prisonniers : « (…) rien ne permet pour l'instant de savoir de manière certaine s'il y avait ou non d'autres détenus à Thysville[103] ». Les bons traitements envers Lumumba semblent être confirmés par un médecin suisse mandaté par la Croix-Rouge qui rassurera non seulement cette organisation, mais encore l'ONU.

Quoi qu'il en soit, les nouveaux hommes forts de la capitale pensent qu'en mettant l'ex-Premier ministre en prison dans une garnison militaire non loin de la capitale, cela l'isolerait. C'est faire abstraction de beaucoup de politiciens qui, sachant que le prisonnier est gardé dans les environs, s'activent politiquement afin de le faire libérer. C'est aussi sous-estimer les capacités oratoires de Lumumba qui réussit à semer la zizanie parmi une partie des militaires de Thysville ; il sait exploiter son ascendant sur certains militaires, comme on peut le constater dans sa lettre : « Si un soldat nous donne, ne fût-ce qu'une banane, on l'arrête et on le met au cachot. Malgré tout plusieurs soldats viennent en cachette pour essayer de m'aider[104] ». La situation est telle que les troupes militaires se mutinent le 13 janvier 1961, ce qui est extrêmement grave et peut mettre en péril le nouveau gouvernement ; on se souvient qu'en juillet 1960 une mutinerie avait eu lieu au même endroit et avait déclenché des troubles dramatiques à travers tout le pays. Cela est pris très au sérieux par Mobutu, Kasa-Vubu, Bomboko et Nendaka, chef de la sécurité, qui se rendent immédiatement à Thysville. Ils arrivent à calmer la situation ; ils discutent même avec Lumumba qui refuse toute collaboration avec les nouveaux hommes forts du Congo, non seulement parce qu'il ne reconnaît pas leur légitimité mais encore parce qu'il craint que leur intention est de l'écarter du camp militaire afin de l'assassiner. L'attitude de Lumumba scelle son sort. Constatant sa fin de non-recevoir de toute proposition de coopération et son influence politique bien qu'enfermé dans la cellule d'un camp militaire, le nouveau pouvoir décide de trouver une solution définitive à son égard.

Cela semble aller très vite à Léopoldville. Il s'avère qu'une décision a été prise concernant l'encombrant prisonnier et ses deux acolytes, selon laquelle ils doivent être mis en prison au Kasaï ou au Katanga pour être *à l'abri d'une libération de l'ONU*. On ne saura peut-être jamais qui a vraiment pris la décision mais des membres du groupe de Binza doivent, par déduction, en avoir été informés[I]. A en croire

---

[I] *Bomboko dira en 2010 lors d'un reportage télévisé :* « *On le met en prison dans le camp militaire de Thysville, aujourd'hui Mbanza-Ngungu, et là il va être transféré à Lubumbashi par la décision de Mobutu (...)* » (M'Bokolo E., Sainteny Ph., Ferrari

Francis Monheim « Lumumba avait été transféré à E'ville [Elisabethville] à l'insu de Mobutu[105] ». On peut douter de cette information qui aurait été un affront pour Mobutu, un des acteurs les plus influents à Léopoldville. De plus M'polo, ennemi de Mobutu depuis sa nomination par Lumumba au même poste (commandant en chef de l'armée), est inclus dans ce projet. Dès le début, la Belgique est également mêlée au sort de Lumumba ; elle est d'ailleurs informée par son ambassade à Brazzaville qui a relayé à plusieurs reprises à Elisabethville cette possibilité de transfert. Précisons aussi que le roi Baudouin était informé que la Belgique cherchait à neutraliser « complètement (et si possible physiquement...) Lumumba » selon une missive envoyée le 19 octobre 1960 par le major Weber à son secrétaire particulier[106]. Le 14 janvier, le colonel Marlière envoie un message au commandant Verdickt au Katanga en faisant allusion à Tshombe et Lumumba : « demande accord du Juif pour recevoir Satan[107] ». La date de ce message a été contestée en 2001 par l'enquête parlementaire belge visant à déterminer les circonstances exactes de l'assassinat de Patrice Lumumba et l'implication éventuelle des responsables politiques belges dans celui-ci. Le 16 janvier, c'est le ministre belge des Affaires africaines (Minaf) qui fait parvenir un message à Tshombe : « Minaf Aspremont insiste personnellement auprès président Tshombe pour que Lumumba soit transféré au Katanga dans les délais les plus brefs... Prière me tenir au courant[108] ». Dans tous les cas, le 17 janvier 1961, Lumumba accompagné de Maurice M'polo, ancien commandant en chef de l'armée et ministre de la Jeunesse et des Sports, et de Joseph Okito, vice-président du Sénat, sont emmenés par avion de Thysville à Moanda qui se trouve au bord de l'océan Atlantique ; de là ils sont transférés dans un DC-4 piloté par des Belges et qui décolle en direction d'Elisabethville, chef-lieu du Katanga.

*

La solution du Katanga n'est pas une nouveauté en soi, car Kasa-Vubu avait déjà proposé fin décembre 1960 que l'on déplace des prisonniers politiques dans cette province pour la bonne raison que là ils étaient à l'abri de l'ONU et des mutins. A cette époque, c'est

---

A. Réalisation : Ferrari A., Pérétié J-B (2010). *Afrique(s), une autre histoire du XXe siècle*. Production : Temps noir/Ina/France Télévisions.).

Gizenga qui était visé par ce projet et après son arrestation, ce sont précisément les Nation unies qui sont intervenues pour le libérer. Par contre, il semble clair que cette suggestion n'est pas l'idée de Tshombe qui n'aurait pas acquiescé à ce genre de *déportation*. Pourtant, dans une lettre datée du 15 janvier 1961, signée par Tshombe, on peut lire : « (...) nous marquons notre accord de transférer immédiatement le communiste Lumumba à Elisabethville[109] ». Des voix s'élèvent cependant pour prétendre que c'est un faux.

Si le Katanga de Tshombe a été choisi, la région du Sud-Kasaï de Kalonji n'est pas en reste, elle a également *son droit à l'horreur*. En effet, le Collège des commissaires généraux fait arrêter les plus proches fidèles de Lumumba, tel que le président du gouvernement de la Province Orientale Jean-Pierre Finant, le commandant de police militaire de Stanleyville Jacques Fataki, le gouverneur de la Banque centrale Barthélémy Mujanayi, le ministre Joseph Mbuyi et cinq autres collaborateurs du Premier ministre (Elengesa, Lumbala, Muzungu, Nzuzi, Yangara)[110]. Les prisonniers sont envoyés à Bakwanga chez Kalonji. Non seulement ils doivent faire face à d'ignobles souffrances, mais ils « sont brûlés vifs selon la coutume prétendument baluba[111] ».

Revenons un instant sur cette lettre de Tshombe à Bomboko du 15 janvier 1961 dont on pense qu'il s'agit d'un faux : « Suite au message que nous venons de recevoir, nous marquons notre accord de transférer immédiatement le communiste Lumumba à Elisabethville. Cette opération doit se faire secrètement : pourriez-vous nous aviser de son arrivée dans le plus bref délai ?[112] ». D'après l'enquête parlementaire de la Chambre des représentants de Belgique de 2001, ce texte provient d'une photocopie qu'Alfred Cahen, conseiller à l'ambassade belge de Léopoldville reçoit en septembre 1964 de Dar es-Salaam. Le fait que ce soit une lettre et non un télex, que la transmission d'un sujet aussi important se fasse par poste et donc par un moyen de communication bien trop lent, donne peu de crédit à cette photocopie. De plus le terme *communiste Lumumba* est plutôt surprenant venant de la part de Tshombe. Le rapport de la commission d'enquête évoque la possibilité qu'un falsificateur soit à l'origine de cette lettre et qu'il se soit basé sur un communiqué d'Inforkat relatant cette opération secrète en reprenant ce terme de *communiste Lumumba.*[113] Surprenant est le fait que la commission d'enquête n'ait pas fait le lien avec la rébellion qui sévit à ce moment précis au Congo et avec la présence massive de Simba en 1964 à Dar es-Salaam d'où transitent d'ailleurs les armes chinoises et soviétiques qui sont utilisées pendant la rébellion. Le 5 octobre 1964 cette lettre est publiée dans Jeune Afrique. Ce jour-là Soumialot est à Stanleyville, mais cette lettre peut être une tentative de déstabilisation provenant de la mouvance Simba. Soumialot était quelqu'un qui suivait l'actualité de la presse écrite et radiophonique qu'il a utilisée maintes fois pour déstabiliser la capitale congolaise.

*

Dans l'avion, les trois prisonniers passent d'horribles moments et souffrent le calvaire car les quelques militaires qui les accompagnent ont été choisis en connaissance de cause, comme Soumialot le rappellera très bien lorsqu'il relatera cet événement en 1989 : « Je me rappelle de Mukamba Jonas (…), il avait maltraité Lumumba dans l'avion. Son nom je ne peux pas l'oublier. Il y avait Mukamba Jonas et Kazadi Ferdinand. Les militaires qui avaient accompagné Lumumba, étaient des militaires de la jeunesse Baluba, dont les parents et consorts ont été tués pendant que Patrice a mené la guerre pour réduire la sécession du Sud-Kasaï. »

A l'approche d'Elisabethville, le DC-4 s'annonce à la tour de contrôle de l'aéroport qui, depuis la visite officielle de Dag Hammarskjöld, est en main onusienne, en précisant qu'il y a un *colis précieux*[I] à bord. Ce message prend les autorités katangaises par surprise. Le nom de code que seuls les participants aux négociations connaissent, n'éveille pas de soupçons chez les Casques bleus de l'aéroport. C'est donc en toute discrétion que Lumumba, Okito et M'polo sont débarqués dans un coin retiré de l'aéroport, ni vus ni connus, et le quittent dans un véhicule pour la villa inhabitée d'un ancien colon. Selon un témoin, Albert Pirard, « les trois prisonniers sortant du DC-4 étaient dans un état proche de la mort, peut-être déjà irrécupérables, assurément maltraités de façon ignoble par le sieur Zouzou[II] [sic] et consorts[114] ». Tshombe réunit ses ministres pour débattre du sort des prisonniers. Les uns veulent tuer Lumumba, les autres le garder afin de profiter de sa valeur politique ; dans un premier temps, il est décidé de le garder en vie. Certains proposent de le

---

[I] *Il est aussi question du « grand lapin ».*
[II] *Lieutenant Zuzu, un Baluba à la réputation de « grande brute ».*

transférer à Bunkeya pour le faire garder par des Bayeke, d'autres de le renvoyer à Léopoldville. Tshombe va visiter Lumumba qu'il trouve dans un triste état, en a pitié et demande que l'on cesse de maltraiter les prisonniers. Rien ne changera car ils seront tués le soir même à quelques 20 kilomètres de là sur la route de Likasi.

Les versions de l'assassinat de Lumumba et de ses deux acolytes divergent, mais la plus probable est qu'ils ont été tués par balle, le pistolet étant apparemment celui d'un militaire belge (on parle de la présence du colonel belge Huyghe et du capitaine Gat[115]). Il est en revanche clair que le gendarme Gérard Soete, inspecteur général de police avant l'indépendance, est l'un des deux Belges qui ont, dès le lendemain, déterré les trois cadavres pour les découper en morceaux, les brûler et les faire disparaître à l'aide d'acide sulfurique[116]. Ils ont nécessité deux jours pour cette macabre besogne et se sont continuellement saoulés afin de supporter cette mission des plus bestiales. De par ces sujets, la Belgique est une fois de plus impliquée et s'immisce dans les affaires internes du Congo ; plus grave, elle porte une part de responsabilité dans la mort de l'icône africaine : Patrice Emery Lumumba.

Lumumba est ainsi la première victime africaine de la guerre froide. Le discours non prévu de l'ex-Premier ministre lors des solennités de l'indépendance, son attitude soufflant en permanence le chaud et le froid pour provoquer la Belgique, l'appel à l'aide à l'Union soviétique et le massacre des Baluba au Sud-Kasaï, ont eu raison de lui. Cependant, la mort de Patrice Lumumba n'est pas divulguée. Le secret est plus ou moins bien gardé, ce qui peut étonner dans le pays où *radio trottoir* colporte immédiatement toutes nouvelles ou rumeurs, alimentées aussi bien par des hauts dignitaires que par le commun des mortels. Ceci dit, début février, l'agence Reuter fait part de rumeurs rapportant la mort du Premier ministre. Le 13 février 1961, le ministre katangais de l'intérieur Munongo annonce qu'à la suite d'une évasion, Lumumba, Okito et M'polo ont été découverts et tués par la population. Cette version des faits est évidemment totalement fausse et la population congolaise n'est pas dupe. La conséquence est immédiate, la population blanche fait face à des violences, à telle enseigne qu'à Luluabourg deux Européens perdent la vie ainsi que deux Belges à Kindu[117]. La réaction internationale ne se fait pas attendre, la rancœur se dirige surtout contre la Belgique qui est fortement représentée au Katanga par des compatriotes qui y travaillent pour la plupart dans l'économie privée mais qui, pour certains, sont à la solde des autorités politiques ou militaires. La Belgique est considérée comme complice et responsable de la situation au Katanga. Les ambassades belges à Djakarta et au Caire sont saccagées puis incendiées et des manifestations ont lieu dans diverses capitales aussi bien en Occident que dans les pays de l'Est. Le choix de la tactique utilisée par Léopoldville semble donc avoir été pertinent ; le Katanga et la Belgique font effet de paratonnerre, alors que ce sont bien les autorités congolaises qui ont prononcé la sentence en remettant leurs prisonniers aux bourreaux. D'ailleurs, la commission d'enquête de l'ONU a précisé que les responsables à Léopoldville avaient livré Lumumba et ses deux compagnons tout en « sachant fort bien qu'ainsi ils les jetaient dans les bras de leurs ennemis politiques les plus acharnés[118] ». La Belgique, mise à l'index, lâche du lest en faveur d'une réelle collaboration avec les Nations unies et soutient activement le Collège des commissaires généraux de Mobutu. Léopoldville sort donc vainqueur à double titre de cette situation.

*

La question de la responsabilité de la Belgique est aujourd'hui encore un sujet qui reste d'actualité, car les responsables de la politique belge de l'époque ont les mains sales dans cette affaire. Le cynisme de la politique est parfois flagrant comme le démontre le ministre des Affaires étrangères, Pierre Wigny, qui déclare : « Fidèle à sa politique de non-ingérence dans les affaires intérieures de l'Etat congolais, la Belgique est complètement étrangère à l'arrestation, l'emprisonnement, le transfert et la mort de l'ex-Premier ministre[119] ».

Rappelons-nous de l'état d'esprit des responsables politiques belges illustré par l'un des télégrammes du ministre des Affaires africaines qui n'avait pas hésité, le 6 octobre 1960, à écrire : « L'objectif principal à poursuivre dans l'intérêt du Congo, du Katanga et de la Belgique est évidemment l'élimination définitive de Lumumba[120] ».

Même si l'enquête parlementaire de la Chambre des représentants de Belgique ne peut exclure totalement l'allusion à une liquidation physique, elle pense plutôt à « l'éviction de l'intéressé de la scène politique[121] » et précise qu'il ne s'agit là pas d'un ordre, mais d'un jugement. Quarante ans plus tard, à la question de son sentiment à l'annonce de la mort de Lumumba, la réponse du colonel Marlière (services secrets belges) montre qu'il n'éprouve toujours pas de remord car sa réponse cynique est : « bon débarras[122] ». Ce dernier avait élaboré le *plan Barracuda*, abandonné par la suite, qui avait comme but d'enlever Lumumba. Cela dénote l'attitude d'une partie de la génération belge au pouvoir en 1960. En 2002, le Premier ministre Guy Verhofstadt et son ministre des Affaires étrangères, Louis Michel, présentent au nom du royaume de Belgique des excuses pour son rôle dans ce tragique événement. Lors des célébrations du cinquantenaire de l'indépendance du Congo, le 30 juin 2010, les fils de Patrice Lumumba ont annoncé qu'ils allaient déposer plainte contre plusieurs Belges qu'ils soupçonnent de complicité dans l'assassinat de leur père. Le 23 juin 2011, la famille Lumumba a porté plainte devant un juge d'instruction bruxellois contre 10 Belges présumés impliqués dans l'assassinat de l'ancien Premier ministre. Le 21 juin 2012, le parquet fédéral déclare que l'assassinat de Patrice Lumumba n'est pas prescrit, malgré l'ancienneté d'un demi-siècle, car le parquet belge reconnaît l'applicabilité du Droit de la Guerre. Ce droit rend imprescriptible un crime de guerre dont fait partie l'élimination physique après tortures. Fin 2012, la chambre des mises en accusation de la Cour d'appel de Bruxelles déclare que les poursuites peuvent avoir lieu. En 2013, la cour d'appel de la Gombe en RDC veut poursuivre dans cette affaire Etienne Tshisekedi pour crime contre l'humanité en compagnie de Jonas Mukamba, Albert Ndele, Justin-Marie Bomboko et Albert Kalonji.

Notons également qu'en 1992, lors de la Conférence nationale souveraine (CNS) à Kinshasa, Nendaka n'hésitera pas à incriminer son ami Mobutu de la mort de Lumumba[1]. Quant à l'homme qui semble être le principal responsable de l'exécution du Premier ministre, le Katangais Munongo, il avait annoncé vouloir faire des révélations lors de cette Conférence nationale souveraine[123]. La veille de son audition, il meurt singulièrement d'une crise cardiaque, d'autres parleront d'un empoisonnement.

---

[1] *D'après Jacques Brassinne et Jean Kestergat, Victor Nendaka serait à l'origine de cette décision.*

Si ce sont des Congolais qui sont responsables de la mort de Lumumba, ce sont la Belgique et les Etats-Unis qui ont tiré les ficelles pour que le Premier ministre disparaisse. Ces deux pays occidentaux ne sont pas seulement responsables de la mort d'un individu, mais ils ont décapité le symbole de la démocratie africaine. Plus grave encore, la Belgique et les Etats-Unis ont assassiné une démocratie naissante et de ce fait anéanti pour des décennies tout espoir de liberté. Che Guevara dira lors de son discours à l'ONU « La statue de Lumumba aujourd'hui détruite, mais demain reconstruite, nous rappelle l'histoire tragique de ce martyr de la révolution dans le monde, et nous rappelle que l'on ne peut faire confiance à l'impérialisme[124] ».

*

La République libre du Congo de Gizenga (décembre 1960)

Alors que Patrice Lumumba est encore prisonnier à Thysville, Gizenga veut que le gouvernement Lumumba continue de gérer les affaires de l'Etat ; il le qualifie comme étant le seul légal, car il a été démocratiquement élu et reconnu. C'est ainsi qu'en décembre 1960, à Stanleyville, Gizenga proclame la *République libre du Congo*, dirigée par le gouvernement Lumumba-Gizenga[1] ; elle sera reconnue début janvier (avant la mort de Lumumba) par les pays africains tels que le Ghana, la Guinée ou l'Egypte. L'annonce de la mort de Lumumba ne change rien, le gouvernement Gizenga en ressort au contraire plus fort. Il est soutenu par plusieurs pays communistes car, entre-temps, d'autres pays ont reconnu le gouvernement Gizenga, comme les pays de l'Europe de l'Est tels que la République démocratique allemande, la Pologne, la Hongrie, la Bulgarie, la Yougoslavie et évidemment l'URSS. La Chine et d'autres pays asiatiques ainsi que diverses nations comme l'Irak, Cuba ou Ceylan (Sri Lanka) ont également emboîté le pas. On constate que le bloc de l'Est est à la recherche d'une omniprésence latente au Congo, ouvrant la voie a une influence concrète dans la politique du pays. L'intérêt est marqué, alors qu'aucun pays n'a reconnu le Katanga, pourtant favorable à l'Occident, depuis sa sécession du 11 juillet 1960. La situation est tendue à Léopoldville et les Américains voient d'un mauvais œil la reprise de l'influence prosoviétique. D'un côté il y a Dayal, le

---

[1] *Où l'on trouve entre autres : Pierre Mulele, Thomas Kanza et Christophe Gbenye.*

représentant des Nations unies taxé d'anti-occidental par les Américains, qui agit à Léopoldville et, de l'autre, Gizenga qui gère un gouvernement prosoviétique à Stanleyville. Cependant, ce qui console les Etats-Unis est la façon dont Dayal traite Gizenga et les membres du Collège des commissaires généraux : avec mépris[125].

Pierre Mulele est au Caire depuis le 10 décembre en tant que ministre-résident ; c'est grâce à ses relations que le gouvernement Gizenga a été reconnu aussi rapidement[126]. Il s'engagera au Conseil des ministres de Stanleyville pour que ce gouvernement dissident approuve un arrêté qui confirme la rupture totale avec Léopoldville, c'est-à-dire avec Kasa-Vubu. Il annonce même que c'est le gouvernement de Stanleyville qui assure désormais les fonctions du chef de l'Etat. Gizenga, pourtant fort de la reconnaissance internationale, laisse passer sa chance ; il laisse ses ministres profiter de leur statut pour mener la belle vie au lieu de se réunir pour s'occuper des affaires de l'Etat. Gizenga montre aussi un autre visage car la répression est sanglante pour tous ceux qui ne sont pas lumumbistes. Les Européens doivent faire face à une agressivité physique constante de la part de la police et de l'armée. Les gardes du corps de Gizenga ont la particularité d'être exclusivement des femmes qui se révèlent extrêmement violentes et que Jean Kestergat décrit comme « une milice féminine composée de mégères assoiffées de sang[127] ».

Soumialot ministre de la Justice (février 1961)

Soumialot quitte Stanleyville et rejoint Kashamura au Kivu qui compte à l'époque trois districts : le Nord-Kivu, le Sud-Kivu et le Maniema où Gaston Soumialot avait été Commissaire de district. Anicet Kashamura est l'ancien ministre de l'Information du gouvernement Lumumba et l'homme influent du CEREA. Miruho et quelques ministres ayant été faits prisonniers par les militaires de Gizenga, il y a vacance du pouvoir ; c'est dans ces conditions que Kashamura reprend le pouvoir, dès le 2 janvier, afin d'instaurer dans cette province un gouvernement autonome par rapport à Léopoldville, mais proche du gouvernement de Gizenga à Stanleyville. Le 9 février, Kashamura demande à l'Assemblée de voter la démission du gouvernement Miruho et d'élire le nouveau gouvernement qu'il a, semble-t-il, déjà mis sur pied. On y trouve entre autres Augustin Eboue

Mushanda comme président et Soumialot comme ministre de l'Intérieur et de la Justice. C'est seulement à ce moment-là, le 13 février 1961, que Soumialot apprend la mort de Lumumba : « Cette annonce officielle de la mort de notre Président du MNC a été catastrophique et a fait beaucoup de troubles chez nous. Effectivement, cette annonce a provoqué des mouvements de la jeunesse, ils sont allés tuer des prêtres innocents, ils leur ont coupé les oreilles, mis dans les tam-tams avec lesquels ils jouaient. Ils pleuraient Lumumba par le sang. J'ai trouvé cela vraiment bizarre. Je suis allé à la radio pour décréter l'état d'exception, le couvre-feu. Ensuite, je suis allé à la cité avec Mushanda, Président du Gouvernement Provincial, accompagné de militaires pour calmer les émeutiers. Ceux-ci ont obéi et les esprits se sont calmés. Cependant, plus des trois quarts des Européens ont quand même quitté la région par peur de la population. »

L'anarchie subsiste à l'intérieur du pays, car l'annonce de la mort de Lumumba met du temps à se répandre dans les profondeurs des provinces. Certains méfaits à l'égard d'étrangers sont commis sous les ordres de l'administrateur du territoire de Kasongo, Raphaël Milambo, nommé quelques jours plus tôt par Soumialot et Kashamura[128].

Kashamura absent, l'Assemblée provinciale élit le 19 février, contre toute attente, Albert Kabare comme président. C'est sans compter avec Kashamura qui fait arrêter Kabare et reprend dès le lendemain l'avantage sur l'Assemblée. Comme quoi la démocratie nécessite un apprentissage lorsque les personnes au pouvoir n'ont pas grandi dans un environnement démocratique. Pour Kashamura, il est important d'imposer un gouvernement qui garde l'unité de la province du Kivu tout en ayant un état d'esprit proche de Gizenga. C'est ainsi que l'homme influent du Maniema propose Adrien Omari comme président (à ne pas confondre avec Antoine Omari, l'ancien commissaire de district du Maniema), Soumialot comme ministre de la Justice et Mushanda comme ministre des Affaires intérieures pour ne nommer qu'eux. L'Assemblée vote, cinq jours plus tard, à 35 voix contre 8 l'approbation des onze membres du nouveau gouvernement Omari.

Réaction de Soumialot à la mort de Lumumba

En parlant de la disparition de Lumumba plus de 25 ans après les événements, Soumialot laissait apparaître le révolutionnaire qui était toujours en lui. Pour lui, l'indépendance acquise par les Congolais devait être une séparation de la Belgique mais, apparemment, les anciens colons la considéraient, toujours d'après lui, comme une *indépendance sous influence belge* soutenue par l'Occident. Sa prise de position est le point de vue du camp des politiciens lumumbistes qui déplorent une ingérence permanente de l'Occident sans réaliser l'importance stratégique du pays par rapport à la guerre froide. Concernant l'assassinat de Lumumba, Soumialot dira, avec sa fibre révolutionnaire :

« Lors de l'annonce de la mort de Lumumba, j'ai été très surpris de voir qu'on le traitait encore de communiste, je réitère il n'a jamais été communiste. Malheureusement, pendant que la vie parlementaire et les activités gouvernementales étaient en mouvement, le gouvernement belge fort de l'appui de tout l'Occident, mécontent du succès remporté par M. Patrice Lumumba, s'était décidé de mener, avec la complicité des renégats congolais, une campagne d'obstruction visant à déstabiliser le pays et à renverser ainsi le gouvernement Lumumba. Celui-ci était considéré, par certains milieux euro-américains bien connus, comme une peste au centre de ce continent africain convoité. D'où la mutinerie de la Force publique de Thysville et à Léopoldville le 4 juillet 1960 ayant atteint l'ensemble du pays ; la fuite de tous les fonctionnaires belges le 7 juillet 1960 emportant avec eux le contenu des caisses de l'Etat et dossiers importants ; l'envahissement du Congo par les parachutistes belges le 10 juillet 1960, envahissement commis sous prétexte d'assurer la sécurité de ressortissants belges et de leurs biens au Congo ; les sécessions des deux importants centres miniers du Katanga et du Kasaï (Bakwanga) les 11 juillet et 9 août 1960 ; les actes de trahison posés par :

1) M. Damien Kandolo, chef du Cabinet du Premier ministre, faisant publier, aux journaux, de faux documents attribuant à son chef des intentions d'ordonner les tortures aux membres du Parti National du Progrès (P.N.P.) de la Province Orientale.

2) Un groupe de 29 parlementaires et extraparlementaires, originaires de la Province Orientale, tous membres corrompus du MNC,

auteurs et signataires du communiqué désavouant M. Patrice Emery Lumumba, leur président national.

Evidemment, comme l'on peut se l'imaginer, l'écartement du pouvoir et l'élimination physique de M. Patrice Lumumba (un cynisme ourdi à l'étranger et mis, innocemment, en exécution par nos frères à la fois inconscients et corrompus, au service des forces occultes, résultant, en réalité des jeux faits d'avance contre la personne de Lumumba) qu'il fallait, à tout prix, écarter du pouvoir en faveur des personnes qui avaient les sympathies des milieux étrangers ayant de gros intérêts au Congo. Donc, les sécessions du Katanga et Bakwanga [sic], l'inertie de l'ONU devant ces sécessions, étaient des méthodes tactiques de provocation à la recherche du prétexte pouvant incriminer Patrice Lumumba lorsqu'il réagira, lui qui ne pouvait jamais tolérer tout acte destiné à désintégrer le Congo. Il s'ensuit que Patrice Lumumba, pour avoir voulu défendre avec acharnement l'intégrité territoriale de son pays et les intérêts de son peuple, était tombé dans le piège de ses ennemis qui l'accusaient de tous les péchés quand il voulait liquider, par ses propres moyens, les sécessions katangaise et sud-kasaïenne pour la consolidation et l'affirmation de l'autorité du gouvernement central sur l'ensemble de la République. C'est vrai, Lumumba Premier ministre, les troupes de l'ONU se trouvant au Katanga, restaient inactives et ne voulaient pas mettre un terme à la sécession. Une fois Lumumba mort et Adoula Premier ministre, l'ONU a fait la guerre au Katanga. N'est-ce pas là une preuve de la partialité des Nations unies ?

Comme on le voit, les comploteurs de l'écartement et de la mort de Patrice Lumumba, avaient utilisé tous les moyens en leur possession pour atteindre leur but criminel : l'élimination de Lumumba et hisser au pouvoir leurs hommes de paille. Par ailleurs, dans sa réaction à la mission Kasa-Vubu – formateur, Patrice Lumumba n'a-t-il pas déclaré aux journalistes qui le questionnaient que : " lorsqu'il s'élevait contre l'arrivée d'un ministre résident au Congo et l'envoi de troupes belges, il pressentait déjà la manœuvre qui consistait avant tout pour la Belgique à imposer un gouvernement fantoche dont l'avènement et le maintien seraient au besoin défendus par les armes ? ".

C'est pourquoi, devant la passivité coupable de l'ONU, institution apparemment au service de l'Amérique et de l'Occident, M. Lumumba, Premier ministre et ministre de la Défense nationale, s'est décidé, en accord avec M. Joseph Kasa-Vubu, président de la République, à utiliser ses propres forces militaires pour réduire les sécessions, et ce, après la tournée de pacification qui l'a conduit à travers les régions troublées par l'incursion des troupes belges.

Ainsi, sans tarder, des offensives militaires contre le Katanga et le Sud-Kasaï étaient lancées et le 27 août 1960, Bakwanga, capitale de la sécession sud-kasaïenne était tombée aux mains des troupes de l'armée régulière. Mais, l'occupation de Bakwanga par les troupes gouvernementales était, évidemment, très mal accueillie par ceux-là mêmes qui ne voulaient pas voir ni s'affirmer ni se consolider le pouvoir du régime Lumumba. Cela sera confirmé par M. Hammarskjöld, Secrétaire général de l'ONU, homme de main des puissances hostiles à Patrice Lumumba, qui avait déclaré au Conseil de sécurité le 9 septembre 1960, dans cette optique, que *les actes de Monsieur Lumumba portaient des marques de crime de génocide*.

Par contre et pour preuve, les troupes de la même armée avaient plus tard sous le gouvernement Adoula, massacré la population du Sud-Kasaï, de même l'ONU lors de la libération du Katanga, à ces actes aucune voix de l'Occident n'a crié au crime de génocide, parce que tout simplement il s'agissait bien du gouvernement bénéficiant de la protection de l'Occident. »

L'ONU et l'attitude belge à l'égard du Katanga

Le déploiement et le succès des forces gizenguistes à l'Est du pays est un nouveau danger pour la capitale. Cette situation pousse Léopoldville à chercher une collaboration avec les sécessionnistes du Katanga. Mobutu se rend personnellement chez Tshombe et Kasa-Vubu consacre son temps à d'intenses contacts avec le représentant du Katanga afin d'obtenir une réconciliation. Tshombe accepte une entrée en matière car il a constaté depuis peu que le soutien belge au Katanga se fait plus discret et il voit bien Bruxelles soutenir de plus en plus les institutions officielles tolérées par Mobutu. La discorde constante entre le ministre de la Défense nationale belge, Gilson, et le ministre des Affaires étrangères belge, Pierre Wigny, a donné du fil à retordre au gouvernement congolais. Au lieu de travailler ensemble, chacun des ministres œuvre de son côté et est susceptible de donner des instructions parfois divergentes aux subordonnés ce qui a des répercussions au Congo. Suite à la rupture des relations diplomatiques ordonnée par Lumumba, ce qui a laissé des effets dévastateurs au

Congo, la Belgique se doit d'œuvrer dans l'intérêt des deux pays afin d'envisager le rétablissement des liens diplomatiques. Les Nations unies constatant le fléchissement belge, réitèrent leur appel au départ de tous les Belges, aussi bien militaires que civils œuvrant en tant que conseillers politique ou économique auprès du gouvernement katangais. Bruxelles ne réagit pas pour autant mais Tshombe, sentant que le vent tourne, recrute des mercenaires en France et en Afrique du Sud ; avec leur aide, il chasse les militaires gizenguistes du Nord du Katanga.

L'ONU se déploie à travers le pays aux endroits sensibles, là où les militaires belges avaient pris position pour défendre les civils européens. Elle déchante vite, car elle rencontre beaucoup de problèmes internes dus à l'indiscipline des différents contingents de Casques bleus, à l'exemple, entre autres, des Soudanais chargés de contrôler le port de Matadi et qui profitent de cette place stratégique pour trafiquer avec toutes sortes de marchandises. Mobutu reprend, seul, le contrôle de ce point stratégique. Plusieurs contingents se retirent tels que ceux de l'Egypte, du Soudan et de la Guinée, ce qui peut être compris comme un autre essai de déstabilisation entrepris par le bloc de l'Est. Par ailleurs, la non-ingérence de l'ONU par rapport aux conflits internes n'est plus d'actualité : la résolution du Conseil de sécurité du 21 février 1961 fait mention de l'expulsion, si nécessaire par la force, des militaires ou conseillers civils étrangers des provinces rebelles tout en laissant le gouvernement de Léopoldville choisir les siens. Ce qui, en d'autres termes, démontre le soutien des Nations unies au gouvernement central. Notons que cette résolution suit l'annonce par les autorités katangaises, le 13 février, du décès de Patrice Lumumba.

Naissance d'une République fédérale du Congo (février 1961)

Le 9 février, le Collège des commissaires généraux est remplacé par un gouvernement provisoire dirigé par Iléo. Dans ce gouvernement on trouve, entre autres, Cyrille Adoula comme ministre de l'Intérieur, lequel essaie vainement de réunir tous les protagonistes du Congo autour d'une table. C'est Tshombe qui fait adopter, lors d'une conférence à Tananarive, Madagascar, en mars 1961, de laquelle

Gizenga est absent, la détermination de créer une nouvelle Constitution devant réunir les Etats sécessionnistes au Congo au sein d'une confédération dirigée par le président congolais Kasa-Vubu. Le Premier ministre Joseph Iléo invite alors, du 22 avril au 28 mai 1961 à Coquilhatville, son gouvernement et tous les présidents des Etats sécessionnistes, soit Kalonji du Sud-Kasaï, Tshombe du Katanga, Gizenga cantonné à Stanleyville et toutes ces républiques naissantes telles que celles du Lomami, du Congo-Ubangi ou encore de la Mongonie. L'ennemi de Soumialot, Antoine Omari qui avait été libéré entre-temps par Gizenga, profite de proclamer *l'Etat du Maniema* et s'institue président. Dès les premiers jours, Tshombe manifeste son désaccord par rapport à l'exclusion des conseillers militaires et civils étrangers conclue dans l'accord passé entre Kasa-Vubu et l'ONU, et décide de quitter la conférence 4 jours plus tard. Il en est empêché par les représentants de Mobutu qui expliquent à tous les participants que personne ne quittera la conférence tant qu'il n'y aura pas un accord. Gizenga qui est toujours attendu, ne viendra pas après avoir appris l'exigence de Mobutu. C'est donc sans Gizenga et sans Tshombe, qui refuse de participer sous la contrainte, coincé en résidence surveillée, qu'un accord avec 21 résolutions est trouvé. La République fédérale du Congo est née. Elle ne compte pas moins de 19 Etats, ce que Mobutu nommera des *Républiquettes*. Le gouvernement croit avoir trouvé la solution garantissant l'unité du pays ; l'avenir démontrera le contraire. C'est seulement après cet accord que Tshombe, toujours cloîtré dans sa résidence surveillée, est transféré de Coquilhatville à Léopoldville où Mobutu le fait libérer le 22 juin 1961.[129] De fait, cette tentative fédérale restera un projet mort-né.

Soumialot éjecté du gouvernement (juin 1961)

Au mois de juin 1961, une motion de censure est votée contre le gouvernement d'Adrien Omari mais, après l'intervention de Stanleyville et de multiples palabres, elle est retirée pour être remplacée par des motions individuelles. Quatre ministres doivent prendre leur chapeau, dont Soumialot et Mushanda ; le Maniema perd ainsi ses deux plus influents représentants. A la suite de ce remaniement, Soumialot est nommé chef du service de l'immigration[130].

Le conclave de Lovanium (juillet 1961)

Après l'éviction brutale de Patrice Emery Lumumba, il y a pléthore de prétendants au pouvoir. Il y a des leaders sécessionnistes influents comme Tshombe ou Kalonji ; un gouvernement central provisoire dirigé par Iléo ; un ancien vice-Premier ministre, Gizenga, se considérant l'héritier du gouvernement Lumumba et donc seul légitimé à légiférer ; Mobutu, un commandant en chef de l'armée très présent dans les décisions gouvernementales ; un chef d'Etat, Kasa-Vubu, qui défend son poste ; des leaders politiques charismatiques tels que Bomboko, Kashamura, Adoula pour ne nommer que ceux-là. Chacun cherche à conserver ou à parvenir à plus de pouvoir.

Le Premier ministre du gouvernement provisoire, Iléo, a négocié avec Gizenga et obtenu de ce dernier que les élus de Stanleyville prennent part à la réouverture du parlement (la Chambre et le Sénat). Gizenga envoie Christophe Gbenye afin de représenter le groupe nationaliste. Il est prévu que le président de la Chambre des représentants, Kasongo, invite le représentant du dernier gouvernement au pouvoir à faire le bilan des activités de l'administration Lumumba entre la dernière session parlementaire du 13 septembre 1960 et la reprise des travaux parlementaires. Gbenye est l'orateur prévu vu que Lumumba est mort et que son successeur Gizenga ne veut pas se rendre à Lovanium[1] (aujourd'hui Unikin) accusant les Nations unies de manipuler le parlement. Les Soviétiques tentent durant plus de deux semaines de convaincre Gizenga de se rendre à la session, pensant qu'il avait des chances de devenir Premier ministre, mais Gizenga restera sur sa position[131]. Son calcul politique est que par « ce seul fait consistant à inviter solennellement le gouvernement Lumumba à présenter le bilan de ses activités équivaudrait à sa reconnaissance de facto et la confirmation de son mandat resté inviolable aux yeux du Parlement et de la Nation[132] (...) ». Ainsi Gizenga deviendrait automatiquement le prochain Premier ministre. La session du parlement est déclarée ouverte le 22 juillet 1961 à l'Université de Lovanium qui sera protégée par les Casques bleus. Le plan de Gizenga ne se réalise pas car Kasongo n'invite pas Gbenye à faire le discours convenu. Cet incident

---

[1] *Une université qui, soit dit en passant, va produire des acteurs du régime de Mobutu, par exemple Seti Yale, Me Nimy Mayidika ou encore Etienne Tshisekedi.*

fait dire à Gizenga : « A Lovanium, MM. Kasongo et Gbenye, à qui incombait le devoir de faire aboutir le plan convenu, se conduisirent en irresponsables et en saboteurs conscients. (...) M. Christophe Gbenye, désireux secrètement de devenir, plutôt lui, Premier ministre, désigné par Kasavubu, en remplacement de Lumumba, étant donné qu'il l'avait déjà remplacé frauduleusement à la tête du MNC/L, trouva dans ce plan un obstacle ou plutôt un retard apporté à son désir[133]. »

Lors de ce conclave, le gouvernement provisoire d'Iléo est remplacé par celui de Cyrille Adoula qui forme un nouveau gouvernement le 2 août 1961 ; on y trouve Antoine Gizenga comme vice-Premier ministre ainsi que l'homme fort du Nord-Katanga et ennemi de Tshombe, Jason Sendwe ; Joseph Iléo devient ministre de l'Information ; Christophe Gbenye est ministre de l'Intérieur. Le gouvernement est investi par le parlement. On note l'absence de Tshombe et de ses représentants, ce qui est un coup dur pour le Katangais.

Soumialot se souvient du conclave de Lovanium et du rôle des Nations unies : « C'est l'ONU, cette institution étrangère qui est à l'initiative du conclave de Lovanium et qui a convoqué toutes les tendances du pays. Mais c'est une organisation qui travaille, qui est influencée et qui est orientée aussi bien par les Etats-Unis que par l'Occident. Je rappelle que la C.I.A. voulait éliminer Lumumba. C'est sous cette influence, que les Nations unies ont également préparé le successeur de Patrice Lumumba en pensant que Cyrille Adoula était bien placé pour réunir toutes les tendances à cause de ses qualités syndicalistes. »

La nomination de Gizenga à la fonction de vice-Premier ministre a aussi pour but de provoquer la fin de la République libre du Congo qu'il avait proclamée quelques mois plus tôt, mais il n'occupera pas pour autant son poste. Soumialot réagit très vite à la nomination de Gizenga dans le gouvernement Adoula et n'accepte pas que Léopoldville cherche à neutraliser les politiciens progressistes en les intégrant dans un gouvernement pro-occidental. Il raconte : « J'ai tout de suite envoyé un télégramme de protestation mettant en garde tous les députés de l'Est, je suis même allé jusqu'à les menacer d'arrestation, non pas par moi ou les militaires, mais par la population. »

Les propos tenus par Soumialot sont révélateurs ; si l'on cherche la source de la rébellion qui aura bientôt lieu, on la trouve dans la radicalisation de l'opposition face au nouveau gouvernement s'évertuant à réunifier toutes les tendances politiques. Il s'agit une fois de plus d'un gouvernement qui, d'après Soumialot, voit le jour sous la forte influence occidentale lors du Conclave de Lovanium.

Le nouveau Premier ministre a une vision de la politique mondiale que n'ont pas beaucoup d'acteurs de la vie politique congolaise de l'époque : apaiser les deux fronts de la guerre froide. Sa stratégie pour obtenir indirectement la validation de son gouvernement par le bloc de l'Est, est l'introduction des gizenguistes dans son équipe gouvernementale ; il a par ailleurs le soutien de l'ONU et de l'Occident. Fort de ses nouvelles alliances, Adoula isole de plus en plus le Katanga. Derrière la tactique politique d'Adoula se cache de fait le groupe de Binza. Les nouvelles autorités du pays, dont font partie des membres du MNC, ne tardent pas à réagir aux menaces de Soumialot. Ils envoient un télégramme à Bukavu pour qu'on l'arrête et le rapatrie à Léopoldville. Lui-même explique ce télégramme ainsi : « Le gouvernement réagissait à mon télégramme et me traitait déjà de rebelle, effectivement il m'accusait de m'être *rebellé contre une autorité légale*, à savoir le gouvernement. Mais je suis retourné à Kindu, là dans mon fief, je ne me suis évidemment pas fait arrêter. »

Dag Hammarskjöld et le Katanga (septembre 1961)

Plus d'une année s'est écoulée depuis l'accession du Congo à l'indépendance, mais la sérénité et la paix ne sont pas pour autant acquises. Les Congolais, dont beaucoup avaient souffert ou pour le moins ressenti une frustration lorsque le pays était encore une colonie, ne voient pas leur qualité de vie s'améliorer, au contraire. Le monde politique est préoccupé par l'instabilité du pays, dont une des causes est la sécession du Katanga.

Si la sécession du Katanga est un embarras politique pour le gouvernement central, elle représente également un sérieux problème financier pour le Congo : l'Union Minière du Haut Katanga (UMHK) paie désormais ses redevances à la Banque Nationale du Katanga spécialement créée par le gouvernement de Moïse Tshombe.

L'UMHK, l'actuelle *Gécamines*[I], a été fondée en 1906 par la fusion entre le groupe britannique *Tanganyika Concessions Ltd* et une compagnie de Léopold II. Ses richesses minières ne sont pas seulement d'intérêt national pour le Congo au niveau économique mais également au point de vue politique ; les interventions de l'Occident sont vues sous une autre lumière si l'on connaît la situation du cuivre. La production de cuivre katangais se trouvant en mains belges est en concurrence avec deux autres mines : celles du Chili et de la Suède. Il est intéressant de noter que le cuivre du Chili, produit par la société *Anaconda*, dépendait dans une large mesure de Joseph Kennedy, le père du président américain ; quant à l'entreprise gérant les mines suédoises, elle est présidée par le frère de Dag Hammarskjöld[134]. Si le Katanga n'était pas un coffre-fort plein de richesses naturelles, la sécession aurait peut-être abouti. Reste la question de savoir si le Katanga aurait tenté la sécession sans ses richesses minières.

Le Katanga est donc un problème des plus stratégiques pour le gouvernement central et pour l'Occident. Si les événements des derniers mois continuent à souligner l'instabilité du jeune pays, ils se précipitent au Katanga. Le 28 août, les Casques bleus interviennent pour mettre à exécution la résolution du 21 février : l'évacuation de tous les militaires et conseillers étrangers. Afin d'éviter un bain de sang, Tshombe accepte la décision de l'ONU mais obtient, en échange, que cette dernière ne fera pas venir les militaires de Mobutu. Il n'y a donc pas de résistance et, très vite, soit deux jours plus tard, l'ONU confirme le renvoi de plusieurs centaines d'officiers étrangers ; mais les Casques bleus ne sont pas dupes et estiment à plus de 200, les mercenaires qui se sont évanouis dans la nature. Le délégué de l'ONU, Conor O'Brien, annonce le succès des Casques bleus et Cyrille Adoula annonce même la fin de la sécession du Katanga ; Hammarskjöld décide alors de se rendre à Léopoldville pour célébrer la victoire des Casques bleus. Mais au même moment, le général qui commande les troupes onusiennes fait reprendre le bâtiment de la poste centrale et de Radio-Katanga, pourtant bien gardés par la gendarmerie katangaise, par le contingent Gurkhas[II] soutenu par celui des Irlandais et des Suédois. Cela se passe mal et on dénombre plusieurs dizaines de

---

[I] *Générale des Carrières et des Mines*
[II] *Unité d'élite des armées britanniques et indiennes composée de Népalais.*

morts. Les gendarmes katangais se déploient dans Elisabethville et attaquent les Casques bleus. Les dirigeants katangais sont en fuite. Les combats clairsemés ici et là provoquent la panique et font plusieurs victimes aussi bien dans la population européenne que congolaise. L'ONU tire au mortier sur la ville, ce qui augmente la panique. Les mercenaires qui n'avaient pas été arrêtés auparavant et qui s'étaient cachés dans la région, reviennent soutenir la gendarmerie katangaise. Le contingent irlandais se trouve bloqué par la gendarmerie à Jadotville (Likasi) et se fait bombarder sans cesse par l'aviation katangaise qui, de fait, ne compte qu'un petit avion Fouga Magister. Les Irlandais abdiquent. C'est dans cette situation catastrophique que Dag Hammarskjöld arrive à Léopoldville le 14 septembre 1961 ; il croit le but atteint, à savoir la fin de la sécession du Katanga, mais c'est la débandade de l'ONU qu'il doit affronter. Il est furieux d'apprendre la situation au Katanga et, surtout, que les Casques bleus ont mis la population civile en grand danger. La réaction à travers le monde est à la hauteur de l'échec onusien, notamment de la part des capitales européennes telles que Paris ou Londres ce qui, en soi, est une nouvelle attitude car, jusqu'alors, elles ont soutenu la politique du Secrétaire général au Conseil de sécurité. O'Brien, le délégué de l'ONU, tente de contacter Tshombe pour le rencontrer ; ce dernier accepte le 16 septembre pour autant que cela ait lieu en Rhodésie. Mais c'est Dag Hammarskjöld qui veut rencontrer personnellement Tshombe à Ndola en Rhodésie et cela sans O'Brien qui avait prématurément annoncé la victoire de l'ONU et mis ainsi son chef dans un embarras politique.

La mort du Secrétaire général de l'ONU (18 septembre 1961)

Le 17 septembre 1961, en fin d'après-midi, Hammarskjöld en compagnie de 15 autres personnes, membres de l'équipage inclus, décolle à bord d'un DC-6 de l'aéroport de Ndjili près de Léopoldville. Ce voyage reste une tragédie dans l'histoire de l'ONU : à l'approche de Ndola peu après minuit, soit le 18 septembre, l'avion s'écrase et cause la mort de tous les passagers. Tshombe annonce alors tout de suite un cessez-le-feu de 48 heures ; en remplacement du Secrétaire général décédé, un autre émissaire, M. Khiari, est envoyé à Ndola pour y rencontrer Tshombe. Après d'âpres négociations, Khiari obtient un accord menant au cessez-le-feu à partir du 21 septembre. Tshombe se sent en force parce que l'ONU a dû négocier ce cessez-le-feu avec lui, et donc ainsi avec l'Etat katangais. Il doit cependant déchanter car la Belgique continue de soutenir Léopoldville en favorisant toutes solutions possibles permettant au Katanga de se rallier au gouvernement central.

Pour terminer la partie non expirée du mandat de Dag Hammarskjöld, le Birman U. Thant, sur recommandation du Conseil de sécurité, est nommé le 3 novembre 1961 par l'Assemblée générale en tant que Secrétaire général ad intérim ; il remplira encore deux mandats par la suite.

L'ONU mène une enquête pour déterminer les raisons du crash. Le rapport stipule que la catastrophe est due à une erreur humaine, voire une défaillance technique. La mort de Dag Hammarskjöld provoque cependant une multitude de spéculations dont l'Histoire garde principalement deux hypothèses. La première théorie veut que les pilotes se seraient trompés d'altitude en confondant Ndola en Rhodésie à une altitude de plus de 1'000 mètres et Ndolo l'ancien aéroport de Léopoldville qui se situe à 300 mètres. Le colonel Frédéric Vandewalle, ancien chef de la Sûreté coloniale, est clair quant à la raison de cette disparition, il dit : « Les conclusions du procès-verbal établi par une commission d'enquête suédoise, par une commission d'enquête des Nations unies et d'une commission rhodésienne, c'est absolument certain qu'il s'agit d'un accident et probablement d'une erreur de pilotage[135] ».

Il y a une autre hypothèse, selon laquelle 16 personnes étaient officiellement à bord de l'avion, alors qu'on aurait dénombré 17 cadavres.

Jacques Le Bailly, correspondant de guerre au Congo, révèle des détails surprenants, à se demander comment il en est arrivé à ce scénario : « (...) l'avion s'est écrasé à 12 km de Ndola, il s'était pointé à Ndola 45 minutes avant, largement de quoi gagner Elisabethville, tenu à l'époque par l'ONU. Il y a eu attentat. Un homme qui s'appelle J.L., un mercenaire, dont ce n'est peut-être pas le vrai nom, est monté à Léopoldville avec un uniforme des Casques bleus et des papiers des Casques bleus, a voulu faire le premier acte de piraterie politique. Les uns ont pensé qu'il arrivait de New York, les autres ont pensé qu'il était du service de sécurité de Léopoldville. Le pilote a tourné en rond et voyant qu'il n'avait plus de carburant a décidé de régler la question en liquidant l'unique mercenaire qui était à bord avec un malheureux pistolet. Les gardes du corps de Dag Hammarskjöld n'avaient pas réagi, mais à partir du moment où l'avion a piqué, le bonhomme a été désarçonné, il a tiré au hasard, il a tué deux personnes. On a trouvé au moins 3 cadavres portant des balles, donc il y a eu bagarres à l'intérieur de l'avion. Qui de plus est, on a trouvé 17 cadavres, alors qu'il y avait 16 personnes enregistrées sur le plan de vol[136] ».

Gaston Soumialot prétend même que le cadavre de Dag Hammarskjöld avait une balle dans la tête ; le 17e cadavre serait celui de l'assassin. Il explique le meurtre comme suit : « Lorsque Dag Hammarskjöld devait aller chez Tshombe, ce dernier ne voulait pas de solution pour stopper la sécession. Alors les Belges ont mis dans l'avion un passager suspect, et c'est ce suspect qui a tiré sur le Secrétaire général. Il n'y a pas eu de bombe, l'avion est tombé. Cette mort n'a pas provoqué beaucoup de répercutions en Occident. Je me rappelle d'un journal qui titrait : Lumumba-Hammarskjöld match nul. »

En 1998, une troisième version voit le jour, celle de l'archevêque Desmond Tutu qui explique que des documents semblent démontrer que des agents sud-africains auraient été impliqués. Une lettre ferait même mention d'une bombe censée exploser lors de la sortie du train d'atterrissage[137].

Cet assassinat est un peu comme celui du président Kennedy, cela reste un mystère qui ne cesse d'alimenter les spéculations des dizaines d'années plus tard. D'ailleurs, il faut attendre 2005 pour que l'officier, qui avait vu en premier le corps du Secrétaire général, dise dans une interview qu'il avait noté un trou dans le front de Hammarskjöld[138]. D'autres théories verront subitement le jour à l'image d'un ancien collaborateur du Secrétaire général qui affirmera en 2007 que des mercenaires belges aux commandes d'un Fouga Magister auraient abattu l'avion. En 2015, les Nations unies ont nommé un groupe d'experts indépendants chargés de rouvrir l'enquête sur les circonstances de cette mort. La plupart des théories existantes ont été considérées comme des *valeurs probantes modérées* ou de *faibles valeurs probantes*. Par contre qu'un passager supplémentaire se soit introduit à bord n'a pour le groupe d'experts aucune valeur probante. Il en va de même avec les allégations que « le front d'Hammarskjöld était percé d'un trou circulaire provoqué par un tir d'arme à feu. L'autopsie n'a pas établi qu'il avait subi de blessure par balle, que ce soit avant ou après l'accident, et l'opinion concordante des autres experts légistes était qu'il était mort instantanément (Commission d'enquête rhodésienne) ou dans les secondes ayant suivi l'impact (Commission des Nations unies et Knudssen), voire qu'il n'avait survécu que quelques instants à l'accident (docteurs Ranner, Busch et James)[139] ». Ce qui est pourtant certain, c'est que la mort du Secrétaire général reste, aujourd'hui encore, un mystère.

L'affaire des Italiens (11 novembre 1961)

Cette histoire a fait l'objet de discussions avec Soumialot, pas très bavard à ce sujet, mais Martin Hofmann voulait connaître sa version car de nombreux articles dans les journaux du monde entier avaient fait état de cannibalisme au Congo. Que s'était-il passé ?

L'ONU a commandé des blindés de reconnaissance pour le contingent 206 malais installé à Kindu. Le 11 novembre 1961, la livraison se fait par deux C-119 de l'ONU avec un équipage italien qui ignore tout du conflit congolais. Les militaires gizenguistes comptent parmi eux des volontaires baluba venus grossir les rangs de cette armée rebelle afin de reprendre le Nord-Katanga ; ils ont également à leur côté des mutins de l'ANC qui ont complètement échappé au général Victor Lundula[1] dès lors en fuite. Les soldats fidèles à Gizenga se trouvent à Kindu, tout comme Soumialot. Les 12 aviateurs et un médecin, tous Italiens, sont en train de manger à la cantine de l'ONU lorsque les militaires rebelles viennent les arrêter, les accusant d'être des mercenaires de Tshombe. Les militaires malais protestent mais, curieusement, n'opposent aucune résistance. Il y a même une délégation congolaise de l'ONU qui vient à Kindu pour négocier leur libération mais, elle aussi, n'arrive pas à se faire entendre. La troupe gizenguiste est commandée par le colonel Pakassa qui dit n'avoir

---

[1] *Le général Victor Lundula, né en 1910 dans le Sankuru au Kasaï Oriental, lumumbiste et ancien commandant en chef de l'ANC sous Lumumba, avait rejoint la République libre du Congo de Gizenga où il était le chef de l'armée des nationalistes. Le 10 janvier 1962, Gizenga tente sans succès d'arrêter Lundula qui entre temps avait reconnu le gouvernement central d'Adoula, et Lundula arrêtera lui-même Gizenga le 16 janvier.*

aucun contrôle sur son unité et ne peut venir à la rescousse des aviateurs. Dans ce contexte, il est intéressant de noter que Pakassa est le cousin d'Antoine Gizenga[140]. Emmenés en prison, les 13 Italiens subissent le martyre car les soldats gizenguistes voient en ces prisonniers le symbole de l'Occident responsable à leurs yeux de la mort de Lumumba. Les aviateurs et le médecin ont beau expliquer qu'ils viennent d'Italie pour opérer un transport aérien et qu'ils n'ont aucune idée de la situation politique au Congo, ils meurent sous d'atroces souffrances. Ils sont ensuite démembrés, débités, dépecés et en partie mangés par leurs assassins[141]. D'après Devlin, certains morceaux humains ont été retrouvés, emballés dans le congélateur d'un commerçant grec que des soldats avaient réquisitionné[142].

*

Hofmann savait que Soumialot se trouvait à Kindu lors de ces événements et l'a questionné à ce propos. Soumialot aurait effectivement fait la remarque que des morceaux humains ont par la suite été vendus au marché local. Lui qui pourtant avait une bonne mémoire ne faisait jamais état des horreurs dont il avait été témoin, il y avait un certain mutisme volontaire de sa part. D'ailleurs, il ne se confiera jamais concernant *l'affaire des Italiens* et on ne saurait dire aujourd'hui s'il a été témoin ou même acteur de quoi que ce soit à ce sujet.

*

L'ONU pousse Tshombé à la négociation (décembre 1961)

L'ONU revient au Katanga sous l'égide du nouveau Secrétaire général U. Thant qui a obtenu les pleins pouvoirs du Conseil de sécurité pour mettre un terme à la sécession. Cela ne se fera pas sans effusion de sang. Le 5 décembre 1961, les Casques bleus entrent en guerre contre les gendarmes et les mercenaires. Cette fois-ci les troupes onusiennes, dont la présence est doublée, sont mieux soutenues grâce à un appui aérien. De nombreux civils européens sont tués par les Casques bleus éthiopiens, un délégué suisse de la Croix Rouge et deux autres passagers sont même abattus dans leur ambulance[143]. L'ONU résiste aux pressions des capitales européennes qui demandent un cessez-le-feu en répliquant que la résolution du Conseil de sécurité doit être appliquée coûte que coûte et qu'un cessez-le-feu n'est pas envisageable tant que les troupes katangaises restent engagées. Cette fermeté qui en surprend plus d'un, trouve l'appui des Etats-Unis qui menacent même d'intervenir si les Nations unies devaient faillir à leur mission. Tshombe étant d'accord de rencontrer Adoula, l'ONU annonce un cessez-le-feu immédiat. Le 19 décembre 1961, le leader sécessionniste katangais rencontre le Premier ministre du gouvernement en présence de l'ambassadeur américain Guillon. De cette rencontre naissent les accords de Kitona. Sous la pression américaine et craignant une arrestation, Moïse Tshombe signe la capitulation du Katanga. Toutefois, en homme assez malin ayant l'habitude des contorsions politiques, il appose sa signature sous réserve de l'acceptation par son gouvernement ainsi que par le parlement katangais. Ceux-ci ne confirment évidemment pas les accords de Kitona ce qui équivaut à un nouvel échec de l'ONU qui tient toujours au retour du Katanga sous la responsabilité du gouvernement central.

Léopoldville et Bruxelles à nouveau réunies

L'attitude du gouvernement belge a évolué avec la coopération aussi bien militaire que politique des derniers mois. La reprise des relations diplomatiques belgo-congolaises est alors annoncée à Léopoldville le 27 décembre 1961.

Les horreurs commises par les gizenguistes

Les gizenguistes commettent des bavures graves qui soulignent l'anarchie régnant dans la République libre du Congo de Gizenga ; elle a survécu mais ses jours sont définitivement comptés. Gizenga ne veut toujours pas venir à Léopoldville pour assumer ses responsabilités de vice-Premier ministre dans le gouvernement de Léopoldville. Au contraire, le 31 décembre 1961, il tente à nouveau la prise du Nord-Katanga. Il se sent d'autant plus fort qu'il sait pouvoir compter sur l'influence de Soumialot à Kindu au Maniema, région par laquelle il doit passer. La violence des soldats gizenguistes est à l'ordre du jour, notamment lors de leur passage dans la région de Soumialot, où ils violent plusieurs sœurs congolaises de la Mission Spiritaine avant de les tuer. Ils sont également responsables de l'exécution de vingt missionnaires et de deux civils s'étant réfugiés à la Mission[144], comme de plusieurs dizaines de Congolais. C'est également à ce moment-là que l'affaire des italiens a lieu. L'agressivité de l'armée gizenguiste se propage à travers toute la région lumumbiste où la population européenne doit non seulement faire face à diverses violences, vexations, insultes ou humiliations, mais encore à une insécurité des plus effrayantes. Heureusement pour l'ensemble de la population civile, peu de temps après, la gendarmerie katangaise et les mercenaires reprennent le dessus au Nord-Katanga et s'affirment contre l'armée de Gizenga.

La fin définitive de la République libre du Congo (janvier 1962)

La fin de la République libre du Congo est présagée le 31 août 1961 lorsque l'Union soviétique fait comprendre son abandon de Gizenga en félicitant Adoula pour son élection au poste de Premier ministre. La reconnaissance du gouvernement de Léopoldville met un terme aux ambitions lumumbistes de Stanleyville. Gizenga fait une brève apparition à Léopoldville en débarquant le 3 septembre dans la capitale congolaise mais il retourne un mois plus tard à Stanleyville. Adoula ordonne à Gizenga à maintes reprises de se rendre dans la capitale ; ce dernier ne donnant pas suite à l'injonction, le président Kasa-Vubu signe le 15 janvier l'ordonnance dans laquelle Gizenga est démis de ses fonctions de vice-Premier ministre du gouvernement central. Arrêté le 16 janvier, il est transféré quatre jours plus tard à Léopoldville et incarcéré dans un premier temps au camp militaire de Kokolo. Le comble c'est que, le 27 janvier, un autre lumumbiste du gouvernement Adoula, le ministre de l'Intérieur Christophe Gbenye, signe un arrêté obligeant Gizenga à s'installer dans un premier temps dans une villa à Léopoldville où il est assigné à résidence. Une des charges retenues à son encontre est celle de ses activités qui sont de nature à troubler l'ordre public à Léopoldville et à porter atteinte à la sûreté de l'Etat. Puis, le 3 février, il est transféré sur l'île de Bula Bemba. Pierre Mulele, ancien ministre de Lumumba, réclame en vain sa libération.

Lors de son élargissement en juillet 1964, Gizenga ira vivre quelques années en Egypte avant de retourner au Congo. Il reviendra au-devant de la scène politique congolaise 42 ans plus tard lorsqu'il deviendra Premier ministre en 2006 sous Joseph Kabila.

Soumialot retourne à Léopoldville

Soumialot, encore à Kindu, décide de se rendre à Léopoldville pensant être plus efficace dans la capitale : il se souvient en effet que Lumumba, lorsqu'il avait été fraîchement élu Premier ministre, avait demandé à ses acolytes de continuer à organiser le parti du MNC. En faisant allusion au ministre Gbenye, Soumialot dit : « Je me suis dit que nous devions continuer à travailler dans le parti pendant que les autres sont au gouvernement. »

Soumialot retourne donc à Léopoldville s'occuper de la réorganisation du MNC pour constituer un nouveau Comité central. Il profite de la présence de tous les présidents provinciaux du parti se trouvant à Léopoldville pour convoquer une conférence au sommet afin de désigner les dirigeants du Comité national en attendant le Congrès. C'est ainsi que, le 13 janvier 1962, il participe activement à la réorganisation du parti en créant un nouveau Comité central avec comme président national du MNC, à titre provisoire, Christophe Gbenye.

Fin de la sécession du Sud-Kasaï (décembre 1962)

L'homme fort du Sud-Kasaï, Albert Kalonji, ami et ensuite pire ennemi de Lumumba, connaît également la fin de sa gloire. Son éviction est toutefois particulière car il est exclu de la vie politique de manière démocratique : une motion est déposée au parlement de Léopoldville par des opposants baluba à l'encontre de cet ex-empereur du Kasaï. Avec le soutien impitoyable de Christophe Gbenye, alors ministre de l'Intérieur, cette motion a pour effet la levée de l'immunité parlementaire de Kalonji. La procédure l'oblige à se justifier devant un tribunal de différentes accusations, entre autres de détournements de fonds publics. Fin décembre 1962, il est condamné à une peine de prison[145].

*

Si, en 2005, Albert Kalonji[1] ne fait pas état dans son livre des péripéties judiciaires vécues à Léopoldville, il parle d'un coup d'Etat[146] à son encontre et raconte sa fuite en direction de Paris, puis de Genève, pour ensuite se réfugier en Espagne. Mis à part une participation dans le gouvernement central en 1964, Kalonji ne reviendra plus au-devant de la scène politique et se réorientera en homme d'affaires.

*

Le gouvernement Adoula a évincé deux éléphants de la politique congolaise, Gizenga et Kalonji ; il ne reste plus que Tshombe. Cela démontre l'efficacité du gouvernement central et on pense déjà que là sont des signes précurseurs pour une politique pouvant enfin se consacrer pleinement aux nécessités du jeune pays.

Fin de la sécession du Katanga (janvier 1963)

Après les accords de Kitona entre Léopoldville et Elisabethville qui n'ont finalement pas abouti, les Américains continuent à faire pression sur le gouvernement congolais et sur le groupe de Binza pour qu'un compromis soit trouvé avec le leader du Katanga. Entre le 15 mars et le 26 juin 1962, Adoula négocie avec Tshombe à Léopoldville afin de trouver une solution à l'antagonisme entre le Katanga et le Congo, mais les divergences sont flagrantes. L'un veut une fédération, l'autre une confédération. L'un veut diviser la province en deux, l'autre refuse, etc. Ces tractations seront tout simplement bloquées.

L'ONU reste active en vue d'obtenir une solution au problème de la sécession katangaise car, sans une réunification, le pays reste potentiellement un danger pour la stabilité mondiale entre l'Est et l'Ouest, mais aussi pour le développement de cette jeune démocratie enfin indépendante. Le Secrétaire général U. Thant propose son plan qui comprend entre autres la répartition des pouvoirs, l'unification des forces militaires, l'organisation de la police et la répartition des revenus entre la Province du Katanga et le gouvernement central. Toutes ces mesures doivent être intégrées dans une constitution et des

---

[1] *Albert Kalonji est mort le 20 avril 2015 à l'âge de 85 ans.*

projets de loi devront être établis par les experts de l'ONU avec l'aide du FMI (Fonds Monétaire International). Adoula et Tshombe acceptant le plan respectivement fin août et début septembre, l'ONU se met au travail le 10 septembre 1962. Il faut préciser que Tshombe n'avait pas trop le choix : un refus aurait eu comme conséquence le boycottage des exportations katangaises de la part des pays occidentaux.

Un peu plus tard, en octobre 1962, la crise des missiles cubains a également une influence sur la situation au Katanga car Kennedy ne veut pas fâcher certains de ses partenaires en soutenant une intervention au Katanga, ceux-ci étant amenés à soutenir son blocus à l'encontre des Cubains[147]. Mais les divergences refont très vite surface ; on constate de plus en plus un mécontentement de la population contre les Casques bleus au Katanga ; des manifestations ont lieu, les gendarmes katangais installent des barrages, puis, à partir du 24 décembre 1962, les tirs remplacent les chants de Noël.

Une nouvelle fois, l'ONU doit faire face à l'incompétence de certaines de ses troupes. Le contingent éthiopien tue des habitants, dont une femme belge, lors du pillage de leurs maisons et, comble de l'horreur, fait feu sur des malades dans un hôpital pensant avoir affaire à des gendarmes. Quant aux Gurkhas du contingent indien des Casques bleus, ils tirent sur une voiture qui veut quitter les combats de Jadotville et tuent un Katangais et deux femmes belges. Cela se passe sous les yeux de journalistes accompagnant les forces de l'ONU. Les images font le tour du monde, aussi bien dans la presse écrite que dans les journaux télévisés. L'ONU qui bénéficie du soutien matériel des Etats-Unis lance alors une grande offensive et s'empare de Jadotville le 3 janvier 1963. Les Casques bleus font fuir plus de cent cinquante mercenaires et des centaines de gendarmes katangais qui se réfugient en Angola. Devant l'efficacité militaire de l'ONU et le manque de perspective politique, Tshombe et les ministres katangais sont prêts à proclamer la fin de la sécession le 14 janvier 1963 à la condition suivante : « Nous demandons que le président de la République du Congo et le premier ministre fassent entrer en vigueur, au moment même de cette déclaration, l'amnistie prévue par le plan Thant, afin de garantir la sécurité et la liberté du président et du gouvernement du Katanga, de tous leurs fonctionnaires et agents, de toutes les personnes qui ont travaillé sous leur autorité[148] ».

Six jours plus tard, les Casques bleus entrent à Kolwezi. Le gouvernement sécessionniste est remplacé par le gouvernement provincial sous la direction de l'ancien Premier ministre du gouvernement central Joseph Iléo qui arrive le 23 janvier à Elisabethville. En avril, Adoula nomme trois ministres katangais proches de Tshombe dans son gouvernement à Léopoldville. Moïse Tshombe reste à Elisabethville jusqu'à son départ le 15 juin pour un exil en Espagne. Une page importante de l'Histoire du Congo se tourne, mais le chapitre Tshombe n'est pas clos.

Tension entre le gouvernement Adoula et le MNC

La collaboration entre le MNC réorganisé et le gouvernement se passe bien mais cela ne dure pas longtemps. Soumialot explique pourquoi : « Au début le gouvernement Adoula avait intérêt à tromper la vigilance du parti et faisait donc semblant de coopérer avec le parti en nous laissant parler et vaquer à nos occupations. Mais lorsque mon parti à demandé aux parlementaires de renverser démocratiquement, et donc sans violence, le gouvernement Adoula, les problèmes ont commencé. Les représentants du MNC au gouvernement national rencontraient alors de graves difficultés, les réfractaires parmi les dirigeants étaient arrêtés, dont moi-même. On vous arrêtait aujourd'hui, on vous libérait demain puis on vous arrêtait à nouveau. »

Rapidement, les tensions dans le gouvernement Adoula se font sentir avec des conséquences immédiates. Le vrai pouvoir est dans les mains du groupe de Binza, en particulier Mobutu, Bomboko et Nendaka. C'est très certainement de là que vient l'initiative de Nendaka d'établir un plan avec le Premier ministre pour se séparer de Gbenye. Ce dernier est ministre de l'Intérieur, hiérarchiquement supérieur à Nendaka, et un membre important de l'aile lumumbiste. Nendaka cherche noise à Gbenye qui se plaint au Premier ministre pour que l'on révoque son subordonné ; cela fait partie du plan car Adoula est obligé de trancher entre Nendaka et Gbenye[149]. Le ministre de l'Intérieur, Christophe Gbenye, doit alors quitter cet important ministère pour devenir un des trois vice-Premiers ministres, une promotion sans grand pouvoir. Six mois plus tard il doit non seulement quitter le gouvernement lors de son remaniement mais est ensuite également « chassé (...) du parlement[150] ».

Pierre Mulele réapparaît (août 1963)

Il a fallu trois ans pour arriver à une situation dont Lumumba n'a pu que rêver, une situation politique plus ou moins stable. Mais, comme on l'a constaté par le passé, le calme au Congo des années soixante est toujours de courte durée ; lorsqu'un feu est éteint, il s'en allume un autre ailleurs. Alors que le problème du gouvernement séparatiste de Gizenga, les sécessions du Kasaï de Kalonji et du Katanga de Tshombe sont enfin réglés, l'ancien ministre de l'Education de Lumumba, Pierre Mulele, revient au-devant de la scène politique congolaise. Dès ses débuts, il est repéré par les services de renseignements de la CIA car, d'après eux, il se comporte et parle comme un communiste. Les Américains pensent avoir de bonnes raisons de croire que Mulele avait été un agent du KGB au sein du gouvernement Lumumba. Ils se basent sur des informations qu'ils avaient obtenues d'un informateur qui travaillait alors comme conseiller du ministre de l'Education[151]. De fait, à l'époque du gouvernement Gizenga de Stanleyville en 1961, Mulele, discret, bénéficie de relations particulières avec des pays du bloc de l'Est par l'entremise de sa délégation gizenguiste au Caire. Cette situation privilégiée lui vaut plusieurs invitations à travers le monde communiste, entre autres de la Chine où se trouvent des camps d'entrainement secrets pour répandre le maoïsme chez les jeunes militants du tiers-monde. Les Chinois les instruisent dans l'art de la guerre, du maniement des armes et des explosifs tout en leur inculquant la pensée de Mao. C'est en juillet 1963 que Pierre Mulele, endoctriné par le maoïsme, rentre au pays pour se rendre dans sa région, le Kwilu.

*

Après la deuxième guerre mondiale, le communisme s'affirme dans le monde entier. Cela fait dix ans que Staline est mort d'une congestion cérébrale en mars 1953 ; Khrouchtchev a repris les rennes de l'Union soviétique et émis plus ou moins ses réserves par rapport au stalinisme ; de la doctrine pure et dure il ne reste que Mao. Cette *scission* russo-chinoise fait naître la volonté chez Mao de chercher à tout prix à être influent à l'étranger. C'est ainsi que son attention se dirige aussi vers l'Afrique. Il faut cependant rappeler que c'est par la terreur, des assassinats, des massacres et une multitude de mensonges que Mao s'est hissé au pouvoir suprême en Chine, et ne pas oublier qu'il est responsable de la mort d'au moins 70 millions de personnes[152], la plus grande tragédie du siècle passé en temps de paix. Mao a utilisé son propre peuple comme d'insignifiants pions qu'il sacrifiait comme bon lui semblait afin d'atteindre ses objectifs. Il n'est pas certain que Pierre Mulele connaissait à cette époque toutes les conséquences de la politique appliquée par Mao, mais il ne pouvait ignorer certaines des atrocités du régime chinois. En dépit de cela, il a voulu organiser un maquis à la manière de Mao.

*

Le 2 août 1963, Pierre Mulele arrive au Kwilu suivi de quatre compagnons et, quatre jours plus tard, il commence à recruter des partisans. C'est l'origine de la rébellion du Congo. Les dirigeants du PSA (Parti Solidaire Africain), dont Mulele est membre, le suspendent de toutes ses fonctions au sein du parti. Plus grave encore pour lui, l'assemblée provinciale, dans laquelle le PSA est majoritaire, vote même une prime pouvant aller jusqu'à un demi-million de francs congolais pour la capture de Mulele.

Ce ne sera qu'au début de l'année 1964 que les médias du monde entier sont captivés par la naissance dans la région du Kwilu d'une actualité politique congolaise ; la région se révèle être le berceau du mouvement révolutionnaire. Néanmoins, cette rébellion ne connaîtra pas le même succès que celle qui, bientôt, sera amorcée par Soumialot. Elle reste très locale et se limite plus ou moins à un triangle reliant Kikwit, Idiofa et Gungu. Il faut être très clair : il s'agit de deux différentes rébellions mais avec les mêmes aspirations. Pour Mulele et Soumialot, les mêmes raisons politiques et économiques sont à l'origine de la révolte, mais les deux mouvements rebelles restent indépendants l'un de l'autre ; il n'y aura jamais de jonction entre eux. La rébellion de Mulele, très limitée géographiquement, tente la révolution sans l'aide internationale. Même si quelques aides chinoises lui sont destinées, dont la plupart disparaissent dans des mains inconnues n'étant pas impliquées dans le maquis, Mulele sait qu'une aide chinoise aurait tôt ou tard un prix et il tient à garder son indépendance. Par ailleurs, Mulele ne cherche pas l'appui et le soutien de pays africains ou des pays de l'Europe de l'Est. Plus tard, les politiciens de l'aile CNL-Bocheley (Conseil national de libération) s'octroieront la direction politique de la rébellion de Mulele. La presse mondiale ne parle pendant longtemps que d'un seul mouvement, car elle pense que le départ de la rébellion au Kwilu et ensuite son expansion à l'est est de l'unique signature des mulelistes. Toutefois, comme Lumumba, Mulele est très important pour la rébellion des Simba qui débutera bientôt ; ils sont donc des vecteurs à ne pas sous-estimer. Le général Olenga qui sera aux commandes de l'Armée populaire de libération et sous les ordres de Soumialot, dira du lumumbisme et du mulelisme que le premier représente la force politique et, le second, la force combattante, en ajoutant : « Les deux éléments conjugués donnent une arme invincible et redoutable pour délivrer le peuple congolais de la servitude des impérialistes[153] ».

Coup d'Etat au Congo-Brazzaville

En marge de tous ces événements se passe, le 15 août 1963, un coup d'Etat dans le pays voisin à l'ouest, au Congo-Brazzaville. Le président, l'abbé Fulbert Youlou, est renversé par un régime de gauche. Si cet événement avait eu lieu trois ans plus tôt, l'histoire de Lumumba aurait peut-être connu une autre issue ou, du moins, la situation pour l'Occident aurait été bien plus compliquée. La nouvelle donne politique de l'Etat voisin offre dès lors une plateforme aux lumumbistes.

Création du Conseil national de libération (CNL) (octobre 1963)

Le 25 septembre 1963, quelques députés du parlement manifestent dans la capitale pour obtenir la libération de Gizenga qui est cantonné sur l'île Bula Bemba depuis février 1962. Ils se font arrêter, parmi eux se trouvent Gbenye et Bocheley. Libérés, ils réunissent plusieurs forces politiques dans le but de créer un nouveau mouvement pour la conquête d'une véritable indépendance. Selon eux, alors que le pays est maintenant libéré politiquement et est autonome, il s'est formé une classe dirigeante qui défend ses propres intérêts et ceux de l'Occident au dépend du peuple qui, lui, attend toujours de voir des jours meilleurs. Le 29 septembre, Kasa-Vubu signe une ordonnance clôturant la session parlementaire. Dans la foulée, il interdit aussi les partis nationalistes. De plus, il cherche à instaurer un projet de constitution qui, d'une part, renforcerait le pouvoir présidentiel et, d'autre part, affaiblirait le Parlement. La plupart des lumumbistes qui avaient rejoint le gouvernement d'Adoula, ont mis de l'eau dans leur vin et se sont ralliés au camp pro-occidental. Les véritables progressistes constatent toutefois leur éviction des responsabilités politiques, ce qui engendre la perte de leur influence au profit des dirigeants pro-occidentaux. Cette rupture pousse à la création d'un nouveau mouvement insurrectionnel pour mener une action subversive contre le pouvoir établi : le Conseil national de libération, le CNL. Il en résultera la naissance de la rébellion des Simba, dont le corollaire est l'envahissement de près des trois-quarts du pays. Gaston Soumialot raconte la naissance de ce mouvement qui commence par la création secrète d'un nouveau parti :

« Les partis progressistes ou à tendance progressiste, se sont réunis le 3 octobre 1963 pour créer le parti CNL pour libérer le pays, ces initiales sont l'abréviation pour Conseil national de libération. Christophe Gbenye en est le président. Une des motivations premières à cette création a été le fait que lorsque nous avons essayé pacifiquement de renverser démocratiquement Adoula[1], on nous a répondu par la violence. Si le CNL a été créé, c'était pour répondre à la violence par la violence. Les partis, dirigés par les personnalités suivantes, ont participé ce jour-là :

MNC	(Mouvement National Congolais) de Christophe Gbenye
P.S.A.	(Parti Solidaire Africain) d'Antoine Gizenga [qui se trouve à ce moment-là en prison]
C.E.R.E.A.	(Centre de Regroupement Africain) de Kashamura
P.N.C.P	(Parti National de la Convention du Peuple) d'Yvonne Mabanda
BALUBAKAT	(Baluba du Katanga) de Jason Sendwe
U.D.A.	(Union Démocratique Africaine) d'André Lubaya

Chaque parti restait autonome, mais composait le CNL pour rassembler les forces de la lutte armée qui n'avait pas encore eu lieu. Le temps était à la préparation, il n'y avait pas d'action. La création

---

[1] *C'est effectivement au parlement que les lumumbistes majoritaires ont cherché la destitution de ce gouvernement.*

de ce nouveau parti étant une bombe politique, et voulant éviter de se faire arrêter, Gbenye et d'autres dirigeants ont quitté Léopoldville pour se rendre à Brazzaville. Pierre Mulele était entré au maquis (…) avant la création du CNL. Je suis resté à Léopoldville. »

Au bas du manifeste qui résulte le 3 octobre des réunions ayant débuté le 29 septembre, figurent cinq signataires (Gbenye, MNC ; Mukwidi, PSA ; Lubaya, UDA ; et Lonji, PNCP ont signé), mais la signature de Bisukiro (CEREA) manque. Ce document précise que « Le Conseil National de Libération a pour programme : la décolonisation totale et effective du Congo dominé par la coalition des puissances étrangères » et « Confirme la déchéance de toutes les institutions régies par la Loi Fondamentale notamment : Chef de l'Etat, Parlement, Gouvernement et autres »[154].

Fuite des dirigeants du CNL au Congo-Brazzaville

Au Congo-Brazzaville, l'ex-président Fulbert Youlou, interné dans un camp militaire, est remplacé par un régime socialiste sous l'influence du bloc de l'Est. Le terrain de l'autre côté du fleuve est devenu propice à tous les adversaires du gouvernement central du Congo-Léopoldville qui, lui, est pro-occidental. Chose incroyable, les projets du CNL, élaborés par les dirigeants qui ont trouvé asile au Congo-Brazzaville, ne seront connus des autorités congolaises que plus d'un mois plus tard.

Le nouveau refuge des membres du Conseil national de libération est plus favorable aux thèses de leur mouvement ; la délégation congolaise peut donc y être active et prendre contact avec des pays étrangers. Plusieurs membres se rendent en Chine, en Egypte, en Algérie et dans différents pays européens. Ils obtiennent des soutiens qui sont d'ordre politique, militaire spécifique à la guérilla et également financier. Quant au pays d'accueil, le Congo-Brazzaville, il permettra au CNL d'ouvrir deux camps d'entraînement au nord de la capitale, à Gamboma et à Impfondo ; les rebelles y seront formés au maniement des différentes armes fournies par la Chine, telles que des bazookas et des lance-roquettes, ainsi qu'aux techniques de la guérilla[155].

Gaston Soumialot, resté à Léopoldville bien qu'il soit une personne influente du CNL mais dont la capitale ignore le rôle, va trouver le Premier ministre Adoula pour lui demander de convoquer une table ronde réunissant tous les partis intéressés et Soumialot s'offre même de convaincre les personnalités parties à Brazzaville de venir y participer. Cette conférence doit avoir comme but la réconciliation nationale. Soumialot est reçu deux fois chez Adoula. Si tout se passe bien la première fois, lui et sa délégation mangent même chez le Premier ministre, cela n'est pas le cas la deuxième fois car, entretemps, les autorités congolaises ont réalisé l'importance de Soumialot et son influence sur les lumumbistes réfugiés à Brazzaville. Elles ont sans doute compris que Soumialot est leur antenne à Léopoldville grâce à leur découverte, le 19 novembre 1963, des intentions du CNL. De fait, les autorités congolaises ont trouvé un document signé par Gbenye chez deux diplomates soviétiques, Youri Myakotnikh et Boris Voronine, lesquels avaient eu des contacts avec des membres du Conseil national de libération[156]. Ce document révèle la réorganisation de l'opposition congolaise dans le CNL et fait également mention d'une révolution. Le mot est tombé et les autorités congolaises averties. Le gouvernement de Cyrille Adoula s'est donné comme mot d'ordre de réagir fortement contre tous les fauteurs de troubles qui, par leur opposition constante et systématique, empêchent le Premier ministre de gouverner.

A la suite de la deuxième entrevue, en quittant les bureaux du chef du gouvernement, sur le chemin du retour, un agent des services de sécurité vient à la rencontre de sa délégation muni d'un mandat d'arrêt contre lui. La délégation et lui-même retournent alors chez le Premier ministre et le confrontent avec ce mandat. Adoula fait semblant de ne pas être informé et raccompagne Soumialot hors du bâtiment ; l'agent et les militaires les voyant ensemble, repartent sans intervenir. Mais, en rentrant chez lui, Soumialot voit que les militaires encerclent sa maison ; il rebrousse chemin et estime qu'il est également temps pour lui de se rendre à Brazzaville. Il se cache tout d'abord durant trois jours à *Kaluka*. Puisqu'il n'avait pu passer chez lui prendre quelque argent, il est sans ressources ; il envoie un ami chez *Bernadette Kapatula*, présidente de la section féminine du MNC qui habite à côté de chez lui. Celle-ci, en apprenant la situation de Soumialot et au vu de l'encerclement de sa maison, décide également de s'enfuir et rejoint Soumialot. C'est elle qui financera la fuite commune.

Laurent-Désiré Kabila

A Brazzaville se trouve également un jeune homme qui vient de fêter ses 24 ans. C'est Laurent-Désiré Kabila, né le 27 novembre 1939, de l'ethnie Luba et originaire du Nord-Katanga ; il s'agit bien là de l'homme qui fera tomber Mobutu en 1997. A son jeune âge, il compte déjà quelques expériences à son actif, telles que le combat et la politique ; il a lutté contre la gendarmerie katangaise lorsqu'il faisait partie de la jeunesse du parti Balubakat. Il a même fait une escapade en Yougoslavie où il a étudié à l'Université de Belgrade. Kabila, retourné dans son pays, est devenu chef du cabinet de l'Information au sein du gouvernement Nord-Katangais en 1962. A la fin de l'année, il a été élu conseiller à l'Assemblée provinciale. De cette région, il se rend, en 1963, à Brazzaville.

LA RÉBELLION

Pour prendre une bête au filet, il faut connaître ses mœurs.
(Proverbe congolais)

Libérer le pays de quoi ? Du capitalisme ? De la mainmise de l'Occident ? Certainement, mais les véritables raisons sont plus profondes. L'origine authentique de la motivation du combat de Gaston Soumialot est une quête visant la libération de la soumission constante, d'une justice inéquitable à ses yeux, de la tutelle occidentale et d'un sentiment d'exploitation permanente de son peuple ; comme à l'époque du colonialisme, il ressent l'abus de pouvoir des dirigeants. Dès lors que, pour l'individu, le bilan est déficitaire entre l'apport bénéfique qu'offre l'oppressant par rapport aux inconvénients admis par l'oppressé[157], une réaction populaire est tôt ou tard inévitable. Le contraire peut être aussi une explication pour les périodes dites de stabilité. L'autoritarisme colonial puis celui de l'Occident qui a même réussi à évincer Lumumba, symbole de l'indépendance, sont des frustrations répandues à travers tous les villages du pays, du moins Soumialot en est convaincu. Lumumba n'a évidemment pas eu le temps en deux mois et demi d'appliquer sa politique. Est-ce qu'elle aurait satisfait Soumialot et le peuple congolais ? Cela est une autre question à laquelle on n'aura jamais la réponse. Le fait est que, pour une partie des Congolais de la génération de Soumialot, la situation politique est une accumulation de frustrations et de sentiments profonds d'injustice qui engendreront la plus grande rébellion de l'Afrique postcoloniale. Le silence et la soumission du peuple congolais ont peut-être été interprétés par les colons comme un consentement, voire un accord tacite de l'asservissement en raison des apports bénéfiques de la colonie. La Belgique traite donc les Congolais avec une attitude patriarcale aussi bien avant qu'après l'indépendance car, de son point de vue, les Congolais ne sont pas capables de prendre leur destinée en main et donc ne peuvent que profiter des avantages qu'offre la présence de l'homme blanc. Mais il y a une grande différence entre ne pas être *capable* et ne pas être *prêt*.

Arrive le jour où le dominant vous offre l'indépendance et vous libère de cette soumission et de cette frustration. Malheureusement, vous constatez très vite que la communauté mondiale n'accepte pas vos décisions démocratiques et fait évincer votre leader. Ensuite, vous êtes convaincu que vos frères et compatriotes qui ont repris les rênes du pays sont à la solde du diktat de l'Occident résultant de la guerre froide. Tout cela fermente depuis fort longtemps en Soumialot. Là se trouve la source de la recherche d'un changement social, de chasser cette nouvelle bourgeoisie et élite politique qui s'est formée pendant le colonialisme, soit depuis 1958. Une élite au pouvoir qui répète les méfaits commis quelques années auparavant par les colonialistes. La satire du pouvoir communiste décrit en 1945 par George Orwell dans *Animal Farm* se déroule sous les yeux de Soumialot. Il ne s'agit donc pas de créer un nouvel Etat avec de nouvelles frontières pouvant même s'étendre sur des pays voisins, ou à l'intérieur de la nation par une scission, mais bien d'un mouvement révolutionnaire interne au Congo. Ce mouvement démontrera une fois de plus que le syndrome du pouvoir décrit par Orwell se répétera aussi bien lors de cette rébellion que les décennies suivantes. On pourrait conclure : *tous les Congolais sont égaux, mais certains le sont plus que d'autres.*

Soumialot et Kabila projettent la rébellion (janvier 1964)

Une fois à Brazzaville, Soumialot s'ennuie devant l'inaction et la passivité de ses camarades lumumbistes. La situation politico-économique du pays n'a pas changé, il constate rapidement l'inefficacité du CNL, ce qui lui fait dire : « C'est impossible, ce n'est pas avec du papier, des messages, des protestations et des déclarations politiques que nous allons libérer le pays. »

Soumialot s'entretient avec le jeune Laurent-Désiré Kabila et se pose la question de leur utilité à Brazzaville. C'est ainsi que naît l'idée de la rébellion au Congo. Pierre Mulele se bat déjà au Kwilu et a rejeté la demande de se soumettre à Gbenye. Le combat de Mulele attirant les forces de l'ANC dans sa région, Soumialot propose de créer d'autres foyers de guerre pour en disperser les forces. Cependant, le pays est grand. Où faut-il amorcer la nouvelle rébellion ? Soumialot opte pour l'Est du pays car il y est né et il y est connu pour avoir été directeur de la Propagande du MNC, il en connaît très bien le territoire. Toutes les activités professionnelles et politiques qu'il a exercées par le passé dans cette partie du pays font de lui l'homme à être placé à la tête d'une telle entreprise. Ses liens indéfectibles avec toutes les couches de la société, telles que les chefs coutumiers, notables, fonctionnaires, politiciens, chefs de village ou autre, le rendent incontournable pour ce projet dans cette région touchée de plein fouet par les troubles qui ont suivi l'indépendance.

Le départ massif des colons, qui ont quitté le pays ou qui ont fui la brousse pour se réfugier dans les villes, a un impact grave sur la population de cette contrée qui vit principalement de l'agriculture. Les marchandises agricoles ne circulent plus, les produits ne trouvent plus preneur et l'argent se fait rare ; l'inflation fait que les produits nécessaires aux agriculteurs deviennent inaccessibles, l'insécurité croît en brousse[158]. La situation est propice aux intentions de Soumialot. Il y a par ailleurs un autre aspect qu'il tient à ne pas négliger, il ne veut pas commettre la même erreur stratégique que Pierre Mulele : à ses yeux, celui-ci n'a pas choisi le lieu opportun pour déclencher son combat ; en étant au milieu du pays, il n'a aucune échappatoire si les forces gouvernementales sont assez sagaces pour songer à l'encercler. Tous ces éléments font que, pour lui, la partie à l'est du pays est un terrain propice à une insurrection, d'autant plus que les frontières avoisinantes offrent une solution de repli éventuel et un passage pour réceptionner l'aide des pays étrangers.

Une fois la région déterminée, Soumialot veut s'assurer une base d'appui ; à ses yeux, cela est primordial pour être efficace dans ce genre de combat. Pour lui, cette base d'appui doit être d'ordre politique, venant de l'extérieur et d'un pays frontalier. Etant donné que l'intervention militaire doit se faire à l'Est du pays, Soumialot et Kabila se mettent d'accord sur le Burundi qui a accédé à l'indépendance en 1962. C'est là que, dans le passé, Lumumba avait eu un succès important auprès de la population ; il y avait établi des liens politiques, notamment avec l'UPRONA, le parti du prince Louis Rwagasore. Soumialot et Kabila rencontrent ensemble le président du CNL, Christophe Gbenye, ainsi que son équipe et leur font part du projet. Gbenye approuve la stratégie et organise même le financement de leur long voyage en avion. A ce moment-là, ni Gbenye ni le CNL n'ont imaginé un seul instant que cette initiative allait devenir la raison d'être de ce mouvement. Soumialot est le chef de mission et Kabila son agent. C'est la naissance de la rébellion au Congo, celle des Simba.

Les deux rebelles partent pour le Burundi (février 1964)

Début janvier, Soumialot apprend que le commissaire extraordinaire Mavuzi a promulgué un arrêté suspendant le MNC-L et interdisant à plusieurs personnalités, dont Soumialot, « l'accès à toute l'étendue du Maniema[159] ». Qu'à cela ne tienne, le 31 janvier 1964, Soumialot et Kabila partent avec comme destination finale Bujumbura au Burundi qui est à la frontière du Sud-Kivu. Le voyage dure deux jours. Ils partent tout d'abord en Rhodésie puis, le soir même, ils prennent l'avion pour le Kenya ; de là, ils partent en faisant une escale en Ouganda pour finalement atterrir à Bujumbura. Comble de l'histoire, c'est la compagnie aérienne belge SABENA qui assure le transport du Kenya au Burundi des deux compagnons qui seront bientôt la hantise de tous les Belges de la région Est du Congo. Soumialot et Kabila se rendent à l'hôtel *Paguidas* où ils restent dans la chambre no 21 sans se manifester pendant deux jours. Ce n'est qu'après cette discrète attente qu'ils se présentent aux autorités burundaises comme lumumbistes fuyant leur pays ; ils leur font part *des assassinats des parlementaires lumumbistes* et de l'insécurité qui règne dans le pays. Soumialot raconte à ce propos : « Cette argumentation était très importante, car avant de demander de l'aide politique, il faut se faire accepter. Ce n'était pas par hasard que j'avais choisi Bujumbura, car en fin de compte nous avons été accueillis à bras ouvert. Pourquoi ? Parce que le prince Louis Rwagasore (le fils du roi Mwambutsa), fondateur du parti UPRONA, avait participé au premier Congrès du MNC et à la première Conférence de tous les partis progressistes en 1959 où Lumumba avait à ce moment-là cherché à trouver un appui au Rwanda et au Burundi. Ce prince avait épousé les idées politiques du lumumbisme et c'est pourquoi il avait été assassiné. Je savais donc avant de me rendre au Burundi que j'arrivais sur un terrain favorable au lumumbisme. Nous avons donc été accueillis et acceptés en tant que réfugiés, j'avais d'ailleurs la carte de réfugié n° 1 et Kabila avait le n° 2. »

Le 5 février 1964, peu après le départ de Soumialot et de Kabila, une scission résulte des tensions graves qui ont lieu au sein du CNL. Dès lors, il y a également un CNL-Bocheley dont le secrétaire général chargé des forces révolutionnaires est Pierre Mulele. Soumialot, quant à lui, sera secrétaire général des forces armées révolutionnaires du Comité du CNL-Gbenye.

Soumialot organise sa base d'appui politique à Bujumbura

Le 4e jour de leur séjour à Bujumbura, Soumialot décide de contacter l'intérieur de son pays. Kabila s'offre de se rendre à Bukavu. Même si cela peut sembler étonnant, Soumialot y a des amis belges ; il l'envoie chez l'un d'eux du nom de Guy Moreau pour qui il rédige une note lui demandant d'amener Kabila dans un hôtel à Manukiemba. On ne sait qui l'a trahi, mais Kabila est arrêté le soir même et mis en prison. Léopoldville alertée, envoie immédiatement un DC-3 pour Kamembe, au Rwanda (Bukavu n'avait pas d'aéroport), afin de ramener le prisonnier. Cependant, et pour la première fois, le travail effectué par Soumialot pour implanter le MNC dans la région porte ses fruits : une femme appelée *Franca Marina*, membre du MNC, surveillante dans cette prison, va vers le prisonnier, lui fournit des habits de femme et l'aide à s'échapper de la prison. Kabila rejoint alors immédiatement Soumialot à Bujumbura.

Sur place, Soumialot établit des contacts fort intéressants avec la Chine car le hasard veut que l'ambassadeur de Chine réside dans le même hôtel que lui. On découvre dans divers récits que la Chine avait prodigué quelques bons conseils révolutionnaires ou de simples initiations technologiques mais n'avait pas participé activement à ce début de révolution à l'Est du pays. Or, les contacts entre Soumialot et les diplomates chinois sont intenses et très importants, et c'est la Chine qui cofinance le prochain déplacement de Kabila pour que les hostilités au Congo puissent débuter. Soumialot apprécie beaucoup Kabila qui accepte de se rendre à Albertville afin d'y organiser une structure rebelle.

En 1986, alors que Mobutu sera encore onze ans au pouvoir et Kabila inconnu du grand public, Gaston Soumialot dit avec admiration « Kabila est un garçon courageux », avant d'ajouter : « Il a fait deux jours avec moi et il accepte encore d'aller à Albertville. Je lui donne l'ordre de mission avec l'argent que j'avais reçu des camarades chinois et du gouvernement du Burundi. Car il y avait déjà l'ambassadeur de Chine qui logeait dans le même hôtel que nous et qui m'avait donné à ce moment-là beaucoup d'argent pour faciliter le départ de Kabila et organiser à l'intérieur les contacts. »

Par les propos de Soumialot, on apprend que le Burundi a également participé financièrement au combat des réfugiés abrités dans le pays.

Soumialot déclenche la guerre à l'est du Congo (avril 1964)

Après celui de Mulele au Kwilu, un deuxième foyer de rébellion est allumé par Kabila au Nord-Katanga. Soumialot décide de précipiter les événements depuis Uvira, situé juste de l'autre côté de la frontière burundaise, car il a contacté la sous-section du MNC à l'Est et établi le contact dans l'entre-temps avec toute la région à l'intérieur du pays, aussi bien à Kindu qu'à Stanleyville. Il réunit son état-major et fait venir à Bujumbura toutes les personnes influentes comme, entre autres, Nicolas Olenga de Kindu, Martin Kasongo de Stanleyville, Kumu Kamin de Coquilhatville, Phocas Bwimba et Ramazani de Bukavu. Avec eux, il crée un comité provisoire de l'Est, une *espèce de gouvernement* comme il l'appellera ; Soumialot en est le président, ce qui sera officialisé le 21 juillet 1964.

Il est intéressant de noter que la rébellion de Soumialot, en 1964, et le conflit qui mettra un terme au régime de Mobutu, déclenché en 1996, ont comme point commun l'endroit où les hostilités ont été lancées ; les deux rébellions ont été planifiées à l'étranger et ont débuté dans la même région du pays, à l'Est. Soumialot, à l'origine du choix géographique, relate l'événement ainsi : « Je décide avec mon comité de déclencher la guerre pour le 15 avril 1964. Je fais appeler le commandant Louis Bidalira qui est venu d'Uvira avec une section de la jeunesse. C'est là que je lui dis : vous faites une attaque surprise et vous descendez dans toutes les directions à la fois, pas beaucoup de distance, mais à la même heure, vous attaquez toutes les positions des militaires, mais vous n'attaquez pas les civils, vous ne pillez pas et n'allez pas habiter là où se trouvent les civils. Vous faites cette opération et si vous réussissez, vous réunissez toute la population, vous supprimez tous les impôts, toutes les taxes jusqu'à la victoire, ne leur demandez rien du tout. »

Cette incitation à la non-violence à l'égard de la population est une affirmation que, d'après lui, il n'a cessé de répéter durant toute la rébellion. Toutefois, lorsqu'il dit, plus de vingt ans plus tard, qu'il a propagé ces propos pacifiques à ses soldats, force est de constater que les Simba n'ont pas suivi ses recommandations. Ces préceptes ne sont d'ailleurs pas de son cru, il avait apparemment pris dans ses bagages les huit commandements de Mulele qui, lui-même, les avait adapté des *huit recommandations* de Mao. Les principes de Mulele sont les suivants :

1. Donnez le respect à tous les hommes, même des hommes vilains.
2. Achetez les objets des villageois en toute honnêteté et sans vol.
3. Remettez les objets empruntés à temps et sans difficultés.
4. Payez les objets que vous avez détruits et de bon cœur.
5. Ne frappez pas et n'injuriez pas autrui (d'autres personnes [sic]).
6. Ne détruisez pas et aussi ne pas piétiner (ne marchez pas sur [sic]) les champs des villageois.
7. Respectez les femmes et ne vous amusez pas avec elles comme vous le voulez.
8. Ne faites pas souffrir ceux que vous arrêtez pendant les combats (ne faites pas souffrir les détenus de guerre). Ne confisquez pas et ne prenez pas leurs biens (objets [sic]) personnels, par exemple anneaux, argent, montres et tous les autres objets[160].

Le moins que l'on puisse dire, c'est qu'aucun des huit commandements n'a été respecté. Pourtant, à la lecture de plusieurs documents et de discours, il est un fait que Soumialot, ici et là, incite ses combattants au respect de la population civile ; d'autre part, il n'hésite pas à mettre en garde la population qui profite de la rébellion car, si les exactions des Simba sont avérées, il y a des amateurs civils qui cherchent à les copier en exploitant le chaos lors du passage des

Simba. Extrait d'un discours de Soumialot à Kindu : « Buvez avec modération, ne dérangez personne quand vous avez bu, n'allez pas porter la tenue de Simba et commencer à extorquer les biens et droits du voisin, celui-ci qui sera trouvé dans cet état sera sévèrement puni[161] ».

Des chômeurs, des jeunes qui sont souvent encore des enfants, et des paysans sont organisés en commandos. Munis d'armes rudimentaires, ils déferlent dans la région ; rares sont ceux munis d'un fusil. Ils déclenchent une guerre extrêmement sanglante en attaquant simultanément les postes de police de Luberizi, Mulenge, Kiliba, Lemera, Luvungi et Bagira[162]. C'est toute la région entre Uvira et Bukavu qui, d'un coup, se trouve dans un conflit opposant l'Armée nationale congolaise à une population qui se rebelle. La route asphaltée de la plaine de la Ruzizi reliant les deux localités est le premier objectif des rebelles. Un des participants décrit cette première attaque ainsi : « Dans l'Uvira, on a fait la guerre comme s'il s'agissait d'une manifestation : avec des pierres, des sagaies et des coupe-coupe. C'est comme ça que nous avons attaqué le poste de police, que nous l'avons pris et nous avons saisi les armes. La gendarmerie de Bukavu a parlé d'émeute. Ils ont envoyé un peloton, mais du peloton personne n'est revenu. C'est comme ça que la guerre a commencé. Pas une guerre d'embuscades, mais de masses compactes[163] ».

Un mois plus tard, dans la nuit du 16 au 17 mai, Uvira tombe dans les mains rebelles. C'est ainsi que la plus grande rébellion dans l'Histoire de l'Afrique post-coloniale débute. Peu de temps après la prise d'Uvira, on voit pour la première fois Soumialot faire une déclaration publique où il explique les buts de son action contre le colonialisme et l'impérialisme : « (…) rendre la paix au Congo-Léopoldville, relever l'économie, rétablir le respect de la démocratie, de la liberté des citoyens congolais, y compris les étrangers[164] ».

Les rebelles Simba

L'accoutrement de ces guerriers est unique en son genre. Ils combattent parfois nus mais sont la plupart du temps vêtus très simplement et surtout bizarrement ; le torse nu avec de longues herbes autour de la taille et de la tête, certains ont des peaux de léopards ou d'antilopes, d'autres accaparent tout ce qu'ils trouvent, comme des masques à gaz, des vieux casques anglais ou de moto recouverts d'une peau de léopard, des chapeaux de dames et se couvrent même à l'aide d'abat-jour. Les armes se limitent à des machettes, des lances, des arcs et des flèches ; quelques-uns possèdent un *poupou*, sorte de fusil qu'ils fabriquent eux-mêmes et chargent à l'aide de boulons et de toute sorte de ferraille, qui fait une énorme plaie béante dans la victime. D'ailleurs, à ce sujet, les *poupous* sont une des raisons pour laquelle il était interdit, à l'époque de la colonie, de vendre des tuyaux de cuivre ou des tuyaux de plomb aux Congolais. Un autre moyen pour combattre l'ennemi est la pose de pièges, comme les *trous d'éléphants* qui sont d'énormes excavations creusées par les Simba au milieu d'une piste faisant office de route, qu'ils recouvrent puis y marquent des empreintes de véhicules à l'aide de morceaux de pneus.[165] Lorsqu'une jeep passe, non seulement elle y tombe, mais encore bloque occasionnellement tout un convoi.

Drogués au chanvre et sous l'influence de l'alcool, les Simba se comportent de manière déroutante, beaucoup crient de façon complètement hystérique, certains ne savent plus ce qu'ils font ou disent, sont excités, ont des démarches bizarres ; cela les rend imprévisibles et extrêmement dangereux. Lorsqu'ils lancent une attaque, il y a de fortes chances qu'ils n'arrivent plus à utiliser leur arme de manière efficace et ratent l'ennemi. Pour les tuer, il faut parfois plusieurs balles avant qu'ils ne tombent car, touchés, ils continuent à avancer malgré leurs blessures. Comme on le verra plus loin, le principe magique protecteur appelé *dawa*[1] y est pour beaucoup, non pas en raison de son efficacité, mais à cause des conditions imposées par les sorciers afin que ce dawa fonctionne, comme le fait de toujours devoir avancer et de ne jamais reculer. Beaucoup de témoins des horreurs commises décrivent ces rebelles comme de véritables sauvages, des simples d'esprit, des fous, des barbares, d'incultes drogués.

Le CNL rencontre Tschombe (février 1964)

Le CNL ne refuse aucune opportunité pour se profiler, même si cela semble en total désaccord avec le but de la démarche révolutionnaire.

---

[1] *Vient de l'arabe ; signifie en swahili : remède, médicament ou amulette.*

En effet, les hommes de Christophe Gbenye, le président du CNL, négocient avec Tshombe vivant en Espagne. Les discussions aboutissent à un accord soutenant la création d'un gouvernement révolutionnaire et la libération du Congo. Par la suite, on comprendra que Tshombe, très malin, n'a joué le jeu que pour obtenir à nouveau un rôle important sur l'échiquier politique congolais. Grâce à cet accord, les politiciens du monde dit *libre* pensent que l'ancien leader katangais jouit d'une influence certaine sur les rebelles et qu'il pourrait, de ce fait, agir en faveur de l'Occident. Ce monde avisé constate aussi que le CNL est fortement divisé en deux mouvances, celle du CNL-Gbenye et celle du CNL-Bocheley qui se dit proche de Mulele et crie au scandale, accusant Gbenye de trahison et rejetant tout compromis, comme celui conclu avec Tshombe.

Doctrine révolutionnaire

L'incitation à la non-violence, qui veut que l'on ne s'en prenne pas à la population et au monde paysan, prônée par Soumialot, est comme on l'a vu une adaptation très basique des principes maoïstes. C'est avec ce semblant d'enseignement que la rébellion a débuté. D'ailleurs, en observant la littérature, en particulier celle de l'époque évoquant la rébellion à l'Est, et comme déjà évoqué, il est souvent question de mulelistes ou de rebelles provenant de l'aile muleliste. Si c'est bien Pierre Mulele qui a débuté les hostilités par sa rébellion au Kwilu, ce n'est pas son mouvement qui est responsable de l'énorme succès des hostilités à l'Est et de sa très rapide progression. Les mulelistes se basent sur l'idéologie du maoïsme, ce qu'on ne peut prétendre des rebelles de Soumialot qui n'ont aucune doctrine particulière ; ils se constituent en deux sortes de combattants, d'une part les Simba qui font la guerre et, d'autre part, la *jeunesse* des différents partis politiques qui, normalement, est chargée des petites besognes. Cette *jeunesse* est extrêmement dangereuse car elle est constituée de très jeunes malfrats fondamentalistes. Le but des Simba est simple : faire chuter le régime de Léopoldville. Ils traitent les autorités de Léopoldville de *néo-colonialistes* et de *collaborateurs de l'Occident*. L'idéologie se résume en fait à l'anéantissement de l'Etat post-colonial, la condamnation de la bourgeoisie congolaise afin de lutter contre l'inégalité sociale et à combattre l'impérialisme occidental[166]. La cible a tout simplement changé, l'ennemi à combattre n'est plus l'autorité belge, mais les propres frères congolais au pouvoir dans la capitale. Malgré cela, les Blancs vivant dans les régions où la rébellion sévit, en particulier les Belges et les Américains, vont être la proie des rebelles car tout acte à l'encontre d'Occidentaux ne peut que mettre le gouvernement de Léopoldville en difficulté.

On n'a jamais pu percevoir chez Soumialot une conception claire de sa politique mis à part le fait qu'il voulait l'unité du pays et une politique nationale indépendante de toute influence étrangère. Il admirait Lumumba pour sa vision politique et restait attaché aux principes que celui-ci préconisait. Mulele appliquait à l'africaine un pot-pourri de principes du maoïsme et du marxisme-léninisme, Soumialot restait fidèle au programme de lutte du CNL. Si Soumialot avait eu la possibilité de faire accéder son mouvement aux responsabilités de l'Etat, on peut se demander aujourd'hui encore quelle aurait été la politique menée par ce régime rebelle car il n'y a jamais eu une vision ou tout au moins un réel programme politique au sein du CNL qui eut pu être mis en pratique une fois le pouvoir acquis. On pourra toutefois observer que Soumialot savait pertinemment ce qu'il ne voulait pas pour son pays. Il combattait avec énergie l'injustice, l'arbitraire et la spoliation. Ces trois calamités sont à l'origine du révolutionnaire qu'il est devenu, car il en a été victime toute sa jeunesse de la part des autorités coloniales belges. Malheureusement, le corollaire de la rébellion se résume justement à ces faits-là. Il faut bien constater qu'il a été plus facile pour Soumialot de combattre à tout prix une politique qu'il considérait comme néfaste pour son pays que de créer et appliquer un nouveau programme politique pour cette si jeune nation décolonisée.

Pendant le laps de temps où Soumialot a été ministre du gouvernement de la Province du Kivu, il n'a pas marqué de son empreinte une politique allant dans la direction d'une gestion porteuse de perspectives ; par manque de vision politique moderne et démocratique pouvant sortir le pays de la débâcle postindépendance, il n'était pas le leader capable de mener à bien un tel projet. Il est donc permis de douter qu'une politique digne de ses convictions eut pu être appliquée une fois le pouvoir conquis à Léopoldville.

*

Soumialot parlait toujours de progressisme, mais sans jamais faire appel aux idées politiques ou sociales que cela était supposé engendrer. Lui-même se qualifiait de révolutionnaire, faisant bien comprendre qu'il a toujours appelé à une transformation radicale des structures de son pays, mais là aussi sans préciser quelle conversion il proposait. Si Soumialot n'avait pas de vision politique, il avait au moins des principes révolutionnaires qu'il résumait en trois points :

- Respect de la justice pour tous les citoyens
- Sauvegarde des libertés démocratiques reconnues à tous les citoyens indistinctement
- Création et épanouissement d'une véritable conscience nationale[167].

Ceci dit, c'est bien Soumialot qui, par l'Ordonnance no 1-64-CNL, a ordonné la suspension des tribunaux civils pour soumettre les territoires libérés ou sous opérations militaires aux juridictions militaires[168].

Trois hommes marqueront cette rébellion : Soumialot, Gbenye et Olenga. Il faut cependant reconnaître que Soumialot était le seul véritable révolutionnaire parmi les trois dirigeants Simba et il faut lui laisser la paternité de cette rébellion qui deviendra malheureusement un désastre pour la population. Gbenye qui sera le président de la République populaire du Congo était un politicien sautant sur la vague du succès de la rébellion ; le médecin Joaquin Sanz Gadea en dit même : « (...) les gens l'appelaient lokuta, menteur, mais le suivaient à cause de son don inné de convaincre et de sa connaissance du français et du dialecte de la région[169] ». Le reporter David Reed dit qu'un homme proche de la situation à Brazzaville a prétendu qu'ils ont choisi Gbenye comme président parce qu'ils n'ont pas trouvé quelqu'un en qui ils avaient confiance, ils ont donc choisi quelqu'un dont tous se méfiaient[170]. Quant à la troisième grande figure de la rébellion, le général Olenga, à la tête de l'Armée populaire de libération, n'était ni un politicien ni un révolutionnaire mais un militaire progressiste. A chacun ses capacités et ses responsabilités ; Olenga dira d'ailleurs dans un discours en présence de Gbenye : « N'étant pas compétent en la matière, je ne puis malheureusement pas vous dire long quant à ce qui concerne le but de la révolution que nous menons aujourd'hui. Son Excellence, Monsieur Gbenye, vous donnera l'aperçu général à ce sujet[171] ».

Olenga, un ancien commis des chemins de fer à Kindu, a fait deux mois de prison pour vol juste avant l'indépendance. Il a œuvré pour le MNC et a ensuite fait partie du régime de Gizenga à Stanleyville. A la chute de la République libre du Congo de Gizenga, il retourne au Maniema et tente de faire revivre le royaume Batetela[172].

*

Soumialot mène la guerre depuis le Congo (mai 1964)

Le début des combats de la rébellion est dirigé par Soumialot depuis Bujumbura au Burundi. Les positions adverses sont prises les unes après les autres ; dans la Province du Kivu, toute la vallée de la Ruzizi, entre Kamanyola et Uvira qui tombe le 15 mai, se révèle être l'épicentre de la rébellion. C'est par la radio, en écoutant France Inter, l'Afrique du Sud et BBC, que Soumialot apprend jour après jour le succès de ses rebelles. C'est également par la radio qu'il entend Léopoldville accuser les mulelistes d'avoir pris Uvira, ce qui le fait bien rire. Soumialot est fier de son avancée : « Uvira a été pris avec des armes rudimentaires comme des flèches, des couteaux, des machettes, des lances, des bâtons. A mon arrivée à Uvira j'ai organisé l'armée, j'ai enseigné à ces enfants la guérilla. Il ne faut pas faire une guerre de front ou de position, mais la guérilla à savoir des attaques isolées par surprise et faire des sabotages, pas en groupe, mais avec deux, trois combattants voire cinq personnes. Je voulais que nous passions de façon inaperçue, arriver incognito et toujours surprendre l'ennemi pour éviter à tout prix une guerre de front. »

Lorsque les combats commencent à l'Est du pays, les ambassadeurs américain et belge au Burundi, apparemment bien informés, se réunissent tout de suite et demandent au gouvernement d'expulser Soumialot et son groupe. Le Burundi refuse ; cependant, le gouvernement convoque le chef de la rébellion pour lui annoncer que lui et tout son monde ainsi que les familles qui les accompagnent doivent se rendre à Kitega afin de quitter Bujumbura. Soumialot envoie son équipe ainsi que son épouse et ses enfants à Kitega, mais lui décide de rejoindre la rébellion : « Moi je m'en vais à la guerre, je ne pars pas à Kitega. Les combattants ne vont pas continuer la guerre sans moi, je dois aller les encourager. C'est donc pendant la nuit du 16 mai, après qu'Uvira ait été libérée que je quitte Bujumbura. »

Une fois sur place à Uvira, Soumialot organise ses rebelles et continue à établir sa stratégie de guerre. Les Simba veulent continuer leur progression vers Bukavu ; trois jours après la révolte du 15 mai, les rebelles attaquent l'intérieur de cette ville mais ils doivent faire face à leur premier échec. Soumialot sait que cette ville est stratégique, car une fois à Bukavu, il pourrait facilement prendre le contrôle de l'aéroport de Kamembe qui se trouve à un jet de pierre au Rwanda. Cela ne sera pas le cas, bien que Kamembe s'avère effectivement primordial car Léopoldville renforce ses troupes au cœur de la rébellion avec ses avions C-130. Le gouvernement Adoula demande le 24 mai l'intervention des Casques bleus afin de sauvegarder cette ville mais l'ONU rejette cette demande d'aide. Cependant, une surprise de taille attend les Simba au front sur le pont de Kamanyola : Mobutu. Il lance une contre-offensive dans la vallée de la Ruzizi. En première ligne, sa personnalité, son courage physique et son charisme stoppent la débandade de son armée. Mobutu remporte un succès éphémère. Lors du retrait des Simba qui se fait d'ailleurs dans une certaine panique, la radio gouvernementale annonce la mort d'Olenga. La nouvelle fait vite le tour à l'est du Congo. Lorsqu'Olenga apparaît à Kindu, la population voit en son retour la preuve que le dawa fonctionne[173]. L'ANC arrête ainsi momentanément la progression des Simba qui n'abandonnent pas pour autant l'idée de reprendre Bukavu, située à environ 1'500 mètres d'altitude au sommet d'une chaîne de montagne sur la frontière du Rwanda. L'arrêt de leur avancée dans la vallée de la Ruzizi n'impressionne pas les Simba, au contraire, car la rébellion va faire tache d'huile. Dès lors, ils avancent rapidement à travers tout le pays, répandant atrocités et effroyable sauvagerie. La rébellion mène le Congo au bord d'une catastrophe, dont les conséquences internationales sont, à ce moment-là, totalement imprévisibles.

Soumialot établit son point d'appui militaire à Uvira

Le 27 mai 1964, les rebelles prennent Fizi, un autre grand territoire. Le 28 mai, c'est à Baraka et Kalundu de tomber ; ce sont aussi des localités portuaires du lac Tanganyika qui permettent ainsi un accès direct à la Tanzanie, pays par lequel transitent les armes des Simba. La CIA accuse en 1964 la Tanzanie d'avoir réceptionné « environ deux mille cinq cents tonnes d'armes en provenance de l'Union soviétique et de la Chine.[174] »

Après avoir créé la base d'appui avec sa fonction politique au Burundi, Soumialot établit son point d'appui à Uvira qui, lui, a une fonction militaire. Ensuite, il constitue une équipe qui a pour seul but la défense de son point d'appui. Pour Soumialot, il est stratégiquement très important d'établir rapidement une sorte de barrière fictive, difficile à franchir pour l'ennemi ; ce sera une ligne allant d'Uvira à Albertville, protégée à l'arrière par le lac Tanganyika.

L'ONU quitte le Congo (juin 1964)

A New York on commence à se poser sérieusement la question de l'efficacité de la présence onusienne vu la grandeur du pays, son instabilité politique constante, les méfaits de certains contingents onusiens et les frais occasionnés. C'est donc sans grand débat que l'on décide au siège de l'organisation internationale de se retirer du Congo. Le départ des Casques bleus est fixé au 30 juin 1964, exactement quatre ans après l'indépendance congolaise ; l'ONU met généreusement tout son matériel militaire à disposition de l'Armée nationale congolaise. Ce retrait représente tout de même un échec fracassant dans l'histoire des Nations unies, d'autant plus qu'il faut constater que certains contingents militaires, agissant sous la bannière de l'ONU, rentrent au pays avec des *souvenirs* résultant de pillages commis au Congo.

*

On rappellera que, 40 ans plus tard, les contingents de l'ONU stationnés à nouveau au Congo ne se comportent pas beaucoup mieux. En 2005, des Casques bleus sont accusés d'exactions extrêmement graves, notamment d'agressions sexuelles ; en 2009, lorsque quatre Casques bleus ghanéens sont surpris par une patrouille de la Garde républicaine en flagrant délit de viol sur une jeune fille, on reparle de ces accusations[175]. S'il ne faut pas généraliser les méfaits à l'ensemble des militaires effectuant leur mission onusienne, et s'il faut souligner le besoin primordial de ces forces dans cette région, il ne faut pas croire que, pour l'ONU, le problème de l'indiscipline de ses troupes a changé depuis. Il est extrêmement difficile d'obtenir des preuves pouvant incriminer un militaire, vu les circonstances misérables des conflits. Il faut également tenir compte que plus d'une centaine de pays fournissent des contingents ; il est donc évident que ceux-ci proviennent d'horizons complètement différents et ont, chacun, des valeurs morales et des cultures ainsi que des systèmes de justice pénale et militaire qui ne sont pas comparables ; à titre d'exemple, la prostitution ou même les relations intimes avec des mineurs ne sont pas illicites dans tous les pays du monde. Ne pouvant agir juridiquement de manière uniforme, il est impensable d'imposer un code de conduite valable pour l'ensemble des Casques bleus. Le problème de l'indiscipline des militaires agissant sous la bannière onusienne reste donc, aujourd'hui encore, un problème fondamental, surtout si le renvoi de militaires délinquants, censés protéger la population, reste en fin de compte la seule sanction que les Nations unies peuvent imposer juridiquement. Soulignons que, grace à leur présence, bon nombre d'exactions ont tout de même pu être évitées. Les efforts de l'ONU en RDC sont énormes eu égard aux moyens financiers. Comme la journaliste Justine Brabant écrit : « Le pays accueille depuis 1999 la plus importante mission de maintien de la paix des Nations unies du monde en termes de budget (la Monusco, anciennement Monuc, dont le budget annuel était en 2014 d'un peu plus d'un milliard d'euros) ». Elle rappelle aussi que « l'Etat congolais dispose, pour administrer un territoire grand comme l'Europe occidentale, d'un budget inférieur à celui de la ville de Paris[176] ».

*

Soumialot veut prendre Albertville avec son district du Haut-Katanga et, par après, aller sur le Maniema. Afin de contrôler ces deux régions, Soumialot opère de la manière suivante : « Je voulais attaquer le Maniema, mais je devais aussi créer un front au Katanga, car je craignais de me faire attaquer par le Katanga si mes forces se concentraient sur le Maniema. J'ai donc fait charger en même temps le Nord-Katanga et le Maniema. En deux jours, l'équipe qui a attaqué le Nord-Katanga a libéré trois territoires. Lorsque mes hommes arrivaient à des camps militaires, ceux-ci étaient vides, les militaires s'étaient déjà enfui, d'où cette progression rapide. Ce fut la même progression au Maniema. L'ONU avait décidé d'évacuer ses troupes du pays lorsque la rébellion débuta à Uvira. Il n'y avait donc pas de forces étrangères sur les territoires conquis par mes rebelles. »

Le dawa et les Simba

La débâcle de l'armée congolaise a bien une raison. Les militaires ont une peur viscérale des Simba ; cette crainte est due à une rumeur selon laquelle les Simba seraient immortels grâce au dawa, un procédé d'immunisation à caractère magique. Du côté des Simba, cette protection leur donne une entière confiance et ils ne craignent ainsi plus aucune confrontation. La méthode, reprise des sorciers mulelistes qui faisaient déjà le dawa pour leurs combattants, est utilisée dans la rébellion à l'Est. Notons que ces féticheurs sont en grande partie des femmes. Il y a trois différentes manières de procéder, dont chaque rituel a une puissance magique. Le plus courant est l'aspersion avec une eau spéciale d'un féticheur. Il y a également le port de gris-gris. Le troisième rituel consiste en des incisions sur le front, le dos et la poitrine, enduits d'un mélange secret mais contenant entre autres des racines d'arbres et du sang de poule, de consistance pâteuse et aux effets magiques. A la suite de ce rituel, le combattant devient un Simba. En revanche, si le Simba est en contact avec de l'eau, son immunisation perd son efficacité. Pour que le dawa fonctionne, il faut en outre observer quelques règles :

1. Pas avoir de relations sexuelles avec les femmes.
2. Pas donner la main ou seulement toucher un non-simba, c'est-à-dire un civil congolais ou européen ; un simba doit donc leur demander de déposer les objets à terre avant de pouvoir s'en emparer.
3. Pas manger de nourriture préparée par une femme, mais seulement par des fillettes non pubères ou éventuellement par des Simba possédant l'immunité et la qualité de cuisinier.
4. Pas se laver (à l'eau froide).
5. Pas reculer au combat, ni fuir, ni tourner la tête, ni faire un demi-tour ; si on revient en arrière, il faut faire un cercle.
6. Pas passer à la gauche d'un civil, ni le laisser derrière soi.
7. Pas voler.
8. Pas toucher le sang d'un blessé ou d'un cadavre.

9. Pas circuler sous la pluie.
10. Pas quitter le milieu de la route et éviter de marcher en brousse.
11. Pas traverser une rivière.
12. Pas manger certaines parties d'un animal : tête, cœur, foie, intestins.
13. Pas marcher au-dessus d'un cadavre, ni le toucher.
14. Pas poursuivre un ennemi dans la maison d'un civil, ne pas pénétrer dans une maison civile et surtout ne pas y dormir.
15. Pas manger de légumes ou de sombe (feuilles de manioc), mais de la viande et du poisson.
16. Pas tuer des innocents ou des femmes.
17. Pas se coiffer ni se peigner, ni couper ses cheveux, ses ongles et sa barbe.
18. Pas ramasser de butin pendant le combat.
19. Pas casser les os des cadavres[177].

Avec ces restrictions, on peut dès lors comprendre que certains Simba ont trouvé la mort malgré le dawa… L'effet pervers de cette protection est l'assurance d'invicibilité, c'est pourquoi les Simba ne s'entraînent pas, n'exercent pas le tir, évitent toute tactique défensive telle que creuser des tranchées. Une autre conséquence est que les Simba peuvent être reconnus à leurs incisions ce qui, pour certains, s'est révélé fatal une fois la rébellion terminée. Ou encore le fait de ne plus se laver laisse ces guerriers dans une hygiène déplorable, parfois source de maladies infectieuses. Le dawa peut par ailleurs expliquer la présence massive d'enfants parmi les Simba, car ils sont naturellement immunisés puisque vierges.

Si les dirigeants de la rébellion sont également des adeptes du dawa, cet élément sert l'organisation rebelle car elle possède le monopole de la fonction magique. D'ailleurs, lors de la défaite à Bukavu, des Simba n'ont pas hésité à montrer du doigt la maîtresse du général Olenga, une sorcière appelée Mama Onema Henriette, une femme âgée connue dans le Sankuru comme étant la plus grande féticheuse. Le commandant en chef de l'Armée populaire de libération n'hésite pas à intégrer les prédictions reçues de cette dame pour motiver et encourager les troupes rebelles mais aussi pour établir les stratégies de combat.

A l'instar de Mulele, l'armée de Soumialot renforce ses moyens techniques modernes par ce système subjectif mais nécessaire à l'Afrique. Le paradoxe pour beaucoup d'officiers sortis des écoles militaires les plus qualifiées d'Europe est de constater que ce système magique est l'arme la plus rudimentaire mais aussi la plus redoutable des Simba.

Mais il y a aussi des avantages pour les victimes potentielles, car il est un fait que beaucoup de Simba évitent de toucher ou de se laisser toucher par des Blancs, de peur de perdre leur protection, ce qui a évité de sérieux problèmes à plus d'un Européen. A chaque fois qu'ils enfreignent une de ces règles, ils doivent reprendre le chemin du féticheur afin de bénéficier d'un nouveau *bain* salvateur. Les Simba sont dès lors protégés des balles de l'ennemi qui se transforment en eau lors de l'impact ou tout du moins sont censées se transformer en eau. C'est d'ailleurs certainement là qu'il faut trouver la raison de l'amalgame avec la rébellion de Mulele, car les Simba crient sans cesse *Maï*[1] *Mulele*. Voilà une des raisons pourquoi les Simba sont taxés de mulelistes. Il est à noter qu'ils crient également, quoique rarement, *Maï Olenga*. Pourquoi *Maï* ? L'origine de ce cri de guerre date de la révolte des Balubakat de 1958 lorsqu'ils criaient *Mema ma Lualaba* (l'eau de la rivière Lualaba). Ce vocable avait un pouvoir magique qui faisait que les armes de l'ennemi devaient couler sur le guerrier comme l'eau de cette rivière sans le blesser[178].

*

Beaucoup peuvent être surpris d'apprendre l'utilisation de ces rituels en 1964 et penser que ce dawa appartient à une époque révolue. Il faut s'en détromper car, quelques jours avant la fin du régime de Mobutu, en avril 1997, un sorcier est venu asperger de cette eau magique les soldats des Forces armées zaïroises (FAZ) stationnées à Gbadolite, le fief de Mobutu. Afin que cette protection soit efficace, il leur était également interdit de manger des feuilles de manioc, de se laver pendant trois jours après le rituel et d'avoir des relations sexuelles[179]. D'autre part, lorsque Laurent-Désiré Kabila a attaqué l'Est du Zaïre pour renverser Mobutu, il s'est fait agresser par un mouvement insurrectionnel appelé Maï-Maï. Ces derniers étaient à demi-nus, habillés comme les Simba, c'est-à-dire de peaux de léopards ou de boas, d'herbes, de lianes et de gris-gris. Les Maï-Maï également

---

[1] *Maï signifie eau en swahili ; utilisé ici en référence à l'eau magique.*

armés de machettes, de lances, de flèches, même de simples pierres et de fusils récupérés auprès d'ennemis tués, ont semé la terreur parmi les hommes de Kabila. Aujourd'hui encore, ils restent convaincus du pouvoir de leur protection fétichiste qui les rend invincibles face aux balles de leurs ennemis.

Les origines de ce dawa se trouvent très certainement dans le fait que les négriers responsables du trafic d'esclaves étaient musulmans. Afin de répandre leur religion, ils procédaient à un rite appelé dawa qui permet aux non-musulmans de faire connaissance avec l'Islam. Les arabes appelés à faire la guerre aux autochtones priaient souvent avant le combat et se purifiaient alors avec de l'eau. Les africains avaient noté leur suprématie grâce à leurs armes et l'avaient associée aux ablutions lors de la prière. Ces croyances restent aujourd'hui encore d'actualité. En 2018, des militaires ont tué des enfants dans des villages au Kasaï car beaucoup d'enfants soldats étaient retournés à la maison. Comme ceux-ci possèdent cette protection naturelle, le seul moyen d'éviter de devoir faire face à eux aux combats, c'est de les éliminer. La sorcellerie n'est pas un domaine archaïque et exclusivement africain : en 2010, l'organisation RLEK (Rural Litigation and Entitlement Kendra) dénonçait en Inde la mort de 2'500 femmes au cours de ces 15 dernières années due aux accusations de sorcellerie et, par année, il y aurait même 200 *sorcières* qui s'y feraient lyncher.

*

Les Simba ne sont pas des mulelistes

Au début de l'insurrection, ni l'Occident ni Léopoldville ne se doutent réellement que la rébellion congolaise est le fait de deux entités séparées, que ce soit au point de vue logistique, stratégique, financier et même à beaucoup d'égards au niveau politique. Il faut dire que Soumialot n'a déclenché les hostilités que huit mois après celles de Mulele au Kwilu. Certains témoins de l'arrivée des rebelles croient, du moins au début de l'insurrection, que le réel instigateur est Mulele parce que, lors du déclenchement des hostilités, les rebelles disent faire partie des *Jeunesses mulelistes*, le nom de Simba n'étant venu qu'après. Comme mentionné, il y a la rébellion de Mulele qui se limite au Kwilu et celle de Soumialot qui débute au Kivu. Que lui-même avec ses rebelles soient qualifiés de mulelistes, que l'on attribue ce mouvement révolutionnaire à Pierre Mulele ou encore le fait de penser que son influence y est déterminante, ne dérange pas outre mesure Soumialot, même si la presse fait écho de cette confusion. Il aime cependant préciser que sa révolution est due à la volonté du CNL tandis que celle du Kwilu est à mettre sur le compte de l'initiative de Mulele. Que ses combattants Simba se fassent appeler mulelistes lui prouve que l'ennemi ne comprend rien à l'organisation militaire des rebelles et, de ce fait, que le CNL n'est pas infiltré. Il est certain que la conséquence du mutisme des membres du CNL est fatale pour le gouvernement central qui dans un premier temps ne prend pas au sérieux le début de la rébellion. Pourtant, dans la première déclaration publique importante de Soumialot le 22 mai, il avait alors précisé : « Il ne faut pas confondre le mouvement muleliste du Kwilu avec celui du CNL, bien que nationalistes tous les deux et ayant les mêmes aspirations.[180] ». Avant le déclenchement de la rébellion, l'ambassade congolaise à Bujumbura a bel et bien attiré l'attention de Léopoldville sur le fait que Soumialot tramait quelque chose à l'hôtel Paguidas où il y avait un va-et-vient incessant des « (...) éléments les plus suspects de la population congolaise du Burundi[181] ». Léopoldville avait donc été informée qu'un danger potentiel pouvait venir du Burundi et que Soumialot pouvait en être l'instigateur. Cette information n'a-t-elle pas été prise au sérieux par le gouvernement central ou les capacités de Gaston Soumialot ont-elles été sous-estimées ? Michael Hoyt, le Consul américain de Stanleyville doute très vite d'un quelconque lien entre la rébellion du Kwilu et celle qui se déploie à l'Est du pays[182], mais dans la capitale on continue de parler de Mulelistes sans prendre véritablement au sérieux l'avancée des Simba. Ce sont les Américains du Consulat de Stanleyville qui font la relation entre Olenga et Soumialot, et comme ce dernier est responsable du CNL à l'Est du Congo cela laisse deviner un lien avec Gbenye[183]. Les véritables dirigeants sont ainsi démasqués début août par l'administration américaine. L'ambassadeur français à Bujumbura, M. Barbey, écrit le 1er octobre 1964 à son ministre des Affaires étrangères « Sur le plan militaire, il ne faut pas sous-estimer les forces des rebelles. [...] Sur le plan politique, il faut faire une différence entre le général Olenga, extrémiste (qui ne recule pas devant le terrorisme), et MM. Gbenye et Soumialot, qui marchent la main dans la main et demeurent modérés[184] ». Ce n'est que lors de la prise de Stanleyville que la communauté internationale fait la différence entre les Mulelistes et les

Simba et découvre la triangulaire de l'hégémonie Simba, mais ne sait pas qui de Gbenye, Soumialot ou Olenga est véritablement le chef.

Le retour de Tshombe à la politique congolaise (juin 1964)

A Léopoldville, c'est la panique. L'ANC s'effondre, fait apparaître une inefficacité flagrante. C'est la débâcle totale. Les militaires congolais instruits en son temps par des militaires belges, dûment armés, censés maitriser les tactiques et les stratégies militaires, sont pourtant mis en fuite par des jeunes armés de flèches, de lances et de machettes. L'inefficacité s'explique lorsque l'on sait que les militaires croyant à la vertu du dawa tirent en l'air sans viser l'ennemi afin d'éviter que les balles ricochent sur les Simba et reviennent sur eux. Mobutu réagit et se tourne vers la Belgique et les Etats-Unis afin d'obtenir le soutien nécessaire pour affronter l'avancée de la rébellion. C'est le retour des militaires belges au Congo ; l'armée belge aide à réorganiser l'ANC, instruit les militaires congolais et garantit l'intendance de la Force aérienne, mais il est convenu qu'elle ne participe pas directement aux combats. Quant aux Etats-Unis, ils envoient secrètement au Congo une force aérienne composée de Cubains anticastristes sous le contrôle de la CIA. Cette action est camouflée par une société commerciale du Lichtenstein connue sous le nom de *Anstalt Wigmo* (Western International Ground Maintenance Organization). Les vieux T-6 sont remplacés par 13 avions T-28, 5 *long-range* B-26 et 3 avions de transport C-46[185]. Les T-28 affrontent directement les rebelles par des attaques aériennes. Mobutu n'oublie pas que des milliers de gendarmes katangais se cachent en Angola et dans la brousse congolaise ; il sait pertinemment que ceux-ci sont restés fidèles à Moïse Tshombe. Afin d'adjoindre cette force militaire à celle de l'Armée nationale congolaise, le groupe de Binza, ou plus exactement Mobutu, sait qu'il doit s'allier les faveurs de Tshombe qui, bien qu'en exil à Madrid, cherche par tous les moyens un retour au pays pour instaurer un régime confédéral. Par l'entremise de Pierre Davister[1], Mobutu est resté indirectement en rapport avec le réfugié madrilène. Avec le soutien de la Belgique et des Etats-Unis, le

---

[1] Editeur belge du journal « L'Avenir » et par la suite ami de Mobutu ; il l'avait engagé dans la rédaction des « Actualités Africaines » lorsque Mobutu était encore journaliste.

Premier ministre congolais invite Tshombe à revenir au pays et lui garantit la sécurité. Le 26 juin 1964, Moïse Tshombe arrive à Léopoldville. Le président Kasa-Vubu et le Premier ministre Adoula décident alors, après négociation avec Tshombe, que l'ex-leader katangais devient le nouveau Premier ministre. Le 30 juin, l'ancien sécessionniste du Katanga est nommé à ce poste, et cette date coïncide avec le départ définitif des Casques bleus. On comprend alors la stratégie de Mobutu : les militaires des Nations unies qui étaient sous les ordres de New York quittent le pays en laissant leur armement sur place et, grâce au retour de Tshombe, des milliers de gendarmes katangais soutiennent dès lors les forces de l'ANC qui, elles, sont sous les ordres de Mobutu. Le scénario que Mobutu a imaginé est confirmé par Soumialot : « La raison pourquoi on avait fait revenir Moïse Tshombe était pour pouvoir utiliser les gendarmes katangais. Tshombe a remplacé, au poste de Premier ministre, Adoula qui était d'ailleurs un homme très intelligent, mais qui a été jugé par les Américains et les Belges incapable de mater la rébellion. C'est alors que Tshombe a fait recruter des mercenaires en Angola, en Afrique du Sud, il y avait Bob Denard, Jean Schramme et un Allemand du nom de Müller. Tshombe a même essayé de négocier avec nous, mais il n'a pas réussi. C'est donc par la force qu'il réussira à réduire de presque de moitié la rébellion. C'est sous Tshombe que la lutte armée connaîtra des échecs. »

La nomination de Tshombe provoque de vives réactions de la part du gouvernement de l'Union soviétique qui, à travers un communiqué officiel diffusé par l'agence TASS, condamne le retour de Tshombe au Congo qu'il qualifie de défi direct aux Nations unies et de menace à la sécurité du Congo. De plus, l'URSS souligne dans ce communiqué qu'elle ne peut demeurer impassible devant les développements survenus au Congo.

Dans l'euphorie de son retour au pays, Tshombe cherche à obtenir une participation du CNL dans son gouvernement. C'est bien là une des raisons pour laquelle on l'a fait revenir, car il est censé être en contact avec les rebelles puisqu'il les a rencontrés lors de son exil. Rempli de bonne volonté et d'ambition réunificatrice, Tshombe a l'audace de dire aux Congolais : « Donnez-moi trois mois et je vous donne un Congo nouveau[186] ».

Le nouveau gouvernement, dont il faut noter que le Premier ministre cumule 7 portefeuilles, a comme ministre de l'Intérieur Munongo, l'ancienne main droite de Tshombe au Katanga et ennemi juré de Lumumba ; on y trouve aussi l'ancien sécessionniste du Sud-Kasaï, Albert Kalonji, comme ministre de l'Agriculture, autre ennemi juré de l'ancien Premier ministre. On constate également que plusieurs conseillers belges, qui avaient fait la gloire de Tshombe au Katanga, réapparaissent ; on peut dire qu'une partie de l'équipe des sécessionnistes katangais est de retour, mais cette fois-ci à Léopoldville. Chose incroyable, Tshombe réussit le pari d'inclure le CNL dans son équipe, car André Guillaume Lubaya a répondu positivement à son invitation et obtient le poste de ministre de la Santé. Précisons que Lubaya est un membre-fondateur du CNL. Tshombe n'est pas dupe, il connaît le point de vue radical du CNL et l'incompatibilité avec la politique du gouvernement central, mais continue tout de même à espérer une réconciliation. Il laisse constamment la porte ouverte à tous ceux qui font partie du mouvement de libération. Alors que la rébellion est en pleine lancée, il dit lors d'une interview accordée à la Radio Télévision Belge (RTB) et diffusée le 29 juin : « Je voudrais d'ailleurs proposer au gouvernement central d'aller moi-même, s'il le faut, à Brazzaville rencontrer les membres du CNL. Je voudrais également me rendre au Burundi pour rencontrer également M. Soumialot[187] ».

Mais Tshombe n'obtient pas le visa pour Brazzaville, le gouvernement de ce pays le refuse. Par contre, il peut se rendre à Bujumbura où les autorités du Burundi annoncent qu'ils s'abstiendront de tout accueil officiel. Les initiatives de Tshombe pour convaincre les responsables du Conseil national de libération de se joindre à l'union nationale sont constantes. Le 19 juillet, Tshombe déclare à Léopoldville, devant une immense masse populaire : « Mon gouvernement est avant tout autre chose un gouvernement de réconciliation, et j'insiste de réconciliation à l'échelon national. Sans cette réconciliation, il n'y a point de paix possible pour le Congo et chacun de vous doit, non seulement le comprendre, mais collaborer pour que nous cessions de donner à l'étranger, pour que nous cessions de donner à nous-mêmes, l'image d'une famille désunie en perpétuelle querelle[188] ».

Le ministre de la Santé du gouvernement Tshombe, Lubaya, qui était le secrétaire général aux Affaires intérieures dans l'organisation du CNL-Bocheley, est le seul à avoir accepté la main tendue. Il déclare même : « Je jure sur la foi que si je collabore avec M. Tshombe c'est sur recommandation du CNL[189] ». C'est sans compter avec la réaction de ses amis politiques. Le CNL-Bocheley l'accuse de trahir la cause révolutionnaire ; le CNL-Gbenye le désavoue et réitère les conditions préalables à une participation au gouvernement central. Pour ce faire, les partisans de Christophe Gbenye exigent, entre autres, la démission du chef de l'Etat, Joseph Kasa-Vubu, ainsi que des responsables de l'armée, ce qui évidemment est inacceptable pour Tshombe. En fin de compte, Lubaya perd toute crédibilité dans ce gouvernement et, de ce fait, ne représente absolument pas le CNL. D'ailleurs, le colonel Pakassa appartenant à l'aile CNL-Bocheley est très clair en ce qui concerne la rébellion, il dit : « Les forces armées révolutionnaires du CNL continueront leur lutte jusqu'à la victoire finale[190] ».

Pour Léopoldville il est grand temps que quelque chose se passe car, entre l'arrivée de Tshombe le 26 juin dans la capitale congolaise et la formation de son gouvernement le 10 juillet, la rébellion a progressé à travers tout l'Est du pays. Afin de rendre sa volonté d'appliquer une politique de réconciliation pour parvenir à une union nationale plus crédible, il fait libérer Antoine Gizenga le 15 juillet. Gizenga n'est pas le seul à profiter de la politique d'ouverture de Tshombe, car des centaines de prisonniers politiques sont libérés en juillet. Beaucoup d'entre eux se trouveront toutefois très vite dans les rangs de la rébellion. Les deux ailes du CNL ne facilitent pas les tentatives du Premier ministre ; quand les uns signalent une certaine ouverture pour d'éventuels pourparlers, les autres se distancent ; lorsque Gbenye refuse de collaborer avec le gouvernement de Tshombe, l'aile du CNL-Bocheley déclare à travers son représentant Emmanuel Lonji : « M. Gbenye (…) a été exclu du CNL ; ses déclarations ne nous engagent pas. M. Gaston Soumialot, auquel il se réfère constamment, relève en fait de l'autorité de M. Bocheley-Davidson, autre membre du CNL que nous représentons valablement à Léopoldville[191] ».

La réponse de Gbenye ne se fait pas attendre. Il affirme que le CNL que prétend diriger M. Bocheley n'existe plus du moment que M. Lubaya a été officiellement mandaté pour représenter le CNL de

Bocheley au sein du gouvernement de Tshombe[192]. Il y a les politiciens et il y a le révolutionnaire ; les uns essaient de tirer profit du succès de Soumialot en s'attribuant le mouvement rebelle et il y a l'initiateur et défenseur de la rébellion, Gaston Soumialot, qui espère trouver des politiciens dignes de sa rébellion. Ce dernier n'intervient pas dans le conflit de politiciens interne au CNL et reconnaît toujours les membres élus lors de la création du mouvement ainsi qu'il le dit lors d'une interview publiée le 14 août 1964 : « M. Gbenye est notre président, le président du CNL, et M. Bocheley est le vice-président. Leurs discussions sont des disputes entre eux qu'ils doivent régler également entre eux[193] ».

Si Soumialot n'intervient pas dans le conflit interne au CNL, il a une opinion très claire en ce qui concerne la nomination de Tshombe, car il est sans équivoque lorsqu'il affirme en juillet 1964 l'illégalité de ce gouvernement.

Les dissensions au sein du CNL sont évidemment visibles tant à Léopoldville que dans le monde entier et cela affaiblit le mouvement. Tshombe ne se fait pas d'illusion en ce qui concerne une éventuelle réconciliation avec le CNL ; une telle entente aurait d'ailleurs surpris aussi bien le monde occidental que les membres du groupe de *Binza*. Tshombe essaie donc une autre approche. Si les dirigeants du CNL ne peuvent être convaincus de se joindre à l'union nationale, il essaie de raisonner et persuader la population, en particulier là où se trouvent des éléments progressistes. Moins de huit jours après sa nomination au gouvernement, Tshombe se rend donc à l'Est du pays et lance des appels à l'apaisement tout en faisant savoir qu'il est contre l'utilisation de la force. Fin juillet, il entre triomphalement à Stanleyville et il va s'incliner devant le monument Lumumba, déposer une gerbe de fleurs et méditer un instant. Un geste d'un cynisme incroyable, car rappelons tout de même que c'est au Katanga, sous sa responsabilité, que Lumumba est mort. Aux yeux des lumumbistes, Tshombe est le seul responsable de l'assassinat de Lumumba ou tout au moins celui qui n'a rien fait pour le sauver.

Lorsqu'au stade Lumumba, une foule de dix milles personnes l'accueille sans grand enthousiasme mais scandant « nous avons faim », Tshombe lui répond : « Vous avez faim ! Mais je vois que vous buvez encore beaucoup de bière. Et pendant que vous buvez, vous ne travaillez pas. Il faut travailler d'abord, afin de donner à manger aux enfants. La bière, c'est ensuite que l'on peut en boire[194] ».

Tshombe se trouve dans un territoire où les habitants ont beaucoup souffert par le passé et ne sont pas particulièrement favorables au Premier ministre, notamment après les événements qui ont causé la mort de Lumumba. Puis il va à Bunia où il accuse ceux à qui il continue de tendre la main d'être des « rebelles devenus des bandits et des pillards[195] ». Un représentant de Tshombe surenchérit jusqu'à traiter les Simba d'imbéciles, d'idiots non évolués. Pour éviter toute panique, ce tshombiste rassure la population blanche en affirmant que les rebelles n'oseront jamais attaquer Stanleyville puisque tout à été entrepris pour les en empêcher[196]. Le 22 juillet, Tshombe se rend finalement à Bujumbura, mais ne rencontre pas Soumialot. Il a cependant une entrevue avec Phocas Bwimba qui lui fait clairement comprendre le point de vue de Soumialot en affirmant qu'à Léopoldville « les assassins ont succédé aux assassins[197] ». Ce dernier n'a aucune confiance en Tshombe. Il invite le colonel Bidalira, celui qui avait commencé les hostilités de la rébellion le 15 avril, à prendre toutes les dispositions nécessaires contre une éventuelle infiltration d'éléments perturbateurs susceptibles de saboter la rébellion ; une manœuvre qui, d'après Soumialot, aurait été orchestrée par le Premier ministre du gouvernement central lors de sa visite dans la région. Aussi bien Tshombe que l'Occident et le groupe de Binza ont compris que le CNL exige, avant toute collaboration, un changement radical de la politique exercée à Léopoldville. Tous le savent mais tentent tout de même une réconciliation avec l'ennemi restant avant tout leurs frères africains. Combien de fois la politique africaine a réussi ces réunifications qui ne peuvent que surprendre les cultures européennes ; la logique bantoue n'a rien de commun avec la logique cartésienne, c'est une des richesses de l'Afrique. On peut donc continuer à espérer une réconciliation ou du moins des accords pouvant mettre un terme à la guerre.

Tshombe se rend ensuite, le 3 août, à Kikwit pour lancer un appel à Mulele afin qu'il se rallie à son gouvernement, ce qui sera un échec.

La réponse aux initiatives du Premier ministre sur le terrain des insurgés est mortifiante : le 5 août, Stanleyville tombe dans les mains d'environ 200 Simba venus de Kindu. C'est un choc pour Léopoldville, le Congo et la communauté internationale. Les espérances d'un éventuel accord avec le CNL s'amenuisent et commencent tout de même à causer une certaine impatience de la part du Premier ministre car, trois jours après la prise de Stanleyville, Tshombe dit : « Je laisse encore la porte ouverte à la réconciliation. Mais il faut comprendre que la patience du gouvernement a atteint ses limites. J'ai tendu la main pendant tout un mois. Certains y ont répondu. D'autres ont profité de la situation pour étendre la rébellion. Le gouvernement ne peut l'admettre[198] ».

Tshombe se veut rassurant lorsqu'il accorde, 5 jours après la prise de la ville, une interview à Frédéric François de la RTB ; à la question du journaliste s'il reprendra Stanleyville, Tshombe répond sans équivoque : « Je vais reprendre Stanleyville et vous verrez bien que dans quelques jours, et ça ne durera pas longtemps, je reprendrai Stanleyville[199] ». Le journaliste demande alors à Tshombe ce qu'il pense du fait qu'il n'y a pas d'autorité dans les territoires conquis par les rebelles à l'exemple de Soumialot qui est maître à Albertville, mais pas vraiment à Stanleyville, Tshombe réplique : « Même pas à Albertville, il n'est maître nulle part. N'est-ce pas, les rebelles qui sont là pour voler, piller, nous en avons des preuves, comme à Baudouinville, ils ont pillé tous les magasins, ils ont brûlé les caves, ils ont incendié les maisons et tout[200] ». Tshombe qui, ces derniers mois, a fait figure d'optimiste en cherchant constamment le dialogue avec les représentants des rebelles, met un terme à ces initiatives en déclarant au journaliste : « Pour moi le CNL n'existe pas (…). Je connais tout simplement une bande de hors-la-loi[201]. »

La République populaire du Congo (septembre 1964)

Les membres du CNL de la mouvance Gbenye, responsable des hostilités à l'Est du pays, promulguent la déchéance du chef de l'Etat et proclament la République populaire du Congo le 5 septembre 1964 ; Christophe Gbenye, de retour d'un voyage à Moscou et en Belgique, se nomme non seulement président, mais également Premier ministre. Cet homme qui représente la bourgeoisie nationale et qui, d'après Ludo Martens, a une « tendance à la conciliation avec l'impérialisme[202] » est désormais la plus haute autorité de cette rébellion. Gaston Soumialot, arrivé le 28 août à Stanleyville, entre dans le gouvernement dissident en devenant le ministre de la Défense.

Une autre personnalité connue du monde politique congolais et qui devient le ministre des Affaires étrangères, est un des premiers universitaires congolais diplômés en Belgique et ambassadeur démissionnaire à Londres : Thomas Kanza. Mais il est incontestable que les hommes forts de cette nouvelle république sont réunis dans un triumvirat : Gbenye, Soumialot et Olenga, soit le politicien, le révolutionnaire et le militaire, bien qu'un membre du trio, en l'occurrence Olenga, ne fait pas partie du gouvernement. Les premiers signes du gouvernement rebelle, qui aura d'ailleurs sa première séance des ministres vingt jours après s'être formé, s'annoncent positifs puisqu'ils démontrent une volonté de mettre fin à la violence. Le triumvirat cherche à rassurer la population européenne en lui garantissant la sécurité tout en l'appelant à poursuivre ses activités professionnelles. Si les expatriés européens étaient amenés à s'enfuir, c'est toute l'économie locale qui en pâtirait, et ils le savent bien ; là serait d'ailleurs une autre conséquence qui s'ajouterait au calvaire de la population congolaise qui subit la cruauté, la violence et les horreurs de la rébellion.

Avant la création de la République populaire du Congo, Soumialot avait créé, le 21 juillet à Albertville, un comité révolutionnaire qu'il appelle *gouvernement provisoire du CNL-Section de l'Est* dont il était encore le président et Laurent Kabila le vice-président. Il avait pris soin de bien préciser que ce gouvernement agissait en tant que membre du CNL et que, bien entendu, il se trouvait sous le haut patronage du président national Christophe Gbenye. Ce comité devait permettre de gérer les territoires conquis. En outre, Soumialot qui ne s'appropriait pas la rébellion de Mulele, invitait celui-ci à en faire autant au Kwilu. A ce moment-là, les politiciens du CNL qui se vantaient du succès de la rébellion étaient encore à Brazzaville ou en voyage. Le fait que tous les Simba appellent Soumialot *Président* alors que Gbenye a débarqué dans les territoires conquis à l'Est, et même très longtemps après avoir créé la République populaire du Congo, énerve prodigieusement Gbenye. Il est irrité à tel point qu'il envoie une lettre adressée à « M. Soumialot, ex-président du Comité Révolutionnaire pour la Section de l'Est » en lui demandant de bien vouloir lui remettre la démission de ce comité endéans les 24 heures puisqu'il a été mis automatiquement fin aux activités de ce groupement lors de l'investiture du gouvernement révolutionnaire qu'il dirige. Ce à quoi Soumialot répond par écrit : « C'est dans le souci d'éviter des embarras qu'il devient impérieux de définir, d'une façon explicite, les activités du CNL face au Gouvernement Populaire. (…) Il y a lieu d'éviter une confusion née d'un manque de définition des compétences[203] ». Et de signer : le président du CNL-Section de l'Est, Gaston Soumialot.

Soumialot a ses bureaux dans la résidence que Gizenga a occupée en 1961, mais cela ne lui convient pas. A la recherche de nouvelles localités, il va découvrir un bel endroit assez symbolique. Le Consul général américain ainsi que les autres diplomates ayant été emprisonnés lors de la prise de Stanleyville, Soumialot décide d'installer son ministère dans le consulat américain et d'emménager dans la résidence[1] de M. Hoyt qui se trouve juste à côté.

L'historique de la rébellion de Soumialot et de ses Simba

Résumons le déroulement des hostilités depuis son déclenchement jusqu'à son apogée.

L'avancée rebelle est si rapide et étendue sur l'immensité du pays qu'il eût été difficile pour toute armée d'y faire face. La propagation rapide de l'insurrection était encore très présente dans la mémoire de Soumialot en 1986 quand il a expliqué que plusieurs facteurs y avaient contribué, rappelant que le départ des Casques bleus au début de la rébellion avait été un fait déterminant : « L'armée de l'ANC était déjà en débandade et découragée. On nous appelait mulelistes ce qui était une erreur. Ils disaient entre eux que les mulelistes ne mourraient pas sous les balles, que nous étions invulnérables. Pour nous, cet effet psychologique nous a beaucoup aidés. A ce moment-là, Tshombe était encore réfugié à Madrid et ses troupes étaient en Angola. L'ONU quant à elle, avait déjà décidé de quitter le pays lorsque nous étions à Uvira, elle ne voulait pas intervenir dans une guerre fratricide. Quand nous avons progressé, l'ONU avait déjà enlevé tous ses militaires, nulle part nous avons rencontré un Casque bleu. C'est dans cette progression que nous allons libérer les trois quarts du Congo, donc toute la Province Orientale dont le chef-lieu est Stanleyville, tout le Kivu mis à part les villes de Bukavu et de Goma, du côté du Kasaï

---

[1] *Le paradoxe de l'histoire voudra qu'au départ des Simba, se sera le mercenaire Myke Hoare qui reprendra le consulat et la résidence pour ses propres besoins.*

nous sommes arrivés jusqu'à 70 km de Luluabourg, mon armée a également libéré près des trois quarts de la Province de l'Equateur. »

Soumialot établit la stratégie militaire que le colonel Bidalira, puis le général Olenga appliquent sur le terrain en dirigeant l'Armée populaire de libération (APL) composée de Simba. Lorsque les combattants avancent sur le territoire congolais, ils réquisitionnent tout ce qu'ils trouvent afin d'être plus efficaces, c'est ainsi que des voitures, des camions et toutes sortes d'armes les rendent encore plus opérants, et leurs rangs grossissent grâce à tous les jeunes, chômeurs, déserteurs de l'ANC et même ex-prisonniers qui se joignent spontanément à leur mouvement. L'augmentation rapide des effectifs simba à l'avantage du surnombre par rapport à l'ennemi, mais le désavantage d'un manque d'instruction, de discipline et de problèmes de logistique. Ce sont d'énormes difficultés pour Soumialot, d'autant plus que cela favorise l'anarchie au sein des troupes réparties sur tout le territoire. Dans les rangs de l'APL, il y a ainsi des ressortissants de diverses régions, mais la plupart viennent du Sankuru, du Maniema, du Sud-Kivu et du Nord-Katanga. Les ethnies bakusu, batetela, bafulero, babembe, bavira et baluba constituent la grande majorité des combattants Simba. Il est toutefois intéressant de noter une certaine prédominance des Batetela et des Bakusu[204] dans la hiérarchie militaire, ce qui crée quelques tensions ethniques chez certains officiers.

L'avancée des Simba est phénoménale. La guerre déclenchée le 15 avril 1964 par Soumialot depuis Bujumbura au Burundi s'est étendue près d'un mois plus tard sur le territoire congolais à partir d'Uvira. Puis les Simba ont envahi, en direction du nord, la vallée de la Ruzizi jusqu'à Kamanyola et vers le sud jusqu'à Fizi à environ 100 km d'Uvira. Puis, c'est au tour d'Albertville (Kalemie) d'être la cible des Simba ; ville du district du Nord-Katanga qui se trouve à environ 180 km au sud de Fizi. S'y trouve à ce moment-là, Jason Sendwe, président de cette province et fidèle du gouvernement central d'Adoula, qui doit faire front aux problèmes des différentes tendances de son parti politique, le Balubakat, et de la jeunesse de ce mouvement. Depuis son arrivée au Nord-Katanga, Sendwe essaie de combattre l'influence grandissante des lumumbistes. Certains représentants de son parti avaient pris part à la création du CNL. La région est cependant de plus en plus sous l'autorité de la rébellion et les tensions au sein du Balubakat deviennent problématiques. Le 27 mai, Kabila déclenche une opération avec des militaires mutinés et fait arrêter Sendwe et plusieurs membres de son gouvernement. Kabila contacte alors Soumialot qui raconte l'événement ainsi : « Kabila m'a télégraphié et m'a demandé ce qu'il devait faire des prisonniers. J'ai dit qu'il ne fallait pas les toucher, ne pas les tuer, mais me les amener. »

L'ordre de ne pas attenter à leur existence leur a sans doute sauvé la vie, mais Kabila n'a pas le temps de les transférer : deux jours après l'arrestation des prisonniers, les militaires de l'ANC, sous les ordres du colonel Bobozo, viennent les libérer. Sendwe reprend ses responsabilités comme chef du Haut-Katanga et procède immédiatement à des représailles. Soumialot, depuis Fizi, envoie des renforts à Kabila, bientôt rejoints par les jeunes Baluba. Cette masse fort impressionnante se disperse dans Albertville le 19 juin en protestant bruyamment et parfois même violemment. D'après la version la plus répandue, Jason Sendwe se serait rendu à la rencontre de la population pour l'apaiser, ce qui lui aurait été fatal s'étant fait arrêter puis assassiner[205]. Soumialot, quant à lui, prétend qu'il a été informé à Uvira que Sendwe, apeuré par les manifestations de la population, se serait enfui à Kabalo, où le reproche de fuir ses responsabilités lui aurait été fait. Comme un député et d'autres personnes l'accompagnant, Sendwe aurait été arrêté par des soldats de l'ANC, amené vers Albertville et laissé sur le pont Luluga pour y *accueillir ses amis*. Soumialot raconte alors ce qui se serait passé lors de l'arrivée des Simba : « Quand les combattants avancent, avant d'arriver au pont, viennent les militaires. Ils tuent, ils fuient et les combattants trouvent les cadavres. Et qu'est-ce qu'on dit ? On dit que les soumialistes ont tué. C'est faux ! »

Si les deux versions divergent quant aux responsables de ce meurtre, elles s'accordent sur le fait que Jason Sendwe a été assassiné.

Le 21 juin 1964, les Simba prennent possession d'Albertville et, seulement deux jours plus tard, Soumialot y débarque. Il se souvient de la prise de cette ville importante : « Albertville c'est un grand centre, une grande ville. Lorsque les colons donnaient un nom belge à une ville c'est qu'elle était très importante et grande, il y avait un aéroport, les voies de communication, il y avait tout là-bas. Nous avons donc libéré Uvira, tout le territoire de Fizi, le district d'Albertville avec la totalité de son territoire du Nord-Katanga. » Soumialot est l'homme fort. Benoît Verhaegen constate que « le rôle de Soumialot dans l'organisation et le fonctionnement du pouvoir rebelle fut considérable. Avec Ramazani, il est à Albertville le seul dirigeant capable de s'imposer tant aux militaires qu'aux civils ; il commande seul aux autres chefs militaires, il édicte le règlement des soldats de l'APL, il décide de la stratégie à suivre et de l'affectation des troupes, il nomme le gouvernement provincial et du CNL-Est, il nomme les fonctionnaires.[206] »

La rébellion atteint un dynamisme et une rapidité que les dirigeants ne maîtrisent pas toujours ; ils sont souvent mal informés de la situation réelle sur le terrain, du sort de leurs troupes et de leurs initiatives. Avec la prise d'Albertville, le succès militaire de la rébellion prend une ampleur qui a de quoi inquiéter sérieusement Léopoldville. Le territoire conquis s'agrandit, les troupes se dirigeant vers le sud se trouvent à Manono qui n'est plus très loin de Baudouinville (Moba). Quant au nord, avant que Stanleyville ne tombe, un événement passe presque inaperçu : dans la nuit du 21 au 22 juin, au chef-lieu de la Province Orientale, on signale que plus de 500 armes ont été volées par des groupes non-identifiés lors de l'attaque des deux camps de l'armée gouvernementale.

Au début de cette progression rapide, Soumialot et le CNL réitèrent les conditions pour une réconciliation nationale ; ils exigent la démission du chef de l'Etat et du Premier ministre, la formation d'un gouvernement provisoire de salut public, la libération des prisonniers politiques et l'arrêt de toutes les manœuvres de l'armée nationale à l'encontre de la rébellion. Soumialot reçoit des journalistes et réfute les allégations selon lesquelles les Chinois instruisent et conseillent son armée. Le célèbre journaliste franco-allemand Peter Scholl-Latour dira de Soumialot qu'il « se distinguait tout à son avantage de cette horde de guerriers par son calme et sa modération[207] ».

Olenga, qui apparaît mi-juin comme responsable des opérations de guerre, s'autoproclame général. La rébellion n'ayant pas été étouffée à son début par l'armée nationale, elle se répand comme un fléau. Lusambo, dans le Kasaï Oriental, est assiégée dès le 25 juin à la seule initiative de la jeunesse batetela ; le 11 juillet, Soumialot donne l'ordre au général Olenga de déclencher la progression des Simba vers l'ouest en investissant Kindu et le Sankuru ; le même jour, l'ordre de marche vers Stanleyville est donné[208]. Le 18 juillet, Baudouinville tombe dans les mains des Simba. Cette ville au bord du lac Tanganyika, à environ 140 km au sud d'Albertville, est également témoin de violences. Les Simba ne s'arrêtent pas en si bon chemin et Soumialot peut prétendre avoir investi plusieurs grandes et importantes agglomérations telles qu'Uvira, Fizi, Albertville, Baudouinville, Kasongo et Kindu, même si cette ville ne tombera que le 24 juillet. C'est d'ailleurs à partir de là que la rébellion parle de sa propre organisation militaire, la nommant Armée populaire de libération (APL) et qui est sous le commandement du général Nicolas Olenga, lequel évince ainsi le colonel Bidalira.

Le 25 juillet, c'est Sentery, toujours dans le Kasaï Oriental, qui tombe dans les mains des Simba. A ce sujet, dans une des histoires dont Soumialot nous a fait part, il explique ses pensées stratégiques, alors que les Simba se trouvent à près de 70 km de Luluabourg : « Là, pour des raisons stratégiques, j'ai fait stopper les opérations avec l'idée d'attaquer le Kasaï par la route qui mène vers Bakwanga. Pourquoi ? Parce que c'est là-bas que se trouve l'ethnie de ma mère les Basongye. J'avais espéré qu'avec mon influence là-bas et ma popularité, qu'il serait plus facile de percer jusqu'à Bakwanga. Si j'arrive à Bakwanga, comme Luluabourg est déjà encerclée, il est beaucoup plus facile de percer jusqu'à Port Franqui et Tshikapa. Si j'arrive là-bas, je fais liaison avec Pierre Mulele. »

Il fait donc envoyer des troupes qui se trouvent à Sentery en direction de Bakwanga, mais les plans de Soumialot ne se réaliseront pas. Les Simba sont invulnérables et rien que leur réputation fait fuir les soldats de l'ANC ; mais ils ont eux aussi un talon d'Achille : la sorcellerie. Soumialot raconte la cause de l'échec de sa tentative stratégique qui est déconcertante et peut faire sourire plus d'un qui n'a jamais été confronté à ces phénomènes : « Mais mes troupes n'ont pas réussi à traverser le fleuve Lomami à Sentery, aujourd'hui Lubao, parce que l'ethnie de ma mère, les Basongye, ont utilisé de façon miraculeuse des fétiches. Dans cette guerre, mes combattants ont été piqués par des abeilles. On ne me croit pas, mais c'était comme ça. Ils ont lancé des abeilles contre mes combattants. Mes combattants ont fui, ils ont laissé le secteur libéré à Sentery. Ils ont fait marche arrière. Puis j'ai appris qu'ils sont retournés et ont réoccupé Sentery, mais la même chose se passa. Alors que cette avance était stoppée sur la rivière Lomami, j'ai dit bon, dans ce cas, il faut percer vers

Coquilhatville (Mbandaka). C'est comme ça que nous avons libéré Bumba et Lisala pour avancer vers Gemena. »

Début septembre, la Province Orientale est dans les mains des Simba et la ville de Coquilhatville encerclée. Les abeilles de Sentery sont donc responsables et à l'origine du seul véritable échec que les Simba ont rencontré jusqu'alors. Il est d'ailleurs intéressant de noter que l'Armée nationale congolaise, formée à nouveau techniquement par des instructeurs belges, ne cherche pas à combattre la rébellion par la sorcellerie. Pourtant, la seule véritable arme que possèdent les Simba est ce fameux dawa ; il suffirait donc de contrecarrer la protection dont bénéficient les rebelles pour susciter un doute sérieux quant à son efficacité.

Pour savoir si la capitale est incluse dans les plans de conquête de la rébellion, il faut examiner la tactique de Soumialot ; on comprend alors qu'il cherche d'abord à envahir les points névralgiques et stratégiques du Congo afin d'étouffer Léopoldville. Le gouvernement central, une fois isolé, serait condamné à concentrer les forces restées fidèles près de la capitale, le reste du pays étant ainsi définitivement à la merci des Simba. Soumialot a les moyens d'établir des stratégies militaires mais aussi de les appliquer plus ou moins rapidement. Il peut compter sur des adeptes dispersés à travers tout le territoire qui, en un tour de main, deviennent des combattants allant grossir les rangs de l'APL ; les petits groupes qu'il fait déplacer peuvent donc devenir, une fois sur place, des troupes impressionnantes. Cela évite de perdre un temps précieux avec le déplacement d'énormes troupes. Soumialot active des mouvements de jeunesse politiques et des lumumbistes engagés qui savent rapidement exciter une partie de la population locale et, en particulier, ceux qui en ont à découdre avec les autorités de Léopoldville parce que persécutés ou simplement déçus. Cependant, Soumialot constate parfois des tensions entre des responsables militaires et des dirigeants du Mouvement National Congolais de la mouvance de Lumumba (MNC-L), notamment lorsque les militaires veulent s'imposer auprès de ces derniers. Il arrive même que des dirigeants du MNC-L se fassent maltraiter par des Simba.

Depuis le 10 mai 1964, la capitale connaît des actes de sabotages envers des installations publiques et des bâtiments. Léopoldville n'est de ce fait pas épargnée par la rébellion qui sévit à l'Est. Les plasticages ont pour conséquence l'instauration d'un couvre-feu qui débute le 23 mai et s'applique à toutes les nuits. Soumialot veut renforcer le sentiment d'insécurité à Léopoldville et démontrer qu'il peut agir n'importe où et n'importe quand. Il explique sa motivation de provoquer la capitale : « J'ai envoyé une délégation à Brazzaville pour demander de faire une diversion. Il faut attaquer Léopoldville par Bolobo, il faut distraire ces gens. Et puis j'ai joué, j'ai provoqué cette attaque à Bolobo qui est tout près de la capitale. Les combattants à Bolobo ont fait trembler les autorités de Léopoldville. Et cela m'a donné du temps. Alors pendant qu'ils [les autorités] s'occupaient à chasser les occupants de Bolobo, moi j'ai amorcé la progression vers Kamina où se trouvaient les commandos belges. »

Bolobo, à environ 250 km au nord de Léopoldville, est prise le 29 juillet grâce au rôle que joue le pays voisin. Le Congo-Brazzaville abrite les membres du CNL ainsi que les combattants qui sont au bénéfice d'une instruction militaire ; l'attaque s'est donc très probablement faite depuis le camp d'entraînement de Gamboma, situé à 350 km au nord-est de Brazzaville. Ceci dit, l'ANC reprendra ses droits quelques jours plus tard dans cette région, mais le but de Soumialot de provoquer un sentiment d'insécurité dans la capitale congolaise aura été atteint.

Au même moment, les Simba se trouvent à Kabalo, entre Albertville et Kamina. Ils sont attaqués par les militaires de l'ANC venus de Kamina. Soumialot raconte : « Alors nous les avons repoussés, ils étaient en fuite. La tactique de guerre nous enseigne ceci : quand l'ennemi est en fuite, il faut le harceler, il faut le fatiguer, il faut le poursuivre, il ne faut pas reculer. Et quand ceux qui nous ont attaqués à Kabalo étaient partis en fuite nous avons poursuivi, repris Kashiukulu et sommes arrivés jusqu'à 3 km de Kamina. L'opération était dirigée par le lieutenant-colonel Lunia Daniel. »

Le 1er août, les rebelles entrent dans le Sankuru en traversant la rivière Lomami et prennent Lubefu. Les premiers morts sont des militaires de l'ANC. Les Simba établissent des listes de fonctionnaires, de politiciens, de notables, de personnes au bénéfice d'une quelconque formation qui permet de les qualifier d'*Evolués* et, lorsqu'ils tombent dans les mains des rebelles, ils sont tués sous d'horribles souffrances. A ce recensement s'ajoute une nouvelle liste de personnes à exécuter, celle des membres du PNP (Parti National du

Progrès). Ce parti à vocation nationale, très proche des colonialistes lors de sa création, est appelé par certains *Parti des Nègres Payés*. Une centaine de personnes, parmi lesquelles des membres du PNP ou d'autres partis ainsi que des fonctionnaires de l'Etat, sont assassinées au Sankuru par les Simba ; à ce chiffre funeste s'ajoutent tous les militaires de l'ANC. Après Lubefu, les Simba font tomber des villes les unes après les autres dans cette immense région, comme au nord Wembo-Nyama, Katako-Kombe, Lodja, Lomela, ou Lusambo à l'ouest.

Le 3 août, une communication transmise par radio est interceptée par l'ANC. Le message adressé à Soumialot l'informe des villes sous contrôle et celles qui doivent encore être prises incessamment ; entre autres, il est question de Bukavu et de Stanleyville. La missive précise que le plan stratégique est tenu et que l'on progresse vers Léopoldville. Il y a de quoi inquiéter le gouvernement central, d'autant plus que, deux jours plus tard, la prise de Stanleyville sera effective. Intercepter des messages de l'ennemi n'est évidemment pas une exclusivité de l'ANC, les rebelles font de même. Il n'est pas rare que les dirigeants Simba soient ainsi informés du déroulement des combats et, plus piquant encore, obtiennent les noms d'officiers belges qui supervisent ou, autrement dit, *conseillent* l'armée de Mobutu.

Comme on l'a vu, le chef-lieu de la Province Orientale, Stanleyville, tombe le 5 août. Pourtant la CIA sait depuis le 14 juillet que Soumialot a prévu la prise de la ville pour fin juillet ou la première semaine d'août[209]. Les Simba, venant de Kindu en arborant leur invincibilité légendaire, provoquent la panique dans la ville. Une fois de plus, les militaires de l'ANC tirent dans toutes les directions mais ne cherchent pas vraiment la confrontation ; comme précédemment décrit, ils évitent de viser les Simba avec leur fusil. Une fois de plus, c'est la débandade de l'ANC ; certains militaires deviennent à leur tour des Simba, d'autres abandonnent armes et uniformes pour se mêler à la population ou fuient tout simplement, et le gros de la troupe recule. Les quelques militaires qui font de la résistance ou qui se cachent sont tués sur place. La chute de la ville, dans laquelle stationnait une garnison de 600 hommes de l'ANC, sépare pratiquement tout le nord-est du Congo. La perte de Stanleyville est ressentie comme un immense revers aussi bien par le gouvernement central et l'équipe de Mobutu que dans les capitales américaine et belge ; d'autant plus que, plus de deux ans auparavant, cette ville avait déjà abrité le gouvernement sécessionniste dissident de Gizenga. Stanleyville comptait déjà 120'000 habitants en 1958. A ce moment-là, 1'614 étrangers[210] de toutes nationalités y vivent aussi, ce qui inquiète particulièrement l'Occident. Dans la région environnante, se trouvent d'innombrables Européens qui seront les témoins d'atrocités abominables. La prise de Stanleyville, ville symbole du lumumbisme, devient le sujet des journaux du monde entier. Les Simba acquièrent une plateforme médiatique sans précédent et le sort des expatriés européens reste une préoccupation des populations occidentales. L'inquiétude est d'autant plus grande que la liberté de mouvement des Américains du consulat des Etats-Unis est immédiatement restreinte et qu'ils sont, de ce fait, les premiers otages[I] de la rébellion. D'autre part, il faut savoir que la distance parcourue entre Albertville et Stanleyville fait plus de 1000 km séparés par une nature qui n'est pas toujours des plus accueillante telle que des montagnes, des rivières ou d'immenses forêts vierges avec comme obstacle additionnel l'ANC qui est présente sur le chemin. Ce parcours sera néanmoins effectué en moins d'un mois.

Stanleyville est une prise stratégique, car les dirigeants du CNL ont ainsi l'opportunité de quitter Brazzaville pour rentrer au pays et créer la République populaire du Congo. Fin août, le président Gbenye cherche à rassurer la population étrangère en affirmant qu'il s'agit d'un conflit interne aux Congolais et qu'elle est invitée à poursuivre ses occupations professionnelles. Les nouveaux responsables sont toutefois très clairs envers les expatriés : toute intervention dans la politique interne sera réprimée sévèrement. Est-ce là le signe d'une menace pour la population européenne ? Celle-ci, habituée aux conflits entre Congolais, gobe les paroles des dirigeants de la rébellion et ne réalise pas le danger, d'autant plus que la plupart d'entre eux a déjà vécu des incidents identiques lors des événements sous Gizenga. A cette époque, c'est-à-dire quatre ans plus tôt, beaucoup d'expatriés avaient quitté ou même abandonné leurs biens, mais les Blancs n'avaient pas été particulièrement sujets à maltraitance. Les Occidentaux semblent s'être habitués à l'instabilité et à l'incertitude, le risque même n'est plus vraiment un argument. Si beaucoup ont tout de même évacué femmes et enfants auparavant, plusieurs épouses

---

[I] *Les membres du gouvernement rebelle nieront longtemps cet état de fait.*

veulent éviter une nouvelle séparation : elles pensent que ce n'est que la répétition d'événements déjà vécus lors des trois dernières années, que ce soit par des lumumbistes, gizenguistes, tshombistes ou par des Simba, cela ne change pas grand-chose. Par ailleurs, beaucoup d'Européens vivant dans ces régions n'ont pour toute richesse que leurs biens se trouvant là où ils habitent, partir signifierait abandonner tout ce qu'ils possèdent. Pour aller où et pour faire quoi ? Là se trouve certainement l'explication d'une grande présence étrangère, dont nombre de femmes et d'enfants. Mais le piège de cette confiance aveugle va vite se refermer.

Dans la stratégie de Soumialot, Bukavu doit être aux mains des rebelles à mi-août. Pour ce faire, plusieurs milliers de Simba sont impliqués dans la bataille sous les ordres du général Olenga, lequel remettra le commandement des troupes de Stanleyville au colonel Joseph Opepe avant de quitter la ville. Les rebelles, en provenance de toutes sortes de directions, se déplacent la nuit, par petits groupes ; ils avancent par de multiples sentiers perdus en direction de la capitale de la Province centrale du Kivu. Ni la population, ni les militaires ne doivent remarquer le déplacement de ce nombre important de combattants de l'Armée populaire de libération. Le 13 août, Olenga annonce son départ de Stanleyville pour rejoindre le front de Bukavu. En 1964, cette cité est, avec une population d'environ 150'000 habitants, la cinquième ville du Congo par la taille. La bataille dure du 14 au 20 août. La confusion est grande lorsque radio-Léopoldville informe que les Simba, aidés de guerriers Watutsi, se sont emparés de la moitié de la ville orientale de Bukavu au cours de durs combats ; d'autres sources indiquent au conditionnel que l'armée congolaise contrôle encore le secteur européen de la ville, duquel un grand nombre d'habitants auraient été évacués. Si, en réalité, Bukavu ne tombe pas dans les mains des rebelles, c'est pour plusieurs raisons. Tout d'abord, l'Armée nationale congolaise n'a pas fui car conduite par une forte personnalité, le colonel Léonard Mulamba, lequel avait ordonné aux troupes se trouvant dans la plaine de la Ruzzi, au sud de la ville assiégée, de le joindre pour la défense de Bukavu. Ensuite, la tactique d'une progression discrète et non visible des Simba, afin que le tam-tam africain ne fonctionne pas et que l'effet de surprise effraie les soldats de l'ANC, a échoué en raison de plusieurs accrochages. Ceux-ci sont rapportés au colonel Mulamba qui met en alerte ses hommes. Certains Simba faits prisonniers révèlent l'attaque imminente de l'Armée populaire de libération. Des renforts de l'ANC sont immédiatement acheminés par des C-130 américains. Mais il y a un élément encore plus significatif dans l'échec de l'attaque de Bukavu qui se révèle fatal pour la stratégie de Soumialot. Dans son plan, il avait, comme partout ailleurs, calculé avec le soutien de la population locale, d'autant plus que celle-ci est sous les ordres du vieux chef, le mwami[1] Alexandre Kabare qui, depuis l'indépendance, avait soutenu le MNC-Lumumba. Seulement, cette fois-ci, Kabare se rallie à Tshombe et, avec ses quelques 200'000 guerriers bashi[211], se bat aux côtés du colonel Mulamba. Cette alliance rend la prise de la ville impossible. C'est la raison pour laquelle Bukavu sera une des villes qui ne tombera jamais dans les mains des Simba et, pourtant, elle se trouve à l'épicentre de la rébellion. Le retournement de veste du mwami Kabare ne choque pas outre mesure Soumialot, mais c'est l'élément décisif de la perte de cette bataille qui durera plusieurs jours. Si on déplore 11 morts du côté des troupes gouvernementales, l'échec de l'Armée populaire de libération s'avère être un désastre en perte de vies humaines : 300 Simba[212] en seulement deux jours. La victoire de l'ANC a pour conséquence l'arrivée de conseillers militaires étrangers à Bukavu pour renforcer les troupes. Plus impressionnant et surtout dévastateur : l'engagement de deux avions américains Fouga Magister qui mitraillent quotidiennement les positions ennemies dans la région, ce qui explique que les Simba parlent souvent de *bombardements* américains. Ces attaques perçues comme américaines, ont de fâcheuses conséquences pour les otages du consulat américain de Stanleyville qui sont molestés et victimes d'humiliations constantes. Il est important de répéter que Bukavu n'a pas d'aéroport à cette époque, les avions américains atterrissent à l'aérodrome de Kamembe au Rwanda. Les Simba n'abandonnent pas pour autant l'idée de prendre Bukavu et opèrent un nouvel assaut le 29 septembre, mais cette tentative est également vouée à l'échec car les forces gouvernementales ont été renforcées entre-temps et peuvent désormais compter sur l'appui de mercenaires sud-africains.

Gbenye garde le contact avec les Occidentaux. Il rencontre à l'hôtel Paguidas, au Burundi, le chef de la CIA, Larry Devlin, qui cherche une solution pour les otages consulaires américains. Gbenye l'assure que les Américains sont libres, ce qui est faux. Le responsable de la CIA

---

[1] *Titre royal.*

au Congo lui fait alors comprendre qu'il sait que rien n'arrivera aux Américains parce que la CIA sait où son épouse et ses enfants habitent en Europe[213]. On ne saura toutefois jamais si c'est en raison de cette menace que les agents consulaires américains ont survécu à leur détention à Stanleyville. Ce qui est certain, c'est que les Simba n'ont jamais découvert que le vice-consul David Grinwis était en fait un agent de la CIA[214].

Un autre voyage, entre le 23 et le 25 août, échappe à beaucoup d'observateurs. Sur invitation, Gbenye se rend en Belgique, plus exactement dans les Ardennes où il est reçu dans la plus grande discrétion par le Premier ministre Spaak. D'après les renseignements américains, Gbenye s'était également rendu à Moscou à cette époque. La Belgique veut connaître le sort de ses concitoyens qui se trouvent dans les territoires conquis par la rébellion. Gbenye qui, de son côté, tient à s'assurer que la Belgique n'interviendra pas militairement, rassure Spaak que son gouvernement ne fera rien contre les Belges des territoires libérés[215]. En outre, Gbenye ne s'en va pas avant de promettre qu'une fois le pays entièrement conquis par la rébellion, la Belgique sera invitée à revenir au Congo et à remettre le pays dans l'état d'avant l'indépendance pour autant que le gouverneur général soit congolais[216]. Cette assertion laisse le Premier ministre Spaak perplexe car elle témoigne de l'aspect politique irréfléchi de la rébellion. Mais les sonnettes d'alarmes du Premier ministre restent muettes bien que la Belgique est maintenant alertée de la dangerosité de la rébellion si Gbenye en prend la responsabilité politique. C'est au retour de ce voyage en Belgique que Gbenye se rend à l'Est du Congo pour la première fois depuis que les hostilités rebelles ont été déclenchées.

Puis, c'est au tour du nord-ouest du Congo, plus exactement dans la Province de l'Equateur, que les Simba percent. L'ANC qui, dans une localité près de Bumba, avait fusillé plus de 80 personnes accusées d'êtres des sympathisants ou des membres du mouvement rebelle, doit affronter la réaction violente de la population qui se révolte, ce qui facilite l'arrivée des Simba. Bumba tombe dans les mains rebelles. Puis, le 30 août, on note quelques accrochages à une vingtaine de km de Lisala où, le lendemain matin, quelque 130 soldats de l'ANC se battent dans les rues contre les premiers rebelles ; ils doivent lâcher prise, car ce sont près de 5'000 Simba de l'Armée populaire de libération qui font face[217]. Puis Boende, qui se trouve plus au sud, tombe dans les mains rebelles ; cette fois-ci une trentaine de Simba ont suffi pour mettre en fuite l'Armée nationale. Là aussi, des Européens sont victimes de brutalités et d'humiliations et l'un d'entre eux est tué.

Force est de constater que les bonnes paroles émises par les hommes forts de la rébellion et leurs intentions pacifistes à l'égard des Européens ne sont pas toujours respectées par les rebelles Simba. Il y a, ici et là, des Européens victimes de pillages, d'autres maltraités ou même arrêtés. Le consul général de Belgique, Patrick Nothomb, prend contact avec la nouvelle autorité et parvient à établir un bon contact avec les responsables qui essaient de réparer, du mieux qu'ils peuvent, les erreurs et les dégâts commis par leurs combattants, tout au moins en ce qui concerne la population blanche, car les Simba poursuivent la rébellion avec la plus exécrable des violences contre leurs propres compatriotes. Les viols, les meurtres, les saccages, les pillages, les différentes tortures, les destructions et les humiliations continuent à l'encontre des Congolais *non révolutionnaires* dans tous les territoires conquis.

Aux premières victimes européennes, le triumvirat Gbenye, Soumialot, Olenga, fait arrêter certains Simba responsables de ces agissements, les réprimandent, leur donnent un avertissement ou les battent. Si Soumialot cherche le dialogue en prévenant ou en faisant emprisonner les Simba réfractaires pour résoudre les problèmes que certains Européens rencontrent, Olenga, le commandant en chef des troupes rebelles, n'y va pas par quatre chemins. Le général n'hésite pas à lever la main sur les Simba qui n'ont pas suivi le mot d'ordre du gouvernement à l'égard des Blancs et va même jusqu'à les faire exécuter, comme ceux qui avaient tué quatre Européens. Si au début l'entente entre les consuls[1] à Stanleyville, mis à part bien évidemment celui des Etats-Unis, et les responsables de la rébellion étaient plus ou moins courtoise, les relations changent de plus en plus jusqu'à devenir carrément hostiles. Les humiliations et les passages à tabac sont le lot quotidien pour beaucoup de Belges. Le consul général belge est rapidement confronté à ce dilemme moral : lorsqu'il se plaint qu'un

---

[1] *Mis à part les consuls généraux belge et américain, il y avait six consuls honoraires représentant la Grande Bretagne, la France, la Grèce, la Hollande, l'Italie et Chypre. Le consul général du Soudan semble avoir quitté Stanleyville au début des hostilités.*

Simba a maltraité un Européen, celui-ci est parfois exécuté à l'insu de Nothomb. Quand il apprend avec horreur ces méfaits, il se limite aux faits graves et reste silencieux lorsqu'un compatriote se fait malmener ou voler[218]. Les cinq Américains qui étaient restés sur place pour assurer le bon fonctionnement de leur consulat (dont deux ne parlent pas le français), croupissent tout simplement à la prison centrale[1] pendant une grande partie de la présence rebelle à Stanleyville. Le trio des dirigeants Simba accuse les Etats-Unis d'avoir envoyé des milliers de soldats combattre leur révolution, ce qui est faux. Par contre, et là est tout le paradoxe, la présence militaire belge est un fait, des officiers belges œuvrent comme conseillers auprès des troupes de l'ANC. Les diplomates américains sont les punching-balls de la mouvance rebelle, l'ennemi désigné car impérialiste et symbole de l'Occident. Parfois les Américains sont témoins de la présence de Soumialot à la prison afin de juger des prisonniers, souvent il relâche des civils et des Simba emprisonnés et parfois il donne l'ordre de mettre un prisonnier au cachot (une cellule punitive où la victime ne peut se mettre debout ou se coucher). Tous ceux qui sont condamnés au cachot sont auparavant battus. Soumialot a le pouvoir sur la vie et la mort de chaque prisonnier. Une fois lors de ces jugements, Soumialot s'inquiète de la toux du consul général américain. A la surprise du diplomate, un médecin vient le visiter vingt minutes plus tard[219]. Cela n'empêche pas que les Américains sont souvent malmenés par de simples Simba qui ont accès à leur cellule. Quant aux Congolais, taxés arbitrairement d'antirévolutionnaires, ils connaissent malheureusement une des périodes les plus horribles de leur histoire, c'est eux qui sont les véritables victimes du régime rebelle et en paient le prix fort. Le 27 octobre, c'est au tour du consul belge Patrick Nothomb et du vice-consul Paul Duqué de connaître la vie en prison où ils rejoignent leurs collègues diplomates américains. Début novembre, c'est le consul honoraire d'Italie qui est jeté dans cette cellule car un blindé de marque italienne aurait combattu des Simba. Malgré l'incertitude de l'avenir que leur réserve leurs geôliers, l'humour aide à survivre, à l'image de leur idée de mettre un panneau à la porte de leur cellule indiquant le consulat de Belgique, des Etats-Unis et de l'Italie[220].

---

[1] *Ils passeront parfois certaines nuits au consulat, à l'aéroport, à l'hôtel, au « guest house » de la Sabena, mais toujours sous bonne garde.*

Les combats font tache d'huile à travers le pays, l'APL est partout. Une énorme partie de l'immense territoire tombe dans les mains de la rébellion de Soumialot ; au territoire conquis par les Simba s'ajoute celui de Mulele. Il est question de deux tiers, de trois quarts ou de trois cinquièmes selon les auteurs de différents ouvrages, quoi qu'il en soit, la plus grande partie du territoire national est envahie par les rebelles. Le pays est mis à feu et à sang. Avec les attaques de Bolobo, les opérations de plasticage et les attentats à Léopoldville, non seulement la capitale se sait menacée, mais également le gouvernement central. Les étrangers vivant dans les territoires rebelles sont au début bien traités, puis ils constatent qu'ils ne sont plus libres de leurs mouvements à l'instar de ceux à Stanleyville. La communauté étrangère devient l'otage des Simba. Lorsque des Belges et des Américains sont menacés, maltraités et même assassinés, il y a une spirale de la violence qui pousse la communauté occidentale à réagir, en particulier les deux pays les plus concernés.

*

Si certains discutent aujourd'hui encore pour savoir si Lumumba était communiste ou non, il est certain que les progressistes à la tête de la rébellion du Congo étaient pro-sino-soviétiques, ce qui, et voilà le paradoxe africain, ne fait pas pour autant d'eux des communistes. Celui qui combat l'impérialisme et le capitalisme dans le tiers-monde doit-il nécessairement être de l'extrême gauche ? Posons la question différemment : celui qui est combattu par l'Occident et trouve comme seul refuge l'Union soviétique ou la Chine, doit-il nécessairement être communiste ? Les dirigeants de la rébellion ne manquaient pas de préciser qu'ils ne se considéraient pas comme tels. L'erreur des Occidentaux et en particulier des Américains était de taxer de communistes tous ceux qui de près ou de loin, pouvaient y ressembler. Le manque de connaissances culturelles du tiers-monde a fait commettre de graves erreurs aux Américains aveuglés et prisonniers de cette chasse aux communistes. Le même problème se posait à cette époque au Moyen-Orient, comme par exemple en Irak, où beaucoup d'Arabes s'engageant politiquement pour la reconnaissance, l'éducation et le modernisme ne pouvaient de fait pas collaborer avec l'ancienne puissance coloniale. Anti-britanniques, ils avaient été taxés de communistes et ainsi il ne leur restait plus que l'Union soviétique comme partenaire. Les services secrets américains n'avaient pas réalisé que ces soi-disant communistes auraient pu être de leur côté. D'ailleurs lorsque ces intellectuels et familles parfois influentes ou faisant partie de la classe supérieure, taxés de communistes, ont fui les gouvernements se succédant par des coups d'état en Irak dans les années 60, c'est bien en Occident qu'ils se sont réfugiés. Il en va de même pour l'Afrique, les Américains n'ont pas compris que le progressisme à l'africaine n'était pas l'équivalant du communisme soviétique.

Du fond de sa cellule de prison, le Consul général Hoyt constate que le combat contre les Simba est principalement soutenu par les Etats-Unis et la Belgique ; de ce fait, seuls les pays de l'Est peuvent être envisagés comme alliés par les rebelles. La rébellion a un caractère nationaliste ce qui ne fait pas des Simba un mouvement communiste.[221] De fait il s'agissait bien plus d'opportunistes. De toute façon, ils ne pouvaient pas vraiment compter sur le soutien du bloc de l'Est et, mis à part quelques armes chinoises et une aide financière sans grande importance, le soutien était plutôt d'ordre moral. La rébellion ne pouvait donc s'en remettre qu'à elle-même. La Chine et l'Union soviétique savaient pertinemment qu'une intervention ou une aide massive de leur part amènerait automatiquement une réaction américaine car, encore une fois, le Congo n'était pas seulement stratégique au sens géopolitique, mais également très intéressant de par ses richesses naturelles. Malgré le manque conséquent d'aide étrangère en armement, en logistique ou financière sur le sol congolais, la rébellion a connu un succès incroyable qu'elle ne devait qu'à elle-même.

*

La brutalité des Simba est inimaginable

La brutalité avec laquelle les Simba se manifestent à travers les régions conquises est démentielle ; ils sont d'une cruauté impitoyable et d'une barbarie des plus sanguinaires à l'égard de la population congolaise. Tous ceux qui représentent d'une façon ou d'une autre l'Etat sont en danger, aussi bien les policiers, les militaires que les enseignants ou les administrateurs, car les fonctionnaires symbolisent le gouvernement central. Les prêtres et les nonnes sont également soumis aux pires sauvageries. Il ne faut pas beaucoup pour être suspect aux yeux des Simba, bon nombre de Congolais portant une belle chemise ou possédant seulement un poste de radio sont considérés comme *Evolués* et font les frais d'atrocités. Beaucoup de Congolais sont assassinés tout simplement parce qu'ils savent lire, écrire ou parce qu'ils ont suivi au moins quatre années d'école primaire[222]. Pour les militaires ou fonctionnaires en fuite qui sont arrêtés par la population et remis aux Simba, cela signifie souvent la mort sur le champ ; les prisonniers de guerre n'existent pas pour les rebelles, c'est pourquoi des soldats de l'ANC rejoignent parfois tout simplement les rangs des Simba. Les hauts fonctionnaires, les militaires et tous ceux venant de Léopoldville qui ont un certain pouvoir sont souvent considérés comme des corrompus, des profiteurs et des voleurs, ce qui explique que certains se font arrêter par la population. Une des raisons majeures de la violence perpétrée par les Simba se trouve justement dans l'attitude de ces fonctionnaires. Le Congo étant énorme, le gouvernement central est représenté dans les régions lointaines par des préposés. La distance, le manque de contrôle et de moyens économiques ainsi que la situation politique aidant, ces fonctionnaires sont plus souvent occupés à s'enrichir qu'à s'inquiéter des besoins de la population. Ils sont pourtant censés être le bras prolongé du gouvernement central. Le fonctionnaire abusant de sa position sans aucune sanction laisse le peuple penser que son attitude est soutenue par Léopoldville ; il en va de même concernant les militaires rançonnant et pillant les villageois. Comme le gouvernement central ignore la problématique dans les régions les plus profondes du pays et ne la combat pas, il se fait complice aux yeux de la population.

Les fonctionnaires et militaires corrompus créent un clivage entre la capitale et le reste du pays. A cette situation s'ajoutent les problèmes de tous les jours car les Congolais constatent de plus en plus que leurs difficultés ont augmenté massivement depuis la fin de l'époque coloniale. Tout individu ayant eu de loin ou de près affaire avec l'Etat est concerné ; c'est pourquoi, non seulement tous les fonctionnaires mais encore les intellectuels, les religieux, les infirmiers paient de leur vie la profession qu'ils exercent, même si celle-ci est au profit de la population. Cela dit, il ne s'agit pas d'une manifestation de colère populaire. Même si parfois la population livre des déserteurs de l'ANC ou dénonce des personnes innocentes, ce n'est pas elle qui fait justice ; il s'agit bien des Simba qui, venant souvent d'une autre région, ne connaissent pas leurs victimes. Ils sont remplis d'une frustration longtemps retenue et de ressentiments renforcés par le chanvre et l'alcool, ils mettent à jour une agressivité qui se traduit par une violence incommensurable. La rage des rebelles se déverse contre la corruption et la détérioration constante de la vie quotidienne du peuple ; problématique d'ailleurs toujours actuelle.

Si au début de la rébellion l'insurrection ménage plus ou moins les Européens, cela change vers la mi-août lorsque les Simba constatent pour la première fois que leur mouvement rencontre certaines résistances. C'est alors que la communauté européenne est visée ; la rébellion coûte la vie à plus d'une centaine d'expatriés. Les Simba appellent les Européens *mateka* ce qui veut dire beurre, mais également *chair morte*[223]. Le moment où la violence s'aggrave massivement à l'égard de toute la population congolaise, c'est lorsque les Simba arrivent dans Stanleyville. La place dans le centre-ville où un monument avait été érigé en souvenir de Lumumba, devant lequel Tshombe s'était incliné quelques jours avant l'arrivée des Simba pour se concilier le soutien de la foule, devient le théâtre d'horreurs les plus inimaginables à l'encontre des Congolais. Les Simba qui ont une adoration infinie pour l'ex-Premier ministre assassiné, tuent devant le monument érigé à sa mémoire des dizaines et des dizaines de Congolais pro-gouvernementaux ou représentant d'une manière ou d'une autre l'Etat. Les premières victimes d'une longue et macabre liste d'exécutés sont : Léopold Matabo le premier maire de Stanleyville, Alfred Boningoli le maire de Mangobo, Gabriel Balete le secrétaire provincial, Pierre Alamazani le directeur du ministère provincial de l'Intérieur et Guillaume Zambité le rédacteur en chef du Journal local « La Gazette » ; sauf un, tous les magistrats du Parquet sont assassinés et trois d'entre eux sont même victimes d'actes de cannibalisme. Les autorités de Léopoldville rapportent encore que le maire Léopold Matabo a été « démembré vivant par des rebelles anthropophages[224] ». Frans Quinteyn a été témoin lorsque Matabo a été tué à coups de machettes : « Le premier coup fait craquer les os de l'énorme cou de Matabo. Le sang éclabousse tout (…). Son corps taillardé gît maintenant dans une mare de sang sur le pavé. Rien que des blessures béantes. La folie s'empare des manifestants. Certains brandissent leurs couteaux. Bondissent. Entaillent le corps[225] ». Quant au consul belge de Stanleyville, Patrick Nothomb, il écrit : « Le foie de M. Matabo sera mangé par des témoins alors que M. Matabo vivait encore[226]. » Le reporter Jacques le Bailly dit : « Des choses abominables se sont passées, notamment à Stanleyville où le chef du gouvernement Soumialot a, de ses propres mains, égorgé le maire de Stanleyville, lui a arraché le cœur, l'a mangé palpitant[227] ».

Il est vrai que lors de cette rébellion, des Congolais sont témoins de scènes où le cœur de la victime, après avoir été éventrée et dépecée, est dévoré par les bourreaux, ce qui est, pour certains, un rituel symbolique. Mais dans ce cas précis, faut-il croire cette dernière affirmation ? Est-ce là un témoignage vécu ? Le résultat de rumeurs ? Il est un fait que le premier maire congolais de Stanleyville a été exécuté avec une violence abominable dans des conditions bestiales. Plusieurs témoignages concordent sur le fait qu'il y a eu acte de cannibalisme, les uns évoquent le cœur, les autres le foie. Toutefois, ce n'est pas Soumialot, comme le prétend Jacques le Bailly, qui a perpétré cet acte odieux, car il est avéré qu'il n'était pas à Stanleyville à ce moment-là puisqu'il y sera accueilli le 28 août 1964[1] pour la première fois depuis le déclenchement des hostilités[228]. On se rappelle que les massacres à Stanleyville on eut lieu entre le 14 et 19 août. Il est néanmoins certain que Soumialot n'a pas été un saint, mais aucun récit parmi les témoignages ne corrobore des affirmations incriminant Soumialot dans ces événements-là. Selon David Reed, il est même considéré par les Européens de Stanleyville comme modéré et pouvait parfois même être charmant avec eux[229]. Soumialot étant responsable de cette rébellion, les méfaits commis par les Simba lui sont souvent attribués, alors qu'au contraire, selon les récits relatés dans beaucoup de témoignages, il est souvent celui qui cherche à protéger le peuple et notamment les Européens. Il semble même que Soumialot soit bien plus entreprenant au sujet de la sécurité des Européens que Gbenye ou Olenga. Mais, étant à la tête de cette rébellion, il n'en est pas moins responsable que ses deux acolytes. Les témoignages mêlés aux rumeurs amplifiées par la peur et à la méconnaissance de l'Afrique de certains observateurs étrangers donnent des semi-vérités qui font couler beaucoup d'encre dans le monde entier à l'image des affirmations de Jacques le Bailly.

Olenga fait rétablir le téléphone et le télex à Stanleyville le 10 août mais les communications sont surveillées et la censure contrôle les messages sortants[230]. Les témoignages de survivants congolais ayant

---

[1] *Le 27 août d'après Jean Kestergat*

pu échapper aux horreurs des régions sous commandement rebelle sont colportés par des tiers qui se rendent dans les régions tenues par le gouvernement central et le tam-tam congolais fonctionne toujours d'une manière ou d'une autre. A Léopoldville, on commence à entendre les premières rumeurs d'horreurs perpétrées par les Simba. Gérard Monheim, journaliste et envoyé spécial au Congo à cette époque, décrit en 1976 les responsables de cette immense rébellion : « Mulele est donc le personnage qui dirige la rébellion du sud, et Soumialot est le personnage qui dirige plutôt la rébellion du nord-est. Mulele est une espèce de saint laïque, mais de fou également qui n'a aucune culture politique. Soumialot par contre c'est un véritable général d'opérette, c'est un type qui adore mettre des képis et qui adore mettre des anciennes décorations belges, françaises qu'il a trouvées à gauche et à droite, et qui n'est certainement pas un type très sérieux. Lors de la grande rébellion de Stanleyville, il a fait massacrer des milliers de gens devant le monument à la mémoire de Patrice Lumumba, couper les jambes de ses propres soldats lorsqu'ils n'obéissaient pas exactement à ses ordres, il a fait ouvrir le feu sur les Blancs à plusieurs reprises, il a fait manger le drapeau américain au consul des Etats-Unis[231] ».

Voilà un autre commentaire qui ne rend pas les deux protagonistes plus sympathiques mais démontre la méconnaissance des faits réels et ce que l'occidental pensait de cette rébellion. Quel rebelle ou révolutionnaire n'a pas de sang sur les mains ? Il est logiquement impensable que Soumialot ait pu remporter un succès aussi rapide avec les Simba sans être directement ou indirectement impliqué dans les horreurs commises par la rébellion. Ceci dit, il faut mettre le commentaire de Monheim dans le contexte de l'époque et des informations sur lesquelles il s'est basé. Cela prouve bien que l'on ne savait pas grand-chose, même 12 ans après les faits. On peut affirmer que, si quelqu'un a une culture politique dans cette rébellion congolaise, c'est bien Mulele, et si ce maoïsme à l'africaine déplaît à certains, ce n'est alors qu'une question d'opinion politique. A savoir si cette tendance est la bonne solution, là est un autre débat. En revanche, on peut comprendre la remarque concernant Gaston Soumialot, selon laquelle il *n'est certainement pas un type très sérieux*, car son attitude peut laisser perplexe et deviner des origines fort modestes. Il n'a pas une formation intellectuelle et encore moins le charisme d'un leader politique. Pour beaucoup de Belges de l'époque, c'est un Noir comme tous les autres, sans particularité spéciale. Soumialot est souvent sous-estimé car il est extrêmement malin, connaît très bien la situation de la politique mondiale et cache habilement son jeu. Il n'a jamais renié ses pensées malgré le fait d'être retourné au Zaïre et de s'être soumis à Mobutu. C'est peut-être son attitude d'homme discret, sans ambition politique, ne révélant jamais ses pensées révolutionnaires, qui lui a permis de retourner au pays et de rester en vie. Il a toujours caché son jeu, d'où peut-être cette image de *type pas très sérieux*. Quant aux horreurs décrites par Monheim, il semble confondre Soumialot et Kingis qui, lui, a commis les atrocités sus-mentionnées. Ces accusations démontrent bien que Soumialot est perçu par la presse internationale comme le leader et responsable de cette rébellion. Comme déjà mentionné, Soumialot ne se trouvait pas encore à Stanleyville lorsque ces supplices ont eu lieu. Il n'était également pas présent lorsque des Simba ont obligé les employés du consulat américain Ernie Houle, Don Parkes, Jim Stauffer et David Grinwis de machouiller le drapeau américain et les deux drapeaux bleus consulaires tout en les battant avec leur fusil. Michael Hoyt, le consul général, a échappé à cette mascarade car il n'y avait plus de drapeau...[232].

Aux martyrs déjà cités, s'ajoutent toutes les innocentes victimes d'innombrables règlements de comptes entre individus, voisins ou clans qui s'accusent mutuellement d'être tshombiste, ancien militaire, dénonciateur ou tout simplement partisan du gouvernement central. A Stanleyville, il y a plus de 2'000 victimes[233] faisant partie de l'élite régionale, dont environ 150 sont exécutées[234] à la place du monument Patrice Lumumba qui sert d'autel pour ces massacres. Il sera même question de plus de 20'000 victimes congolaises dans la région de Stanleyville. Cela se fait à la machette, à l'arme à feu ou avec de l'essence pour immoler la victime vivante par le feu. Lorsqu'un soi-disant traître est exécuté sur cette funeste place, des Simba ou des anonymes dans la foule ont parfois des attitudes odieuses : certains n'hésitent pas à se jeter sur les cadavres pour les mutiler à l'aide de couteaux ou de machettes, leur crachent dessus et les piétinent, il y en a même qui coupent des bouts de chairs ou, plus horrible encore, si tant est que l'on peut hiérarchiser l'horreur, se livrent à du cannibalisme. En plus des Simba assoiffés de sang et de la masse populaire que l'on oblige à être présente, il y a tous les curieux et sympathisants de la rébellion qui soutiennent l'action des bourreaux.

Un Pakistanais est témoin lorsque des Simba amènent devant ce tristement célèbre monument à Stanleyville un groupe de Congolais qui avaient été arrêtés ; une fois de plus, les rebelles obligent la population à être présente pour voir comment on tranche à certains de ces hommes les pieds, les jambes, les mains ou les organes génitaux placés ensuite dans leur bouche[235]. Que dire de ces récits qui font état de scènes où l'on arrache les yeux de la victime obligée de les manger. Si les femmes se font violer par plusieurs rebelles faisant la file indienne, celles qui sont enceintes se font éventrer afin d'arracher l'enfant et de le tuer ; les seins des jeunes mamans sont coupés pour empêcher tout allaitement. Les otages américains se font également amener devant le monument Patrice Lumumba où une foule énorme les attend. Non seulement ils connaissent les rituels de cet endroit, mais on leur promet une mort lente et effroyable, ils se font bousculer par la population jusqu'à ce qu'Olenga les fasse emmener dans les bureaux de Gbenye[236]. Ils garderont un souvenir effroyable de cet épisode.

Si, d'après certains témoins, Olenga est celui qui fait amener le maire Matabo jusque devant ses bourreaux, il est également celui qui, ce jour-là, gracie un prisonnier car la population le lui demande. Il s'agit du fils du général Lundula[237] ; on se rappelle que ce dernier avait été le premier commandant en chef de l'ANC nommé par Lumumba. D'autres témoins prétendent qu'Olenga avait déjà quitté Stanleyville un jour avant ces meurtres atroces afin de rejoindre Kindu.

Lorsqu'Olenga quitte le 13 ou le 14 août Stanleyville pour la bataille de Bukavu, il nomme une sorte de gouvernement provincial qualifié de révolutionnaire et désigne à sa tête Alphonse Kingis[1]. Comme on l'a vu, c'est ce dernier qui, entre le 14 et le 19 août, fera commettre les pires horreurs sur la population devant le monument érigé en mémoire de l'ancien Premier ministre. Les rumeurs et témoignages effroyables venant de Stanleyville arrivent tôt ou tard aux oreilles des journalistes de la presse mondiale stationnés à Léopoldville, lesquels relatent dans les journaux du monde entier les actes horribles perpétrés sur l'autel du monument Lumumba. Comme

---

[1] *Ancien maire de Stanleyville pendant la République libre du Congo de Gizenga, il sera assassiné après l'arrivée des parachutistes belges. Son cadavre restera plusieurs jours devant le monument détruit de Lumumba afin de prouver à d'éventuels adeptes qu'il ne ressusciterait pas.*

Soumialot écoute les postes radiophoniques étrangers et lit les journaux français et belges qu'il peut se procurer depuis le Burundi, il apprend avec stupéfactions les horreurs commises à Stanleyville et fait interdire ces exécutions à Alphonse Kingis. Il est clair que cela n'empêche pas les massacres, en particulier ceux qui ont lieu à la rivière Tshopo qui se trouve à l'extérieur de Stanleyville. Les assassinats se font alors plus discrètement et sans bruit, mais restent tout aussi horribles : les prisonniers congolais sont jetés vivants, pieds et poing liés, dans la rivière. Comme l'explique Patrick Nothomb, cela déclenche la panique chez beaucoup d'Européens vivant le long du fleuve, car ils voient flotter ces cadavres devenus entre-temps blanchâtres et en déduisent qu'en amont de la Tshopo la population blanche doit être victime d'une tuerie systématique[238]. Kingis oblige également tous les commerçants de vendre leurs produits en revoyant leurs prix à la baisse, c'est-à-dire à ceux pratiqués en 1960[1] ce qui en ruine évidemment plus d'un. Après le retour d'Olenga le 23 août, il est toutefois démis de ses fonctions le 26 août. Désigner sans aucune forme de procès, ainsi que Kingis l'a fait, des personnes comme ennemis du peuple et les exécuter, rappelle fortement la procédure appliquée par les communistes en Chine et en Union soviétique. D'ailleurs, le massacre perpétré en Chine par Mao ne semble pas être ignoré à en croire l'ancien confident du général Olenga, Jean-Roger Ngumba, qui rapporte, en 1964, les paroles du commandant en chef de l'Armée populaire de libération : « Les communistes chinois ont tué des millions et des millions de personnes. C'est bien la raison pour laquelle ils ont réussi. Nous devons suivre leur exemple[239] ». Effectivement, Olenga a su démontrer qu'il pouvait être sans pitié en passant à l'acte. S'il ne fait pas exécuter Kingis lors de son retour, c'est que celui-ci est un leader du mouvement fanatique Kitawala et bénéficie de ce fait d'un large soutien d'adeptes à Stanleyville. Ce qui n'est pas le cas du colonel Kifakio, le numéro trois dans l'armée des Simba. Ayant l'impression que ce dernier avait conspiré contre lui lors de son absence de Stanleyville, Olenga le rencontre devant le Congo Palace Hôtel où une dispute a lieu. Olenga met un terme à cette altercation en prenant son pistolet et en abattant Kifakio devant une foule médusée[240].

---

[1] *Soumialot fait immédiatement annuler ce décret.*

Les atrocités sont quotidiennes, les Simba n'hésitent pas à tuer les militaires de l'ANC qu'ils trouvent dans les hôpitaux lorsqu'ils y amènent leurs propres blessés. Les religieuses et les missionnaires sont également des cibles que les Simba n'épargnent pas. A ce sujet, Jacques le Bailly dit : « Ils [Simba] violaient toutes les nonnettes, toutes les nonnes et toutes les infirmières. Les religieuses devaient, au son du tam-tam, danser autour du feu. Alors elles dansaient. Elles dansaient pendant que les Simba buvaient n'importe quoi et fumaient le chanvre. Quand le bucher s'éteignait, le commandant des Simba violait la mère supérieure qui avait 80 ans. Ces adjoints violaient les filles qui avaient 70 ans et ça dégringolait, mais il y avait le viol hiérarchique[241] ».

Le fait de faire danser les victimes au rythme du tam-tam avant leur mort est apparemment un rite fréquent des Simba. Cela a aussi été le malheureux destin d'un médecin belge de l'OMS qui a été obligé de danser nu en présence de la population et d'enfants qui riaient à la vue de ce spectacle. Il s'est ensuite fait battre et poignarder et n'est mort que lentement après de terribles souffrances.

*

Au nord de Stanleyville, on a trouvé les cadavres de 30 religieuses. A la fin de la rébellion, il sera même question de près de 200 missionnaires qui ont perdu la vie au cours de ce conflit. La violence à l'égard des religieux n'empêchait pourtant pas les Simba de faire référence à Dieu, certains que le Tout-Puissant soutenait leur révolution. La plupart des Simba ont été baptisés par des catholiques ou par des missionnaires protestants, cela explique peut-être aussi le phénomène de la vente massive de bibles dans les librairies religieuses des territoires occupés[242]. Quant à Soumialot, il se rendait souvent à Kindu à la messe du dimanche[243]. D'ailleurs, lorsqu'il avait pris Albertville, Soumialot avait « contraint l'évêque de célébrer un Te Deum en l'honneur de sa victoire[244] ».

Soumialot évitait le sujet des religieuses en faisant le panégyrique des combattants. Pourtant, il avait parfois fait mention de religieuses victimes de brutalités. Il savait donc ce qui s'était tramé, en tout cas il n'ignorait pas les violences dont ces femmes avaient fait l'objet. Sans l'avouer, il faisait comprendre qu'il savait et qu'il avait éventuellement été présent lors de violences commises à l'égard de religieuses, mais il n'en parla jamais concrètement.

*

La grande perdante dans toutes les guerres est toujours la population civile. Dans ce cas précis, elle paie doublement son tribut car elle se fait massacrer par les rebelles, souvent sans raison ou accusée de soutenir le gouvernement central, et ensuite par l'Armée nationale congolaise pour avoir prétendument soutenu les Simba.

Représentant de la Croix-Rouge internationale à Bujumbura, G.C. Senn connaît Soumialot et a l'avantage d'être connu à Stanleyville. C'est ainsi que cette organisation humanitaire réussit à convaincre Gbenye de sa visite. Le 25 septembre, un DC4 de la Croix-Rouge décolle de Bangui[I] pour Stanleyville et le CICR va tenter l'impossible par l'entremise de ce délégué suisse qui se fait accompagner par d'autres compatriotes délégués médecins : Dr Jean-Maurice Rubli, Dr Wolfgang Schuster, Edwin Spirgi, Markus Knoblauch et Hans Kummer. Soumialot et le colonel Opepe accueillent la délégation à l'aéroport de Stanleyville. C'est le Dr Senn qui conduit cette mission, les délégués sont reçus dans les bureaux de Gbenye. D'après David Reed ni Gbenye ni Soumialot ne savent ce qu'est le CICR, il en découle également de ces conversations qu'ils ne connaissent pas les conventions de Genève[II]. Ils déclarent d'ailleurs qu'ils ne se sentent pas concernés vu que ces accords ont été *écrits par des Blancs*. Ils informent le représentant de la Croix-Rouge qu'ils gardent la population blanche pour éviter tout bombardement de Stanleyville comme cela a été le cas à Albertville après l'évacuation des Européens[245]. Senn demande à pouvoir évacuer avec son avion les otages américains, les enfants et les personnes malades. Cela lui est refusé. La seule concession qu'obtient le Suisse c'est la permission de prendre des messages des otages pour leur famille, une possibilité que refusent les otages américains. « L'avion de la Croix-Rouge laisse une demi-tonne de vivres pour les hôpitaux et des médicaments[246] » et repart en direction de Bangui. La visite du délégué du CICR n'améliore pas la situation ni des Américains et de toute la

---

[I] *Capitale de la République centrafricaine.*
[II] *Tout au moins Gbenye, de par ses responsabilités ministérielles, aurait dû connaître l'existence de la convention de Genève.*

communauté européenne ni des Congolais. Cette situation est bien paradoxale lorsque l'on sait que quatre des enfants de Gbenye sont au même moment scolarisés à Genève[247]. Ce qui est tout aussi surprenant, c'est lorsque l'on apprend que les membres de cette organisation humanitaire, censés être neutres, ont été débriefés par les officiels de l'ambassade des Etats-Unis lors de leur passage à Bangui[248].

A Paulis (Isiro), les Simba ont accusé un Européen d'utiliser son appareil pour malentendant pour envoyer des messages aux avions américains afin de bombarder la ville : il fut exécuté. Un Belge à Boende avait l'habitude de tapoter contre sa dent en or, pour les Simba il était clair que celui-ci envoyait des messages radiophoniques : ils l'ont tué sur le champ.[249] Ses cas uniques démontrent la dangerosité des Simba due à leur ignorance et à leur analphabétisme. Accusé d'espionnage, un missionnaire américain souffrant de la malaria, de la filariose et de dysenterie a été retiré de son lit et jeté en prison à Aketi. Il lui avait été interdit de prendre une couverture, il est mort trois jours plus tard[250]. Tous ces cas isolés d'expatriés assassinés ont un point commun : cela se passait loin de Stanleyville. Si des Européens ont connu le calvaire avec une issue fatale, on compte désormais par dizaines de milliers les Congolais victimes de ces barbaries. Les grandes agglomérations sont pour les Congolais le théâtre de sordides massacres. Toujours à Paulis, les Simba obligent certains des condamnés à boire de l'essence pour ensuite les éventrer et les allumer, il est question de 4'000 victimes[251]. Un témoin qui a subi des brutalités raconte l'horrible déroulement des exécutions : « Sur la terrasse du bureau territorial se trouvaient des prisonniers Congolais. Ils furent conduits au milieu de la place. Les Simba les couchèrent par terre. Sur un signe du lieutenant Mathias Déo Yuma, des rebelles se précipitèrent sur les malheureux et les tuèrent (…). Auparavant la fanfare de la Police installée également sur la terrasse, jouait une marche et les tueurs défilaient sur la place en agitant les armes ensanglantées et en enjambant les cadavres. On jouait ensuite des disques et des gamins d'une dizaine d'années obligeaient les personnes qui attendaient leur exécution de danser tout en mangeant des bulletins de vote du récent référendum constitutionnel. Les assassinats systématiques se poursuivirent pendant tout un mois[252] ».

A Kindu, chef-lieu du Maniema, on compte plus de 800 Congolais assassinés ; à Yangambi, tous les employés de l'Institut de Recherches

Agronomiques sont assassinés. A Boende, les Simba exécutent en un seul jour 600 employés d'une plantation appartenant à la société *Hévéa*, égorgent les 180 techniciens dont 18 Asiatiques et attachent les cadres avec des fonctionnaires congolais pour ensuite les asperger, vivants, d'essence, on devine la suite. A Lodja, 70 notables sont exécutés, puis tous les membres des partis non-lumumbistes ; à Befale, Bumba, Bunia et Uvira on compte également nombre de victimes de la rébellion[253]. Les Simba tuent non seulement les forces vives d'entreprises publiques ou privées et de l'administration, mais encore éliminent de ce fait toute la population qualifiée et formée spécialement. Même les chefs coutumiers n'échappent pas aux Simba. Ces personnalités hautement traditionnelles, profondément respectées et influentes dans leur région, ont logiquement été amenées par le passé à travailler avec les autorités du pays ; elles sont donc accusées d'avoir *collaboré* avec Léopoldville.

Soumialot arrive à Kindu après les massacres afin de calmer la situation et de rassurer la population locale et étrangère. Il intervient dans les rivalités conflictuelles au sein des leaders rebelles. Comme l'écrit Benoît Verhaegen : « Soumialot se conduit en chef politique responsable en tranchant les litiges indépendamment de considérations tribales ou personnelles. Tout au plus peut-on lui reprocher d'accorder une trop grande confiance aux anciens dirigeants politiques avec lesquels il avait déjà collaboré en 1961-62 et de ne pas écouter assez les cadres révolutionnaires plus populaires du Conseil des sages ou de l'Armée populaire[254] ». Dans son discours du 16 août à la population de Kindu, Soumialot dit : « Vous n'ignorez pas que les effets de l'indépendance furent enterrés en même temps que son promoteur Lumumba. Vous avez remarqué qu'après la mort de Lumumba nous avons connu la même vie que celle d'avant l'indépendance de telle façon que nous avons été considérés comme des bêtes. Lumumba est né pour apporter la paix non seulement au Congo mais aussi dans l'Afrique entière[255]. » Soumialot termine son meeting pas la conclusion suivante : « Il faut mettre fin à l'esprit de sabotage, aux accusations perpétuelles, aux calomnies, à la haine tribale (…). La révolution n'a pas été déclenchée dans le but de faire ôter les âmes à tous les gens même innocents, mais seulement il faut savoir que ces actes sont illégaux et crient vengeance à Dieu. Le feu Patrice Lumumba ne nous a pas ordonné de tuer les autres mais nous a recommandé de nous entendre, ce que certains de nos frères qui aimaient trop l'argent n'ont pas compris, et si, aujourd'hui, ils sont massacrés en grand nombre c'est de leur propre faute, car dans la révolution toute politique qui va contre notre doctrine n'a d'autre châtiment, si ce n'est la mort[256]. »

Non seulement Soumialot prend acte de la boucherie perpétrée à Kindu, mais il reconnaît aussi que des innocents en son victime. En rapport avec d'autres massacres, Soumialot confiera en 1986 une remarque assez troublante concernant la progression des Simba : « Avant de fuir, les militaires de l'ANC brûlaient les maisons et tuaient les villageois, parce qu'ils étaient déjà sûrs que nous allions arriver à cet endroit. Ils avaient les moyens de communication, la radio, nous n'en avions pas. Comme ça ils brûlent, ils tuent, se rendent dans un autre endroit et annoncent que les Simba ont pris tel village et qu'ils ont tué tout le monde. Voilà la tactique. L'ANC a fait beaucoup trop de dégâts. »

Si l'on prend en compte les assertions de Soumialot, il se pourrait alors que l'ANC ait également contribué à la mauvaise réputation des rebelles en massacrant massivement la population, car bien des exactions commises lors de la rébellion sont dues à une anarchie complète. Mais il est indéniable que les Simba sont les auteurs de brutalités indescriptibles et responsables de milliers de morts. Une grande partie des combattants échappe totalement au contrôle des dirigeants ; ces troupes, dont des enfants font partie, sont majoritairement composées d'individus n'ayant pas eu accès à l'éducation scolaire et d'une ethnie différente de la population locale.

Dans divers documents rédigés par différents responsables rebelles, on peut lire l'indignation concernant les méfaits commis par la base sans pour autant pouvoir y remédier. François Sabiti, un collègue ministériel de Soumialot, affirme dans un rapport : « Ce qui est encore fort regrettable est que cette mission importante [la rébellion] est remplie par certains éléments dont l'action n'est basée que sur des vengeances et querelles absolument personnelles[257] ».

Il y est également fait mention de l'attitude de certains Congolais à l'égard des employeurs qui, le plus souvent, sont des entreprises privées dirigées par des étrangers : « Il est regrettable de constater que depuis les événements, la plupart de nos frères n'ayant aucune notion sur la révolution que nous menons ou tout simplement agissant souvent par mauvaise foi, profitent de la situation actuelle pour se comporter d'une manière insupportable vis-à-vis de leurs employeurs : insolence, arrivées tardives, absences, abandon de travail et enfin des menaces d'expulsion, tels sont les actes que ne cessent de commettre actuellement certains employés congolais[258] ».

Soumialot, chef de la rébellion, est outré de constater les abus répétitifs commis par des individus profitant de son mouvement de libération. Le 31 octobre, il rédige à ce sujet une note qu'il adresse à tous les commissaires généraux extraordinaires :

« Malheureusement, plus d'un parmi nos militants portés au pouvoir à l'occasion de cette Révolution se livre, avec une inconscience coupable, à combattre cette ligne de conduite. C'est ainsi que certains de nos Bourgmestres communaux se sont accaparés des maisons appartenant à des familles qu'ils ont tout simplement chassées de leurs habitations. D'autres, pour couvrir leurs propres abus, ont cru intelligent de faire de certains biens privés la propriété du parti, et ce, sans avis préalable des chefs politiques.

Je ne parlerai pas des arrestations arbitraires basées sur des rancunes personnelles et dont se servent certaines autorités communales ou urbaines pour venger des conflits de famille ou autres.

Un tel état de choses ne peut perdurer sans compromettre l'action révolutionnaire à laquelle le Peuple a répondu d'une manière aussi spontanée. "Agir comme font ces irresponsables, c'est faire comme quelqu'un qui comblerait un trou en creusant un autre, c'est agir en contre-révolutionnaire"[259] ».

Cette rébellion a donné une plateforme à toutes les vengeances, aux règlements de comptes de toutes sortes, à la jalousie, à une violence gratuite ajoutée à toutes les causes tribales. Beaucoup de victimes ont trouvé une mort due à des raisons qui n'avaient rien de révolutionnaire.

*

A l'époque où Martin Hofmann avait accueilli Soumialot pour plusieurs séjours en Suisse, soit entre 1986 et 1989, il ne savait pas grand-chose de cette rébellion. Les livres qui traitent de ces événements ont été publiés bien plus tard, comme ceux de Patrick

Nothomb publiés en 1993[I], Michael Hoyt[II] en 2000 ou Frans Quinteyn en 2004[III] ; quant à ceux publiés par les Etudes du CRISP (Centre de recherche et d'information socio-politiques), comme *Congo 1964* publié en 1965 et *Rébellions au Congo* publié en 1969, ils sont épuisés et pratiquement introuvables. Lorsque Hofmann avait demandé à Soumialot s'il est vrai que des massacres avaient eu lieu à Stanleyville, il affirmait que les tueries avaient été perpétrées par l'armée ennemie lors de la reconquête de la ville. Comme il n'avait alors pas de quoi étayer ces accusations, Hofmann n'a malheureusement pas persévéré avec ce genre de questionnement. Cependant, comment se fait-il que Soumialot, qui avait une mémoire incroyable pour les dates, même parfois pour l'heure de certains événements, ne semblait pas se rappeler des méfaits commis par sa rébellion ? Ne voulait-il plus s'en rappeler ? De telles atrocités ne s'oublient jamais mais cela était tout simplement tabou. S'il s'est livré à quelques confidences, jamais il n'a fait part d'exactions commises par la rébellion, mais un sourire narquois ou un long silence en disait parfois tout autant. Il n'était cependant pas avare d'accusations de toutes sortes contre l'ANC de Mobutu, les mercenaires de Tshombe et l'armée belge. Si une profonde animosité contre toute forme d'autorité était perceptible, jamais de la haine de sa part contre autrui n'a véritablement été ressentie.

*

Le peuple congolais paiera de son sang son soutien à Lumumba en l'élisant démocratiquement. Son élimination instrumentée par la Belgique et les Etats-Unis provoque des rébellions qui, d'après Colette Braeckman et Jean Kestergat, font près « d'un million de morts[260] »[IV].

[I] *Nothomb, P. (1993). Dans Stanleyville. Paris-Louvain-la-Neuve: Duculot.*

[II] *Hoyt, M. (2000). Captive in the Congo. A Consul's Return to the Heart of Darkness. Annapolis: Naval Institute Press*

[III] *Quinteyn, F. (2004). Stanleyville sous la terreur simba. Mateka, le temps des ombres. Paris: L'Harmattan.*

[IV] *En 1964, le pays compte 15 millions d'habitants.*

L'Ommegang (3 novembre 1964)

Lorsque Tshombe est nommé Premier ministre, il s'entoure des conseillers qu'il avait eus au Katanga. Il cherche encore un spécialiste militaire ayant non seulement une expérience sur le terrain congolais mais aussi une bonne connaissance du pays. La prolifération du mouvement rebelle est à ce moment-là de plus en plus inquiétante, mais il est hors de question pour Tshombe de recourir à l'aide militaire d'un pays étranger pour vaincre la rébellion. Le colonel Frédéric Vandewalle est l'ancien chef de la sûreté du Congo belge. Le hasard veut qu'au moment où le Premier ministre Spaak demande à Vandewalle de se rendre au Congo afin d'y faire l'analyse de la situation, Tshombe lui demande de devenir son conseiller militaire. Vandewalle accepte l'offre de Tshombe qui l'affecte, une fois arrivé au Congo, au général Mobutu ; c'est alors ce dernier qui informe Vandewalle de la très mauvaise situation militaire.

La perte de Stanleyville le 5 août et l'arrivée à Léopoldville le 7 août du colonel Vandewalle coïncident avec l'avancée rapide de la rébellion. Le succès des Simba précipite les événements ; l'Armée nationale congolaise ne parvenant pas à entraver l'avancée des rebelles, la communication entre la Belgique, les Etats-Unis et le Congo s'intensifie. A Stanleyville, il y a non seulement une grande population belge, mais encore les membres du consulat américain retenus en otages ; ils le resteront pendant 111 jours. Bientôt il en est de même pour tous les Belges vivant dans cette ville ; les ressortissants étrangers sont, dans leur totalité, des otages, car ils ne peuvent plus quitter les villes et régions tombées dans les mains de la rébellion. Il est temps que de l'aide étrangère vienne soutenir le gouvernement central de Léopoldville en lui apportant un appui militaire. C'est ainsi que le colonel Vandewalle établit, dès le 8 août, une stratégie pour libérer Stanleyville ; Tshombe et Mobutu l'acceptent et Vandewalle va présenter le plan à Spaak en Belgique. Le colonel sollicite du Premier ministre belge un renfort d'environ 50 officiers et sous-officiers belges, demande acceptée par le gouvernement belge avant le retour au Congo, le 23 août, du colonel Vandewalle. Durant le voyage du colonel en Belgique, le général Mobutu organise, sous la responsabilité de Tshombe, des mercenaires de l'Afrique du Sud et de Rhodésie. Cinq jours après son retour, Vandewalle est nommé *coordinateur des opérations terrestres et aériennes* dans tous les territoires conquis par les Simba. Son plan est d'avancer vers la région de Stanleyville en laissant agir *radio trottoir* qui, tôt ou tard, doit annoncer qu'une énorme colonne de militaires congolais et katangais, accompagnés d'un nombre impressionnant de mercenaires, lourdement armés, est en marche afin de combattre et éliminer tous les rebelles. Connaissant un peu la mentalité militaire des Congolais, Vandewalle pense que les Simba, au vu du rapport de force, préféreront la fuite à la confrontation. Il ne cherche donc à aucun moment à encercler les villes mais laisse toujours une porte de sortie aux Simba afin qu'ils puissent fuir en laissant derrière eux la population restée en otage. Les Etats-Unis fournissent comme soutien au colonel Vandewalle les avions B-26 et T-28 pilotés par des anticastristes qui opéraient pour la CIA sans disposer d'une grande expérience, n'ayant qu'une petite centaine d'heures de vol à leur actif.

Les Américains ont bien noté le fait que Vandewalle est le conseiller de Tshombe et que des officiers belges sont à sa disposition pour garantir la logistique au sein de l'ANC. Mais ils sont aussi convaincus que le Premier ministre belge Spaak et Vandewalle ont une entente tacite, à savoir que ces officiers pouvaient être engagés tôt ou tard dans d'éventuels combats. Cependant, les Américains restent passifs par rapport aux événements en Afrique centrale car, à l'inverse du président Kennedy, le président Johnson ne considère pas le Congo comme une situation prioritaire. D'ailleurs c'est seulement le 29 août que le secrétaire d'Etat Dean Rusk constitue un groupe de travail nommé CWG (Congo working group). Ce changement d'attitude est dû au fait qu'il y a bon nombre de citoyens américains dans les territoires conquis par les Simba. Le groupe de travail élabore même des plans d'interventions que l'on peut qualifier de surprenants car ils ne visaient que le sauvetage des concitoyens américains. En négligeant tous les autres expatriés, une telle intervention aurait eu des réactions internationales sans précédent. Une autre solution était la prise de Stanleyville pour la remettre à l'ANC. La répression des Simba à la suite des attaques aériennes provoque le 15 octobre à Boende l'exécution de trois victimes. C'est à la suite de cela que le CWG réalise le danger réel dont les otages américains sont l'objet et veut à tout prix éviter un massacre à Stanleyville[261] et décidera d'interdire tout vol au-dessus de la ville et de sa région. Mais les Américains se trouvent dans une situation délicate car les politiciens ne veulent pas de présence militaire sur le terrain africain ; ils se gardent de toute confrontation impliquant des militaires américains juste avant les élections présidentielles du 3 novembre aux Etats-Unis. Leur présence aurait par ailleurs pu être fatale aux otages américains de Stanleyville ; ils prennent cependant part à l'Ommegang, même si cette participation-là se limite à un apport logistique.

C'est à la base militaire de Kamina que la 5e brigade mécanisée est formée sous les ordres du colonel Vandewalle ; elle compte environ 800 soldats et 150 mercenaires. Mis à part les mercenaires sud-africains et rhodésiens, il y a des Belges, des Italiens, des Grecs et des Hollandais. A cette liste de nationalités étrangères, il faut ajouter les Français : la bande à Bob Denard, des mercenaires qui ont acquis leur expérience dans les guerres subversives de Corée, d'Indochine et d'Algérie. Les mercenaires et les soldats congolais sont rejoints par les gendarmes katangais qui étaient restés en Angola avec quelques mercaires, dont leur leader belge Jean Schramme. La colonne est formée par les mercenaires commandés par le major Mike Hoare, *Lima One* par le commandant Liégeois et *Lima Two* par le commandant Lamouline. A part la chasse aux Simba, ces hommes vont connaître la chaleur, l'humidité équatoriale, les serpents venimeux, les insectes les plus divers, la malaria et la dysenterie. Il y aura parfois aussi des tensions entre les anglophones de la Rhodésie et de l'Afrique du Sud avec les conseillers militaires belges.

Il faut deux mois au colonel Vandewalle pour constituer cette colonne et achever les préparatifs nécessaires à cette entreprise de grande envergure. La logistique est efficace car c'est avec toutes sortes de véhicules militaires et civils que la brigade quitte Kamina pour avancer vers le nord, en direction de Stanleyville. Cette colonne de véhicules hétéroclites transportant des militaires de différentes nationalités, rappelle au colonel Vandewalle le cortège folklorique bruxellois qui se rend chaque année en juillet de la place du Sablon à la Grand-Place ; cette manifestation est la plus ancienne évocation historique de la capitale belge, où l'on peut voir défiler des notables, des cavaliers et des géants. Il s'agit de la commémoration de l'entrée de Charles-Quint en 1549 à Bruxelles. Cette progression vers Stanleyville fait non seulement penser Vandewalle à cette manifestation qui s'appelle Ommegang et qui veut dire *marcher autour* en vieux flamand, mais encore au fait qu'il a parfois l'impression d'être entouré de figurants. C'est pourquoi cette opération est baptisée Ommegang.

Pendant les préparatifs de cette action militaire, les choses évoluent positivement pour le gouvernement central : le 7 octobre, Uvira est repris par les soldats de Mobutu. La bonne nouvelle pour les uns, met en danger les autres, à savoir la population blanche qui reste l'otage des rebelles. Les Simba, craignant de perdre du terrain, n'hésitent pas à menacer sérieusement la vie des expatriés qui se trouvent dans les territoires occupés. C'est ainsi que l'on peut entendre le général Olenga sur les ondes de la radio de Stanleyville : « Ordre officiel. Si un avion Nato [sic] bombarde et tue la population civile, prière de tuer deux étrangers pour chaque Congolais mort de votre région…[262] »

La colonne est armée en conséquence et peux affronter sans trop de problèmes les quelques armes chinoises et machettes des rebelles. L'avancée de la colonne entre Kamina et Stanleyville est fort lente car, en plus de la distance à parcourir, il faut franchir tous les différents obstacles d'ordre naturel. Assuré que le tam-tam congolais fonctionne à merveille, le colonel Vandewalle sait que son arrivée est annoncée dans les villages qu'il traverse et l'impressionnante colonne militaire fait fuir les rebelles. Cependant, la tactique du colonel est le sujet d'une certaine inquiétude lorsque les Simba tuent trois Blancs à Kibombo avant de prendre la poudre d'escampette. Vandewalle, craignant pour la vie des otages à Kindu, ordonne à la 5ᵉ brigade de s'y rendre de suite. Entre Kibombo et Kindu, il y a quelques résistances de la part des Simba mais qui ne posent pas de grands problèmes aux hommes de la colonne. C'est ainsi que Kindu est libérée des rebelles le 5 novembre 1964 par les militaires de Vandewalle qui peuvent compter sur l'appui d'un B-26 américain. Le plus encourageant est de constater le bon fonctionnement du plan, car tous les 125 otages européens sont vivants et les rebelles se sont évanouis dans la nature. A Kindu, les membres de l'Ommegang tuent à tour de bras, certains parlent d'une centaine de mort, d'autres de milliers. Le moindre soupçon peut être fatal pour tous Congolais de peau noire. Un sergent mercenaire suppute même le chiffre terrifiant de 3'000 morts. Un autre mercenaire prétend qu'une fois Kindu sécurisée, l'ANC a ratissé la ville et tué avec la même violence connue des rebelles et d'ajouter qu'il n'y a pas de différence entre les Simba et l'ANC, mis à part le fait qu'ils se battaient pour une cause différente[263]. Hormis une escapade deux jours plus tard à Kalima où plus de 320 otages sont libérés, la 5e brigade mécanisée reste cantonnée deux semaines à Kindu. Cet arrêt inattendu en pleine manœuvre peut en surprendre plus d'un. De fait, la politique est intervenue en la personne du Premier ministre belge qui tente d'obtenir par la négociation une évacuation des Belges bloqués dans les territoires occupés, notamment à Stanleyville. Il insiste pour que l'avance en direction du nord ne se fasse pas sans son approbation. L'arrêt de la colonne permet à d'autres renforts de quitter Kamina et de joindre Kindu par avion ; c'est ainsi que la brigade mécanisée compte alors plus de 200 mercenaires et 1'000 militaires congolais et dispose d'une dizaine de blindés laissés par l'ONU ainsi que des avions T-6, T-28 et B-26. Là où les mercenaires passent, ils ne libèrent pas seulement la population européenne, mais ils pillent aussi les banques, les commerces et les maisons abandonnées. Les Katangais et les soldats congolais de l'ANC font de même. Cependant, ces lieux avaient souvent déjà été vidés de leurs valeurs par les Simba mais, dans leur fuite précipitée, ils partaient souvent en laissant une partie du butin.

La rébellion réalise que le mouvement n'a pas seulement atteint en quelque sorte son apogée, mais aussi que le danger de son effondrement n'est pas une hypothèse irréaliste. L'ANC, conseillée par des militaires belges et renforcée par les gendarmes katangais, est active depuis juillet dans différents endroits, comme à Bunia. Bukavu est dans les mains du colonel Mulamba. Un autre militaire de l'ANC, le lieutenant-colonel Eustache Kalundji, remporte un succès important en reprenant Albertville au mois de septembre. Le 22 octobre, Soumialot envoie une note confidentielle à son commandant du 3e groupement à Stanleyville stipulant : « Je regrette devoir vous signaler qu'envoyer des militants au front sans armes est une tactique qui risquerait de conduire la lutte vers l'échec : autrement dit, c'est faire inconsciemment sacrifier nos combattants. Je vous demanderais, à l'avenir, de veiller à ce que vos Simba soient armés, même avec nos armes traditionnelles, à défaut des armes modernes[264] ». Le même jour, il demande à son collègue le ministre des Travaux publics de produire des milliers de machettes, lances et flèches.

Est-ce pour inciter à la haine et raviver les sentiments anti-Occident ? Le fait est qu'une nouvelle des plus incongrues tombe le 27 octobre. En effet, Olenga annonce très sérieusement à Gbenye que les Belges ont lâché une bombe atomique sur Béni. C'est sans doute une manière d'annoncer au président la nouvelle de la perte de Béni et de sa région, mais Gbenye prend la nouvelle au pied de la lettre et elle fait vite le tour des rebelles. Au vu de cette information et n'ayant jamais pu véritablement compter sur un soutien massif du bloc de l'Est, les leaders de la rébellion cherchent un soutien auprès des Africains. C'est ainsi que Gbenye s'adresse aux chefs d'Etat du Mali, de la Guinée, du Ghana, de l'Egypte et de l'Algérie en leur faisant parvenir, le 28 octobre, le message suivant : « Ai fait ce que pouvais faire pour sauvegarder honneur Afrique et vous m'avez laissé seul sous les bombardements américains et belges. Stop. Vous lance un dernier cri au nom de Lumumba, si vous n'intervenez pas dans quelques heures, j'adopterai politique terre brûlée, ainsi Américains et Belges trouveront que désert fullstop[265] ».

Ce message augmente la tension des nations occidentales qui craignent pour leurs ressortissants dans les régions rebelles, d'autant plus qu'un jour avant, Gbenye a fait interner les Belges à l'hôtel des Chutes. Cinq Américains et 361 Belges sont nourris dans un élan de solidarité par le reste de la communauté d'expatriés européens et asiatiques[266]. Gmür, le gérant suisse de l'hôtel, fait son possible pour rendre cet internement le plus supportable possible. Cet hôtel avait connu de meilleurs temps en 1951, lorsque Humphrey Bogart, Lauren Bacall et Katherine Hepburn y avaient logé lors du tournage près de Ponthierville du film *African Queen*.

L'affaire Carlson

Le Dr Paul Carlson est un médecin et missionnaire américain de 36 ans qui s'occupe d'un hôpital de 80 lits à la station missionnaire de Wasolo près de la frontière avec la République centrafricaine. Il ne propose pas seulement ses services dans cet hôpital construit en 1951 par l'Evangelical Covenant Church, mais également à tous les gens de la région de Wasolo qui compte une population d'environ 100'000 personnes. Lorsque les ambassades étrangères ordonnent à tous les missionnaires se trouvant dans le nord du pays d'évacuer les lieux, Carlson met sa famille à l'abri en République centrafricaine en la faisant traverser l'Ubangi. S'il est un fait que Carlson est un bienfaiteur pour tous les Congolais, il y a cependant une ombre qui pèse sur le personnage. Beaucoup, et non des moindres, disent qu'il est également un agent de la CIA ; des personnalités telles que l'éminence grise de Tshombe, l'avocat Mario Spandre, mais aussi de journalistes réputés comme par exemple Jean Kestergat[267], colportent ou prétendent que Carlson est un agent des services secrets américains ou tout au moins un informateur de la CIA. Le Dr Carlson serait une source essentielle de cette organisation, car certains soutiennent même que les renseignements fournis par ses soins seraient très probablement à l'origine de certaines interventions américaines. L'importance capitale de ses activités secrètes aurait pris toute son ampleur lorsque les Simba ont envahi la région où Carlson exerce, car il aurait continué d'émettre des messages pour l'ambassade américaine de Léopoldville jusqu'à fin septembre.

A-t-il effectivement été un agent de la CIA ? Il n'y a que les services secrets américains qui peuvent y répondre. Le consul général américain Hoyt s'inquiétait pour son vice-consul David Grinwis qui, lui, était un véritable agent de la CIA et espérait que les Simba ne le découvrent jamais. Par contre M. Hoyt ne fait aucune référence dans son livre pouvant indiquer que Carlson ait été un agent de la CIA. Le consul belge Patrick Nothomb a passé dans Stanleyville les quatre mois sous l'occupation rebelle à agir avec courage et du mieux possible pour protéger ses concitoyens ainsi que la population étrangère. Dans les heures les plus tragiques de cette période, ce diplomate belge sera enfermé à la prison centrale avec d'autres compagnons d'infortune, dont entre autres le Dr Carlson. Nothomb clamera plus tard haut et fort que ces allégations sont « honteusement gratuites[268] ».

Activités secrètes ou non, les Simba trouvent un poste radio émetteur-récepteur chez Carlson. Beaucoup d'Européens vivant à l'intérieur du pays, notamment des missionnaires, possèdent ce genre d'appareil pour être en contact entre eux et avec le monde. C'est le seul moyen d'échanger des informations avec la hiérarchie, des fournisseurs ou avec la clientèle, mais également un outil indispensable en cas d'accident. Evidemment, en temps de guerre, une phonie peut devenir un problème majeur pour son propriétaire. Carlson est de ce fait arrêté et mis en prison à Buta, accusé de trahison et d'espionnage. L'annonce, tout d'abord de son arrestation et par la suite de sa condamnation, est rapportée dans les médias aux Etats-Unis et fait l'effet d'une bombe chez les citoyens américains qui ignorent les accusations portées à son encontre. Le 24 octobre, Gbenye retourne à Stanleyville de Buta et amène avec lui la preuve vivante de ses affirmations selon lesquelles les Simba font tous les jours prisonniers des mercenaires américains à l'exemple de Carlson. Le régime rebelle ne cesse de claironner que 10'000 Américains se battent aux côtés de Tshombe. Ce qui n'est pas vrai, même si quelques officiers du Military Advisory Command[1] « effectuaient par groupes de deux ou trois, en jeep ou à pied, des missions de reconnaissance et d'information[269] » depuis Bukavu. Si Carlson n'est pas enfermé au zoo dans la cage à singe selon la volonté de Gbenye[270], c'est parce que Soumialot intervient. Soumialot écrit au colonel Opepe : « J'ai décidé, sur l'ordre du Président de la République, de mettre Monsieur Carlson Paul (Médecin ?) à Masolo en résidence surveillée. Il y a lieu de lui assurer un logement et de faire monter une garde. Je vous demande également d'assurer sa subsistance par un hôtelier de la place[271] ». Etant donné que Gbenye n'est pas d'accord, c'est la prison où se trouvent les Américains du consulat qui va l'accueillir.

Carlson est certes un missionnaire, mais en tout cas pas un mercenaire, ce qui fait dire à plus d'un que, pour certains Simba illettrés, ce n'est qu'une question de prononciation. Même si Carlson eût été un agent de la CIA, ce n'est pas en raison de preuves flagrantes qu'il est arrêté, mais parce que tout Blanc est suspecté d'être un espion américain, d'autant plus s'il parle anglais. Le cas de Carlson est déféré devant une sorte de tribunal du peuple à Stanleyville où les Simba le condamnent, le 15 novembre 1964, sans véritable procès ; la sentence tombe immédiatement : il est condamné à mort. L'exécution est annoncée pour le 23 novembre à l'aube. Le Dr Carlson, agent secret ou non, mercenaire ou non, espion ou non, paie cher le prix des affirmations constantes émises par le président Gbenye à l'égard des Américains. Le 18 novembre, le CICR envoie par l'entremise du Dr Senn un télégramme à Gbenye indiquant que le statut de prisonnier de guerre du Dr Carlson implique que Gbenye accepte une stricte application de la convention de Genève concernant le traitement des prisonniers de guerre. La réponse du président de la République populaire du Congo ne se fera pas attendre : « (…) Avant de me faire

---

[1] *D'ailleurs au début des hostilités un officier américain avait accompagné le colonel Mulamba à Kindu avant que la ville ne tombe.*

quelconque proposition, je vous invite de ressusciter tous les Congolais massacrés par les Américains au Congo. Je vous rappelle qu'assumer la sécurité de la propriété et des personnes ne signifie pas la tolérance du crime[272] ». Cependant, Gbenye dira le 22 novembre au consul général américain qu'il ne veut pas exécuter Carlson car cela pourrait déchaîner une réaction pouvant représenter la mort pour tous les Européens[273]. Là est toute la contradiction de Gbenye et, de ce fait, confirme sa dangerosité pour la communauté internationale car il est totalement imprévisible. Soumialot a rencontré Carlson a plusieurs reprises à Stanleyville, entre autres à la prison centrale, cependant, en 1986, en regardant un reportage télévisé où il était question que ce médecin était un agent de la CIA, il dira étonné : « Ah bon ? Il était de la CIA ? ».

Les autorités américaines craignent que le colonel Vandewalle, stationné à Kindu avec sa brigade, n'arrive pas à temps à Stanleyville pour sauver le Dr Carlson. Le pasteur américain est un otage en réel danger de mort et, s'il venait à être supprimé, ce serait le début de la fin de tous les otages à Stanleyville. Jusqu'ici aucun otage étranger n'y a été exécuté ; les seules victimes européennes que l'on déplore à ce moment-là, sont celles qui vivaient dans des endroits isolés ou des régions reculées et qui, malheureusement, étaient tombées sur des Simba drogués et saouls qui agissaient de leur propre chef. Dès lors qu'un étranger aurait été tué à Stanleyville, ce geste fatal jusqu'alors tabou aurait donné le feu vert à un carnage pour un oui ou pour un non.

Des menaces qui ne peuvent être plus claires sont formulées par le président de la République populaire du Congo, Christophe Gbenye, dans le journal rebelle *Le Martyr* du 14 novembre. Ce journal, dont l'appellation fait référence à Patrice Lumumba et qui est imprimé dans les locaux du journal *La Gazette*, divulgue un texte attribué à Gbenye où l'on peut lire, entre autres : « Nous avons sous nos griffes plus de 300 Américains et plus de 800 Belges mis en résidence surveillée et dans les endroits sûrs. Au moindre bombardement de nos régions et de notre capitale révolutionnaire, une destination de l'au-delà fera l'affaire ; c'est-à-dire ils seront tous massacrés. Tous les Américains et Belges se trouvant sous notre protection ont tous rédigé et signé leurs testaments. (…) Nous fabriquerons nos fétiches avec les cœurs des Américains et Belges, et nous nous habillerons des peaux des Belges et Américains[274] ».

Cette dernière phrase restera à tout jamais associée à l'histoire de cette rébellion, fera le tour du monde et scellera définitivement la destinée de cette insurrection congolaise.

Cette situation menaçante accentue la divergence entre Washington, qui privilégie une action rapide, et Vandewalle qui opte pour l'opération de l'Ommegang. A Bruxelles on commence à douter de l'efficacité du plan établi par le colonel belge ; la tactique de faire fuir l'ennemi en l'opposant à un rapport de force totalement inégal peut être déconcertant pour certains stratèges militaires européens. Mais là est justement la force de Vandewalle qui connaît fort bien le pays. Mais la question reste pour tout le monde la même : la stratégie fera-t-elle fuir les Simba de Stanleyville sans qu'ils ne déplacent ou massacrent les otages occidentaux ? La colonne de Vandewalle reprend la route le 18 novembre ; le 23, la dernière négociation avec les rebelles a lieu à Nairobi sous les auspices du Premier ministre kényan Jomo Kenyatta, président de la commission de réconciliation du Congo de l'OUA[1], et Thomas Kanza, ministre des Affaires étrangères de la République populaire du Congo. Le déroulement des pourparlers démontre clairement aux Américains que ces entretiens n'aboutiront à rien, d'autant moins que, même s'il devait y avoir accord, il n'est pas certain que les dirigeants de la rébellion soient en mesure de l'imposer aux guerriers Simba. C'est ainsi que le négociateur américain, l'ambassadeur William Attwood, met un terme aux débats sur instruction de Washington et convient avec Kanza de se revoir. Les Américains et les Belges n'ont cependant pas attendu ce moment pour se poser la question *et maintenant ?* Ils ont élaboré un plan de dernier ressort le 8 novembre déjà pour le cas où les négociations ne parviendraient pas à un résultat satisfaisant. Ce plan est amené à exécution juste avant l'arrivée de la colonne de Vandewalle ; il s'agit de l'opération *Dragon Rouge*. Le Premier ministre Kenyatta qui fait partie de ces négociations reste dans l'ignorance totale de l'intervention militaire.

---

[1] *Organisation de l'unité africaine (aujourd'hui Union africaine).*

L'opération Dragon Rouge (24 novembre 1964)

Le Premier ministre Paul-Henri Spaak est le 8 novembre à Washington et propose aux Américains une opération combinée : les Américains mettent à disposition un pont aérien et les paras belges mèneront l'intervention au sol. Il semblerait que cette proposition belge ait été suggérée à Spaak avec insistance par la diplomatie américaine peu de temps avant son voyage aux USA[275]. Afin que le secret soit bien gardé, il était question que les militaires belges participent à un exercice de l'OTAN, puis les paras sont informés qu'ils se rendront « au sud de l'Europe ou peut-être un peu plus loin[276] ». Le 18 novembre à deux heures du matin atterrissent 15 C - 130E de l'armée américaine à la base aérienne de Morón de la Frontera au sud de l'Espagne. Ces avions arrivent de Kleine-Brogel au nord de la Belgique où se trouve une base de l'OTAN. 12 avions sont remplis de paras belges, un avion est de réserve et deux autres sont réservés aux communications et à la maintenance. Afin de pouvoir accéder directement au Congo dans la plus grande discrétion sans devoir survoler des pays africains dit progressistes, il est décidé de transporter les militaires sur l'île de l'Ascension dans l'Alantique Sud qui fait partie du territoire britannique et où les Etats-Unis avaient construit pendant la seconde guerre mondiale un aérodrome militaire. Les militaires belges passent ainsi en quelques heures du froid de l'hiver à la chaleur équatoriale.

Les femmes célibataires et les femmes sans enfants sont gardées au Congo Palace Hôtel et à l'Hôtel des Chutes, les hommes sont séparés des femmes, puis quelques jours plus tard, tous les otages belges se retrouvent transférés à l'Hôtel Victoria. Il y aura même une tentative de déplacer 110 otages belges par camion vers Banalia, cela échouera grâce à des pannes de moteur. Les quelques 3'000 otages européens que détiennent les rebelles dans l'ensemble des territoires occupés, symbolisent un paradoxe important pour Gbenye. Si ces otages permettent d'attirer l'attention du monde entier et peuvent représenter un moyen de pression envers l'Occident, ils sont également une protection contre tout acte pouvant mettre les rebelles en danger ; en revanche, si les otages sont sous une trop grande menace, ils peuvent justement être la raison d'une opération militaire occidentale. A Kindu, un télégramme est trouvé sur un Simba fait prisonnier : « Américains, Belges doivent être gardés en lieu sûr stop en cas bombardement région exterminer tous sans demander explication[277] ». Les menaces répétées par les plus hautes instances de la rébellion à l'égard des otages ainsi que l'échec des négociations du 23 novembre à Nairobi précipitent les événements car, le même jour, un télégramme top secret est envoyé à la base de Kamina : « Envoi marchandises de l'île d'Ascension…[278] ». Quelques heures après la rupture des pourparlers, l'opération Dragon Rouge est lancée. Les militaires belges prêts à intervenir depuis une semaine quittent l'île de l'Ascension à bord de 14 avions de type C- 130[1] mis à disposition et pilotés par des Américains pour se rendre tout d'abord sur la base militaire de Kamina. De là, le 24 novembre 1964 à six heures du matin, 5 C - 130 lâchent en 8 secondes 320 paras belges près de l'aéroport de Stanleyville « pour la première action internationale de libération d'otages depuis la Seconde Guerre mondiale[279] ». A six heures quarante-cinq atterrit le premier C-130 sur la piste d'atterrissage sécurisée et libérée de tous obstacles, s'ensuivent le reste des avions avec les parachutistes, mais également avec des jeeps. Les parachutistes, sous les ordres du colonel Charles Laurent, investissent rapidement l'aéroport et se dirigent ensuite vers le centre de la ville. La chance est du côté des paras, car un habitant ayant entendu les avions, a téléphoné à l'aéroport. Un militaire entendant les sonneries a pris l'appel et c'est ainsi que les militaires ont appris que tous les otages étaient retenus à l'hôtel Victoria. Un para belge de la 13e compagnie, originaire de Stanleyville, a pu indiquer l'endroit de cet établissement. Les avions ont évidemment réveillé et alarmé les Simba qui s'agitent partout, tentent de fuir, tuent quiconque se trouve sur le passage. Le fait que les Belges sont internés à l'Hôtel Victoria est peut-être la raison qui a permis à la grande majorité de survivre. Le rassemblement des otages a été, selon toute vraisemblance, ordonné par Gbenye à qui on avait laissé entendre que le Premier ministre kenyan Kenyatta viendrait à Stanleyville pour s'assurer du bon traitement des otages. S'ils étaient restés dans leurs habitations isolées et sans défense, les centaines de Simba dispersés les auraient sans doute assassinés. Il faut signaler que des patrouilles de jeunes lumumbistes, sous les ordres de gamins de 14 ans se prétendant être

---

[1] *Ces avions de transport construits par Lockheed pouvaient transporter 64 paras complètement équipés ou 92 passagers ordinaires. Ils ont même été testés en 1963 sur des porte-avions américains, car à charge maximum l'avion nécessitait 247 mètres pour le décollage et 150 m pour l'atterrissage.*

major, ont pillé quelques jours auparavant tout ce qui leur tombait sous la main sous la menace de leurs armes. Surpris à six heures du matin par le bruit des avions, les quelques Simba qui sont de garde obligent 250 otages belges et américains à sortir de l'hôtel pour se regrouper en rangs par trois. Une cinquantaine d'otages arrivent à se cacher dans les armoires, les toilettes et même sur le toit de l'hôtel. Il n'y a pas que des hommes, mais également des femmes et des enfants. Cette longue file entourée par des Simba et le colonel Opepe se met alors en marche et semble se diriger vers l'aéroport mais ne fait pas 500 mètres quand un Simba, appelé major Bubu[1], arrive en voiture au croisement entre l'avenue Lothaire et l'avenue Sergent Ketele. Totalement excité, il fait des gestes incompréhensibles qui sont très certainement à l'origine du massacre. Certains témoins accusent ce major Bubu d'avoir ouvert le feu sur les otages, d'autres parlent d'un très jeune Simba à la tête de la colonne responsable du premier tir. Les coups de feu claquent pendant une trentaine de secondes, ce qui paraît être l'éternité. C'est la panique, certains se couchent et font le mort, d'autres courent dans tous les sens, se cachent derrière n'importe quel obstacle, d'autres sont paralysés par la peur. Les paras belges arrivent alors fort heureusement ; les Simba tentent de fuir mais sont tués, dont Opepe. Si quelques 1'500 otages ont la vie sauve à Stanleyville grâce à l'intervention des militaires belges, on compte sur la rive droite 27 otages tués sur l'avenue Lothaire et une quarantaine de blessés, dont 5 mourront. Le bilan est donc de 32 otages morts : 29 Belges, 1 Canadien et 2 Américains, Phyllis Rine, une jeune missionnaire de 25 ans, et l'otage américain le plus médiatisé aux USA, le Dr Carlson[280]. Ce dernier est abattu de cinq balles et comme son épouse le précisera, elles ont été « tirées par un jeune garçon qui ne savait même pas qui il était[281] ». Pour David Reed le véritable meurtrier de Carlson est Gbenye, car lui seul l'a fait arrêter à Buta et lui seul l'a accusé d'être un espion américain. C'est lui encore qui l'a fait condamner à mort par un tribunal imaginaire. Sans l'acharnement de Gbenye, Carlson serait retourné à Wasolo s'occuper de ses patients congolais[282]. La rive droite de Stanleyville est ainsi rapidement

---

[1] *Bubu qui veut dire en swahili « muet » est un proche de Soumialot ; cet ancien boxeur, gros et trapu, de surcroît muet se fait comprendre par d'énormes gestes tout en grognant des sons bestiaux.*

libérée. Quant à la rive gauche, où l'on trouve 6[I] survivants[283] et dénombre 28 cadavres européens, elle sera libérée trois jours plus tard. La majorité des victimes sont des prêtres et des missionnaires, dont des Belges, des Espagnols et des Anglais. Les ex-otages ainsi que tous les expatriés le désirant sont évacués sur la capitale non seulement par des C-130, mais aussi par des avions de la Sabena et d'Air Congo. Dans un élan de solidarité, d'autres avions français, britanniques et italiens aident à l'évacuation de cette population européenne martyrisée[284]. Au total, 1'200 européens et 400 asiatiques de 17 nations différentes vont profiter de ces navettes aériennes. Cela fera dire au ministre des Affaires étrangères du Congo-Brazzaville : « Lorsque nous étions plus jeunes, nous avons appris qu'en musique, une blanche vaut deux noires. La fameuse opération humanitaire de Stanleyville vient de nous prouver qu'un Blanc (…) vaut des milliers et des milliers de Noirs.[285] »

Quatre heures après le parachutage des commandos belges, arrive la colonne de l'Ommegang formée des 300 hommes dirigés par Mike Hoare. Les deux opérations se rejoignent donc dans la matinée. Les mercenaires, pour la plupart de nationalité sud-africaine et rhodésienne, ne font pas de quartier avec les Simba qui se font prendre ou tous ceux qui ressemblent de près ou de loin à des rebelles. Les mercenaires saccagent et pillent tous les quartiers et ne s'arrêtent pas devant les biens de Belges ayant fui Stanleyville. A la recherche de Simba, ces militaires découvrent dans le zoo de la ville, une cage avec un lion affamé, ils le libèrent…[286]. Les violences, les exécutions et les horreurs commises à Stanleyville choqueront d'ailleurs le commandant des paras belges.

Une fois l'opération Dragon Rouge à Stanleyville terminée, trois autres sont prévues à différents endroits.

Un Américain et 21 Belges sont battus à mort à Paulis. Le lendemain, 355 personnes sont évacuées grâce à l'opération Dragon Noir. Dès le départ des expatriés et des paras, les Simba reprennent Paulis. Douze jours plus tard, l'ANC renforcée par des mercenaires chasse définitivement les rebelles de cette ville[287]. La perte de

---

[I] *Selon le témoignage du mercenaire Gilbert Verjans, seuls 4 otages ont été libérés : 2 enfants, leur mère et leur grand-mère. Selon F. Vanderwalle 7 otages on été libérés : 2 missionnaires, 1 prêtre et 4 enfants.*

Stanleyville et de Paulis est un coup dur pour le mouvement rebelle qui n'est pas anéanti pour autant car les têtes pensantes arrivent à se sauver en fuyant comme d'ailleurs des milliers de Simba. Il se constitue alors une résistance qui s'organise rapidement mais se limite à de petites régions perdues dans la nature congolaise ; ce maquis donnera du fil à retordre à l'Armée nationale congolaise pendant longtemps. Quant à la rébellion muleliste du Kwilu qui est restée confinée dans sa région, elle reste active dans des endroits reculés mais coupés du monde ; même si le gouvernement central n'arrive pas à mettre la main sur Mulele, il ne présente pas un grand danger pour Léopoldville.

Les opérations *Dragon Rouge* et *Dragon Noir* ont sauvé la vie à la grande majorité d'expatriés. Le problème est que l'action a été exécutée par des paras belges transportés par des américains. Malgré son succès, l'intervention militaire d'une force étrangère sur sol congolais n'est pas du goût de la communauté internationale, en particulier du bloc de l'Est. Des voix africaines s'élèvent également, déplorant la disposition des Européens à intervenir rapidement lorsque des Blancs sont en danger, mais à ne pas s'interposer alors qu'on assiste durant des mois à l'extermination d'Africains. A travers le monde, plusieurs ambassades belges, américaines, congolaises et britanniques doivent faire face à des manifestations parfois très violentes. Eu égard aux vives réactions politiques, Belges et Américains décident de se retirer immédiatement et de laisser l'opération *Ommegang* continuer son action de libération. Les opérations *Dragon Blanc* à Bunia et *Dragon Vert* à Watsa ne sont donc pas exécutées, la population blanche de ces régions est paniquée et révoltée de se voir abandonnée. Elle craint une possible vengeance des Simba sans aucun espoir de se voir sauvée par les paras belges. Le départ des militaires de l'opération *Dragon Rouge* est aussi rapide que leur arrivée ; le 30 novembre 1964, ils sont de retour en Belgique. Les paras sont accueillis en héros par la population bruxelloise mais, lors de ce retour, deux d'entre eux manqueront à l'appel, mort au combat. Ce repliement pose un problème et non des moindres, car nombre d'Européens, d'anciens colons ou des missionnaires vivent à l'intérieur du pays, en particulier dans des régions reculées de la Province Orientale, et se trouvent toujours à la merci des Simba. Beaucoup de Belges au Congo se sentent lâchés par leur gouvernement qui a plié sous la pression internationale. Le sauvetage de ces Européens, éparpillés dans l'immensité du territoire, aurait nécessité une présence encore plus impressionnante de militaires belges qui se serait probablement prolongée dans la durée, ce qui aurait plongé la communauté internationale dans une crise profonde. Il est un fait qu'aux endroits reculés, les expatriés européens et américains sont abandonnés pour des raisons politiques. Lors de l'avancée de l'Ommegang, les mercenaires découvrent ainsi 14 tués à Bafwasende, 16 à Banalia, 4 à Bunia, 6 à Isangi, 26 à Wamba, 38 à Watsa[288] et 10 à Mungbere[289]. 62 non-Congolais ont été tués jusqu'à la libération de Stanleyville, les 7 mois qui ont suivi le départ des paras coûteront 330 morts supplémentaires.[290]

Le nombre de familles congolaises pleurant la perte d'un ou de plusieurs de ses membres est énorme, des centaines de milliers d'innocents Congolais ont été massacrés durant la rébellion. Stanleyville et toutes les autres villes libérées qui retournent sous l'emprise du gouvernement central, sont les témoins d'une attitude typique de l'homo sapiens : la vengeance. Dès la reprise de Stanleyville le 24 novembre, les règlements de comptes sont à l'ordre du jour et c'est au tour des pro-rebelles à être sacrifiés lors d'une répression sanglante. Cette chasse à l'homme produit évidemment à nouveau des victimes innocentes parmi la population. C'est à Victor Nendaka, membre du groupe de Binza et chef de la Sûreté du Congo, qu'il incombe de rétablir l'ordre dans les régions reprises à l'ennemi. Si l'on sait qu'une grande partie de sa famille a été victime du massacre des Simba, on peut s'imaginer l'insensibilité et la dureté de son action afin de rétablir la paix. Concernant la répression à l'égard des Simba, Soumialot dira plus tard : « C'est l'ANC qui tuait à la reprise de Kisangani [Stanleyville]. Non seulement les Simba, mais on tuait surtout ceux qui nous étaient favorable. ». Comme mentionné, il est vrai que les mercenaires, en particulier les Sud-Africains, ne faisaient pas de quartier et abattaient tout Africain dont ils supposaient avoir le plus petit lien avec les Simba. De plus, la population doit également faire face aux passages à tabac, aux destructions de bien, aux vols, aux insultes et même à des viols.

La résistance rebelle continue

Si des milliers de Simba fuient, tous ne déguerpissent pas dans les profondeurs de la nature congolaise, une grande partie se sauve par les frontières de l'est comme en Ouganda ou en Tanzanie. Soumialot part au Soudan tout comme Gbenye et Olenga ainsi que nombre de combattants ; de là, certains iront en direction de l'Algérie ou à Dar es-Salaam en Tanzanie, Soumialot se rendra au Caire avec beaucoup de ses acolytes. La rébellion n'est cependant pas terminée, les maquis s'organisent, les quelques armes chinoises et soviétiques continuent à affluer par la Tanzanie et les dirigeants donnent tant bien que mal leurs instructions depuis l'étranger. Dans beaucoup de régions, des bandes se trouvent dans la brousse ou dans la forêt équatoriale, coupées de tout contact avec l'organisation rebelle. Il y en a partout. A titre d'exemple, personne ne quitte le centre de Stanleyville à plus de deux kilomètres, car cela peut se révéler être une aventure suicidaire. C'est surtout la nuit que les Simba attaquent lorsqu'ils ont fait le plein d'alcool et de drogue. Des poches de résistance se forment à travers tout le pays : au nord dans la région de Bondo, au nord-est dans la région de Wamba près de Paulis (Isiro), à l'ouest de Stanleyville dans la région d'Isangi et au sud de la ville dans la région d'Ubundu, quant à l'est du Congo c'est la région de Fizi-Uvira qui se trouve en mains rebelles. Les régions de Bondo et de Wamba dans la Province Orientale posent des problèmes à l'Armée nationale congolaise car la forêt équatoriale permet aux Simba de se cacher et est aussi propice aux guets-apens. Quant aux régions de Fizi et d'Uvira, c'est plutôt la topographie montagneuse qui se révèle avantageuse pour les résistants. Cette région est véritablement le noyau dur de toutes les poches de résistance, la seule qui perdurera, grâce à sa proximité avec la Tanzanie dont elle est séparée par le lac Tanganyika. La situation géographique permet à ces rebelles de rester en contact avec ses dirigeants se trouvant à l'étranger. Ils sont les mieux équipés en armement et régulièrement approvisionnés en munitions. La région de Fizi se partage en 7 groupes de résistance de l'Armée populaire de libération dont on estime les effectifs à environ 2'000 hommes sans compter le soutien de la population civile. Il y a le groupe à Kabimba sous le commandement de Mitoudidi ; en remontant plus au nord et en restant au bord du lac, on trouve le groupe de Lulimba du commandant Lambert ; Kibanga, un des lieux réceptionnant les livraisons venant de

Kigoma (Tanzanie)¹, fait partie de la région du groupe de Baraka sous le commandement de Mukandana ; il y a également celui de Kigongo commandé par Bidalira et, enfin, plus au nord près de Bukavu, le groupe de Marandura. A l'est se trouve un groupe de rebelles entre Kabambare et Pene-Mende ainsi qu'un autre près des mines d'or de Litombwe[291]. La rébellion n'est donc pas totalement vaincue par l'ANC, pourtant renforcée par des mercenaires et aidée par le soutien militaire belgo-américain.

Olenga, Gbenye et Soumialot se trouvent partout sauf au Congo. Si Gbenye s'est principalement opposé à Bocheley en 1964, l'année 1965 est marquée par le conflit entre Gbenye et Soumialot. Ce conflit, on le verra plus tard, trouve son origine principalement dans les différentes attitudes de l'un et de l'autre par rapport au butin que les rebelles ont emmené au Soudan. Pour les leaders de la rébellion, pris par les conflits internes et l'organisation des réfugiés Simba répartis dans différents pays, les combats au Congo semblent être très loin de leurs préoccupations.

Che Guevara et les Simba (avril 1965)

L'année 1964 à connu le début de la plus grande rébellion d'Afrique postcoloniale mais également son effondrement fin novembre causé par l'intervention aussi inattendue que massive des forces belges avec le soutien américain et la perte de Stanleyville. Les foyers de la rébellion se muent alors de plus en plus en une guérilla régionale qui s'étend le long de la frontière est du Congo. Mike Hoare et ses mercenaires ont entre-temps fermé la frontière avec le Soudan et l'Ouganda, ce qui bloque tout retrait et tout apport d'armes.

Des *anciens* Simba, une partie de la population et des combattants rwandais forment un nouveau groupe de rebelles. Ils sont de temps à autre rejoints par des compatriotes de l'étranger, comme des étudiants congolais entraînés en Bulgarie ou en Chine qui cherchent à rejoindre la rébellion. Mis à part les Rwandais, il y a quelques individus d'autres pays africains qui se battent avec les Simba.

---

¹ *Les armes livrées à Dar es-Salaam transitaient par Kigoma vers le Congo, la Tanzanie cautionnait ce trafic.*

Le mouvement est aussi soutenu et renforcé par un illustre révolutionnaire. Un Argentin d'origine, Ernesto Guevara mieux connu sous le nom de Che, s'intéresse vivement à l'Afrique. En décembre 1964, à l'âge de 36 ans, il effectue une tournée africaine qui passe de l'Algérie au Mali, puis au Congo-Brazzaville où il rencontre Agostinho Neto en quête de pouvoir en Angola, pour continuer sur la Guinée et le Ghana. Ensuite il quitte ce continent pour se rendre en Chine. En février, son périple le fait à nouveau passer par l'Afrique, plus exactement à Dar es-Salaam en Tanzanie. Le 14 mars 1965, il est de retour à Cuba. C'est la dernière fois qu'il est vu en public, car il disparaît désormais de la scène publique pour vivre dans la clandestinité et se rendre au Congo. Lors de son séjour au Congo qui reste secret, le monde commence à se poser des questions et différentes rumeurs surgissent. Des soi-disant témoins font part, dans des articles de journaux, de la présence du Che dans divers pays d'Amérique du Sud ; les rumeurs font de lui un combattant au Vietnam ; il est parfois déclaré mort, évincé par Fidel Castro ou interné dans un asile psychiatrique. La CIA fait cependant le rapport entre certaines tactiques appliquées par la rébellion congolaise et le style qu'utilise le Che, mais sans jamais prouver sa présence.

Il est intéressant de noter que les étapes du voyage de Che Guevara entre l'Afrique, la Chine et Cuba sont exactement les mêmes que celles que Soumialot entreprendra plus tard, au mois d'août 1965. Si le Che a choisi le Congo pour continuer son combat révolutionnaire, c'est parce que son attention a été éveillée par la destinée de Lumumba, la prise de Stanleyville par les rebelles Simba et de la conquête de la plus grande partie du Congo. Cette rébellion qui met le gouvernement de Léopoldville sérieusement en danger renforce son intérêt pour ce pays. Un autre argument, tout aussi important, est sa situation géographique : au cœur de l'Afrique, le Congo peut devenir le berceau d'un mouvement révolutionnaire dans tout le continent. Les richesses naturelles du sol de la région ont également une portée fondamentale, car elles pourraient assurer le financement de mouvements de libération dans toute l'Afrique. Le Che choisit le Congo alors que les Cubains soutiennent plusieurs autres *mouvements de libération nationale* comme au Mozambique, en Angola, au Burundi et bien d'autres encore. Ernesto Che Guevara est attiré par les événements du Congo mais n'en connaît pas la culture, la langue, les coutumes et les rites ; il n'y a qu'un seul lien entre lui et les Simba, celui de l'internationalisme prolétarien, du moins c'est ce qu'il croit.

Pourquoi, après la Chine, ce voyage du Che en Tanzanie ? Sans doute pour plusieurs raisons, dont l'une est qu'on y rencontre des Simba venus s'approvisionner en toutes sortes de matériel, entre autres les armes livrées par les Chinois et les Russes, et aussi pour y passer du bon temps, comme à Kigoma, de l'autre côté du lac Tanganyika, où les rebelles ont *leurs habitudes* et peuvent *s'éclater* en toute sécurité dans les bars et les bordels. C'est donc en Tanzanie que le Che rencontre pour la première fois des dirigeants de la rébellion, à savoir Soumialot et Kabila. A en croire ses notes, son opinion concernant Soumialot n'est pas vraiment glorieuse : « Nous avons parlé avec Soumialot un autre jour. C'est un autre type d'homme ; beaucoup moins avancé politiquement, beaucoup plus âgé, tout juste doté d'un instinct primaire qui le fait rester silencieux ou s'exprimer rarement et par phrases vagues, ce qui lui permet de se faire passer pour un penseur subtil. Mais malgré tous ses efforts, il ne donne pas l'impression d'un véritable conducteur de peuples[292] (…) ».

*

Comme précédemment mentionné, Soumialot aime *se faire passer pour un penseur subtil* comme le Che le décrit, mais il est peu vraisemblable qu'il ait essayé de se faire passer pour quoi que ce soit. C'était sa façon d'être. Lorsqu'il agissait ainsi, il enregistrait les propos de son vis-à-vis, les analysait et les comparait avec d'autres assertions, avec ce qu'il avait pu lire et entendre ou avec ce qu'il savait déjà, car il avait appris à ne faire confiance à personne. Souvent, il cherchait d'abord à savoir où et qui détenait la vérité ; il restait dans son silence et partageait rarement ses conclusions. Une chose est certaine, il n'oubliait jamais les propos tenus par ses interlocuteurs. Il n'hésitait d'ailleurs pas à les confondre avec leurs propres affirmations lorsqu'ils se contredisaient bien des mois plus tard. Il ne s'appropriait jamais les idées ou les paroles tenues par d'autres ; lorsqu'il en incluait dans ses propos ou ses conclusions, il ne manquait pas de faire référence à leur auteur. Soumialot n'était certes pas un politicien et encore moins un leader capable d'imposer ses idées politiques, le charisme nécessaire lui faisant défaut, mais il était un fin tacticien et stratège militaire. Si Soumialot cachait bien son jeu, il faut aussi relever que le Che ne connaissait pas l'Afrique ; en découvrant ce continent, il s'est vite rendu compte que le monde sub-saharien est un monde bien différent, en particulier en ce qui concerne les combats armés face à l'ennemi. Che Guevara ne décelait pas toujours les finesses parfois bien trop complexes de ce monde aux structures sociopolitiques, ethniques et claniques si différentes, sans parler des différences culturelles et éducatives. Il semble que, de par son expérience en Amérique du Sud et à Cuba, il croyait que la cause, la volonté et les motivations révolutionnaires étaient universelles. Ernesto Guevara a dû déchanter et constater que ces rebelles ont leurs propres raisons et des intentions bien différentes en ce qui concerne leur révolution. Cette distinction est fondamentale. Entre les lignes d'une des lettres écrites à Fidel Castro lors de son séjour au Congo, on sent bien la déception qu'éprouve le Che : « J'ai perdu ma réputation d'individu objectif à force de garder un optimisme sans fondement face à la réalité de la situation existant[293] » et, en faisant allusion aux Cubains que Castro lui enverra, il lui écrit : « Il s'agit d'avoir un caractère réellement bien trempé pour supporter ce qui se passe ici ; ce ne sont pas des bons qu'il faut ici, ce sont des surhommes[294] ». Non pas qu'il s'agisse de l'enfer comme les Américains commencent à le vivre au Vietnam à ce moment-là, mais tout simplement parce qu'une grande partie des combattants congolais ont d'autres priorités dans la vie que de mourir pour une cause idéologique. D'autant plus que les responsables de ce mouvement rebelle ont fui les combats et passent depuis lors une vie plus agréable à l'étranger tout en les exhortant à continuer de se battre contre l'impérialisme. Le révolutionnaire cubain n'est cependant pas venu avec l'arrogance de l'étranger blanc voulant imposer son savoir-faire ; il est venu en ami soutenir leur mouvement tout en respectant le mode de vie africain. Si les colons belges ont profité de leur différence pour imposer leurs propres perceptions tout en ne se mêlant pas aux Africains afin de préserver leur prestige, le Che s'est adapté aux Congolais en les respectant, en vivant comme eux, en mangeant comme eux, en se battant à leur côté et en suivant la hiérarchie de l'organisation rebelle sans s'imposer, mais en restant leur conseiller. Cela tout au moins pendant un certain temps…

*

Le Che propose de former et d'aider la guérilla sur place avec l'aide d'instructeurs cubains. Soumialot insiste cependant pour que les

Cubains venant au Congo soient de race noire[295], non pas pour des raisons racistes, mais par souci de discrétion. Une fois de plus, Soumialot se montre fin tacticien, car la présence d'hommes à la peau blanche dans les rangs des Simba aurait tout de suite éveillé des soupçons et mis en alerte non seulement toute la région, mais également Léopoldville. C'est ainsi que, le 19 avril 1965, le Che et une trentaine d'instructeurs arrivent en Tanzanie[296]. Au même moment, Soumialot se réfugie au Caire. Le déplacement de Che Guevara se fait dans la plus grande discrétion et à l'aide de certains changements physiques (lunettes, crâne rasé) ainsi que d'un nom d'emprunt. Il passe incognito. Seuls les grands responsables de la rébellion étaient dans le secret concernant sa présence.

Pour rejoindre le Congo, le Che accompagné de treize Cubains et de combattants congolais quittent un soir Kigoma dans plusieurs petites barques pour se rendre de l'autre côté du lac, à Kibanga au Congo. S'ils ont choisi de faire le voyage de nuit, c'est pour éviter les patrouilles armées, fidèles à Léopoldville. Lors de cette traversée, le révolutionnaire cubain fait l'expérience, pour la première fois, des aléas de la vie congolaise : des pannes de moteur et le pilote qui se perd sur le deuxième plus grand lac d'Afrique qui a tout de même une superficie de 32'900 km^2 ! C'est dans ces conditions qu'ils atteignent, au petit matin du 24 avril, les rives congolaises à Kibanga[297]. Au long des prochaines semaines, d'autres Cubains rejoindront la rébellion par petits groupes, par le même chemin et souvent avec les mêmes pannes de moteur…

Une fois sur place, Che Guevara doit donc mettre un peu d'eau dans son vin, car très vite il remarque que le Congo n'est pas Cuba, ni par ses organisations, ses mentalités, ses façons de faire, ses structures, ses populations ou ses différentes cultures. Il est confronté aux multiples promesses jamais tenues, telles que l'arrivée de Kabila toujours remise au lendemain. Les combattants Simba sont livrés à leur sort, sans soutien ; au lieu d'être sur place pour diriger la rébellion et montrer l'exemple, leurs dirigeants voyagent entre Le Caire, Khartoum, Alger, Pékin et La Havane. A ce propos, le Che écrit : « Ils [les officiers Simba] n'étaient jamais là où on avait besoin d'eux. Les plus hauts responsables passaient des journées à boire, prendre des cuites incroyables sans se soucier de se cacher de la population. Des voyages sans objet, avec toute l'essence qu'ils voulaient[298] ».

Arrivés le 24 avril 1965, c'est seulement le 19 juin[299] que les Cubains tirent leurs premiers coups de feu. Le comble de ces tirs, c'est qu'ils ont pour cible les avions pilotés par des Cubains anticastristes...

Che Guevara constate l'indiscipline qui règne dans la vie quotidienne des Simba ; elle n'est pas meilleure lors des combats. Les Congolais tirent dans tous les sens en fermant les yeux et gaspillent d'énormes quantités de munitions, s'enfuient rapidement en laissant derrière eux armes et munitions ou se perdent dans la nature africaine. Quant aux prisonniers, nul ne sait quel est leur sort lorsqu'ils tombent dans les mains rebelles. Les Cubains n'arrivent pas souvent à décrypter ces comportements.

Le Che doit aussi essuyer quelques déceptions et indisciplines individuelles de ses compatriotes cubains qui ont des conséquences importantes : l'interdiction de porter tout document permettant une identification et ainsi révéler la présence cubaine aux côtés des rebelles Simba n'est pas respectée. De race noire, les Cubains passent inaperçus ; cependant, lorsque quatre Cubains sont tués, deux sont identifiés en tant que tels : l'un porte un journal intime sur lui, l'autre un sous-vêtement de fabrication cubaine[300]. Ce n'est cependant que près d'un mois plus tard, le 27 juillet 1965, que le Premier ministre Tshombe déclare avoir la preuve que l'Armée populaire de libération est soutenue par des mercenaires étrangers, notamment des Cubains. Il présente à la presse les documents trouvés sur les cadavres, lesquels indiquent que l'un avait quitté la Havane le 22 avril et fournissent même l'itinéraire du voyage qui l'avait amené jusqu'à Dar es-Salaam.[301]

Ernesto Che Guevara est venu dans une région où une grande partie des rebelles s'est retranchée après la débandade face aux troupes étrangères. C'est d'ailleurs dans ce périmètre, entre Fizi et Baraka, que se limitera plus tard le maquis de Kabila qui restera actif jusqu'en 1984.[1]

Le Che a tout quitté pour venir soutenir la révolution africaine, c'est même lors de son périple au Congo qu'il apprend la mort de sa mère. Il se pose parfois la question si sa présence en vaut bien la peine,

---

[1] *D'après Wilungula B. Cosma, un groupe de 80 personnes aurait encore résisté jusqu'en 1987 à Wimbi.*

surtout en voyant de quelle manière les leaders de la rébellion se comportent. Il se questionne également par rapport aux buts de ce mouvement progressiste et de cette insurrection, car il lui semble que les combattants n'ont que faire d'une réelle doctrine révolutionnaire tant qu'ils peuvent être libres de tout diktat et avoir une vie meilleure. Il se demande également si les responsables rebelles ont réellement des objectifs politiques à long terme et dans quels projets d'avenir passe l'argent de la révolution.

Mis à part la volonté d'un changement politique de la part des rebelles, le Congolais ne s'identifie pas avec l'idéologie du mouvement international révolutionnaire ou avec l'internationalisme prolétarien. D'autres composantes politiques ne facilitent pas la tâche du Che. Le Cubain Harry Villegas, dit Pombo, qui après son intervention au Congo et en Bolivie deviendra colonel, déclare à l'AFP : « En fait, il a manqué un vrai leader après la disparition de Soumialot du front[302] ». En revanche, le soutien africain a tenu longtemps. L'Algérien Ben Bella dira plus tard à propos du leader cubain en Afrique : « Parallèlement au Che, nous avions mené une autre action pour le sauvetage de la Révolution de l'Ouest du Zaïre [sic]. En accord avec Nyerere, Nasser, Modibo Keita, N'krumah, Kenyatta et Sékou Touré, l'Algérie apportait sa contribution en envoyant des armes via l'Egypte, à travers un véritable pont aérien, tandis que l'Ouganda et le Mali étaient chargés de fournir les cadres militaires. C'est au Caire, où nous nous étions réunis sur mon initiative, que nous avions conçu ce plan de sauvetage[303] ». Malgré le fait que Soumialot est la plupart du temps au Caire et rencontre, en tant que représentant officiel du mouvement Simba, les hommes influents de la politique africaine progressiste, il n'est pas informé d'une décision fatale à sa rébellion et ce ni des Cubains ni de ses amis africains. Une information que révèle le Cubain Villegas : « C'est à la suite d'une décision prise lors du sommet de l'Organisation de l'unité africaine d'Accra qu'il nous a été demandé de nous retirer. Les Tanzaniens ont commencé à prendre des mesures, par exemple à nous confisquer du matériel (…)[304] ». En effet, les états africains ont décidé de ne plus intervenir dans les affaires intérieures de pays tiers. C'est à ce moment-là que les pays soutenant la rébellion ont demandé le retrait des Cubains sans en informer Soumialot. C'est seulement une fois le retrait accompli que le président tanzanien informe les dirigeants congolais.

Il faut laisser à Ernesto Guevara son indicible optimisme en dépit de situations désespérantes. Après l'effondrement progressif de la rébellion, il sera néanmoins contraint, avec ses combattants cubains, de se retirer définitivement le 21 novembre 1965 vers la Tanzanie. Le Che vit cette retraite très difficilement : « Durant ces dernières heures que j'ai passées au Congo je me suis senti seul, comme jamais je ne l'avais été, ni à Cuba ni nulle part ailleurs, tout au long de mon pèlerinage à travers le monde[305] ». Le manuscrit du Che concernant son aventure au Congo débute par cette désolante constatation : « Ceci est l'histoire d'un échec[306] ». Cette constatation résume en quelques mots le passage de ce révolutionnaire au coeur de l'Afrique.

La guérilla se limite à l'étendue entre Fizi et Baraka

A l'image du célèbre village gaulois d'Albert Uderzo et de René Goscinny, ce bout de terre abrite la seule poche de résistance subsistant de la rébellion.

Fizi et Baraka, séparées de 30 km, seront le maquis de Laurent-Désiré Kabila pendant 20 ans ; cette petite région où la guérilla est l'autorité régnante, fera figure de résistance au Zaïre. Kabila qui prône « le marxisme-léninisme et la création d'un Etat socialiste[307] », sera cependant la plupart du temps absent de cette région, occupé à l'étranger, en particulier en Tanzanie, par ses différentes affaires et trafics divers comme celui du diamant. La population locale verra d'un mauvais œil le train de vie fort agréable que menait Kabila en Tanzanie, à l'abri de tous les dangers de son maquis. Sur le plan politique, Kabila créera en 1968 le Parti de la Révolution Populaire (PRP) qui perdra tout intérêt à travers les années. Quant à son combat armé, il se limitera à défendre ce petit territoire. Il fera tout de même parler de son mouvement lorsque, en 1974, ses rebelles enlèveront des étudiants américains sur le sol Tanzanien… En 1984, il occupera par ailleurs brièvement sa ville natale, Moba (Baudouinville), où il fera aussi un otage français. Mobutu n'a jamais prêté une grande attention à cette poche de résistance, mais l'a toujours maintenue sous contrôle. Après la prise de Moba en novembre, Mobutu envoie ses parachutistes commandés par des officiers français mettre un terme aux activités de Kabila. Les militaires trouveront le soutien de la population locale qui contribuera à chasser Kabila de la région en 1984[308]. C'est en 1996 que Kabila refera surface grâce aux Ougandais et aux Rwandais qui le catapulteront à nouveau sur la scène internationale en le nommant porte-parole de l'AFDL (Alliance des forces démocratiques de libération du Congo). Ce n'est donc ni l'organisation rebelle de Kabila ni son mouvement politique mais plutôt son symbole de résistant et de rebelle ayant toujours combattu Mobutu qui motiveront Kigali et Kampala pour le désigner comme leur porte-drapeau.

Mobutu prend définitivement le pouvoir (novembre 1965)

Force est de constater que les administrations de l'Etat et les nouvelles élites dans l'Afrique subsaharienne ne sont pas préparées. La seule corrélation entre les colonies avant l'indépendance et les gouvernements après l'indépendance est le pillage des richesses du pays. A cette époque post-coloniale, la seule institution sociale qui reste organisée est l'armée. Si aujourd'hui un putch militaire est une agression contre la démocratie, à cette époque les premiers coups d'Etat sont considérés par les populations africaines comme salvateurs, car elles espèrent que l'ordre va enfin être rétabli dans les institutions étatiques. Le peuple aspire finalement à pouvoir jouir de la libération du pays. Malheureusement, les pays africains ayant connu un pouvoir militaire constateront que, non seulement l'armée est l'équivalent des prédécesseurs civils, mais encore qu'ils devront à nouveau faire face à la violence.

Le mandat présidentiel de Kasa-Vubu se termine en 1965, mais ce n'est un secret pour personne que le président veut se présenter pour un second terme. Il y a cependant des signes qui laissent penser que le Premier ministre Tshombe s'intéresse également à la plus haute responsabilité de l'Etat. Il est alors clair pour tous les observateurs qu'un combat des chefs aura lieu, d'autant plus que Tshombe est devenu assez populaire, même au sein du parlement ; il est donc tout à fait envisageable qu'il soit élu. Si les Belges ne voient pas d'un mauvais œil l'arrivée de leur ancien protégé du Katanga à la plus haute fonction, les Américains préfèrent Kasa-Vubu. La rébellion a connu un revers important à la fin de l'année 1964, mais les combattants qui se sont en grande partie retirés à l'étranger restent un danger pour le Congo ; le risque d'une contre-attaque et d'une reprise des territoires à l'Est du pays est omniprésent, d'autant plus qu'à ce moment-là les escarmouches avec les Simba continuent dans cette région. La perspective d'un combat électoral qui s'annonce des plus vigoureux peut très bien faire le jeu des rebelles. La situation se complique encore lorsque, le 13 octobre 1965, Kasa-Vubu révoque Tshombe et nomme Evariste Kimba à sa place.

Le lendemain de l'investiture du nouveau Premier ministre, le président Kasa-Vubu se déplace à l'étranger, comme le raconte Gaston Soumialot : « Monsieur Nkrumah convoque au Ghana, donc à Accra, une conférence de l'OUA (Organisation de l'Unité Africaine). Et là tous les chefs d'Etats réunis, conseillent à Kasa-Vubu de se réconcilier avec les rebelles. On nous a nommés nommément [sic]. Le président Kasa-Vubu était d'accord de se réconcilier en-dehors du Congo avec nous pour trouver des solutions pour cesser la guerre. Kasa-Vubu était accompagné par le ministre des Affaires étrangères Kamitatu, du PSA de Gizenga. Ils ont dit qu'ils étaient d'accord, c'est là le problème. Mobutu a trouvé que le président est allé à une conférence politique de l'OUA, mais qu'il a traité de problèmes militaires sans le consulter en allant jusqu'à accepter des réconciliations avec des rebelles. (…) Quand le président Kasa-Vubu est rentré à Léopoldville, il était très bien reçu, mais ça n'a pas fait long et Mobutu a pris le pouvoir. » Une réhabilitation des rebelles est hors de question pour Mobutu : « Jamais tant que je serai à la tête de l'ANC, les Gbenye-Soumialot et consorts ne feront partie d'un gouvernement d'union nationale[309] ». L'initiative de Kasa-Vubu provoque une rupture définitive avec Mobutu.

Effectivement, Mobutu prend tout le monde de court, aussi bien les observateurs congolais qu'internationaux. Même les Américains n'avaient pas été mis au courant et, plus surprenant encore, il semble que les membres du groupe de Binza n'avaient pas non plus été informés ; ils apprennent tous la nouvelle du coup d'Etat par la radio[310]. Lors d'une allocution radiodiffusée à l'aurore du 25 novembre, Mobutu annonce l'éviction du président, du Premier ministre et du gouvernement par l'Armée nationale congolaise. Les responsables militaires *demandent* à Mobutu de prendre la présidence. Le colonel Mulamba devient Premier ministre, Bomboko prend le département des Affaires étrangères et Nendaka reste le chef de la Sécurité. L'armée et le groupe de Binza représentent une certaine continuité car, il ne faut pas se leurrer, depuis la disparition de Lumumba de la vie politique en septembre 1960, Mobutu est l'un des hommes qui est devenu de plus en plus influent à Léopoldville. Cette prise de pouvoir est un des premiers *coups de maître* politique de Mobutu car il est un des seuls à réaliser l'enjeu véritable de la situation mondiale et il sait en profiter. La décision américaine quant au soutien du nouvel homme fort de Léopoldville dépend donc essentiellement de son comportement par rapport à la guerre froide, Washington préférant évidemment un régime qui lui est favorable et avec qui il est possible de développer des relations privilégiées qu'un pouvoir prosoviétique. La rébellion de Gaston Soumialot, même très affaiblie, reste une réalité et de fait un danger potentiel pour l'Occident. En conséquence, le choix des Américains est vite fait. Mobutu réalise alors pleinement qu'il détient les clés du pouvoir grâce au danger permanent venant des pays communistes ; des clés qu'il gardera pendant 32 ans.

En 1966, six mois après la prise de pouvoir de Mobutu, il y a l'affaire *des pendus de la Pentecôte*. Des déçus du régime contestent le pouvoir de Mobutu. Parmi eux se sont introduits des militaires, mais ceux-ci sont fidèles au président ; c'est ainsi que les six militaires incitent les quatre conspirateurs civils, dont l'ex-Premier ministre Kimba, à passer de la théorie à l'acte. C'est un piège. A Pentecôte a lieu la dernière réunion avant de passer à une éventuelle action, mais les quatre civils sont arrêtés, remis à un tribunal militaire et, trois jours plus tard, pendus. La conséquence tragique pour les malheureux participants à l'initiative de déstabilisation ratée, est un signe très clair à tous ceux qui tenteraient de mettre le pouvoir de Mobutu en question. Il y a désormais un homme fort et puissant à Léopoldville, soutenu de surcroît par une des deux grandes puissances, les Etats-Unis. Le Congo a connu un début de démocratie très chaotique, le pays passe maintenant à une période que l'on pourrait appeler la *démocrature*, car la structure démocratique instaurée lors de l'indépendance se muera vite en dictature.

Soumialot et le Conseil suprême de la révolution (CSR)

Pendant la rébellion déjà, les grands leaders cherchaient à étendre leur pouvoir en créant des tensions entre eux ; lors de leur fuite au Soudan, l'entente ne s'améliore pas. Les constantes dissensions entre le président de la République populaire du Congo, son ministre de la

Défense et le général de l'état-major de l'Armée populaire de libération marquent l'histoire de l'après rébellion.

Plusieurs événements ont lieu en 1965. Le Comité national de libération (CNL) est chapeauté par le Conseil suprême de la révolution (CSR) dont Soumialot est le président. Soumialot relate cette nomination ainsi : « (…) au Caire nous nous sommes regroupés pour convoquer une conférence au sommet des forces révolutionnaires congolaises en vue de reconstituer cet organe de combat. Nous avons tenu cette conférence au Caire en avril 1965 et de cette conférence j'étais élu président du Conseil suprême de la révolution. Comme tel, j'étais invité partout dans les pays qui nous aidaient. »

Gaston Soumialot est à Khartoum au mois de mai afin de se réconcilier avec les protagonistes de la rébellion, à savoir Gbenye, Kanza et Olenga. Mais cette tentative échoue.

*

Parmi les photos originales dans les archives collectées par Martin Hofmann, il y en a une où Soumialot, arrivé en Chine le 19 août, rencontre Chou En-lai et une autre lorsqu'il s'est rendu fin août à Cuba, où il est en compagnie de Fidel Castro avec qui il a eu de longs entretiens. Curieusement, aucune documentation concernant le voyage en septembre en URSS ne s'y trouve où, d'après les dires de Soumialot, il a été reçu avec tous les honneurs : « C'est à ce moment-là que j'ai commencé par la Chine pendant l'époque de Mao Tsé-toung. (…) Je suis arrivé à Cuba avant de visiter Moscou officiellement. (…) Et partout j'ai été reçu comme un président du Congo, parce que le Conseil suprême de la révolution était l'organisation directeur [sic] qui dirigeait le CNL. » En effet, le 31 août à la Havanne, il a été accueilli sur le tapis rouge au bas de l'avion par le président et le ministre des Affaires étrangères cubains. Soumialot prononcera un discours à la télévision cubaine et ses propos enflammés seront chaudement applaudis par Castro.[311]

*

En septembre de cette année 1965, le colonel Pakassa, dont on rappelle la présence lors de l'assassinat des aviateurs italiens, est abattu au Caire. Il aurait été tué par un garde du corps de Soumialot[312].

Le même mois, le président Nyerere annonce à Soumialot que les rebelles ne peuvent plus utiliser la Tanzanie comme plaque tournante que ce soit pour les armes ou pour toute autre aide. Les Soviétiques, les Cubains et les Chinois avaient préalablement été informés.

Les années suivantes, Soumialot se déplace souvent en Afrique, revient même à l'Est du Congo, mais réside la plupart du temps au Caire. En 1986, il précise : « Le président [Mobutu] a pris le pouvoir en novembre 1965, moi je suis encore rentré au front en novembre 1968. »

La famille de Soumialot

1965 est, à titre privé, une année qui marque Soumialot car il se sépare de sa famille. Il nous en explique la raison ainsi : « On vivait ensemble au Caire. Et de là, ma femme à quitté Le Caire pour La Havane (…). Quand j'ai effectué le voyage officiel comme président du CSR (…) le camarade Fidel Castro m'a demandé d'envoyer mes enfants étudier là-bas, il s'est porté garant pour garder ma famille, s'occuper de ma famille, encadrer mes enfants à La Havane. »

Cette offre restera à tout jamais un geste incroyable pour Soumialot. Lors de son premier voyage en Suisse, en 1986, il raconte : « Ma femme et mes enfants se trouvent encore à la Havane. Il y en a [enfants] qui sont déjà à Kinshasa, mais le reste, la grande majorité se trouve encore à la Havane avec leur mère. C'est un service que je n'oublierai jamais, c'est l'œuvre de Fidel Castro. Quel service ? Ma femme vit là-bas jusqu'à aujourd'hui au dépend du camarade Fidel Castro, logement gratuit, nourriture gratuite, les études de mes enfants gratuits, l'habillement, leurs soins médicaux, tout gratuit et pendant combien d'années ? »

Hofmann s'est alors démené pour trouver et contacter Rose, l'épouse de Soumialot à Cuba, ces deux n'ayant plus eu de contact depuis 1965. Ayant trouvé les coordonnées téléphoniques, il parle en premier à Rose et établit le contact entre les deux époux, un moment rempli d'émotions. Cela faisait longtemps que Soumialot n'avait pas vu Rose : « Très longtemps, très longtemps et je vous dis que je peux remercier mon ami [Hofmann] chez qui je me trouve maintenant, sa famille, pour m'avoir facilité, pour m'avoir donné l'occasion d'entrer en contact, d'entendre la voix de ma femme, la voix de mes enfants par le moyen téléphonique. Après 20 ans, c'est la première fois. »

Durant cette longue séparation, Soumialot a vécu avec une autre femme avec qui il a eu deux enfants. La raison de cette deuxième relation est très intéressante car elle prouve que, tout au long des années après son retour au pays, il n'a jamais dormi sur ses deux oreilles. Soumialot explique cette relation ainsi : « Ma position et ma situation politique ne m'a pas permis, pour ma sécurité, de vivre avec n'importe quelle femme, et de manger avec n'importe qui ou n'importe où. Alors, en l'absence de ma femme, j'ai trouvé bon de prendre une femme dont j'étais sûr qu'avec elle, il n'y avait pas de danger, pour qu'elle puisse m'aider en faisant ma cuisine, s'occuper de mon foyer, de mon ménage (…). »

La mort de Mulele (octobre 1968)

Lorsque Mobutu reprend le pouvoir en 1965, il dit aux Simba qu'ils « peuvent sortir de la brousse et exercer librement les activités des citoyens libres » tout en précisant : « Je ne consentirai jamais au retour des chefs rebelles »[313]. En 1968, Mobutu change d'avis, proclame une amnistie générale et, en vue de la construction et du développement du Congo, demande à tous les opposants et exilés de rentrer au pays. Pierre Mulele, se rendant mi-septembre à Brazzaville avec ses acolytes, constate que ceux-ci, informés de l'amnistie, veulent abandonner le combat car ils ont envie de rentrer au pays. C'est la fin de la rébellion du Kwilu.

Sachant que Mulele se trouve à Brazzaville, le ministre des Affaires étrangères Bomboko s'y rend immédiatement et rencontre les autorités du pays voisin. Ils signent un accord le 28 septembre confirmant que les réfugiés retournant au Congo-Kinshasa n'encourent aucun danger. Bomboko précise même que « Mulele sera accueilli en frère (…)[314] ». Il dit la vérité mais ne précise pas ce que Kinshasa a prévu une fois l'accueil terminé. C'est ainsi que Mulele, accompagné de son épouse, traverse le fleuve le lendemain pour se rendre dans la capitale où il est accueilli par Bomboko ; une grande réception est offerte en son honneur et le ministre des Affaires étrangères héberge même le couple chez lui. Mobutu se trouve à ce moment-là au Maroc. Le lendemain, Mulele, toujours chez Bomboko, reçoit la visite de proches et d'amis.

Le 2 octobre, Pierre Mulele est informé qu'on le conduit au stade Tata Raphaël où la population attend de le voir. Seulement, la voiture qui l'emmène emprunte un autre chemin, celui du camp Nkoloko. Au début de la soirée, il est séparé de son épouse et mis dans une cellule où il trouve un de ses compagnons de route, Théodore Bengila, également fait prisonnier.

Ce qui se passe cette nuit entre dans la catégorie des horreurs inqualifiables. De son vivant, on lui arrache les oreilles, les yeux, les organes génitaux, coupe le nez, les bras et les jambes pour le mettre ensuite dans un sac qui est jeté dans le fleuve[315]. Le même sort est réservé à son ami Bengila. Mobutu dira plus tard que les militaires ont profité de tuer Mulele parce qu'il était en voyage. C'est la thèse que Soumialot défend également : « (…) Mulele a été tué. A ce moment-là le président Mobutu n'était pas sur place. Mais évidemment comme c'est lui le président de la République, comme c'est lui le chef d'Etat, tout ce qui arrive, tout ceux qu'on tue, tout ceux qu'on arrête, c'est sous sa responsabilité. »

Des correspondances anglaises qui se trouvent dans les archives britanniques accablent non seulement Bomboko, mais également Mobutu[316] qui dira en 1982 : « J'en prends la responsabilité, je ne suis pas homme à dire que ce n'est pas moi[317] ».

La mort de Tshombe (juin 1969)

Tshombe, à nouveau en exil dans l'Espagne de Franco, reste un danger pour Mobutu qui le condamne à mort pour haute trahison. L'ancien Premier ministre et ex-sécessionniste katangais a toujours des *amis* susceptibles de gonfler son ambition politique ; de plus, il est bien introduit dans le milieu des mercenaires, sans parler de son influence sur les gendarmes katangais. Dans le cadre d'un investissement dans un projet immobilier, Tshombe fait la connaissance d'un homme d'affaires du nom de Bodenan. Ensemble, ils se rendent en avion privé vers l'île d'Ibiza. C'est lors du vol de retour que Bodenan détourne l'avion avec Tshombe pour se rendre en Algérie et livrer l'ennemi du nationalisme africain au colonel Boumédiène. Cette destination est la dernière pour Tshombe qui mourra deux ans plus tard, le 29 juin 1969, soi-disant d'une crise cardiaque à l'âge de 49 ans. A noter que l'Algérie avait refusé de remettre Tshombe à Mobutu. Si son enlèvement soulève des interrogations quant aux véritables auteurs de l'acte, la mort de l'homme fort du Katanga suscite également beaucoup de questions, d'autant plus que des rumeurs faisaient état d'un éventuel renvoi de Tshombe en Espagne, ce qui n'aurait pas eu l'heur de plaire à Mobutu qui aurait alors eu toutes les raisons de le faire disparaître. Par ailleurs, le fait qu'à cette époque l'ambassadeur du Congo à Bruxelles, Mungul Diaka[1], a été vu plusieurs fois à Alger, a sans doute aussi eu son importance. A ce sujet, Hofmann a demandé à Soumialot :

- Mais au fait, cette histoire, elle est vraie ? C'est Mungul Diaka qui a amené à Alger le poison que Mobutu lui avait donné ?
- C'est connu comme ça et il a été récompensé pour ça, a répondu Soumialot.

On ne saura jamais dans quelles circonstances et de quoi est véritablement mort Tshombe.

Le retour de Gbenye et Olenga (1969)

Une année après Mulele, c'est au tour de Gbenye et d'Olenga de rentrer au pays[318]. L'ex-président de la République populaire du Congo et le général de l'Armée populaire de libération ne connaîtront pas le même sort que Mulele. Soumialot reste plus prudent car il se doute bien qu'il est, aux yeux de Mobutu, le plus dangereux des trois. Il est l'auteur de la rébellion à l'Est, comme l'était Mulele au Kwilu. De ce fait, Soumialot restera plus longtemps en exil.

Soumialot retourne au Zaïre (1975)

Mobutu a toujours aimé avoir ses ennemis autour de lui pour mieux les contrôler, voire les manipuler, mais surtout les neutraliser. C'est pourquoi, en 1975, il charge Honoré N'Gbanda de négocier le retour de Soumialot. Les deux hommes se rencontrent en Tanzanie et discutent pendant une semaine. Il est prévu que le retour de Soumialot

---

[1] *Il avait été le chef de cabinet au ministère de la Défense nationale dans le premier gouvernement. C'est lui qui, à la demande de Lumumba, est allé explorer la route vers le Kwilu pour préparer la fuite du Premier ministre. Par la suite, il sera dans différents gouvernements de Mobutu et, pendant un mois en 1991, Premier ministre.*

se fasse en compagnie de quelques subordonnés, dont Laurent-Désiré Kabila. Soumialot trouve un accord avec le représentant de Mobutu, mais Kabila se désiste au dernier moment et ne se joint pas au groupe[319]. Il semblerait que le négociateur a soumis une proposition à Soumialot, mais le genre d'offre n'a pu être déterminé, s'agissait-il d'un poste dans le régime ou dans l'économie ? En 1986, Soumialot dit à ce propos : « Je vous donne la réponse que j'avais donnée (…) aux gens de Mobutu qu'il avait envoyé chez moi pour me demander ce que je voulais faire. (…) Il voulait me réintégrer dans la société zaïroise, mais j'ai réfléchi mûrement, j'ai d'abord tenu compte de mon âge, j'ai analysé la situation politique de mon pays, j'ai répondu négativement. Je ne pouvais pas travailler, si on avait besoin de gens dans le pays, mes enfants étaient là, en tout cas pas moi. Mon idée était de rentrer chez moi au village pour vivre là-bas en paix. Avant de partir, j'ai demandé au président Mobutu de me laisser en paix là-bas dans le Kivu dans mon village natal. »

Cela ne se passe pas comme Soumialot l'avait souhaité, car il n'est pas autorisé à s'installer dans son village. Curieusement, la situation est la même qu'à l'époque de Mulele : Mobutu se trouve en voyage officiel au Gabon lorsque les services de renseignement ramènent Soumialot à Kinshasa. Le négociateur N'Gbanda raconte : « Informé de l'arrivée de Soumialot dans la capitale, le Président Mobutu donna l'ordre, de Libreville où il se trouvait en visite, que sa présence ne fût connue d'aucune autorité politique et militaire jusqu'à son retour. Mobutu craignait qu'on lui rééditât le coup de Mulele[320] ».

Rentré au Zaïre le 20 novembre 1975, Gaston Soumialot n'a plus la liberté de ses mouvements. Il vit à Kinshasa dans des conditions très modestes et à la ferme de Kansangulu. C'est très tardivement, soit en 1983, qu'il obtient pour la première fois l'autorisation d'aller visiter sa famille dans son village natal. Il est donc obligé de rester dans la capitale, coupé de son clan, sa tribu, son ethnie et loin de toutes les régions où il aurait pu bénéficier de sa notoriété. Il passe de nombreuses années dans l'anonymat le plus complet jusqu'au jour où il rencontre Martin Hofmann. Onze ans après son retour, il s'exprime sur son cantonnement dans la capitale et sa reconnaissance d'avoir pu retourner dans son pays : « Je suis rentré dans des conditions que je ne peux pas vous expliquer aujourd'hui. C'est-à-dire j'étais presque enlevé et emmené à Kinshasa (…). Je serais très ingrat de ne pas reconnaître le geste humanitaire du président Mobutu. Je vous dis ça du fond du cœur. Les militaires et l'entourage du président Mobutu, même aujourd'hui, ne me supportent pas, ne tolèrent pas ma présence. Et le président Mobutu a des ennuis incalculables à cause de ça, pourquoi n'a-t-il pas pris la décision de nous éliminer ? C'est pour vous dire que si je vis, je me promène, je me sens en liberté, c'est grâce à lui. Mais le jour que lui ne sera plus là au Zaïre, moi aussi je ne serai plus là et ça c'est vrai. Si je parle du président comme individu, je ne parle pas du régime. Parce qu'il faut distinguer les choses. Mobutu c'est une personne physique, le régime est une personne morale. Je parle de la personne physique qui s'appelle Mobutu, c'est à lui à qui je dois ma vie pour le moment. »

Gaston Soumialot le révolutionnaire

Soumialot qui avait pourtant beaucoup d'admiration pour ses parents, dit un jour : « J'aime rester simple, ne pas avoir de tendance bourgeoise comme étaient mes parents. Ma mère était une princesse, la fille du grand chef des Basongye, de tous les Basongye. Mon père était un grand chef coutumier. Alors que moi je n'aime pas ça. La féodalité, c'est le contraire de mon opinion politique. »

On peut l'admirer ou le détester, être d'accord ou rejeter ses idéaux, mais il y a un aspect de sa personnalité que l'on doit reconnaître, c'est sa fidélité à son esprit révolutionnaire, une attitude qu'il gardera toute sa vie.

Soumialot n'a jamais voulu devenir propriétaire foncier à Kasangulu lorsque Mobutu le lui a proposé ; il a, en revanche, hérité de son père une grande concession forestière dans sa région natale, ce qui lui a fait dire : « Propriétaire foncier c'est encore pire que la féodalité. Alors moi je condamne ça, mais c'est un héritage. Si je reste là-bas [au village natal], je partage ça avec ceux qui vont venir habiter avec moi, voilà mon but. Je n'ai pas demandé de terrain. »

Pour les uns, il restera un grand révolutionnaire africain qui s'est battu pour un idéal et pour la liberté de son pays, pour les autres il aura été un des plus grands criminels de guerre de l'Afrique des années 60. Gaston Soumialot est décédé le 11 février 2007 à l'âge de 85 ans.

CHAPITRE II

La rencontre

La force du baobab est dans ses racines.
(Proverbe congolais)

RENCONTRE AVEC SOUMIALOT

Un coq appartient à un seul fermier, mais il chante pour tout le village.
(Proverbe congolais)

Martin Hofmann

Dans la vie de Soumialot va intervenir un personnage qui reste pour beaucoup obscur car il n'était pas un homme public mais avait accès aux couloirs influents de la résidence présidentielle. Martin Hofmann est souvent mentionné dans des ouvrages se rapportant au Zaïre et il était, dans les années 80, fréquemment l'objet d'articles de presse qui, en Suisse, ne lui étaient pas souvent favorables. Cet intérêt médiatique était dû à sa proximité du président Mobutu et à un pouvoir de décision ou d'influence que les médias lui attribuaient à tort.

Certes, Hofmann avait ses entrées directes dans l'organigramme du pouvoir parce qu'il était à titre privé un proche de Mobutu. Il n'avait cependant aucun pouvoir qui lui permettait en claquant des doigts d'obtenir quoi que ce soit. Hofmann avait incontestablement une entrée plus facile auprès des instances décisionnaires mais il était extrêmement difficile de convaincre les individus de ce régime totalitaire. Les intérêts des personnages influents de l'administration, du gouvernement, de la diplomatie ou de l'économie n'étaient pas les siens, le compromis était parfois pénible à obtenir. Il y avait un pouvoir politique, ethnique et clanique dont il ne faisait pas partie. Hofmann ne s'immisçait pas dans les affaires politiques du pays. S'ajoute à cela le *système Mobutu* bien décrit par Colette Braeckmann dans son livre *Le Dinosaure*. Mobutu qui aimait diviser pour mieux régner, opérait aux changements constants des personnes influentes, ce qui provoquait une corruption à tous niveaux car ces responsables choisis savaient qu'ils ne seront pas longtemps au pouvoir et devaient *profiter* rapidement de l'opportunité de s'enrichir. Le pillage du Congo pratiqué par Léopold II, développé à son extrême par Mobutu et repris en grande partie par ses successeurs, fait qu'il y avait à tout niveau un personnage influent qui se comportait en petit dictateur dans son domaine décisionnaire. Les Européens que l'on croisait dans l'entourage du président venaient et partaient, Hofmann a été un des rares à rester pendant plus de 10 ans dans ce milieu. Cela s'explique par son éducation et son enfance.

Il n'était pas un de ces expatriés européens que l'on trouve au fin fond de l'Afrique par idéalisme ou pour des intérêts pécuniaires. Hofmann était un Zaïrois à peau blanche, idéaliste et ambitieux, qui se faisait parfois appeler *nègre blanc* par des Congolais. Lorsqu'une idée ou un projet lui semblait intéressant pour le pays et sa population, il était prêt à s'engager avec énergie pour lui donner toutes ces chances de réalisation. Son idéalisme pouvait parfois couvrir une certaine naïveté. Autoritaire, il n'aimait pas être contesté, pouvait se montrer très impatient et extrêmement exigent envers des expatriés, ce qui lui valait souvent des confrontations houleuses, d'autant plus que sa mentalité était plus africaine qu'européenne. Mais patriarche, Hofmann savait aussi se montrer généreux et protecteur. C'est ainsi qu'il a organisé la formation en Suisse d'employés congolais talentueux, que ce soit dans des cursus universitaires, des apprentissages ou des stages de formation. Il a soutenu bon nombre d'associations caritatives locales par des services rendus ou par des soutiens logistiques. De passage en Suisse, Hofmann organisait du matériel sanitaire et des médicaments pour différents dispensaires, obtenait des pièces de rechanges et du matériel pour des petits entrepreneurs zaïrois ou trouvait des médecins suisses prêts à accueillir un patient congolais gravement malade. Il se sentait comme un Zaïrois privilégié redevable à la société congolaise.

Son parcours débute au Congo belge dans les années 40 où il reste jusqu'à l'âge de 15 ans quand, en 1958, la mort de son père y met un terme. Le hasard fait qu'au début des années 70, il fait la connaissance de Mobutu qu'il appelle *le Vieux*. Photographe de profession, il est amené à faire son portrait officiel, un exercice qu'il réitérera dans les années 80. Le culte de la personnalité rendra ces photos célèbres, car le portrait du président se voyait partout : dans l'administration, à la télévision, dans les magasins, sur les billets de banque, les timbres, les pagnes ou les journaux. Puis il est amené à faire des expositions à travers le monde, présentant les attraits économiques et touristiques, les richesses naturelles et l'histoire du Zaïre. Ces expositions rencontrent un énorme succès et sont souvent primées comme à Lausanne lors du Comptoir suisse au Palais de Beaulieu, à la *Muba* de Bâle, à Paris ou à Lagos. A la Foire Internationale de Kinshasa (Fikin), il présente les vertus de la Suisse. A travers ces activités il rencontre à maintes reprises Mobutu. Etant donné qu'il avait grandi au Congo, il était imprégné de la mentalité bantoue et parlait mieux le lingala que le français, ce qui avait impressionné le président. Ils se lient d'amitié. A cette époque, Mobutu est marié avec Marie-Antoinette mais a un *deuxième bureau* comme l'on dénomme une maîtresse au Congo. Cette femme, Mama Bobi, avait déjà quatre enfants de lui et deviendra plus tard la deuxième épouse du président. Hofmann est amené à s'occuper de ce deuxième bureau lorsque Mobutu se trouve en voyage. Par la suite, il obtient souvent des *missions* de la part du président afin de résoudre des problèmes d'ordre familial. Cela l'amène à vivre plusieurs situations cocasses auprès de la cour du *Vieux* dignes des meilleurs vaudevilles. Parfois il est confronté à des situations plus difficiles comme la mort d'un enfant de Mama Bobi né prématurément en Suisse. Mais l'événement qui rapproche le plus les deux hommes est le décès en 1977, à Lausanne, de la première épouse de Mobutu. Hofmann se voit alors impliqué dans l'organisation des funérailles et de la construction de la chapelle érigée à la mémoire de la défunte. Mobutu lui demande aussi de créer en pleine forêt vierge un projet pilote d'une ferme laitière pouvant être reproduit à travers le pays afin de nourrir la population. Ce programme agricole durera plusieurs années et sera une de ses activités principales, même s'il se limitera en définitive à la région natale du président. Toutes ces occupations lui permettent d'avoir à toute heure un accès direct auprès du président, ce qui ne passe pas inaperçu de l'économie suisse qui fait appel à lui. Hofmann crée la Chambre de commerce suisse au Zaïre et en restera vice-président jusqu'à la fin de sa vie. C'est ainsi qu'il est à la source de l'énorme projet d'Alusuisse au Zaïre. D'autres multinationales, mais aussi des petites et moyennes entreprises font appel à lui. Puis, dans les années 80, il y a des dissensions entre lui et la famille du président, ce qui l'amène à quitter le Zaïre en 1986. Il y retournera brièvement dans les années 90 et 2000. Hofmann a été un de ceux qui ont côtoyé intensément le *patron*, non pas à cause des responsabilités politiques de Mobutu, mais pour son rôle de chef de famille.

De retour en Suisse, Hofmann rendra également des services à la Confédération helvétique, comme lors des négociations avec des rebelles congolais qui avaient pris en otage une citoyenne suisse et réussira à la faire libérer. En 1997 cependant, Hofmann se verra obligé d'intenter un procès en Suisse contre le président pour des prestations qui étaient restées impayées et a reçu gain de cause. Cela le fera réapparaître dans la presse Suisse. Une procédure juridique qui durera près de 10 ans, la Confédération helvétique s'étant opposée à l'exécution du jugement. Finalement, c'est le Tribunal fédéral qui lui donnera gain de cause en soulevant le « comportement obstructif des autorités fédérales ». En Suisse, il restera pour beaucoup *l'ami* de Mobutu, ce qui dans les années 70 était bien vu par l'intellingentsia fédérale et qui changera dans les années 80 lorsque Mobutu spoliera à grande échelle son pays.

Kasangulu

Au Zaïre, Martin Hofmann est à la disposition de Mobutu 24 heures sur 24 et remplit une multitude de missions privées. Il fait face aux requêtes les plus diverses, est accaparé de tous côtés, aussi bien par les expatriés que par les Zaïrois car tout le monde croit savoir qu'il a la possibilité de contacter des hommes influents du régime. Toutes ces activités lui pèsent et il cherche un refuge lui permettant de se retirer de temps à autre pour échapper aux requêtes constantes. De la ferme près de Léopoldville où il a grandi, lui reste le souvenir d'un havre de paix. C'est ainsi qu'il décide d'acquérir une petite ferme dans les alentours de Kinshasa. Les conséquences de cette décision seront tout autres que prévues car ce domaine a une histoire qui lui fera rencontrer Soumialot.

De retour au pays le 20 novembre 1975[321] après un long exil, Gaston Soumialot a reçu de Mobutu un droit d'exploitation pour cette ferme. En donnant un moyen d'existence à Soumialot, Mobutu s'était facilité le contrôle des faits et gestes de l'ancien rebelle amnistié, tout en le cantonnant en dehors de sa région natale et en maintenant l'obligation qui lui était faite de se manifester hebdomadairement dans un poste de police de Kinshasa ou de Kasangulu. Cependant, Mobutu doit essayer de limiter les pots cassés de sa politique désastreuse de nationalisation et décide que les bénéficiaires des biens zaïrianisés sont désormais tenus d'en payer la valeur à l'Etat. Cette situation fait qu'au début de l'année 1978, Soumialot a une dette qu'il ne peut payer.

Certains militaires des Forces armées zaïroises (FAZ) qui l'avaient combattu quelques années plus tôt, n'arrivent pas à se faire à l'idée que leur ennemi d'alors a non seulement survécu à la rébellion mais, qu'en plus, il exploite une ferme zaïrianisée ; ils y font plusieurs fois irruption avec apparemment la ferme intention d'abattre Soumialot. Cette situation oblige Soumialot à fuir Kasangulu et, par conséquent, à abandonner cette ferme qu'il n'entretient pas vraiment et développe encore moins ; il la laisse à l'abandon et la nature reprend ses droits sur le domaine.

Ayant découvert ces ruines abandonnées, Hofmann s'adresse aux autorités concernées. En 1982, après moultes démarches et longues négociations, il devient l'acquéreur de ce domaine.

Etant donné que l'exploitation de cette ferme avait été remise en son temps à Soumialot, les fonctionnaires négociant la vente avaient auparavant cherché l'approbation de Mobutu et celui-ci avait, semble-t-il, acquiescé. C'est d'ailleurs ainsi qu'il pouvait être au courant de tout ce qui se tramait dans son pays. Avant l'achat, Martin Hofmann n'avait pas été informé du transfert du droit d'exploitation de ce domaine plusieurs années auparavant mais, une fois les travaux de remise sur pied entamés, un certain Gaston Soumialot est venu revendiquer la propriété, ce qui a déclenché de vives tensions. Cependant, quelques mois plus tard, Soumialot s'est fait à l'idée et lui a fait savoir que non seulement il était d'accord que la ferme lui ait été vendue, mais qu'il le soutenait complètement dans cette aventure agricole en lui faisant part du commentaire suivant : « Je suis un révolutionnaire et non un agriculteur. »

C'est donc à Kasangulu qu'Hofmann rencontre Soumialot dont il ignore tout ou presque. On lui fait comprendre que ce sexagénaire avait été impliqué dans les événements de l'après-indépendance et qu'il était un ancien rebelle mais, à ce moment-là, Hofmann ne s'intéresse pas particulièrement au passé de Soumialot. Il apprend à connaître l'homme et a plaisir à le recevoir régulièrement à la ferme, ce qui donne à Soumialot l'occasion de se déplacer car il n'a toujours pas une totale liberté de mouvement.

Respect et amitié

Soumialot n'est pas qu'un simple révolutionnaire : il est, comme on l'a vu, à l'origine de l'invasion du Congo en 1964 qui fera que les rebelles conquerront *les trois quarts du pays*[322]. On peut lire beaucoup de choses concernant Hofmann et sa relation avec Soumialot, mais c'est grâce à lui que la qualité de vie de Soumialot s'est nettement améliorée et qu'il pourra pour la première fois depuis son retour en 1975 quitter le pays pour venir en Suisse, ce qu'il fera à plusieurs reprises par la suite.

Hofmann avait beaucoup de respect pour Soumialot parce qu'il s'agissait d'un de ces *vieux* qui, au contraire de l'Europe, sont vénérés et respectés en Afrique, mais il restait circonspect parce que peu à peu les pires histoires de la rébellion arrivaient à ses oreilles. Les Zaïrois étaient très méfiants à l'égard de Soumialot, ils n'avaient pas oublié les méfaits de la rébellion et le craignaient toujours. On ne pouvait pas dire de lui que c'était un homme violent ou spécialement menaçant, mais on pressentait qu'il n'était pas à sous-estimer. De son côté, Soumialot restait prudent et ne dormait jamais sur ses deux oreilles ; il craignait ses compatriotes et restait attentif. Avec le temps, Hofmann a éveillé l'intérêt de Soumialot parce qu'il avait cette autre qualité qui le différenciait des Zaïrois : il n'était pas lié à une ethnie africaine. Soumialot ne devait donc pas craindre qu'il le manipule sous la pression de sa famille ou d'un quelconque clan.

Après une longue période de côtoiement, les deux hommes ont appris à se connaître et à s'apprécier mais ce n'est qu'après plusieurs années que Soumialot s'est confié un jour à lui, car il gardait un énorme secret qui datait de 1964 et qu'il n'avait partagé avec personne d'autre.

Soumialot et Chou En-Laï en Chine

Soumialot (à droite) avec Raúl et Fidel Castro

Extrait du livre de caisse d'un des trésors

RÉPUBLIQUE POPULAIRE DU CONGO
ARMÉE POPULAIRE DE LIBÉRATION
QUARTIER GÉNÉRAL

Khartoum, le 18 mai 1965.-

No 003/AT/APL/65.-

Objet: Retrait des fonds

FRANÇAIS copie pour information à :
- S.E. Monsieur le Premier Ministre de la République du SOUDAN à KHARTOUM, avec l'assurance de notre considération très distinguée.-
- S.E. Monsieur le Ministre des Finances de la République du SOUDAN à KHARTOUM.-

A Monsieur le Gouverneur de la
Banque du Soudan
à
KHARTOUM.-

Monsieur le Gouverneur,

Nous avons l'honneur de porter à votre connaissance que dorénavant nul ne peut effectuer des retraits de fonds sur le Compte du Gouvernement de la République Populaire du Congo, sans être porteur de 3 signatures authentiques.

Ces signatures sont celles de Messieurs OLENGA Nicolas, SOUMIALOT Gaston et GBENYE Christophe.

Nous vous prions de respecter scrupuleusement la présente instruction, faute de quoi la responsabilité de votre Banque serait engagée.-

Veuillez agréer, Monsieur le Gouverneur, l'assurance de notre considération distinguée.-

Gaston SOUMIALOT.   Nicolas OLENGA.

                                     Commandant en Chef de l'APL.

PRÉSIDENT DU C.S.R.

Premier voyage en Suisse de Soumialot en 1986

Soumialot visite l'auteur lors de son service militaire

Soumialot raconte son aventure à Hofmann
lors de ses différents séjours en Suisse

Un rebelle et un trésor oubliés au Congo

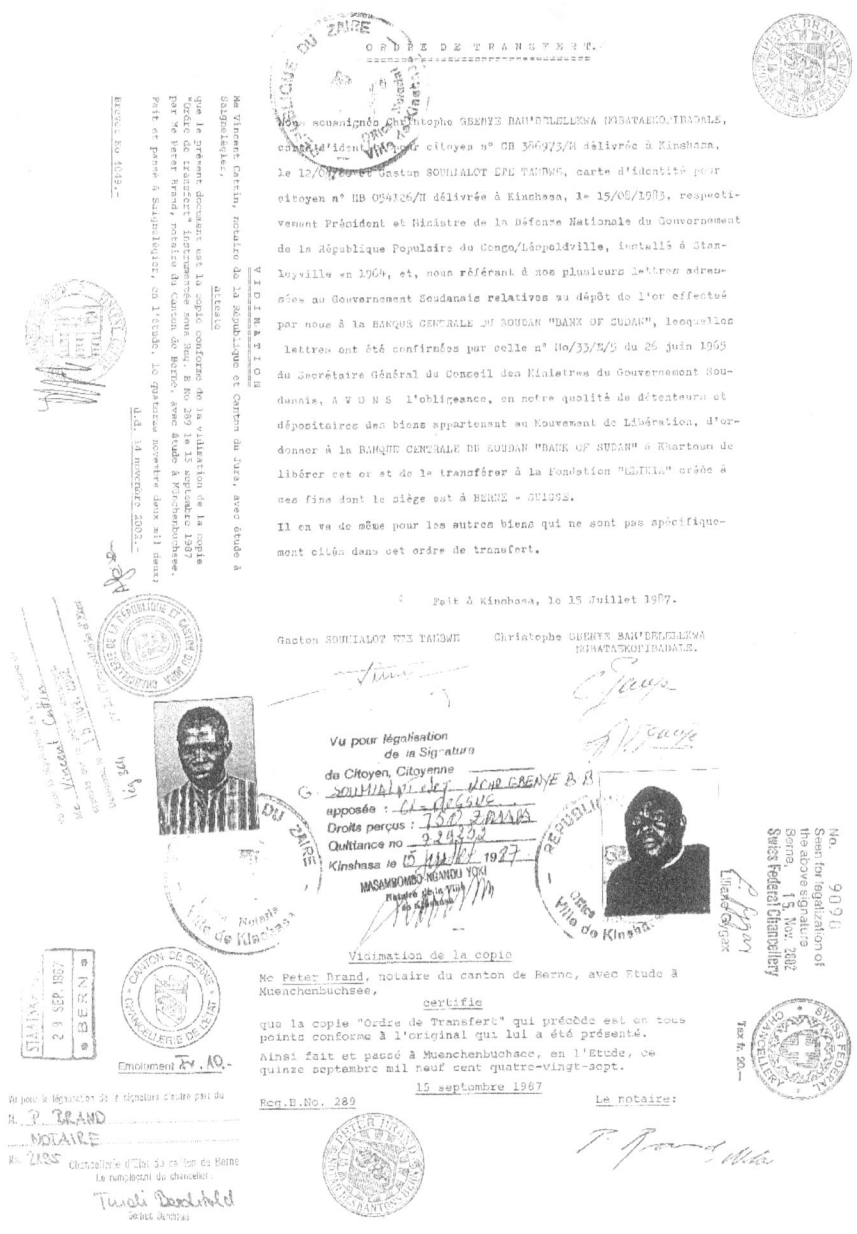

Octobre 1987 au Caire avec Patrice Okonde Lumumba

L'auteur et Soumialot chez Mme Lumumba

Toute sa vie, Gaston Soumialot a gardé auprès de lui cette photo de Patrice Lumumba

Un rebelle et un trésor oubliés au Congo

21st. November, 1964.

I have received Forty packages said to be containing gold, the total of the weights shown on the individual packages is 691.185 kilogram.

This gold is being kept in safe custody for the Government of the Republic of the Sudan.

El Sid El Fil
GOVERNOR
BANK OF SUDAN.

Pour copie conforme
Le Chef

Vu pour légalisation de la signature et du sceau de
Me _____
de résidence à _____
(Valais, Suisse), dont la qualité de notaire public, habilité à recevoir les actes authentiques sur le territoire du canton du Valais, est attestée par les présentes.
Sion, le _____
LE CHANCELIER D'ÉTAT:

Droits de timbre
acquittés
Caisse d'État du Valais

Document prouvant un dépôt d'or en 1964

Le comité directeur de l'ADSS :
Hofmann, Beleke, Diambwana, Me Bonvin

Négociation avec le Gouverneur de la Banque du Soudan

Hofmann discute avec des Simba réfugiés à Khartoum et au Caire

L'ADSS rencontre le Président Al Bachir

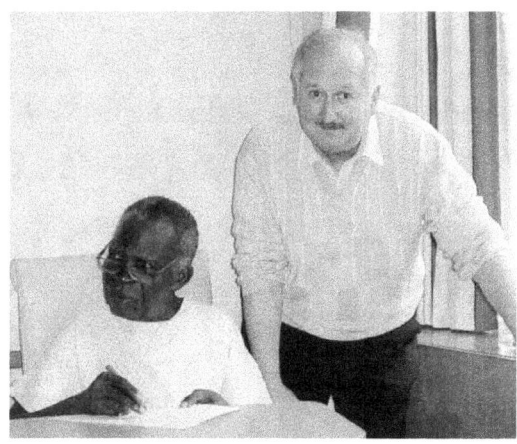

Gaston Soumialot en 2002 à Londres

CHAPITRE III

Le secret du trésor des Simba

Se souvenir est un signe de sagesse, oublier, signe d'idiotie.
(Proverbe du Congolais Georges Ngal)

LES RECHERCHES (1985-1987)

Quand l'argent parle, la vérité se tait.
(Proverbe congolais)

Une question de confiance (1982-1985)

En 1984, cela fait exactement vingt ans que la rébellion a eu lieu. Comme on l'a vu, Soumialot reste sous la surveillance de la sécurité de l'Etat. Cependant, il est vrai qu'il n'a pas été persécuté, torturé ou assassiné par le régime. Son passé lui colle à la peau, il ressent les regards méfiants de certains compatriotes, il perçoit en brouhaha les commentaires à son égard et parfois même le mécontentement de sa présence. Il est le prisonnier de son passé et reste constamment sur ses gardes mais, en secret, il reste fidèle à ses convictions révolutionnaires. C'est dans ce contexte qu'il faut mettre la rencontre entre Hofmann et Soumialot. L'ancien chef rebelle s'est rendu compte qu'il pouvait, pour la première fois depuis la rébellion, faire confiance à quelqu'un. D'ailleurs, depuis que Soumialot avait fait la connaissance d'Hofmann, sa qualité de vie s'était beaucoup améliorée : il profitait des produits de la ferme de Kasangulu, recevait ici et là une aide financière ou matérielle, avait accès à des médicaments et il renouait avec ce sentiment disparu d'être le bienvenu lors de ces visites à Kasangulu.

Soumialot a indubitablement été un sujet de discussion entre Mobutu et Hofmann lors de l'achat de la ferme à Kasangulu. Le président avait bien évidemment été informé au préalable par ses services des intentions agricoles d'Hofmann car rien ne se faisait dans le pays sans que Mobutu en soit informé. C'est d'ailleurs à ce moment-là qu'Hofmann a eu une première indication concernant l'importance de Soumialot car Mobutu n'a jamais cessé de garder un œil sur cet ancien rebelle. Si, avec le temps, Soumialot pouvait disposer de quelques facilités, c'est parce qu'Hofmann avait dit à Mobutu qu'il faisait partie, qu'on le veuille ou non, de l'Histoire du pays, alors qu'à cette époque Hofmann ne connaissait que vaguement l'histoire de cette rébellion, et a préconisé la liberté de ce vieil homme. C'est donc assez naïvement qu'Hofmann a cherché à soutenir Soumialot auprès du régime. Il ne cherchait pas à obtenir quoi que ce soit de Soumialot comme certains ont pu le dire, car il ne connaissait pas son réel passé, mais il le faisait par respect envers un *vieux*. L'entente entre les deux, parfois amicale, parfois tendue, était le reflet de leur personnalité. Un lien particulier de confiance et de respect mutuels les unissait et n'allait jamais être mis en doute. C'est grâce à ce lien profond et honnête que Soumialot, un jour, lui révéla un secret phénoménal.

Le grand secret des Simba (1985-1986)

Si, de temps à autres, Hofmann fait des allusions au passé rebelle de Soumialot, celui-ci reste dans l'ensemble assez discret sur cette période, même s'il raconte ici et là des anecdotes de cette époque. Un dimanche où il fait bon se mettre au frais à l'ombre, Hofmann et Soumialot sont assis à l'heure de l'apéritif autour d'une bière dont le nom est plus que symbolique puisqu'il s'agit non pas de la bière Tembo ou Primus mais bien d'une bière Simba ! C'est d'ailleurs ce qui provoque la conversation. L'atmosphère imprégnée de charme de la petite paillote à la ferme de Kasangulu contribue peut-être au fait que la discussion provoquée par le nom de la bière s'engage véritablement entre les deux hommes. Hofmann, intéressé par cette époque occultée par les historiens zaïrois, pose des questions. Si Soumialot aime bien la bière, ce n'est pas cette Simba qui le force à parler, car il n'a jamais abusé de l'alcool. Il parle librement, c'est son choix. Soumialot révèle ses souvenirs de la rébellion dont il n'a plus osé parler depuis son retour au Zaïre : le déroulement des opérations, les préparatifs, les incidents, les accrochages, les combats, les lieux, les camarades, les soutiens de l'étranger, tout y passe sans entrer dans les détails. Hofmann constate que le révolutionnaire qui se cache en ce témoin du passé est toujours aussi convaincu de sa rébellion. Rien n'a changé pour lui, s'il devait refaire sa vie, il reprendrait la décision d'engager sa rébellion. S'il a accepté la défaite et s'est soumis à l'autorité de son ancien ennemi Mobutu, il ne renie pas pour autant ses idées révolutionnaires et ses préférences politiques. Nous sommes dans la logique bantoue. Soumialot a choisi la sujétion afin de pouvoir retourner dans son pays.

Au courant de l'année 1985, Soumialot passe de temps à autre dans la maison d'Hofmann à Kinshasa et en profite pour réengager la conversation entamée quelques semaines plus tôt, trouvant toujours un moment propice pour discuter en lingala de cette rébellion dans la plus grande discrétion. Il ne faut en effet pas minimiser le danger potentiel qu'un ancien leader rebelle comme Soumialot peut représenter aux yeux de Mobutu, même les années passant, celui-ci surveillant toujours les acteurs de la rébellion, qu'ils soient au pays ou à l'étranger.

C'est lors d'un de ces tête-à-tête que Soumialot dévoile le secret le plus ahurissant qu'il garde depuis plus de vingt ans : « Je te fais confiance, parce que je te considère comme mon fils. C'est pourquoi, il faut que tu saches qu'il existe un trésor. Lorsque j'ai dû quitter le pays avec mes combattants, nous sommes allés au Soudan[1] et avons pris avec nous notre butin de guerre tel que des défenses d'éléphant, de l'argent, des diamants et de l'or. »

Cette révélation abasourdit Hofmann, autant surpris par la confiance que Soumialot lui témoigne que par le contenu de la confidence. Son interlocuteur sait-il où se trouve ce trésor ? Faut-il s'imaginer un coffre rempli d'or et de diamants comme dans un film où des pirates s'empressent de cacher leur butin dans un endroit secret ? La réponse de Soumialot est tout aussi surprenante : « Ce

---

[1] *Tous les événements cités dans cet ouvrage ont eu lieu entre 1964 et 2006 ; lorsqu'il y est question du Soudan, il s'agit évidemment des frontières de cette époque. Le 9 juillet 2011, le pays s'est divisé en deux nations à savoir, au nord, le Soudan dont la capitale reste Khartoum, et le Soudan du Sud, avec comme capitale Juba, qui a alors accédé à son indépendance.*

trésor existe encore aujourd'hui. Je connais les personnes, les endroits et l'histoire de ce trésor. Mais tu ne peux en parler à personne, car je risque ma vie en te dévoilant ce secret. Il ne s'agit pas d'un petit trésor mais de celui de toute une rébellion, on parle de beaucoup d'or. »

Hofmann fait des recherches et trouve un article paru dans *Time Magazine* datant du 4 décembre 1964 : « Gbenye and his rebel ministers had fled Stanleyville, and with them went more than 1'500 lbs. of gold – valued at nearly 800'000.– Dollars – from the Kilo-Moto Mines and more than 6'000'000.– Dollars from the vaults of the Banque du Congo[323] »[1]. Soumialot affirme qu'il ne s'agit là que d'une infime partie du trésor. Il n'y a plus de doute, le trésor a bel et bien existé, mais qu'en est-il en 1986 ? Et si ce magot devait ne plus exister, la question serait alors de savoir qui en a profité ? Toutes les suppositions sont ouvertes. S'il devait s'agir de dizaines de millions de dollars, les interlocuteurs pourraient bien se trouver au niveau d'autorités étatiques – pourquoi pas celles du Soudan -, et si tout ou partie du trésor devait avoir disparu, ce serait au profit d'individus très puissants qui assurément n'apprécieraient pas un intérêt soudain pour ces biens. Il faut donc impérativement s'armer d'une grande prudence et d'une discrétion sans faille, surtout que, dans ces années-là, personne ne tousse sans que Mobutu en soit informé. Entrer en matière pour savoir si ce trésor est effectivement encore une réalité, peut donc représenter un danger notoire tant pour Hofmann que pour Soumialot.

Selon Soumialot, le butin se trouve dans une banque au Soudan et des preuves doivent se trouver chez un avocat qu'il avait mandaté en 1964. Bien que doté d'une excellente mémoire, il ne se souvient ni de la banque, ni d'une quelconque adresse pour contacter cet avocat. Le néant total. Cependant, afin de lever quelques doutes, Soumialot donne à Hofmann la copie d'une lettre datée du 18 mai 1965, adressée au Premier ministre ainsi qu'au ministre des Finances de la République du Soudan, signée par Soumialot et Olenga, qui avertit que : « Nous avons l'honneur de porter à votre connaissance que dorénavant nul ne peut effectuer des retraits de fonds sur le Compte du Gouvernement de la République Populaire du Congo, sans être

---

[1] *Gbenye et ses ministres rebelles ont fui Stanleyville, et avec eux sont partis plus de 1500 livres [680 kg] d'or – évaluées à environ 800'000.-- dollars – des mines de Kilo-Moto ainsi que plus de 6'000'000.-- dollars des coffres-forts de la Banque du Congo.*

porteur de 3 signatures authentiques. Ces signatures sont celles de Messieurs Olenga Nicolas, Soumialot Gaston et Gbenye Christophe (…). »

Hofmann n'a qu'une vague idée de ces personnages dont les noms ne lui disent pas grand-chose et il ne mesure pas l'importance historique des différents protagonistes de 1964. C'est Soumialot qui est le premier à lui apprendre que Gbenye a été le président de l'éphémère République populaire du Congo et ainsi le leader politique de cette rébellion ; quant à Olenga, il avait les fonctions de commandant en chef de l'Armée populaire de libération. Soumialot résume ses propres fonctions en tant que ministre de l'Armée dans le gouvernement de Gbenye et, plus important, président du Conseil suprême de la révolution par la suite. Il raconte qu'après la rébellion, Christophe Gbenye était rentré au Congo en faisant allégeance à Mobutu suite à l'amnistie promulguée en 1968 ; le général Nicolas Olenga a fait de même à la faveur de la grâce présidentielle mais s'est réfugié en 1978 de l'autre côté du fleuve, au Congo-Brazzaville ; il ajoute que Laurent-Désiré Kabila, le jeune combattant qui avait suivi Soumialot à l'est du pays en 1964, est toujours à l'étranger continuant à faire de la résistance au régime de Mobutu.

La curiosité titille Hofmann. L'histoire de la rébellion des Simba dont on parle comme d'un mythe, mais qui donne aujourd'hui encore la chair de poule à ceux qui avaient fui les conquêtes guerrières, l'intéresse avant tout pour comprendre comment un homme comme Soumialot peut être aussi maudit et craint par des millions de Zaïrois.

Christophe Gbenye vit à cette époque à Kinshasa. Hofmann veut résolument connaître son opinion concernant la récupération du trésor, sans se rendre compte qu'il entre là dans les coulisses de la rébellion, un véritable nid de guêpes. Accompagné de Soumialot, il le rencontre pour la première fois. Gbenye manifeste de la méfiance à l'égard d'Hofmann ce qui, en soi, est normal, ne le connaissant pas, mais le premier pas est franchi et le contact établi.

Soumialot n'a jamais eu une totale confiance en Gbenye qu'il respecte cependant pour les fonctions qu'il avait exercées mais il doute que sa propre perception de la révolution soit véritablement partagée par ses acolytes qui, bien souvent, ont cherché leur intérêt avant ceux de la communauté. Dès lors, c'est compréhensible que, avant d'entreprendre quoi que ce soit pour retrouver le trésor des Simba, Soumialot tient absolument à s'assurer que les fonds qui pourraient être récupérés ne soient en aucun cas remis à une quelconque autorité du pays et qu'ils ne soient même jamais transférés au Zaïre ; il insiste avec détermination pour que le trésor soit au bénéfice de la population zaïroise par le biais d'une fondation. De son côté, Hofmann émet quelques conditions : pour des raisons de sécurité, il n'entreprendra rien sans l'aval de Mobutu et, fondamentalement, si la vie de n'importe quel acteur ayant un rapport avec ce trésor pouvait être mise en danger. Par ailleurs, il exige que le triumvirat qui avait dirigé la rébellion soit impliqué dans la création de la fondation qu'il propose de créer en Suisse ; il ne veut pas se mettre à dos une partie des anciens Simba. En revanche, il fera tout ce qui est en son pouvoir pour que, en cas de succès, l'argent échappe assurément à l'influence de Mobutu, à celle de son régime, et surtout à celle de son entourage car, tant pour Soumialot que pour Hofmann, la menace de dilapidation peut bien évidemment venir du clan Mobutu, mais pas seulement : la corruption organisée aurait vite fait d'avaler la fortune de ce trésor jusqu'à la dernière petite pièce de monnaie.

Hofmann attendait beaucoup de la rencontre avec l'ancien président de la république rebelle, car il espérait qu'une dynamique entre Gbenye et Soumialot s'instaure, qu'une entente pour la récupération et l'utilisation du trésor soit trouvée. Il quitte Kinshasa et laisse les protagonistes discuter en toute sérénité de ce projet. Quelques temps plus tard, de retour d'un voyage en Chine, Hofmann a la surprise de recevoir en Suisse une procuration datée du 11 février 1986 qui le conforte dans l'idée de s'investir dans ce nouveau projet : « Par la présente nous, soussignés Christophe Gbenye et Gaston Soumialot, donnons procuration à Monsieur Martin Hofmann de mener toutes les négociations pour la récupération de nos biens et pour la création d'une Fondation à ces fins. »

Cette décision réjouit Hofmann car il pense avoir reçu le soutien des deux protagonistes qui se sont à nouveau uni, cette fois-ci pour une bonne cause. Sans trop réfléchir aux conséquences, ni aux avantages ni aux inconvénients, Hofmann se lance dans ce projet et, bien des années plus tard, il avouera ne s'être alors absolument pas rendu compte qu'il s'engageait dans une longue aventure remplie d'embûches.

Le trésor des Simba et Mobutu

Comme dit précédemment, il est inconcevable pour Hofmann d'assumer dans le secret un mandat impliquant le Zaïre sans en informer Mobutu, à fortiori une démarche aussi sensible. Le risque que les services secrets du président découvrent les plans d'Hofmann, Soumialot et Gbenye est de 99,9%. Dès lors, on peut s'imaginer que la dissimulation d'une telle entreprise aurait assurément de fâcheuses conséquences pour toute personne impliquée dans la récupération de ce trésor, dont la recherche se jouera sans nul doute dans un cercle d'hommes puissants. Un milieu qu'Hofmann ne connaît pas, mais il pressent que cela équivaut à se jeter dans une mer infestée de requins. Ayant déjà débattu de ce sujet avec Soumialot lors de leurs multiples discussions, il décide d'en parler à Mobutu ; cela tombe bien, le président passe justement quelques jours de vacances en Suisse. Le 1er mars 1986, après avoir obtenu une audience, Hofmann se rend chez le président dans sa villa à Savigny pour lui présenter, suite à son voyage en Chine, son rapport concernant la culture du soja. Il profite d'un moment où il est seul avec le président pour lui faire part des discussions qu'il a eues avec Soumialot. A sa grande surprise, il constate que le secret du trésor n'en est absolument pas un pour Mobutu qui lui confie même avoir essayé de récupérer ce *bien du peuple* au Soudan, mais sans aucun succès. Hofmann l'informe alors de la volonté de Soumialot et de Gbenye de collaborer pour non seulement récupérer ce trésor mais encore pour le remettre au peuple zaïrois, sans toutefois préciser que cela devait se faire à l'aide d'une fondation en Suisse. En effet, pour Mobutu, ce pourrait être l'occasion de trouver une clé pour ouvrir le coffre, puisque sa tentative datant de 1967 avait échoué. Mobutu demande que cela se fasse dans la plus grande discrétion, de l'informer de l'évolution du dossier et qu'Hofmann se porte garant des faits et gestes de Soumialot ; c'est à ces conditions que le président lui donne son aval. Par ailleurs, Soumialot, depuis son retour au Zaïre en 1975, n'a plus été autorisé à quitter le pays et il n'est, évidemment, pas en possession d'un passeport. Hofmann insiste pour que Soumialot et Gbenye soient autorisés à voyager en dehors des frontières zaïroises. Là encore, Mobutu donne son accord à condition que cela se fasse sous le contrôle d'Hofmann.

L'opération Kasangulu

Par discrétion et fort du soutien présidentiel ainsi que de la procuration des anciens leaders des Simba, Hofmann baptise l'entreprise *opération Kasangulu*, puisque c'est à la ferme de Kasangulu que cette aventure à commencé, et mandate à ses frais Me G. Friedli un avocat suisse, ni Soumialot ni Gbenye ne disposant de moyens financiers. Il fait parvenir un projet de fondation à Soumialot et à Gbenye puis commence à entreprendre diverses recherches en Suisse car, lorsque l'on pense à de grandes quantités d'or, il va presque de soi que les lingots trouvent un chemin vers la Suisse ou du moins passent par ce canal-là. Ainsi, accompagné de l'avocat, Hofmann se rend chez le directeur d'une grande banque suisse dans le but de savoir s'il a connaissance de ce butin et obtenir toutes sortes d'informations et de conseils pouvant les guider dans leurs recherches. Evidemment, ils n'obtiennent aucun renseignement pouvant indiquer une trace du trésor. A cette époque, en Suisse, le secret bancaire est encore une forteresse inébranlable dont on ne parvient même pas à passer le premier rempart. Il semble donc improbable d'obtenir un quelconque renseignement, même des plus anodins, afin de lancer une piste. Ceci dit, le mutisme de cette grande banque semble indiquer à Hofmann qu'il est sur la bonne voie.

Alors qu'Hofmann est occupé en Suisse a trouver une piste pouvant entamer les recherches de ce trésor, il note un changement notoire dans sa situation au Zaïre. Pour la première fois, il rencontre des problèmes devenant de plus en plus menaçants avec une partie de la famille présidentielle. De fortes pressions sont exercées par le clan de Mobutu pour écarter Hofmann de l'entourage du président. Afin d'éviter certains problèmes au sein de la famille présidentielle, il devait entreprendre des démarches que lui dictait Mobutu, et cela déplaisait évidemment à certains membres lorsque cela était à leur désavantage. Cela l'affecte et cette énorme pression commence à avoir des conséquences sur sa santé, beaucoup plus qu'il ne veut bien se l'avouer. Il retourne cependant au Zaïre et, deux jours plus tard, fait un grave malaise cardiaque à l'âge de 43 ans. C'est grâce à l'intervention rapide de l'entourage d'Hofmann que le cardiologue de Mobutu peut intervenir à temps et lui éviter le pire. A peine arrivé à Kinshasa, il repart donc pour la Suisse où il est hospitalisé ; cloîtré dans sa chambre, il a enfin le temps de méditer et consacre beaucoup de ses réflexions aux différentes possibilités pour faire avancer le projet de l'opération Kasangulu, tout en restant en contact avec Soumialot malgré le calme complet prescrit par les médecins.

La rencontre avec le général Olenga (18 mai 1986)

Soumialot arrive à joindre Nicolas Olenga à Brazzaville et lui fait part de sa volonté de récupérer l'or déposé au Soudan pour en faire bénéficier le peuple congolais et lui explique la présence et le rôle de ce Martin Hofmann. Si Olenga est content d'avoir été contacté par son ancien camarade de rébellion à qui il a l'air de faire confiance, il reste prudent car tout semble indiquer qu'il n'est pas libre de ses mouvements apparemment surveillés par l'Etat congolais. Cela en est tout au moins la déduction de Soumialot.

Hofmann, de son côté, a un peu récupéré de l'énergie qu'il avait avant le coup de gueule de son cœur et n'arrive plus à se tenir tranquille dans la petite chambre de la clinique suisse. Il déteste ces longs moments de quiétude ; il a toujours été un homme hyperactif et l'action lui manque. Il a eu le temps de se fixer son prochain objectif : rencontrer la troisième figure de cette rébellion. Contre l'avis des médecins, il quitte l'établissement et s'envole pour Kinshasa. Soumialot ayant préparé le terrain, Hofmann veut se rendre à Brazzaville pour y rencontrer le général en retraite. Gbenye, Soumialot et Hofmann parlent du *malade* en faisant allusion à Olenga ; il s'agit là bien évidemment d'un code qui permet de parler d'une personne à qui l'on doit faire une visite de courtoisie sans jamais prononcer son nom. Si des Zaïrois voyaient Gbenye et Soumialot réunis, évoquant le nom du général, *radio trottoir* inonderait très vite Kinshasa de rumeurs. Hofmann veut absolument *un mot d'introduction* de la part de Gbenye afin de donner une crédibilité à ses propos. Accompagné de Soumialot, il se rend donc chez Gbenye qui est malheureusement absent. Soumialot lui laisse alors une note disant : « Martin, décidé à concrétiser ce qu'il a promis, est prêt d'aller rencontrer votre ami à Brazza en vue de lui remettre tout ce que vous avez à transmettre au malade. Il fixe le samedi 17 courant jour de sa traversée. »

Cette absence semble anodine, mais bien plus tard Hofmann se posera la question si Gbenye avait évité cette rencontre afin de ne pas apposer son soutien dans un quelconque document pouvant tomber dans des mains inconnues.

Etant donné qu'Olenga a fait comprendre à Soumialot sa situation au Congo-Brazzaville, il est clair que rien ne peut se faire dans le pays voisin sans que les services congolais concernés soient mis au courant. Olenga a peur de collaborer à ce projet sans que les autorités de son pays d'accueil soient mises au courant. Nicolas Olenga lui écrit « Tu as bien fait » après que Soumialot ait informé une de ses relations haut placées au Congo-Brazzaville. Mais qui est cette relation ? Optant pour la discrétion dans le courrier, il n'est de prime abord pas si clair de qui il s'agit. Il faut analyser plusieurs correspondances datant de 1986 pour avoir une piste. Si le nom d'un certain *Nicodème* est évoqué, celui d'*Emmanuel* se trouve pratiquement dans tous les documents, il semble donc être l'interlocuteur que Soumialot a contacté. Est-ce le même personnage ? Il est également question du directeur de la Sécurité de la République du Congo. De ce fait, on peut être amené à penser qu'il s'agirait du général Emmanuel Ngouélondélé Mongo[1]. Apparemment, cet *Emmanuel* est également responsable de la sécurité d'Olenga au Congo. Désormais, les services compétents du Congo-Brazzaville sont informés par cet *Emmanuel* de l'opération Kasangulu. Cette transparence au plus haut niveau au Congo et au Zaïre est un choix délibéré des acteurs de cette opération, car ils espèrent ainsi couper court à toutes rumeurs ou hypothèses malveillantes. Il est extrêmement important pour Hofmann que les autorités soient au courant des activités de leur sujet respectif, à savoir la récupération de ce trésor de guerre et les intentions humanitaires de cette démarche.

Hofmann traverse le fleuve séparant les villes de Kinshasa et de Brazzaville tout en sachant que ses faits et gestes sont étroitement surveillés mais ça ne l'inquiète pas. La rencontre avec Nicolas Olenga, organisée par *Nicodème*, a lieu le 18 mai 1986 en dehors de la ville de Brazzaville. A l'abri de regards indiscrets et dans une ambiance opaque, il rencontre Olenga accompagné de son fils et de ce *Nicodème*. Hofmann décrit le général comme un vieil homme devenu pieux et qui

---

[1] *Très influent, il a non seulement été, entre 1979 et 1992, le chef de la Sécurité d'Etat du président Denis Sassou-Nguesso, mais également le chef d'Etat-major du président Lissouba. D'ailleurs, lors des élections en 2009, Emmanuel Ngouélondélé Mongo, président du Parti pour l'Alternance Démocratique (PAD), s'était vivement intéressé au fauteuil présidentiel du Congo-Brazzaville.*

ne semble pas libre d'exprimer ses véritables sentiments. Pendant la discussion, il fait cependant comprendre à Hofmann, avec des signes, de se référer à son fils qui est aussi présent. Olenga a un regard très craintif envers *Nicodème* et Hofmann est persuadé qu'il sait des choses sur le trésor qu'il ne peut pas dire en présence de cet homme.

Hofmann présente un document déjà paraphé par Gbenye et Soumialot, lui donnant procuration pour récupérer, au nom des trois leaders de la rébellion de 1964, les biens appartenant à la rébellion, et sur lequel Olenga doit encore apposer sa signature. Olenga demande un temps de réflexion. Sa réticence semble être due à la référence faite à Mobutu dans le document, selon laquelle le président zaïrois a préalablement donné son accord au projet, mais elle pourrait également provenir du fait qu'Olenga n'est pas libre de s'engager sans l'assentiment des autorités de Brazzaville d'où son extrême prudence.

Lors de leur rencontre, Hofmann fait comprendre à Olenga que la création de la fondation se fera le plus vite possible en Suisse et que les trois protagonistes doivent être présents, car il insiste bien sur le fait que cette fondation doit être l'œuvre des trois anciens leaders rebelles. Le trésor n'appartenant pas à un individu particulier mais à un mouvement, il faut que ce soient les responsables qui remettent les actifs à la fondation. Qu'on le veuille ou non, Gbenye, Soumialot et Olenga constituent le triumvirat qui a fait de cette guerre de 1964 la rébellion des Simba. C'est donc à eux de prendre la décision d'en faire profiter la population zaïroise. Hofmann remet à Olenga deux billets d'avions établis par Swissair pour qu'il puisse rejoindre la Suisse depuis Brazzaville accompagné d'un membre de sa famille. Olenga apprécie, semble-t-il, la rencontre avec Hofmann et le contact direct lui a permis de constater que son interlocuteur est un enfant du pays, même s'il a la peau blanche. Il espère, qu'en se revoyant en Suisse avec Gbenye et Soumialot, ils puissent, à quatre, établir une relation de confiance mutuelle.

Soumialot s'adresse à Mobutu

Le réfugié politique Olenga n'est pas libre de ses mouvements au Congo-Brazzaville, tout comme Soumialot et Gbenye au Zaïre, même si ceux-ci vivent dans leur propre pays. Pour demander à Mobutu l'autorisation de quitter le Zaïre, Soumialot écrit une lettre où il fait allégeance tout en quémandant du tout-puissant la permission de voyager. Les termes utilisés peuvent faire sourire quiconque n'a pas vécu l'oppression d'un régime totalitaire, mais il ne faut pas se leurrer, faire preuve de subordination et d'obéissance ne veut pas dire que Soumialot a rejeté ses convictions révolutionnaires, bien au contraire. Il se plie à la règle, c'est tout.

A Brazzaville, Olenga, très circonspect, semble craindre un danger. Ne fait-il pas confiance à ses anciens camarades de combat ? De l'autre côté du fleuve, à Kinshasa, personne ne sait pourquoi Olenga montre tant de réticence. La procuration ne sera jamais signée par l'ancien général rebelle. Pourtant, d'après une note de Nicolas Olenga, celui-ci semble soutenir la proposition d'Hofmann de rencontrer *Emmanuel*, car seul un contact direct avec un important représentant de l'Etat pourra permettre à Olenga d'obtenir les papiers nécessaires à un voyage à l'étranger. Cet *Emmanuel* est apparemment très proche de Soumialot, car ce dernier lui écrit en débutant ses lettres par *mon cher fils Emmanuel*. Le lien est d'ordre personnel à en croire cet extrait : « Je ne saurai combien te remercier pour tout ce que tu as déjà fait et continues de faire pour m'aider à résoudre ce problème à caractère social me semblant capital. En effet, pendant et dans toutes mes difficultés, tu ne m'as jamais laissé seul. On a pu le remarquer à maintes occasions de deuils qui ont successivement frappé ma famille. »

La méfiance et la duplicité de Gbenye

Gbenye et Olenga semblent craindre Mobutu, malgré son feu vert pour l'opération Kasangulu. L'ombre de Mulele et de son sort plane-t-il encore ? N'y a-t-il vraiment rien à craindre ou y a-t-il un piège de la part du président ? La confiance envers les autorités zaïroises est limitée, les incertitudes sont donc prédominantes. La note que Gbenye envoie à Soumialot concernant son voyage en Suisse l'illustre bien, même si elle prête à sourire : « Souga[1], je t'envoie la photo de ma femme quant à la mienne je te l'envoie s'il y a une garantie par laquelle je vois que le grand léopard a autorisé l'opération. (…) A toi, Gbenye. »

---

[1] *Sans doute une contraction de Soumialot et Gaston.*

Gbenye ne veut pas s'engager avant de savoir si son épouse peut voyager sans le moindre problème. Pour prouver à ses acolytes que le régime est informé et qu'il n'y a aucun danger, Soumialot prie Hofmann d'entreprendre les démarches nécessaires pour l'obtention de son passeport, ce que ce dernier fait le 21 mai 1986 en s'adressant au commissaire d'Etat (ministre) aux Affaires étrangères Mandungu Bula Nyati, tout en tenant compte de la discrétion exigée par Mobutu : « Le Citoyen Soumialot Ete Tambwe devrait m'accompagner en Suisse pour suivre un traitement médical (…). J'ai informé en date du 1.3.1986 à Savigny, le Président Fondateur, qui a donné Son accord pour ses soins médicaux. »

La méfiance de Gbenye frôle la paranoïa et il a, il faut bien le dire, un tempérament colérique ; il se rend à plusieurs reprises chez Hofmann à sa maison à Kinshasa et, parfois, l'accuse de tous les maux de la terre, le suspecte de lui cacher des choses, de ne pas tout lui dire, tant il est inquiet et cherche une garantie que rien ne lui arrivera. Hofmann est également capable de piquer des colères magistrales. Certaines fois, les deux se confrontent verbalement avec une telle violence que toutes les personnes des environs viennent à la rescousse croyant qu'ils vont en venir aux mains. L'attitude de Gbenye démontre clairement qu'il a un doute, une appréhension, une inquiétude, peut-être même la crainte d'un piège, apparemment il ne fait ni confiance à Hofmann ni à Soumialot. Gbenye, qui vit en paix depuis plus de quinze ans sous le bon vouloir de Mobutu, se voit confronté d'un jour à l'autre avec un projet qui ravive son passé rebelle. L'homme de confiance de Soumialot est un Blanc qu'il ne connaît absolument pas, pire, il s'agit d'un proche du clan Mobutu. Cependant, Gbenye s'imagine peut-être que la récupération du trésor rebelle puisse, d'un point de vue pécuniaire, lui être bénéfique. Ne pas y participer c'est risquer de ne pas en profiter sous quelque forme que ce soit. Là se trouve peut-être son dilemme qui explique son attitude.

Hofmann a traduit dans les grandes lignes une proposition de l'avocat en Suisse, un document en langue allemande concernant la création de la fondation. Ce brouillon, dont certains passages sont biffés, est soumis à Gbenye qui crie déjà au scandale en accusant Hofmann de lui cacher « les parties, peut-être, les plus importantes de cet article pour présenter un article amputé de toutes ses valeurs réelles ». Il n'a apparemment pas compris qu'il s'agit d'une esquisse, d'une proposition, d'un projet dont tous les trois doivent discuter avec l'avocat, en Suisse, et que, seulement une fois tous d'accord, ils signeront le document. Hofmann, ne comprenant pas son attitude, s'en plaint souvent à Soumialot qui lui répond par une lettre emplie de sagesse : « (…) comme tout être humain, [il a] ses qualités et ses défauts. Pour composer avec tout homme, je l'accepte tel qu'il est et le supporte. »

Olenga se méfie

Hofmann demande à Olenga de lui faire parvenir la fameuse procuration déjà signée par Gbenye et Soumialot pour préparer les documents nécessaires à la création de la fondation. Au vu de l'insistance d'Hofmann et de Soumialot, Olenga se sent en position de force et n'hésite pas à demander une pension alimentaire pour les dix-neuf membres de sa famille vivant à Brazzaville ainsi que le paiement de son loyer et ajoute : « Le papier je le garde pour vous obliger de donner suite à mes préalables. » Cette façon de faire traîner les choses en demandant des faveurs exaspère au plus haut point Soumialot.

Hofmann apprend par un intermédiaire qu'Olenga peut obtenir un passeport si le président du Congo-Brazzaville donne son feu vert, mais que le Congo-Brazzaville cherche au préalable à s'assurer que tout est mis en œuvre pour la sécurité d'Olenga. Soumialot s'adresse donc à *Emmanuel* pour l'assurer que toutes les dispositions pour garantir la sécurité d'Olenga ont été prises au départ de Kinshasa par la famille Hofmann qui a en outre accepté de le prendre en charge durant son séjour en Europe. A en croire un courrier, le président Denis Sassou-Nguesso, lui-même, est informé le 28 mai 1986 par *le responsable de la sécurité* de l'opération Kasangulu.

Le retour d'Hofmann en Suisse (juin 1986)

A Kinshasa, la situation entre le clan Mobutu et Hofmann reste extrêmement tendue ; tout est entrepris pour l'éloigner du président. La situation devient incontrôlable et donc dangereuse. Il est temps pour lui de quitter le pays. Le 5 juin, il visite sa ferme de Kasangulu. Il ne le sait pas encore, mais c'est la dernière fois qu'il la voit en pleine activité, propre, efficace, produisant du lait, du yaourt, des fruits, des légumes, de la viande de volaille et de porc avec bien d'autres produits dont la population des alentours sait profiter. Il ne la reverra qu'après les pillages des années 90 et alors que la nature aura de nouveau repris ses droits sur le domaine. Ce même soir, Gbenye vient chez Hofmann l'accuser une fois de plus de lui cacher des vérités et de ne pas l'informer délibérément afin de l'écarter de l'opération Kasangulu et reproche à Soumialot et Hofmann d'agir de concert dans cette affaire. Il poursuit en affirmant que le jeu est mené de façon à le mettre devant des faits accomplis pour ne pas lui permettre d'avoir un droit de regard sur l'affaire.

Le lendemain, Hofmann retourne en Suisse mais ne prend pas le vol direct ; il passe par Brazzaville où il rencontre Emmanuel pour lui confirmer qu'il mettra tout en œuvre pour mener à bien les démarches devant permettre au triumvirat de récupérer les biens des Simba dans le but de servir le peuple africain. Il lui fait également bien comprendre qu'il compte sur lui pour garantir la sécurité d'Olenga au Congo mais également être son interprète pour lui expliquer que la procédure entamée est la seule qui permettra d'aboutir à une issue favorable. En d'autres termes, l'intention humanitaire de ce projet est l'unique motivation, à défaut de quoi il n'y aura pas de tentative de récupération du trésor, ni de la part de Soumialot ni de Hofmann.

Première trace du trésor

Soumialot n'a pas encore pu donner à Hofmann des preuves tangibles prouvant le dépôt au Soudan de biens appartenant aux Simba mais, à l'entendre, il s'agirait d'une quantité d'or énorme. A voir la nervosité des deux autres protagonistes, Hofmann ne peut que donner de la crédibilité à ces affirmations mais reste sans preuve concrète. Soumialot est le seul des trois à ne pas s'exciter devant la valeur du magot, à ne pas avoir peur des conséquences de cette entreprise et à n'avoir jamais eu une seule fois une pensée d'enrichissement personnel. Par ailleurs, si Olenga paraît avoir peur de quelque chose et Gbenye est méfiant, les deux agissent comme s'ils savent ou s'ils cachent quelque chose qui les terrifie. Cet aspect frappe Hofmann mais il attribue ce comportement à leur méconnaissance de la réelle attitude de Mobutu dans cette affaire. Il est convaincu que le président ne va pas scier la branche sur laquelle il est assis, poser des problèmes aux trois anciens rebelles ne l'amènera pas au trésor. En vue de la récupération des fonds, Hofmann veut absolument organiser une structure juridique irréfutable pouvant uniquement financer des projets humanitaires et exclure tout autre engagement, aussi bien militaire que politique. Il veut éviter ainsi la menace que ces fonds pourraient représenter pour le régime et deviennent de ce fait un péril pour les trois anciens rebelles.

Hofmann n'a pas de document attestant l'existence du trésor, c'est pourquoi il entreprend de longues et intenses recherches en Belgique et en Suisse. En 1964, lors de la prise de Stanleyville, il y avait plusieurs consuls honorifiques mais seuls trois diplomates professionnels, à savoir les consuls de Belgique, des Etats-Unis et du Soudan. Ce dernier avait d'ailleurs une présence consulaire très importante. Lorsque Gizenga avait instauré son gouvernement à Stanleyville trois ans auparavant, le transport aérien provenait principalement du sud Soudan. Beaucoup de proches de Lumumba se trouvaient en exil à Khartoum[324]. Le Soudan et les anciens lumumbistes semblent avoir toujours eu une relation particulière. La CIA avait d'ailleurs obtenu l'information d'une source soviétique que des armes chinoises transitaient par le Soudan vers les Simba. Le directeur de la société Vicicongo avait informé les otages américains en 1964 que les trois leaders s'étaient partagé entre eux l'or qui avait été volé dans les mines à Kilo-Moto[325]. L'or des Simba a donc déjà été un sujet lors de la rébellion. Les liens entre les Simba et le Soudan semblaient être privilégiés en raison de la proximité des deux pays et de la région où le conflit avait lieu. Si un butin devait être mis en lieu sûr, il ne pouvait être caché qu'au Soudan. Très vite, Hofmann apprend que le butin a été remis à l'époque à la Banque Centrale du Soudan. En effet, pour pouvoir disposer de liquidités, le gouvernement révolutionnaire du Congo avait demandé, en 1965, au ministre des Finances du gouvernement soudanais, M. Moubarak Zarrok, d'en vendre une infime partie. Les trois rebelles s'étaient alors mis d'accord pour que l'accès au fonds nécessite la signature de deux d'entre eux, soit Gbenye, Soumialot, Olenga. Moubarak, responsable de la garde de ces fonds, avait accepté et respecté cet accord à tel point qu'il avait fait stopper le transfert d'une somme de 135'000[1], la demande de transfert n'étant signée que de Christophe Gbenye. Concernant un

---

[1] *Monnaie non précisée, probablement en livres sterling.*

autre refus de versement, le ministre des Finances s'était adressé, le 22 février 1965, à l'avocat des Simba : « (…) en espérant qu'ils s'entendent et qu'ils comprennent notre attitude, car nous ne voulons être partie d'aucun litige. »

Cela démontre bien dans quelle ambiguïté le gouvernement soudanais se trouvait face aux responsables de la révolution congolaise qui semblaient être divisés. Mais cela prouve aussi que Gbenye avait tout au moins tenté d'obtenir des fonds sans l'assentiment des deux autres compagnons. Hofmann découvre ainsi pour la première fois l'existence de dissensions entre les trois leaders de la rébellion, des désaccords profonds trouvant leur origine en 1964. Il soupçonne dès lors que l'attitude de Gbenye et d'Olenga a un lien avec une méfiance mutuelle.

Des dissensions qui datent de 1964

Il est incontestable qu'il y a, entre les trois anciens rebelles, des tensions et un manque de confiance qui ne sont pas nés de ce jour. Cela s'explique mieux, lorsque l'on connaît les querelles du passé.

Lors de la rébellion, il y a déjà des problèmes dans le triumvirat. Bien que leurs rôles soient différents, chacun veut être le plus influent et Olenga fait souvent à sa tête sans toujours tenir compte des ordres de son ministre Soumialot. Chacun essaie de minimiser le rôle de l'autre et les trois n'hésitent pas à critiquer les décisions des uns et des autres. Il n'y a pas qu'un manque de communication entre les trois qui aboutit à des interférences dans les prises de décision, mais plus grave, il y a un manque total de confiance. Le 25 octobre 1964, toute l'équipe de Soumialot s'est vue mettre en prison parce que l'on croyait que le ministre de la Défense s'était enfui à Lubutu. Lors de son retour le lendemain à Stanleyville, tous ses collaborateurs ont été libérés. Lorsque les trois, accompagnés de leurs combattants, se rendent vers la fin de l'année 1964 au Soudan où les Simba avaient ramené leur butin, ils emmènent avec eux les divergences profondes et les luttes de pouvoir qui les opposent.

Afin de garder une impression d'unité, Gbenye qualifie début avril 1965, dans un journal égyptien, de ridicules les affirmations sous-entendant des discordes entre lui et ses compagnons en précisant qu'ils travaillent « tous la main dans la main[326] ». Mais, dans un discours prononcé quelques jours plus tard à Buta, Gbenye s'en prend vivement à Soumialot en disant : « (…) Il n'est un secret pour personne, Soumialot avait toujours récolté de l'argent de banques partout où l'APL passait. Ce n'est point tout. Lors de son passage au Maniema et dans la Province Orientale, il aurait pris avec lui un important tonnage d'or, d'argent, d'ivoire, de la cassitérite, du café et que sais-je en outre. Toutes ces richesses il les avait prises avec la promesse expresse de les remettre dès le premier instant de mon retour au pays. (…) je suis en droit de réclamer à Soumialot toutes ces richesses précitées, mais tel n'est pas mon devoir et je m'empresse d'inviter le peuple pour juger ce Ministre défaillant au grand jour[327]. »

Les termes sont violents. Malgré une tentative de conciliation entre les trois le 17 mai 1965, rien ne change au fait que Gbenye lorgne avec insistance sur les ressources financières que représente le butin des Simba. Ce danger devient plus pressant encore lorsque le ministre soudanais concerné, M. Moubarak, décède et que son successeur ne semble pas avoir été informé de l'accord avec les leaders rebelles. Soumialot rencontre alors le nouveau ministre des Finances, qui l'accueille d'ailleurs froidement, pour lui rappeler la procédure à suivre concernant leurs biens. Soumialot insiste sur le fait que « les fonds des Congolais n'appartiennent ni à lui ni à ses camarades et que le Gouvernement soudanais doit utiliser ces fonds uniquement selon les règles de l'accord antérieurement convenu. »

A l'examen des documents trouvés, datant de 1965, on constate que Gbenye ne cosigne pas les correspondances, ce qui est en revanche fréquemment le cas de Soumialot et d'Olenga. Cela peut démontrer une certaine entente entre les deux, mais la raison peut aussi être une séparation géographique avec Gbenye. Par ailleurs, en regardant attentivement les signatures, on constate que Gbenye et Olenga en utilisent deux bien distinctes, celles relevées dans les correspondances datant des années 60 et celles des correspondances avec Hofmann et Soumialot en 1986.

Les tensions entre Soumialot et Olenga d'un côté et Gbenye de l'autre sont immenses. Cependant, Soumialot ne cherche pas à heurter Gbenye publiquement ; Olenga, par contre, ne s'en prive pas. Dans le journal hebdomadaire *Akhbar Al Osboua* du 24 mai 1965, il déclare : « (…) tous deux [nous] voulons la même chose : la solidarité qui existe dans l'organisation de l'armée, mais que nous n'avons pas dans l'organisation politique ; je ne suis pas d'accord avec Gbenye car il encourage le régionalisme et nous nous sommes pour l'unité. »

Puis le 15 juin 1965, Olenga adresse une lettre au Premier ministre soudanais en accusant Gbenye d'avoir prélevé des fonds sans aucune autorisation, la somme étant employée d'après lui pour « corrompre les autorités » et « pour tuer les vrais et authentiques dirigeants de la Révolution ». Olenga accuse Gbenye de s'acharner sur ses soldats réfugiés au Soudan en leur bloquant l'argent pour la nourriture, pire, que ses hommes et lui-même « soient attaqués en pleine journée dans la ville par une bande de Soudanais entretenus par Christophe Gbenye ». Il fait aussi mention d'un dépôt d'or avant d'accuser nommément les personnes qu'il soupçonne d'actes illégaux en écrivant : « Par ailleurs, tout l'ancien Ministre Joubara et le Général Major Sherif s'acharnent sur les fonds de l'Armée, prière de les demander où se trouve les fonds du Gouvernement ? Où Kanza a pu placer les 8,5 tonnes de l'or prélevé à Stanleyville pour acheter les avions, où a-t-il placé les 450 millions de francs congolais ? Dans cette affaire, je prends comme témoin le Peuple congolais tous ces Messieurs : Gbenye – Kanza – Madugu ne sont pas pour la Révolution, ils sont venus que chercher l'argent. »

C'est à cette époque, et alors que les leaders de la rébellion se chamaillent sur sol étranger, qu'Ernesto Che Guevara se bat au Congo. Comme on l'a vu précédemment, le Che regrette l'absence des responsables de la rébellion et ces querelles ont des incidences graves sur le terrain, des commandants s'insurgent contre leurs chefs qui se trouvent à l'étranger sans se préoccuper des problèmes de la rébellion au Congo. Kabila, venu au Congo entre le 7 et le 11 juillet 1965 pour rencontrer le Che, est reparti aussi vite qu'il était arrivé. A en croire la raison du départ invoquée par Kabila, il y a des dissensions entre lui et Soumialot, même si, en réalité, l'argument utilisé a plutôt l'air d'une excuse pour quitter, honorablement et sans trop se discréditer, le leader cubain et surtout le lieu où les combats font encore rage. La méfiance semble régner entre tous les responsables congolais, personne ne fait plus confiance à personne. Dans son carnet, Che Guevara note en ces termes le départ de Kabila : « Cinq jours après son arrivée, Kabila m'a fait venir pour me dire qu'il devait repartir le soir même pour Kigoma. Il m'a alors expliqué que Soumialot était là-bas, et s'est lancé dans une critique sévère de ce dirigeant, de ses erreurs organisationnelles, de sa démagogie, de sa faiblesse. (…) Il a dit qu'il lui fallait tirer au clair le rôle de Soumialot, que ce dernier avait été fait président [du Conseil suprême de la révolution] pour son sens des relations, pas pour ses qualités d'organisateur, ce en quoi il était un désastre[328] (…). »

Même s'il n'est jamais question du trésor emporté par les Simba, il semble de plus en plus évident que là est l'origine de bien des problèmes. Depuis leur fuite à l'étranger, les désaccords des leaders s'accentuent. L'unité en toute circonstance et pour les bonnes causes du combat politique ne sera jamais le propre de cette rébellion. Une entente parfaite n'a jamais régné au sein du triumvirat et ces discordes sont une des raisons majeures de l'échec de la rébellion.

Vingt ans plus tard, les querelles du passé resurgissent. Hofmann est la cible d'attaques verbales virulentes de la part de Gbenye ; au début, il n'arrive pas à en comprendre les raisons car il a la naïveté de croire que les trois hommes avaient formé une union sacrée par le passé puisque combattant pour le même idéal. Il est vrai qu'à ce moment-là, il ignore les antécédents tumultueux des trois anciens leaders et n'a comme référence que Soumialot, qu'il côtoie souvent, sans savoir encore que celui-ci est apparemment le seul à avoir l'attitude et l'esprit d'un véritable révolutionnaire pour qui ce trésor est un bien appartenant à la population congolaise. Hofmann finira par comprendre qu'en 1964 l'entente et la confiance entre les trois avaient été problématiques.

Soumialot, excédé par ces incessantes disputes, écrit en août 1986 à Gbenye : « (…), je vous fais remarquer que vos habituels propos discourtois – reflet de votre tempérament – y contenus ne m'étonnent ni ne me découragent aucunement. Mais, ce qui est écœurant, c'est vous voir adopter une attitude polémique (…). » Et il ajoute cette phrase, lourde de sous-entendus à l'égard de Gbenye : « Mon futur voyage [en Suisse] ayant pour but de réunir et de donner les preuves se rapportant à nos biens communs dont nous réclamons la restitution, je ne peux pas détourner son but au détriment de vos intérêts matériels. »

Si les dissensions entre les trois anciens leaders rebelles sont profondément ancrées dans leurs relations personnelles trouvant leur origine à l'époque de la rébellion, elles entravent gravement le projet de la récupération du butin. De plus, Gbenye se méfie d'Hofmann car celui-ci a noté son attitude significative lorsqu'il lui rendait visite à la maison à Kinshasa : jamais Gbenye n'acceptait une quelconque boisson, même s'il pouvait décapsuler lui-même la bouteille de bière ou de soda, il n'en buvait pas une gorgée ; il craignait apparemment de se faire empoisonner, une façon bien connue dans le pays pour faire disparaître quelqu'un de gênant. Gbenye et Olenga savent-ils quelque chose que Soumialot ignore ? Ces deux personnages cachent ostensiblement des vérités ; si leurs attitudes n'ont sans doute pas les mêmes raisons et les mêmes origines, elles ont un point commun qui les unit : la peur. Mais de quoi, là est la question.

Le choc (août 1986)

Alors que Gbenye y a renoncé, Soumialot prépare son voyage pour la Suisse prévu pour la fin du mois d'août 1986 et cherche toujours et encore à obtenir avant son départ les documents nécessaires signés par Olenga. Mais celui-ci ne donne aucune réponse à Soumialot.

Le 13 août 1986, Soumialot écrit à *Emmanuel* pour lui rappeler qu'Olenga avait reçu deux billets d'avion de la compagnie Swissair et que les documents (lettre, formulaires de demande de visa, procuration) qui lui avaient été remis devaient être retournés dûment revêtus de la signature d'Olenga. Il constate : « mais, hélas, alors que toutes les conditions posées par lui ont été remplies, le camarade Olenga ne fait aucun effort pour nous envoyer ces documents tant attendus » et demande à *Emmanuel* d'intervenir. Soumialot veut avoir une réponse, ou il reçoit ce document ou, mieux encore, la confirmation de son voyage en Suisse.

En Suisse, alors qu'Hofmann attend des nouvelles concernant les voyageurs, il reçoit un appel téléphonique qui déclenche un choc retentissant, une émotion profonde pour Hofmann, et qui le sera aussi pour tous les réfugiés progressistes congolais lorsqu'ils apprendront la nouvelle. On vient de lui annoncer la mort d'Olenga. Troublé, il fait immédiatement le lien avec l'opération Kasangulu et réalise le véritable danger.

Il prend tout de suite contact avec son réseau au Zaïre qui l'informe qu'il y a effectivement soupçon d'assassinat. Lui qui voulait absolument éviter tout danger potentiel concernant ce projet voit le péril s'immiscer brutalement dans cette opération. Est-ce une admonestation ? La mort du général Olenga, qu'il avait rencontré il n'y a pas longtemps, le trouble, le préoccupe et l'attriste terriblement. Toutes sortes d'interrogations le taraudent. Les questions qui lui viennent alors sans cesse sont : qui, pourquoi et comment ? Cette mort est un drame pour la famille du défunt mais elle est également une catastrophe pour l'opération Kasangulu. Les scénarios les plus incroyables lui passent par la tête, est-ce que Gbenye aurait une responsabilité dans cette disparition ? Comme Gbenye, Olenga semblait avoir peur, mais peur de quoi, de qui, et pourquoi ? Est-ce que leurs craintes étaient les mêmes ? Y a-t-il quelque chose qu'il ignore mais que Gbenye et Olenga savaient ? Mobutu aurait-il une quelconque responsabilité ? Cela lui semble tout à fait improbable ; les trois lascars étaient les seuls à pouvoir accéder au trésor et comme, très probablement, Mobutu espérait obtenir d'une manière ou d'une autre une partie du butin, il est certain qu'il n'allait pas en empêcher sa récupération. Qui d'autre pouvait être à l'origine de cette disparition ? Les autorités du Congo-Brazzaville ? Mais pour quelles raisons ? Olenga avait-il des ennemis personnels ? Ou a-t-il été tout simplement victime d'un crime crapuleux comme il s'en passe malheureusement beaucoup dans les grandes métropoles ? Ces interrogations amèneront Hofmann à agir encore plus discrètement et prudemment à l'avenir. Il est cependant prêt à abandonner ces recherches si cela est le désir de Soumialot, mais ce dernier semble encore plus déterminé qu'auparavant.

Une question ne semble pourtant pas passer par l'esprit d'Hofmann, pouvait-il y avoir des personnes qui ne voulaient pas que l'on recherche ce trésor ? Est-ce qu'à travers cette disparition on voulait court-circuiter la recherche de ces biens ? Bizarrement, les questions suscitées par cette mort vont assez rapidement disparaître car Soumialot veut aller de l'avant. Il n'a pas peur, au contraire, cette disparition ne doit pas empêcher la recherche du trésor simba.

Personne ne sait véritablement comment et de quoi est mort Olenga et ces questions sont aujourd'hui encore sans réponse. Plusieurs rumeurs ont circulé, bien que cette mort n'ait pas provoqué de grands remous parmi les médias ou les observateurs de la politique africaine. Tout reste dans le vague, dans un brouillard épais que personne ne veut, semble-t-il, dissiper. Pour certains, Olenga aurait été victime d'une tentative d'enlèvement manquée ; ou encore, Olenga aurait confié à son épouse avant de perdre conscience, avoir été invité à un dîner de travail au domicile du président du Congo-Brazzaville. Pour d'autres, il serait mort à l'Hôpital Général de Brazzaville sans que l'on sache de quoi. Il a aussi été question d'une malaria cérébrale.

Tout est opaque, même la date de la mort d'Olenga. Gbenye écrit le 15 août à Me Friedli, responsable de créer la fondation, pour lui annoncer « à titre purement documentaire, le décès de Monsieur Olenga Nicolas survenu en date du 11 août 1986 à Brazzaville ». Dans certains milieux congolais, il est question du 13 août. Quant à Soumialot, il écrit le 23 août à son *bien-aimé fils Emmanuel* au Congo-Brazzaville : « C'est avec un cœur brisé, les yeux pleins de larmes que je viens d'apprendre, avec consternation, la triste nouvelle de la mort du frère et compagnon de lutte, Olenga Nicolas, alors Lieutenant-Général de l'A.P.L. (Armée Populaire de Libération), décédé à Brazzaville le 18 courant. ». Ces dates divergeantes sont la preuve d'un manque flagrant d'échange d'informations entre Gbenye et Soumialot.

Une autopsie est effectuée deux semaines après la mort du général. Sous l'insistance d'Hofmann, Soumialot essaie d'obtenir des renseignements par rapport à son décès ; il demande donc à son contact à Brazzaville de lui procurer un certificat de décès portant la signature d'un médecin de l'Etat et s'adresse ensuite à Mobutu pour l'informer que les démarches entreprises sont quelque peu retardées, si pas handicapées, par la mort d'Olenga et précise que, pour bien remplir sa mission, il devrait être en possession du certificat de décès d'Olenga. Ni Soumialot ni Hofmann n'ont jamais obtenu un tel document. La famille de feu Olenga, n'étant plus en sécurité sur cette terre d'asile brazzavilloise, a par ailleurs trouvé refuge au Canada.

Quelques années plus tard, en octobre 1990, Gbenye déclarera au journal *Elima* : « L'un des signataires, Olenga Nicolas est mort empoisonné à Brazzaville, pour avoir refusé de participer au retrait frauduleux de cet or[329] ». On ne sait d'où il tient cette allégation, mais l'accusation à peine voilée est extrêmement grave. Voulait-il dire par là que Soumialot et Hofmann en seraient d'une manière ou d'une autre responsables ? Soumialot en éprouve un profond sentiment de déshonneur. Ces accusations démontrent, d'après Hofmann, le côté perfide de l'auteur qui, comme on le verra par la suite, aura toujours une ligne de conduite étrange dans cette affaire. C'est la première fois que la thèse d'un empoisonnement est évoquée. Cette théorie sera, bien des années plus tard, répandue dans quelques rares blogs. Cependant, Gbenye utilise des termes comme s'il s'agissait d'un fait avéré et confirmé, mais d'après les renseignements qu'Hofmann a obtenus, cela n'a jamais été attesté par une quelconque institution officielle. Gbenye dispose-t-il de preuves ou de renseignements à ce sujet ? Il est le seul à relier la mort d'Olenga avec l'opération Kasangulu et cela sans amener des explications, des témoignages ou des preuves étayant ses allégations.

Premier voyage de Soumialot en Suisse (août-novembre 1986)

Aux yeux d'Hofmann, le voyage de Soumialot en Suisse ne sert évidemment pas à grand-chose vu l'absence de Gbenye et sans avoir obtenu les documents signés par Olenga. Mais afin de calmer la situation et d'étudier avec Soumialot la période des années 60, il le fait venir en Suisse comme cela était initialement prévu. Soumialot débarque donc le 27 août 1986 pour la première fois sur sol helvétique.

Ce premier voyage permet à Soumialot de rencontrer l'avocat en Suisse qui doit créer la fondation mais, comme la raison officielle de son voyage a toujours été une question médicale, il est effectivement soumis à un check-up chez le médecin de la famille Hofmann qui lui trouve quelques menus problèmes de santé, au point qu'il passe tout de même six jours à l'hôpital. Son séjour est toutefois voué aux discussions avec son hôte et, plus important encore, à se confier librement à lui, c'est pourquoi ils se retirent dans les montagnes suisses pour profiter du calme. Soumialot raconte en détail l'époque de la rébellion, il laisse même des notes, des réflexions, des indices, des documents. Chose incroyable, Soumialot avait gardé des documents Simba datant de la guerre et ce malgré le fait qu'il vivait dans son pays sous le régime de son ennemi et d'une administration qui le surveillait de près. Avec l'aide d'un ami, Hofmann filme une interview où les détails et les souvenirs de cette guerre surgissent comme si Soumialot les avait vécus hier. Il faut rappeler que, hormis le récit assurément assez fidèle des faits grâce à sa mémoire, il n'y a pas une seule preuve qu'un butin ait été transféré au Soudan. Il ne se souvient que de deux noms : O. Malek[1] et Me A. Adham. Le premier est un homme d'affaires qui lui a permis d'ouvrir un compte au Soudan pour pourvoir aux besoins des réfugiés Simba, l'autre est l'avocat de Soumialot qui a établi le contact avec les autorités soudanaises et était présent lors du dépôt d'une partie du trésor. Ces deux noms sont les seuls éléments mis à disposition d'Hofmann pour entamer la recherche du trésor des Simba, avec comme seule indication qu'on devait pouvoir les retrouver au Caire ou à Khartoum. C'est bien maigre si l'on pense que l'histoire a eu lieu plus de vingt ans auparavant et quand on voit les mégalopoles que sont devenues ces deux villes…

Après toutes ces révélations et les souvenirs évoqués, Hofmann adjure Soumialot d'écrire un livre afin qu'un des acteurs laisse une trace des événements dans l'histoire du pays. Il est évident qu'une pareille action ne peut se faire au Zaïre, mais que Soumialot doit absolument profiter de son séjour en Suisse pour coucher son vécu sur papier. Chaque visite en Suisse, par la suite, lui aurait permis de continuer à s'y consacrer. En dépit de l'insistance d'Hofmann, il n'écrira rien sur la lutte armée et ce projet d'écriture ne verra malheureusement jamais le jour, hormis des notes et quelques pages sur son enfance et sa jeunesse. Mais l'évocation d'un livre et de son illustration fait l'effet d'un déclic chez Soumialot qui se souvient qu'il avait déposé deux valises à l'ambassade de Cuba au Caire, aux bons soins du chargé d'affaires de l'époque, et qui contenaient des photos et des documents. Le 9 octobre 1986, Soumialot et Hofmann se rendent à l'ambassade de Cuba à Berne et sont reçus par l'ambassadeur, le chargé d'affaires et une interprète. Après discussion, Gaston Soumialot remet une lettre à l'ambassadeur à l'attention de Fidel Castro, dans laquelle il remercie Castro pour tout ce qu'il a fait et continue de faire pour le bien non seulement de sa famille, son épouse et ses enfants réfugiés à La Havane depuis 1965, mais aussi pour toutes les familles africaines se trouvant à Cuba. Cette lettre révèle l'esprit révolutionnaire de Soumialot :

« Ma présence en Suisse pour les soins médicaux m'offre l'occasion de rompre le silence prolongé dans lequel les impondérables de la politique m'ont plongé, laissant planer doute et inquiétude chez mes

---

[1] *Nom d'emprunt, connu de l'auteur.*

amis, comme toi, restés sans nouvelles de ma part. J'espère que mes amis comprendront ce silence, car il y va de ma sécurité.

Mais, mon cher Fidel, si délicate que soit demeurée ma situation, sois assuré que de partout et à tout moment, je suis, avec admiration, tes actes combien révolutionnaires posés sur le long chemin épineux que, bravant toutes sortes de difficultés, tu parcours courageusement et victorieusement à la recherche de la paix et du bonheur des peuples opprimés.

Dans cette lutte juste de toujours, sois en sûr, je suis et reste, de loin mais de tout cœur, uni à toi. Car, ni la misère ni même les menaces contre ma vie ne me détourneront de cet objectif. »

C'est par la force des choses que Soumialot est devenu un révolutionnaire dès son plus jeune âge. Il a essayé de faire une révolution qui a échoué, c'est d'ailleurs la raison pour laquelle on parle de rébellion, mais il est toujours resté fidèle à ses convictions malgré son âge et sa situation.

Depuis son retour au Zaïre en 1975, Soumialot n'avait évidemment plus pu entretenir ses contacts avec les chefs d'Etats, ministres ou représentants de gouvernements du monde dit progressiste. Ce silence qui a duré des années peut enfin être rompu grâce à sa présence hors du Zaïre. Cependant, il est clair qu'il ne renouera pas avec toutes ses anciennes connaissances politiques à travers le monde, cela le mettrait en danger lors de son retour au pays.

Des informations sur la mort d'Olenga

Lorsque Soumialot est en Suisse, il prend contact avec un ancien combattant toujours réfugié en Egypte. Le système d'information entre les Simba disséminés à travers le monde est encore intact en 1986. C'est ainsi que Soumialot apprend par cette source qu'Olenga, prétextant vouloir apposer sa signature, se serait présenté aux bureaux des services de sécurité du Congo-Brazzaville pour demander d'entrer en possession de tous les documents et du billet d'avion. Il les aurait reçus en sa qualité de destinataire. Ensuite, le général Olenga se serait rendu chez le président de la Cour Suprême du Congo-Brazzaville pour remettre les documents *pour étude et action*. Suite à ces informations, Soumialot s'adresse à son contact personnel *Emmanuel*, lui relate ces faits et souhaite vivement une entrevue avec le président de la Cour Suprême. Il n'obtiendra jamais de réponse.

De retour au Zaïre, Gaston Soumialot reçoit du Congo-Brazzaville d'autres informations bien plus troublantes qu'il communique à Hofmann dans une lettre : « Le billet Swissair a été remis au Camarade [nom connu de l'auteur], ami du Président Gbenye, qui l'a demandé au général Olenga pour le vendre… C'est au cours de ces transactions que le citoyen Olenga est mort. Les circonstances de cette mort étant obscures, les médecins, après l'autopsie, ont envoyé une partie de l'estomac ou de l'intestin en Suisse. On attend la réponse sur le résultat de l'examen. Citoyen Gbenye à qui j'ai informé cette nouvelle m'a semblé très emporté. »

Cette information jette un froid dans le dos car, même sous-entendue, elle laisse présumer une implication de l'entourage de Gbenye. S'il n'y a pas de fumée sans feu, il faut rester particulièrement prudent quant à la crédibilité de cette information. Jusqu'à preuve du contraire, on ne peut mettre en cause Gbenye d'avoir une quelconque responsabilité dans toutes ces rumeurs qui vont bon train.

Soumialot informe Gbenye (décembre 1986)

Soumialot ne manque pas d'aller informer Gbenye de son voyage et, à sa grande surprise, est accueilli chaleureusement. Il lui remet en mains propres les documents de l'avocat suisse et lui fait part des démarches entreprises, du projet de la fondation et des frais occasionnés pour l'ouverture du dossier que Hofmann a supportés ; il l'entretient aussi de la future première assemblée qui doit réunir tous les membres de la fondation et qui devra avoir lieu en Suisse dès que tout sera prêt.

Soumialot rapporte à Gbenye les informations concrètes reçues depuis le Congo-Brazzaville concernant Olenga afin de le confronter et de percevoir sa réaction. Selon ces sources, Gbenye aurait adressé au général, peu avant sa mort, une lettre l'informant qu'il retirait sa signature de la procuration et lui faisait part de sa méfiance concernant l'opération Kasangulu. Plus grave encore, selon les informations recueillies par Soumialot, Gbenye aurait également pris contact avec les autorités soudanaises afin de discréditer les démarches entreprises par Soumialot. Confronté à ces allégations, Gbenye se montre très surpris d'apprendre tout cela « qu'il juge inexact ». Qui cherche à discréditer qui ? Qui ment ? Pourquoi ces intrigues ? Que de questions, mais il est certain que Soumialot doute de l'attitude de Gbenye.

La confrontation relative aux rumeurs faisant état de son retrait du projet a-t-elle déstabilisé Gbenye ? Apparemment Gbenye clame haut et fort, non seulement qu'il est uni dans cette « ferme volonté commune d'arriver à un bon résultat » mais encore qu'il est un membre à part entière de ce projet. Il s'adresse à Hofmann pour l'assurer de son soutien et le prie de ne pas se décourager en ajoutant : « Je suis et d'esprit et de cœur avec vous pour la réussite de notre affaire ».

Soumialot à Khartoum et au Caire (20-28 juin 1987)

L'apaisement de Gbenye provient probablement du fait qu'il n'est rien arrivé à Soumialot ni lors de son voyage en Suisse ni lors de son retour au Zaïre, preuve pour lui que Mobutu n'a pas manigancé ce stratagème pour éliminer un à un les vieux leaders rebelles. Soumialot, qui n'a d'ailleurs jamais eu un doute concernant sa sécurité, entame début juin 1987 un second voyage en Suisse.

Hofmann a engagé un garde du corps pour accompagner l'ancien rebelle au Soudan et en Egypte entre le 20 et le 28 juin 1987 afin de reprendre contact avec les Simba réfugiés depuis 1964 dans ces deux pays car, à partir du retour définitif de Gaston Soumialot au Zaïre, et mis à part son informateur du Caire, plus aucun contact n'avait été établi entre les Simba et lui. C'est à l'aide de ses anciens compagnons de rébellion qu'il compte retrouver l'avocat et l'homme d'affaires avec qui il avait entrepris toutes les démarches en 1964 concernant le butin de guerre. Soumialot peut effectivement renouer contact à Khartoum avec son avocat d'alors, Me Adham, à qui il remet la procuration délivrée au nom de Martin Hofmann, signée par lui-même et Gbenye, et l'informe de ses intentions et des démarches entreprises jusqu'alors. Au Caire, il trouve également les coordonnées de l'homme d'affaires Malek, mais celui-ci est à ce moment-là à l'étranger. Son escapade dans ces deux pays fait évidemment resurgir plein d'émotions chez tous ceux qui ont combattu à ses côtés et la nouvelle de sa présence circule très rapidement parmi les anciens Simba.

L'attitude ambiguë de Gbenye (juillet 1987)

Après ce voyage au Soudan et en Egypte effectué depuis la Suisse, Gaston Soumialot repart le 7 juillet 1987 pour le Zaïre afin d'informer immédiatement Gbenye de son périple. Hofmann estime important qu'il soit renseigné des démarches entreprises. Vu le sujet assez délicat, il est essentiel que cela se fasse de vive voix. Soumialot fait donc un aller-retour assez bref, puisqu'il est de retour en Suisse le 22 du même mois.

Les nouvelles apportées par Soumialot après son voyage au Soudan et au Caire réconfortent Gbenye au point que le baromètre de confiance est de nouveau à son zénith. Est-ce par inadvertance ou par provocation qu'il remet à Soumialot, précisément à ce moment-là, la copie d'une lettre adressée le 3 août 1986 au Premier ministre soudanais ? Dans cette missive établie une année plus tôt[1], il rappelle que seul un document portant les signatures de lui-même, d'Olenga et de Soumialot permettait un prélèvement ou un retrait. Cela démontre son scepticisme, ses doutes et son manque de confiance envers les initiateurs de cette affaire et c'est avec stupéfaction que Soumialot découvre dans cette correspondance le paragraphe suivant : « Jusqu'à aujourd'hui, ces instructions restent de stricte application et je vous demanderais d'y veiller scrupuleusement car au moment que je vous écris, il y a tentatives frauduleuses effectuées par certaines personnes pour s'approprier l'or déposé au Soudan. Ces personnes disposeraient même des procurations signées isolément par nous trois au lieu d'une et seule procuration signée conjointement par nous. »

Tout interlocuteur auquel Gbenye tient de tels propos ne s'imagine évidemment pas que lui-même fait partie de « ces certaines personnes ». Veut-il faire croire que l'on veut abuser de sa signature et donc de sa personne ? Oublie-t-il sa procuration faite avec Soumialot le 11 février 1986 à Hofmann ? N'étant pas seul maître du projet, Gbenye fait tout pour mettre des bâtons dans les roues afin que

---

[1] Olenga est alors encore vivant et Gbenye a, six mois auparavant, signé une procuration pour la récupération du trésor.

sa participation soit incontournable, voire même que la réussite du projet dépende de son bon vouloir. Les informations que Soumialot avait reçues en son temps étaient donc exactes. Il perçoit ce courrier comme un véritable sabotage, d'autant plus que cette correspondance a été écrite avant même son premier séjour en Suisse. On se rappelle des rumeurs de méfiance et de l'annulation de la procuration commune, auxquelles Gbenye avait été confronté par Soumialot après son premier voyage en Suisse ; on se souvient également que Gbenye les avait alors qualifiées d'inexactes. Son comportement est ambigu. D'autant plus que, lors de la visite de Soumialot, il se montre soudain très coopératif, à telle enseigne qu'il va collaborer à l'élaboration d'autres missives très importantes. Serait-ce la mauvaise conscience ? Quoi qu'il en soit, cette rencontre se révèle importante car Soumialot découvre un comportement déloyal de la part de Gbenye, mais la bonne nouvelle est qu'il ne retournera pas en Suisse les mains vides.

D'une part les deux protagonistes certifient dans un document qu'il n'y a jamais eu d'ordre émanant de leur part pour la conversion de l'or resté à la *Bank of Sudan* en une quelconque monnaie, ni pour un transfert de cet or vers une autre banque. Cette affirmation est de la plus haute importance parce que, selon les informations reçues par Soumialot au Soudan, la banque prétendait ne pas être en possession d'or déposé en 1964. Des renseignements obtenus par d'autres sources faisaient pourtant état de la vente d'une partie de l'or et du transfert de l'autre partie de ce métal précieux dans des banques à l'étranger. D'autre part, Soumialot pourra remettre une lettre à Hofmann dans laquelle Gbenye lui réitère son soutien en lui écrivant entre autres : « De ma part, vous avez eu et vous aurez toujours ma confiance ». Voilà qui est dit, alors que, quelques mois auparavant, Gbenye l'accusait encore de tous les maux. Ce qui est plus important encore, c'est le document que Soumialot et Gbenye élaborent ensemble, puisqu'il s'agit là d'un des originaux les plus fondamentaux : le 15 juillet 1987, ils signent à Kinshasa un *ordre de transfert* et confirment par là-même la restitution du dépôt de l'or et de tous les biens à une fondation au bénéfice du peuple zaïrois : « Les soussignés Christophe Gbenye (…), Gaston Soumialot (…) avons l'obligeance, en notre qualité de détenteurs et dépositaires des biens appartenant au Mouvement de Libération, d'ordonner à la Banque Centrale du Soudan *Bank of Sudan* à Khartoum de libérer cet or et de le transférer à la Fondation *Elikia* créée à ces fins dont le siège est à Berne – Suisse.

Il en va de même pour les autres biens qui ne sont pas spécifiquement cités dans cet ordre de transfert. »

Malgré sa conduite inconstante, confuse, craintive, réticente et capricieuse, Gbenye ne lâche pas le projet, il ne se retire pas. Si, un jour, il semble se lancer corps et âme dans la récupération du butin, le lendemain, il fait tout pour que cela ne puisse se faire. Il est le seul à pouvoir expliquer son attitude mais il ne le fera jamais.

Fondation Elikia (août 1987)

Hofmann et Soumialot demandent à Gbenye de bien vouloir les rejoindre en Suisse pour la fin du mois d'août pour la création de la fondation Elikia[1]. Gbenye est en possession d'un billet d'avion qu'Hofmann avait financé. Des garanties personnelles de prise en charge de Gbenye ont dû être déposées auprès de la Police des étrangers à Berne afin qu'il puisse obtenir un visa d'entrée. Certains prétendent à Kinshasa que Gbenye n'a pas de passeport, d'autres qu'il n'est pas autorisé à quitter le pays et il y a encore ceux qui affirment qu'il a peur de se faire assassiner sur sol étranger. Quoi qu'il en soit, Gbenye ne quitte pas le Zaïre. Pourtant, le 27 août 1987, la fondation Elikia sera constituée devant notaire. Les trois fondateurs cités, à savoir Gaston Soumialot, Christophe Gbenye et Martin Hofmann, forment également le Conseil de fondation ; Hofmann a utilisé la procuration que Gbenye lui avait faite en son temps pour qu'il puisse figurer, malgré son absence physique, en tant que fondateur. Cela implique néanmoins que Gbenye signe les documents qui lui seront remis par après et les fasse légaliser par le notaire de la ville de Kinshasa, notamment l'annonce au registre du commerce suisse et le document concernant la création de la fondation. Tant que ces documents ne sont pas signés, Elikia est considérée comme une fondation en formation. Dans l'article 2 de l'acte « Constitution d'une fondation », le but est défini comme suit : « La fondation a pour but la promotion d'écoles, de formation professionnelle et d'aide dans le domaine médical en République du Zaïre. » Le jour même, Hofmann informe Gbenye par écrit du déroulement et mentionne que Soumialot a été désigné président de la fondation en formation. Il précise

---

[1] *En lingala, Elikia signifie espérance, confiance.*

toutefois que cette nomination a été faite dans l'attente de la première réunion devant avoir lieu en septembre, lors de laquelle les charges dans le Conseil de fondation seront à nouveau distribuées, et espère vivement que cette fois-ci Gbenye pourra les rejoindre en Suisse. Il lui fait également savoir qu'il est prévu que Me Adham, l'avocat de Khartoum, se joigne à eux pour cette réunion.

Colère de Gbenye (septembre 1987)

La peur obsessionnelle d'être écarté du trésor planqué au Soudan resurgit chez Gbenye. Vexé que l'on ait pu créer une fondation sans sa présence, il est en outre très probablement blessé dans son orgueil d'apprendre que Soumialot en est le président, même si cela est provisoire. Il pensait peut-être pouvoir empêcher la création de la fondation par son absence. Difficile de trouver une autre explication à sa colère qui l'amène à produire un acte de dénonciation où il s'insurge contre les procurations qui n'ont jamais été légalisées par l'autorité compétente. Gbenye prétend qu'il n'a pas été associé ni tenu régulièrement informé des démarches effectuées par Hofmann. Il s'adresse même à Me Friedli pour lui faire savoir qu'il n'est pas, pour le moment, disposé à délivrer une procuration à qui que ce soit, aussi longtemps qu'il n'est pas associé à cent pour cent à la création de la fondation. Il veut signer personnellement l'acte constitutif de la fondation. Son attitude est des plus incompréhensibles, il soutient le projet, mais à chaque fois qu'une étape va être franchie, il se rétracte. Pire, il écrit à l'avocat suisse : « Si jusqu'à ce jour, je ne suis pas encore venu à Berne, c'est que M. Martin Hofmann et Citoyen Gaston Soumialot ont un certain intérêt à ne pas me voir à Berne et participer physiquement à la création de la Fondation ». Gbenye qui avait reçu un billet d'avion et était attendu à Berne par tous les intéressés, cherche-t-il à dénoncer un complot, mais lequel ? Est-ce là le résultat d'une jalousie envers Soumialot datant de la lutte de pouvoir des années soixante ? Ce comportement qui énerve au plus haut point son compagnon de lutte ainsi que Hofmann, ne les empêche pas de poursuivre leurs efforts. Soumialot réfute donc l'acte de dénonciation de Gbenye et le fait savoir à toutes les personnes concernées en écrivant à Me Friedli : « Pour ce qui est de l'annulation, par le mandant, d'une procuration individuelle donnée à une personne, le citoyen Gbenye, dans ce cas précis, est dans ses droit légitimes et peut se confier à quelqu'un, de son choix sans pour cela se rendre coupable de tout chambardement. Cependant, je lui contesterais – juridiquement – le droit d'annuler les procurations collectives portant ma signature dont question dans son fameux *Acte de Dénonciation* s'il agissait unilatéralement. Car, l'acte signé par deux ou plusieurs personnes, ne peut être annulé que quand il est dûment signé par ceux qui l'ont posé, exception faite du signataire décédé. » L'attitude de Gbenye ne met en aucun cas un frein à l'enquête que Hofmann mène avec l'aide de Soumialot.

Première rencontre avec Maître Adham (septembre 1987)

Le 21 septembre 1987, l'avocat suisse, Hofmann et Soumialot tiennent la première séance de la Fondation Elikia qui est toujours en formation puisque Gbenye n'a pas daigné signer les documents nécessaires et n'a en outre pas donné suite à l'invitation qui lui avait été faite ; il brille une fois de plus par son absence. Comme prévu, Me Adham est accueilli lors de cette session. Hofmann rencontre pour la première fois l'avocat de Soumialot au Soudan qui, en 1964, lui avait facilité la prise de contact avec les autorités soudanaises et avait été témoin d'une grande quantité d'or déposé, ce qu'il confirme ce jour-là. Non seulement il leur remet une photocopie du reçu daté du mois de novembre 1964, signé par le gouverneur de la banque nationale soudanaise, la *Bank of Sudan*, mais leur confirme aussi qu'il a trouvé, dans ses archives, l'original de ce reçu. C'est la première fois que Hofmann peut estimer la valeur de ce trésor : le reçu, signé par le gouverneur El Sid El Fil, fait mention de 27,6 tonnes d'or. Ce récépissé provenant des autorités soudanaises est la première preuve tangible qui confirme les confidences de Soumialot concernant le secret du trésor. Cependant, à en croire Soumialot, le butin ne se limite pas à cet or-là, car d'autres dépôts d'or, de diamants, d'ivoire et de devises ont eu lieu, sans parler des véhicules, armes et autres biens emportés lors de la fuite des rebelles. Me Adham s'est rappelé d'un autre dépôt d'or en 1965 qui se quantifiait entre 5 et 8 tonnes. Ces propos seront confirmés plus tard par des Simba qui avaient été témoins de cette consignation. L'avocat soudanais fait remarquer qu'il ne connaît pas au total la quantité d'or déposé ni sa qualité et que des retraits ont été effectués en 1964 et 1965 pour payer les frais occasionnés par la présence des Simba alors réfugiés au Soudan. Il insiste aussi pour connaître les positions prises par le gouvernement zaïrois au sujet de ce trésor, car celui-ci a essayé à plusieurs reprises de l'accaparer mais sans succès. Il n'y a pas meilleure preuve que ce récépissé pour contrer l'Etat du Soudan qui, lors d'un premier contact, ne semblait pas se souvenir d'un dépôt d'or de la part des rebelles congolais. Cette première rencontre avec l'avocat soudanais s'est donc avérée très fructueuse et Hofmann, après les péripéties vécues à cause de l'attitude de Gbenye, est conforté dans ses intentions de faire progresser l'opération Kasangulu. L'avocat suisse écrit à la aujourd'hui défunte Société de Banque Suisse (SBS), l'informant de la fondation Elikia et d'un éventuel transfert d'une quantité importante d'or qui pourrait se faire vers la Suisse. Il leur fait part du désir de cette fondation d'envisager la présence d'un spécialiste de la banque, contre prépaiement des frais prévus, pour accompagner un des membres du Conseil de fondation, afin d'inspecter la marchandise à son emplacement à Khartoum, ce qui permettrait à la fondation de prévoir la suite à donner selon le résultat de l'expertise. La SBS décline toutefois cette requête. Cependant, cette démarche indique que Soumialot et Hofmann pensent pouvoir récupérer ces biens rapidement. La rencontre avec l'avocat de Soumialot confirme que ce dernier est bien celui qui avait été l'interlocuteur avec les différentes autorités soudanaises concernant le trésor. Soumialot semble être l'homme clé concernant le transport de ces capitaux du Congo au Soudan et de leur dépôt à Khartoum. Gbenye ne connaît très certainement pas les détails de ces dépôts effectués, il est donc d'une certaine manière dépendant de Soumialot s'il veut accéder à ces biens.

Deuxième voyage au Caire de Soumialot (octobre 1987)

Comme Me Friedli a essayé à maintes reprises, malheureusement sans succès, de contacter le second témoin, l'homme d'affaires Malek, en Egypte et que, jusqu'à présent, il n'y a eu aucun échange avec lui, il faut aller à sa rencontre. Hofmann n'a en outre pas oublié que Soumialot, il y a une année, a mentionné les deux valises déposées à l'ambassade de Cuba au Caire. Ces raisons ainsi que l'intention d'intensifier les contacts avec les Simba du Caire, sont le motif d'un second voyage au pays des pharaons. Le Caire ne présentant pas de danger particulier pour Soumialot qui ne parle par ailleurs pas un mot d'anglais, Hofmann envoie son fils pour l'accompagner, l'aider dans ses démarches et régler les problèmes quotidiens.

C'est ainsi que Soumialot se rend à nouveau au Caire le 7 octobre 1987. S'il descend à l'hôtel Hilton qui fait face au Nil, c'est parce que l'homme d'affaires Malek a les bureaux de son entreprise dans ce quartier. Là, un ancien Simba du nom de Joseph K.[I] vient souhaiter la bienvenue accompagné de sa très jolie fille Fatuma. Soumialot lui donne immédiatement des instructions pour ne pas perdre de temps et que le séjour soit des plus efficients.

A peine arrivé à l'hôtel, Soumialot s'exclame: « Avant tout, par respect et politesse, je dois rencontrer Mme Lumumba. Où est mon calepin que je lui téléphone ». Le soir même, il se rend chez Mme Pauline Lumumba[II] qui le reçoit avec grand plaisir. Soumialot est très content et ému de la rencontrer ainsi que son fils Patrice Okonde Lumumba[III] qui a alors 35 ans. Installés dans le salon du petit appartement mis à disposition à l'époque par le président Abdel Nasser, l'entretien est long et passionnant. Ils parlent de Patrice Emery Lumumba et de la rébellion qui a été une des conséquences de son assassinat. Ils abordent aussi le sujet de leur situation actuelle, Mme Lumumba se plaignant du fait que des femmes au Zaïre se font passer pour elle ; en France ce sont des candidats à l'asile politique qui utilisent le nom de ses enfants. Ainsi, les prochains jours, Soumialot visitera le plus souvent possible Mme Lumumba. En compagnie de Joseph K., l'ancien Simba, ils ont avec Mme Lumumba une discussion fort intéressante, car une fois de retour à l'hôtel, Soumialot confie qu'il a appris beaucoup de choses et obtenu des renseignements qu'il ignorait jusque-là.

Plusieurs rencontres et rendez-vous s'enchaînent lors de ce séjour. Une des rencontres très importantes est celle avec l'homme d'affaires Malek qui, en 1964, s'était occupé des affaires courantes des réfugiés Simba et avait bénéficié d'un accès direct à des comptes en banques au Soudan approvisionnés par des capitaux appartenant aux rebelles. Il prétend n'avoir jamais reçu les courriers de l'avocat suisse mais

---

[I] *Nom connu de l'auteur.*
[II] *Mme Pauline Opango Lumumba est décédée le 23 décembre 2014 à l'âge de 72 ans*
[III] *M. Patrice Okonde Lumumba est décédé le 29 avril 2014 à Kinshasa.*

admet avoir réceptionné ceux envoyés par Soumialot. Par prudence, il a cependant préféré se méfier tant qu'il n'y avait pas un contact direct. Soumialot lui explique alors les raisons de sa présence et son intention de récupérer les biens de la rébellion pour en faire bénéficier le peuple zaïrois. D'après Malek, la meilleure manière de procéder passe par l'établissement de contacts privilégiés dans quatre domaines particuliers, à savoir une personne influente à la banque du Soudan, un politicien soudanais, un journaliste de la presse écrite de Khartoum et un avocat qui se trouve déjà être Me Adham. Les deux hommes échangent des informations de très haute importance. La recherche de renseignements et de documents font qu'ils se rencontrent à plusieurs reprises.

Soumialot a aussi contact avec quelqu'un qu'il dit être un ancien ministre égyptien et qui le reçoit. Là, une intense discussion a lieu concernant de l'or qui se trouve en Egypte et qui aurait appartenu au mouvement rebelle. Le ministre confie qu'une partie de cet or a été utilisé par Mulele et est donc retourné au Congo de l'époque. Quant au reste, il doit encore se trouver dans une banque en Egypte dont il cite le nom. Plus important encore, le ministre donne le nom d'une personne du ministère des Affaires étrangères d'Egypte qui, selon lui, est en possession de tous les documents relatifs à cet or.

*

Aucune idée du volume d'or dont il est question, mais c'est grâce à des notes personnelles de ce voyage ainsi que des annotations d'Hofmann concernant le rapport oral que Soumialot avait fait, qu'on peut parler de la présence d'un butin en Egypte. Cette révélation est restée complètement oubliée et, curieusement, ce trésor ne fera pas l'objet d'une attention particulière d'Hofmann, on ne saurait en expliquer les raisons. Etait-ce tombé dans l'oubli de par l'importance du butin au Soudan ? A-t-il eu des informations à ce sujet dont les recherches n'ont pas trouvé trace ou qui y auraient échappé ? Y voyant plus de chances d'aboutir, a-t-il préféré commencer par le Soudan avant de s'occuper de l'Egypte ? Le fait est qu'il n'y a eu aucune tentative de récupération du butin en Egypte de la part d'Hofmann et de Soumialot bien que la conversation avec cet ancien ministre avait établi qu'une partie du trésor des Simba s'y trouvait alors encore.

*

Le 12 octobre 1987, Soumialot a rendez-vous à 10 heures à l'ambassade de Cuba au Caire. Comme un an auparavant à l'ambassade à Berne, il prie l'ambassadeur de bien vouloir transmettre à Fidel Castro ses remerciements les plus sincères pour avoir accueilli et pris soin de sa famille qui, à ce moment-là, est toujours réfugiée à Cuba. Soumialot sait que l'un de ses fils s'est rendu coupable de faits préjudiciables et qu'il est interné dans une maison d'éducation ; en 1986, il avait imploré Fidel Castro pour son pardon afin que son fils puisse bénéficier d'une libération conditionnelle. N'ayant rien entendu depuis lors, Soumialot cherche à obtenir des renseignements à ce sujet. Le diplomate n'a pas d'informations, ni concernant son fils ni sa famille, mais assure qu'il transmettra le message à qui de droit. Soumialot change alors de sujet et raconte qu'il avait déposé personnellement, au mois de novembre 1968, deux valises dans cette ambassade auprès de Monsieur Ferreira, alors chargé d'affaires. Ces valises contenaient des documents concernant la rébellion et des albums photos, entre autres celles de son voyage à Cuba aux mois d'août et septembre 1965. Le diplomate l'assure que l'ambassade n'est pas en possession de telles valises. Soumialot insiste : il les avait déposées lui-même afin qu'elles soient en lieu sûr, il doit donc bien y avoir une quelconque trace. Le ton de l'ambassadeur devient alors plus ferme lorsqu'il ajoute que cela date d'il y a 19 ans, que l'ambassade a été rénovée depuis lors et qu'il est bien possible que ces valises aient été détruites à ce moment-là, et qu'il ne faut plus insister. Force est de constater que cette rencontre se transforme alors en dialogue de sourds…

Soumialot rend visite à la famille de l'ancien Simba Joseph K. qui habite dans un quartier des profondeurs du Caire, un énorme labyrinthe de ruelles poussiéreuses où aucun touriste ne s'aventurerait. Là, d'autres anciens combattants Simba l'attendent ainsi que la famille de Joseph K. Cette réunion procure à Soumialot une immense joie d'être parmi les siens. Les conversations vont bon train, accompagnées de rires et parfois de silences. Tout se passe en lingala et permet de part et d'autre de dissiper des malentendus ou des rumeurs datant encore de la rébellion.

Le 14 octobre 1987, l'avion décolle du Caire en direction de la Suisse. Ce voyage laisse Soumialot songeur. La visite à l'ambassade cubaine et la réaction agressive par rapport aux valises disparues, a laissé des traces chez Soumialot. Il se fait du souci pour la sécurité de sa famille à Cuba et, pour la toute première fois, il s'en fait pour la sienne. Il vient de constater que les temps ont changé, la sympathie et le soutien cubains d'antan ne semblent plus être à l'ordre du jour. Est-il devenu un élément dérangeant pour ses anciens alliés ?

La réaction de Gbenye (octobre 1987)

Une fois de plus, Gbenye fait parler de lui. Par l'intermédiaire de son fils, il charge un avocat genevois pour défendre ses intérêts et contester la constitution de la fondation Elikia dans laquelle il apparaît comme membre fondateur. C'est oublier qu'il avait donné son consentement. En dépit de son attitude, son intégration dans la fondation est toujours d'actualité car, sans sa participation, la fondation n'a pas de sens aux yeux d'Hofmann et de Soumialot. L'avocat représentant les intérêts de la fondation offre un dernier délai jusqu'à fin octobre 1987 pour que Gbenye fournisse les signatures indispensables à l'établissement des documents à remettre aux autorités de contrôle. Cela ne sera pas le cas et cela signifie la fin de la fondation Elikia. La colère de Soumialot est énorme ; pour lui, Gbenye est un traître.

A ce moment, Soumialot reçoit un document d'un de ses contacts à Brazzaville. Il s'agit d'une procuration où il manque les signatures de Gbenye, Soumialot et Olenga, ce qui indique qu'elle a été produite avant la mort de ce dernier. Une procuration en vue de récupérer les fonds mais qui n'a aucun lien avec l'opération Kasangulu. Est-ce là la source des rumeurs prétendant que Gbenye avait adressé au général Olenga une missive l'informant que les procurations données de sa part à Hofmann étaient déclarées nulles et non avenues ? Christophe Gbenye, on l'a vu précédemment, avait jugé ces dires inexacts et s'était montré surpris lorsque Soumialot lui en avait parlé. Pourtant, et il faut le relever, ce document contient des informations dont il avait une connaissance précise. Cette procuration donne par ailleurs les pleins pouvoirs pour la récupération de l'or à un monsieur résidant à Brazzaville. Ce document, non daté, ne sera jamais signé par aucun des trois concernés. Est-ce là la raison de l'indécision et de la peur d'Olenga ? Avait-il reçu des menaces de l'entourage de Gbenye ? Gbenye agit-il sur deux plans : participer d'une part tant bien que mal au projet de restitution de l'or au bénéfice du peuple zaïrois en y mettant le plus possible d'obstacles à sa réalisation afin d'accéder à des renseignements et gagner du temps pour, d'autre part, agir en parallèle et entreprendre des démarches de son côté ? Beaucoup de questions, mais Gbenye reste cette fois-ci totalement muet. La différence notoire dans ce document – non signé – stipule que les soussignés « donnent de libre et commun accord, à la *Bank of Sudan* à Khartoum, l'ordre de réaliser immédiatement, dès qu'elle en sera requise, ce transfert d'une partie des vingt tonnes d'or aux Banques qui lui seront indiquées par les Mandataires des soussignés, muni des pleins pouvoirs ». Il n'est plus question de fondation et encore moins de projets sociaux.

ANNÉES D'IMMOBILITÉ (1988-2001)

Lorsque tu ne sais pas où tu vas, regarde d'où tu viens.
(Proverbe africain)

Le calme plat (1988-1989)

En 1988, quelques tentatives pour réunir Me Adham et Malek avec Me Friedli n'aboutissent pas pour des raisons de calendrier, puis de visa. Sans la participation de Gbenye, il est par ailleurs difficile de réaliser le vœu de Soumialot. La situation est bloquée, le peuple zaïrois ne bénéficiera pas du butin de la rébellion qui continue à dormir dans des coffres-forts étrangers. C'est avec amertume que le dossier opération Kasangulu est mis aux oubliettes. A cause de l'attitude de Christophe Gbenye, la fondation Elikia est mort-née ce qui a provoqué le gel du projet Kasangulu.

Gbenye se manifeste dans le quotidien Elima (1990)

Après deux longues années de silence, un article publié dans le journal *Elima* du 29 et 30 octobre 1990 hérisse les cheveux de Soumialot et de tous ceux qui ont cherché à mettre l'or en lieu sûr pour que ces biens ne tombent ni sous l'influence du clan Mobutu ni se fassent détourner par le régime, mais qu'ils soient investis rapidement dans des structures humanitaires et sociales. Dans cet article, Gbenye essaie de se positionner politiquement après que Mobutu ait fait miroiter le multipartisme quelques mois auparavant. Lorsque le journaliste et éditeur M. Essolomwa Nkoy Linganga demande à Gbenye s'il ne veut pas entamer la procédure de rapatriement de l'or qu'il aurait fait consigner à l'étranger pour renflouer l'économie nationale, la réponse n'est choquante que pour les initiés. C'est ainsi que, à travers cet article, Gbenye se targue de sollicitude envers ce trésor « (…) que ses dépositaires dont lui-même en tête, se sont juré de ne rapatrier à Kinshasa que lorsqu'il y sera installé un régime démocratique, responsable et réellement soucieux du bonheur du peuple (…)[330] ». Dans cet article, Gbenye est le héros qui donne « (…) une leçon d'honnêteté, d'abnégation et de patriotisme doublé d'un sens aigu de responsabilité et du bien commun (…)[331] ». Il oublie sciemment que ce n'est pas lui qui a déposé l'or à la banque nationale du Soudan et qu'il a tout fait pour empêcher Soumialot d'atteindre son but de préserver le trésor de toute ingérence étatique. Ce n'est sans doute pas sa mémoire qui fait défaut mais l'opportunité de la nouvelle orientation politique que le Zaïre semble prendre à ce moment qui le pousse à se mettre au-devant de la scène en prenant à son compte les objectifs poursuivis par Soumialot. Les tentatives entreprises par Soumialot avec l'aide d'Hofmann ne sont alors pas encore connues du public, ainsi Gbenye, qui semble pouvoir faire rapatrier une énorme fortune, devient soudain un homme intéressant pour les futures mouvances politiques à naître ; on lui attribue même le qualificatif « …d'un grand nationaliste plutôt que d'un vulgaire assassin[332] ».

La Conférence nationale souveraine (1991-1992)

En 1992, le sujet de l'or au Soudan refait surface. Ce sont les années où Mobutu s'est vu obligé de mettre un brin de démocratie dans son régime oligarchique et libéraliser les activités des partis politiques. Une des conséquences de cette politique d'ouverture est la création d'une Conférence nationale (CNS)[1] qui a pour mission de trouver des solutions pouvant améliorer le fonctionnement des institutions nationales.

---

[1] *La Conférence nationale a lieu du 7 août 1991 jusqu'en décembre 1992 ; c'est elle qui décide de sa souveraineté juridique d'où l'adjonction « souveraine » (CNS).*

Cette CNS est constituée de plusieurs commissions dont celle *des finances, banque, monnaie et crédit* qui examine le *dossier or/Soudan* dans lequel figurent les déclarations de Gbenye, Thomas Kanza, Kitenge Yezu et Soumialot qui confirment que le gouvernement de la République populaire du Congo avait fait déposer, en 1964, une certaine quantité d'or à la Banque Centrale du Soudan contre un certificat de dépôt. Le rapport mentionne que « ...pour d'aucuns, cet or appartiendrait à Kilo-Moto, pour d'autres il serait le produit du butin de guerre récupéré auprès des Européens et des militaires de l'ANC en fuite[333] ». Toujours méfiant, Soumialot reste très prudent lors de ces rencontres ; il ne fait confiance à personne. Malgré les bonnes intentions du régime qui veut démocratiser les institutions et la vie politique, Mobutu reste aux manettes du pouvoir. Mais le régime rencontre non seulement de sérieuses difficultés au niveau international, plus grave encore, une course interne au pouvoir s'est déclenchée. Mobutu n'est plus ce léopard indomptable, son pouvoir connaît pour la première fois de véritables fissures. Cette nouvelle situation politique provoque auprès de Soumialot certaines craintes pour sa sécurité. Depuis 1986, Hofmann n'est plus retourné au Zaïre mais il reste en contact étroit avec Soumialot. La devise est claire : participer mais ne pas collaborer. D'ailleurs, alors que Gbenye déclare une quantité d'or d'environ 30 tonnes, Soumialot fait mention de « seulement quelques centaines de kilos[334] ». La tentative de Soumialot et de Hofmann n'est évidemment pas passée inaperçue dans le rapport de la commission où l'on peut lire : « Pendant la IIIème République, un certain Monsieur Offman [sic], sujet suisse, travaillant dans une ferme présidentielle à Gbado à tenté plus d'une fois, sans succès, de récupérer cet or sous le couvert de la "Fondation Elikia" avec la complicité de Monsieur Soumialot[335] ».

Le rapport fait mention de la disposition de Gbenye et de Soumialot à collaborer avec le gouvernement qui sera issu de la CNS pour la récupération du trésor. La commission recommande de ce fait d'« entreprendre des démarches diplomatiques auprès du Gouvernement Soudanais pour négocier le rapatriement de cet or[336] ». Le sujet est ainsi à nouveau au-devant de la scène politique, mais rien ne se fera. Au contraire, la situation politique n'étant pas adéquate, le sujet de l'or soudanais est encore mis au placard, aussi bien du côté d'Hofmann et de Soumialot, du CNS, du gouvernement zaïrois que de

Gbenye. Les années continuent à défiler jusqu'à un jour du mois de mai 1997.

La chute de Mobutu relance l'opération Kasangulu (mai 1997)

Au matin du 17 mai 1997, Mobutu quitte à tout jamais le sol zaïrois après 32 ans de règne. Laurent-Désiré Kabila a pris le pouvoir le jour précédent à Kinshasa, capitale du pays qui s'appelle désormais République démocratique du Congo (RDC). Le nouvel homme fort n'est pas n'importe qui : c'est un ancien Simba et compagnon de Soumialot !

Parmi les anciens combattants réfugiés au Soudan et en Egypte, c'est l'effervescence. Au long de toutes les années d'exil, ils se sont toujours efforcés de maintenir une certaine structure de leur organisation rebelle. Au Soudan, on trouve par exemple la structure du MNC/Lumumba ou celle de l'APRC/64 (Armée Populaire de la Révolution Congolaise 64) et, le 28 mai 1997, un ancien colonel est même nommé pour assumer les fonctions de chef d'état-major général de l'APRC/64.

Personne ne sait s'il faut craindre un bain de sang lors de l'arrivée des soldats de Kabila à Kinshasa. Bien que, dans l'ensemble, cela se passe relativement bien, il y a des règlements de compte sanglants dans certains quartiers de la capitale. Hofmann essaie par tous les moyens d'atteindre Soumialot depuis la Suisse, d'abord sans succès, la situation politique du pays et les moyens de communication désuets ne le permettent pas. Ce n'est qu'après des moments d'incertitude et d'inquiétude qu'il atteint enfin un des fils de Soumialot qui peut le rassurer sur les conditions de vie et de santé de son père. Par la suite, le contact reprend tant bien que mal entre les deux hommes.

Le 21 novembre, une délégation du nouveau gouvernement congolais est en mission en Suisse. Hofmann rencontre le chef de cette délégation et lui certifie qu'il se met, sous certaines conditions, à la disposition des autorités congolaises pour la récupération du butin.

Le revirement de la situation politique en RDC est une réelle aubaine pour l'opération Kasangulu. Trente-trois ans après la rébellion, un des acteurs de ce mouvement a pris le pouvoir, plus rien n'empêche donc la récupération de ce trésor. Dix ans plus tôt, Soumialot craignait encore la chute de Mobutu, car cela aurait pu engendrer des représailles à son encontre. Là, le cas de figure est autre, car c'est son ancien camarade, son bras droit, avec qui il avait déclenché la rébellion en 1964, qui arrive au pouvoir. Cette situation politique lui donne l'espoir de rapidement être en mesure d'organiser le transfert du trésor et il écrit le 17 décembre 1997 au président de la République du Soudan pour le remercier « …pour tout ce qu'il a fait et continue de faire en gardant "intacts" les quelques lingots d'or » qu'il avait déposés après la rébellion.

Laurent-Désiré Kabila contacte Hofmann (janvier 1998)

Un Belge proche du président Kabila prend contact avec Hofmann afin de relancer le dossier de l'or déposé au Soudan. Pour Hofmann, Kabila démontre par là son intérêt, lui qui connaît l'histoire du trésor. Une rencontre a apparemment eu lieu entre Soumialot et ce Belge qui cherche auprès d'Hofmann la confirmation des propos tenus par Soumialot. Celui-ci a 75 ans, ne se porte physiquement pas trop mal pour son âge mais sa mémoire commence à fléchir. Une certaine euphorie de la part d'Hofmann est perceptible ; il pense que la nouvelle donne politique est idéale pour mener à terme l'opération Kasangulu. Il envisage un voyage à Khartoum en compagnie de Soumialot et de ce Belge afin de rencontrer les représentants de la Banque du Soudan, mais n'arrive pas à contacter l'avocat soudanais, Me Adham ayant quitté le Soudan pour s'installer au Moyen-Orient.

Un autre homme de Kabila, un général, conseiller du président, cherche à obtenir d'Hofmann une confirmation concernant l'existence de l'or au Soudan ; il est apparemment le coordinateur du gouvernement congolais concernant le dossier de l'or. Un troisième *collaborateur du grand Patron* cherche à se renseigner auprès d'Hofmann sur divers éléments tels que la quantité d'or, un éventuel fractionnement et l'endroit où ce métal précieux peut se trouver. L'ambassade de la RDC à Bruxelles le contacte aussi et le prie de faire parvenir un rapport pour le président sur l'or déposé au Soudan.

Décidemment, un nombre croissant de personnes de l'entourage de Laurent-Désiré Kabila voit en ce trésor une aubaine, certaines font même mention d'un mandat officiel du gouvernement congolais afin de mener à terme le projet de sa récupération. C'est un peu comme si la chasse au trésor était déclarée ouverte.

Hofmann a l'impression d'être à la pêche depuis des années sans aucun succès et qu'enfin il voit le bouchon frétiller au bout de sa ligne, laissant deviner que sous l'eau les poissons s'activent. Il n'a toutefois aucune idée qui mordille et quelles sont les véritables intentions de ceux qui s'intéressent à l'appât. Il est malgré tout convaincu que la pêche est repartie de plus belle car cela fait dix ans que plus rien de fondamental ne s'était passé dans l'opération Kasangulu. Il n'est pas dupe mais son espoir de réaliser le vœu de Soumialot l'incite à espérer que ceux qui le contactent sont honnêtes et efficaces. Cependant, il sait bien que cet intérêt venant de différents horizons démontre qu'il n'y a pas de stratégie sérieuse, que l'appât du gain semble être l'intérêt primordial. Tout en restant prudent, il sera maintes fois déçu et son appréciation confirmée. C'est pourquoi il décide de s'adresser directement à Laurent-Désiré Kabila à qui il demande, par écrit, un ordre de mission à son nom et la venue de Soumialot en Suisse accompagné d'un délégué mandaté par le gouvernement. Le succès de ses recherches lui a permis d'approcher le trésor comme personne d'autre auparavant. Il est prêt à remettre le dossier complet à la disposition de la RDC si les fonds sont utilisés selon les buts que s'était fixé la fondation ELIKIA. Hofmann propose aussi ses services dans ce dossier mais il se méfie du nouveau régime et refuse de se rendre en RDC, même lorsqu'on lui fait comprendre que Kabila veut le rencontrer.

Le système de l'administration de Laurent-Désiré Kabila n'étant pas meilleur que celui de son prédécesseur, une copie de la lettre d'Hofmann, adressée au chef de l'Etat, arrive dans les mains de Gbenye dont la réaction ne se fait pas attendre. Il se plaint dans une lettre d'avoir été « …écarté de cette affaire alors [qu'il est] le principal dépositaire ». Il accuse en outre Hofmann d'avoir créé la fondation Elikia avec Mobutu. Plus grave, Gbenye termine sa lettre par : « (…) la mort d'Olenga était liée à cette opération d'or ». Cette déclaration provoque une vive réaction d'Hofmann qui lui fait la réflexion suivante : « S'agit-il d'une supposition ? S'agit-il d'une affirmation ? Dans ce cas, il serait temps d'en donner les précisions !

Le ton de votre lettre me permet de vous demander de façon très directe : s'agit-il d'une menace sous-entendue ? »

Hofmann n'a jamais eu peur de Gbenye mais, ne connaissant pas les raisons de la disparition d'Olenga et lisant les propos de Gbenye, il y a de quoi se sentir menacé. La question se pose sérieusement : Gbenye avait-il des renseignements concernant ce décès ou, pire, une quelconque responsabilité dans la mort de Nicolas Olenga ? Comment peut-il affirmer que cette disparition est liée au trésor des Simba sans avoir de renseignements à ce sujet ? Gbenye répond de façon cassante : « (…) [Votre question] m'oblige à porter à votre connaissance que l'éducation d'honnêteté que j'ai reçue ne peut me permettre en pareille circonstance, à vociférer des menaces à votre égard. (…) Je vous informe, et toute la ville de Brazzaville connaît, que la mort d'Olenga est liée à la question de l'or. Tôt ou tard l'enquête déterminera les coupables et la vérité sera connue. »

Sa réponse n'en dit pas beaucoup plus. Qui a répandu cette rumeur, et si tout Brazzaville est au courant, pourquoi Gbenye ne peut-il pas répéter ces affirmations ? En tout cas, ni Hofmann ni Soumialot n'en ont entendu parler. Par son attitude, Gbenye semble vouloir montrer que c'est lui qui tient le couteau par le manche. La peur d'être ignoré réapparait et il a fallu lui rappeler que ce sont les autorités gouvernementales et les collaborateurs du président Kabila qui ont cherché à entrer en contact avec Hofmann et non le contraire. Gbenye ne se gêne en outre pas de prétendre qu'il avait été le dépositaire de l'or. Les archives prouvent le contraire tout comme son propre et fameux discours en 1965 où il faisait mention du trésor emmené par Soumialot au Soudan. Cela incite Hofmann à lui demander pourquoi il n'a pas entrepris les contacts et démarches nécessaires pour restituer ces biens au peuple congolais depuis que le pays est tombé dans les mains de son ancien camarade. Il n'a jamais reçu de réponse à ce sujet. La seule position dont Gbenye se fait fort, est sa volonté constante d'être le personnage le plus influent dans cette histoire. Le fait de prétendre être le dépositaire peut toutefois se trouver dans une explication juridique. Un avocat congolais, voulant dépolitiser le dossier et en faire un problème juridique, s'est adressé au Procureur général qui lui a fait savoir que « le dépôt s'étant fait il y a plus de 20 ans qu'il y avait prescription ». Et d'ajouter que « son enlèvement ne concerne que les dépositaires ». Je ne suis pas certain que Laurent-

Désiré Kabila aurait soutenu le point de vue de *son* procureur, mais cette analyse est peut-être arrivée aux oreilles de Gbenye qui, soudain, se targue d'être le dépositaire. Il voit d'ailleurs d'un très mauvais œil l'arrivée d'autres personnages dans cette affaire, même s'ils sont des représentants du président Kabila. Gbenye le reproche même à Hofmann par écrit : « (…) oui c'est vous qui désignez les gens pour le partage de cet or ». Faut-il lire un lapsus révélateur ? Quoi qu'il en soit, c'est là que le bât blesse : le partage de l'or. Gbenye semble oublier qu'il n'a jamais été question d'un quelconque partage.

Les rebelles Simba, dont certains croupissent toujours dans des conditions difficiles en tant que réfugiés à Khartoum et au Caire, n'ont par ailleurs jamais cherché à accaparer l'énorme trésor. Certes, quelques années plus tard, ils feront la demande à Hofmann pour qu'il trouve une solution politique, d'une part pour leur permettre de retourner en RDC, rappelons qu'ils étaient les compagnons de lutte de Kabila, et d'autre part, financer leur retour à l'aide d'une partie de ce trésor. D'après Bwana Muzuri, ambassadeur de la RDC à Khartoum, il y aurait eu, en 1999, « (…) plus de cinq milles familles d'anciens mulelistes (…)[337] » au Soudan. Les anciens partisans de Lumumba auraient pu prétendre être les premiers à vouloir profiter de ce trésor, leur condition s'étant gravement détériorée lorsque Mobutu a réussi, quelques années après la rébellion, à persuader le président soudanais de ne plus soutenir les réfugiés Simba. Mobutu menaçait de les considérer comme un danger potentiel pour le Zaïre ce qui aurait provoqué de sérieuses tensions entre les deux pays. Après cet accord, la qualité de vie des Simba s'était abruptement et massivement détériorée. S'ajoute à cela que, depuis l'arrivée au pouvoir de leur ancien camarade de combat Laurent-Désiré Kabila, la RDC est considérée comme un pays en guerre et le Haut-Commissariat pour les réfugiés (HCR) n'admet pas un rapatriement de réfugiés dans ces conditions. Si les réfugiés Simba ne peuvent pas profiter du trésor, pourquoi Gbenye cherche-t-il à accaparer une partie du butin sans inclure ses anciens combattants ? A ce sujet, une phrase attire particulièrement l'attention lorsque Gbenye écrit à Hofmann : « je constate que vous semblez vous soucier plus que moi de notre pays (…) ». A part un sarcasme très certainement voulu de l'auteur, il dit bien *notre* pays ce qui démontre une fois de plus qu'Hofmann n'est pas considéré comme un étranger, même par Gbenye.

En mars 1999, Hofmann apprend que Laurent-Désiré Kabila est allé au Soudan concernant le dossier de l'or et que le vice-gouverneur de la banque congolaise s'est rendu à Genève avec le même objectif. Manifestement, on veut profiter du savoir d'Hofmann et de Soumialot pour récupérer le trésor mais avec des intentions divergentes de celle exprimée par Soumialot. Après Mobutu, Kabila est le deuxième chef d'Etat à subir un échec cinglant au Soudan, lui non plus n'arrive pas à obtenir la combinaison pour ouvrir la porte du coffre et pourtant c'est un ancien Simba. Hofmann est le seul à avoir un début de combinaison laissant espérer parvenir au bon code. Cela se sait aussi bien en haut lieu au Congo qu'au Soudan. C'est ainsi que le directeur du cabinet présidentiel de la République démocratique du Congo mandate son assistant juridique, le directeur juridique à la Banque Centrale du Congo (BCC) et le directeur-adjoint de change à la BCC, pour entamer des négociations avec Hofmann. Tous se retrouvent dans un restaurant à l'aéroport de Zurich. Hofmann leur fait part de certains éléments mais ne dévoile jamais le fond des choses. Mais ces négociations ne mènent à rien et restent d'interminables palabres car Hofmann constate vite que ses interlocuteurs sont intéressés par la valeur du trésor mais ne démontrent pas le même intérêt quant à son utilisation prévue par Soumialot.

Se fiant à l'expression *tous les chemins mènent à Rome*, Laurent-Désiré Kabila tente de percer le mystère par tous les côtés possibles mais sans passer par Hofmann. Seulement, le schéma reste toujours le même, tout d'abord des émissaires du président se renseignent auprès de Soumialot, obtiennent parfois de lui des procurations, mandats et autres, car il fait confiance à son ancien frère de combat Kabila devenu président et, évidemment, il y a des personnes peu scrupuleuses qui cherchent à en profiter. Ces représentants de Laurent-Désiré Kabila essaient ensuite d'influencer des connaissances de Hofmann, proches de Soumialot, qui avaient suivi cette affaire par le passé et détenaient quelques bribes d'informations. Les intentions des émissaires de Kabila sont claires : entreprendre leurs propres démarches afin d'accéder au trésor, contourner la volonté première de Soumialot pour permettre ainsi son utilisation à d'autres fins. On peut dès lors s'imaginer qu'une grande partie des fonds aurait trouvé refuge dans les poches de dignitaires appartenant au régime de Laurent-Désiré Kabila plutôt que celles de la population. Cette tactique n'aboutira jamais ; tous sont obligés de constater qu'ils doivent inclure Hofmann dans leurs démarches car il est le seul à détenir les éléments et renseignements nécessaires.

Au fil des années, Hofmann a acquis la confiance des acteurs incontournables et personnes déterminantes dans ce dossier. Cet élément s'avèrera fondamental. Lorsque l'opération Kasangulu a débuté, les intervenants ont tous été très suspicieux à son égard ; ce n'est qu'à la suite de nombreux contacts, de voyages, de discussions et de rencontres en présence de Gaston Soumialot que chacun a pu constater la confiance que l'ancien leader rebelle avait en lui. Tous ont également pu remarquer qu'Hofmann s'occupait de lui comme d'un membre de sa famille, par amitié et par respect vis-à-vis d'un Papa africain dont personne ne voulait ou pouvait s'occuper. La plupart des aides aussi bien matérielles que médicales dont Soumialot profitait, ont jusqu'alors toujours été organisées et financées par Hofmann. Il jouit donc d'une grande confiance de la part des acteurs principaux de cette affaire mais elle lui est aussi témoignée par des personnes importantes qui avaient aidé Soumialot en 1964 au Soudan et par les anciens combattants Simba réfugiés au Caire et à Khartoum. A chaque fois qu'un groupe de Kabila tente de rencontrer des personnages influents dans ce dossier, la réponse est la même : rien ne se fera sans la présence de Gaston Soumialot et de Martin Hofmann. Les tentatives du régime Kabila énervent prodigieusement Hofmann qui répète à qui veut bien l'entendre que leur manière de faire n'aboutira à rien. Pour toutes les personnes impliquées dans ce dossier, il est le garant de la récupération du trésor dans l'optique de la volonté déclarée par Soumialot dans les années 80. Le seul résultat que les autorités congolaises ont obtenu en évitant d'intégrer Hofmann dans le processus, c'est un statu quo avec le risque que cette fortune soit perdue à tout jamais. Ce comportement négligent est au détriment du peuple congolais et les banques ou l'Etat du Soudan risquent bien en fin de compte d'être les bénéficiaires de cette attitude irresponsable.

L'or des Simba et la Suisse

Suite à la relance de l'affaire du trésor provoquée par l'intérêt du nouveau régime en RDC, Hofmann renoue contact avec Me Adham qui réaffirme sa présence lors du dépôt de l'or en 1964 et précise que des paiements, donc des retraits, avaient été faits à l'époque par le gouvernement révolutionnaire congolais. Lors d'un de ces entretiens, l'avocat soudanais fait part à Hofmann qu'il pense que le gouvernement soudanais aurait, à l'époque, transféré une partie de l'or en Suisse. Cela n'est pas véritablement une surprise, l'or et les banques suisses ont toujours fait bon ménage. Dès lors, il serait intéressant de savoir si cette présomption se confirme et, dans ce cas, qui en a donné l'ordre, le Soudan ou des responsables de la rébellion congolaise ?

Arrêtons-nous un instant sur la Suisse et son or. Si les réserves de la Banque Nationale Suisse (BNS) se maintiennent plus ou moins au même niveau entre 1951 et 2006 selon les statistiques examinées, on note en revanche une hausse massive du stock d'or en 1967. Rappelons qu'au début des années 1960 la monnaie américaine connait une grave crise de confiance qui influence fortement le marché aurifère international. Cette crise s'explique par le déficit continu de la balance des paiements des Etats-Unis et par les tensions politiques internationales qui trouvent leurs origines au Moyen-Orient et …au Congo. Les détenteurs de dollars cherchent une valeur-refuge et la trouvent dans l'or ce qui provoque l'augmentation subite de la demande de ce métal précieux. La hausse de l'or de la BNS, jusqu'en 1967, s'explique aussi par sa volonté de soutenir la parité officielle, en concertation avec d'autres banques centrales, afin de contrôler les fluctuations du prix de l'once[338]. La croissance de la thésaurisation privée coïncide avec les indépendances acquises dans les années soixante par les pays subsahariens influençant l'offre et la demande du marché international de l'or et, de ce fait, également celle de la place financière suisse. En connaissance de cause la question se pose si l'or des Simba a trouvé le chemin de la Suisse et si cela est le cas, dans quelle proportion.

Pendant que les contacts en 1998 avec les représentants de Laurent-Désiré Kabila restent d'actualité mais ne produisent pas grand-chose, Hofmann continue l'enquête de son côté, surtout si de l'or simba devait se trouver en Suisse. Au cours d'intenses recherches, il apprend qu'il y avait apparemment eu, à l'époque, un accord entre le gouvernement du Soudan et des représentants du gouvernement de la République populaire du Congo afin de transférer une partie de l'or vers la Suisse. A en croire un témoin des plus crédibles, Soumialot aurait été présent lors de cet accord, mais celui-ci, commençant à avoir quelques problèmes de mémoire, ne s'en souvient plus. Seul le Soudan pourrait dire combien d'or aurait été transféré et combien cela aurait rapporté mais les relations entre le gouvernement soudanais et les dirigeants rebelles s'étaient détériorées et, à la fin des années 60, le Soudan avait commencé à refuser de leur donner des informations, ou du moins à certains d'entre eux. Cela rend évidemment toute enquête difficile car l'interlocuteur, en l'occurrence le Soudan, ne se voit pas dans l'obligation de livrer de telles informations 33 ans plus tard et qui plus est à des tiers, surtout qu'il n'a aucun intérêt à le faire.

Encore une fois, Hofmann découvre l'impossible et obtient la confirmation de quatre transferts d'or effectués vers la Suisse. Grâce à ses relations, il peut se procurer des copies de documents prouvant que l'Union de Banques Suisse (UBS) a acheté de l'or de la *Bank of Sudan* les 1er, 28 et 31 décembre 1964 ainsi que le 26 février 1965. Est-ce que la Bank of Sudan s'est limitée à ces quatre ventes d'or ? Cette interrogation restera sans réponse. En revanche, un détail sur les documents n'échappe pas à Hofmann ; sur la dernière ligne, au bas du document, on peut lire : « which amount has been transferred in your favour to the Bank of England, London, through the Midland Bank Ltd[1] ». Ce détail s'avèrera d'une importance capitale bien des années plus tard.

Hofmann qui n'a plus rencontré physiquement Soumialot depuis des années et qui n'a que de rares contacts téléphoniques, constate que son ami a apparemment des trous de mémoire graves qui pourraient indiquer de sérieux problèmes de santé. Les services de santé faisant défaut à Kinshasa, il n'est pas possible d'en savoir plus.

Depuis la chute de Mobutu, de plus en plus de gens, en particulier en RDC, parlent, mentionnent et racontent tout et n'importe quoi concernant ce trésor. Le seul point commun dans toutes ces histoires est que le nom de Martin Hofmann est constamment évoqué. Le danger devient alors un facteur à prendre en considération ; la mort tragique de Nicolas Olenga, dont les causes restent encore inconnues, le rappelle. Ce trésor, estimé à plusieurs centaines de millions de dollars risque d'intéresser des personnes peu recommandables et de tout bord. Si ce montant tombe dans de mauvaises mains, il peut également présenter une grave menace au niveau politique, sans parler

---

[1] *Lequel montant a été transféré en votre faveur à la Bank of England, Londres, via la Midland Ltd.*

du terrorisme. Ce dossier peut attirer l'intérêt des services secrets de divers pays, notamment africains, mais également susciter une attention particulière de la CIA. Depuis 1997, un embargo commercial et financier est décrété contre le Soudan et toute transaction éveillerait l'attention des Américains qui s'intéresseraient alors très certainement à ce dossier. Hofmann a alors décidé de prendre les devants et d'informer ce monde occulte en le faisant en Suisse où il avait des contacts avec l'Office fédéral de la police. En novembre 2000, il l'informe de l'opération Kasangulu et remet un dossier de 118 pages. Ainsi, les autorités helvétiques sont officiellement au courant des véritables objectifs de ce projet. Il attire également leur attention sur le fait que ce trésor doit être déposé en Suisse, dans une fondation pour le bien du peuple congolais, démarche qui peut être bénéfique pour l'image de la place financière suisse. Il espère aussi une certaine tolérance, voire compréhension, de la part des autorités fédérales, car la Suisse est de plus en plus restrictive dans l'octroi de visas pour les citoyens congolais ou soudanais, ce qui prétérite considérablement toute rencontre sur sol helvétique. Désormais, la Confédération ne pourra pas prétendre ne pas être informée de ce dossier.

Diverses tentatives ou initiatives continuent à être prises par des inconnus depuis Kinshasa, mais il est intéressant de noter que la Suisse reste le terrain de prédilection qui attire de manière constante ceux qui cherchent à percer le mystère du trésor des Simba. En décembre 2000, un avocat suisse est mandaté par un avocat au barreau de Kinshasa pour contacter Me Adham et Hofmann en vue de négocier la récupération des biens qui, le cas échéant, devrait se faire en présence de Soumialot. Cette tentative est la dernière d'une longue liste, car l'impensable arrivera à Kinshasa et changera encore une fois la donne en République démocratique du Congo.

L'assassinat de Laurent-Désiré Kabila (janvier 2001)

Le mardi 16 janvier 2001, le président Kabila se trouve au Palais de Marbre à Kinshasa lorsqu'un jeune soldat demande à voir le *Grand Patron*. Malgré le GSSP (Groupe Spécial de la Sécurité Présidentielle), les dispositions de sécurité ne sont pas dignes d'un chef d'Etat : ce soldat qui s'appelle Kasereka Rachidi[339] entre dans le bureau comme on entre dans un souk. Kabila est en discussion avec un de ses collaborateurs lorsque ce simple soldat sort tranquillement son arme et tire à bout portant plusieurs balles sur le président. L'assassin est immédiatement abattu par les gardes qui l'avaient laissé entrer quelques secondes auparavant. Blessé mortellement, Kabila est transporté par hélicoptère à l'hôpital Ngaliema. S'ensuit alors une gabegie digne du Congo ; on annonce la mort du président, ensuite qu'il est dans un état critique mais vivant, qu'il n'a pas survécu à l'attaque ou encore qu'il a ordonné lui-même le couvre-feu après l'attentat, bref les annonces de divers officiels sèment la zizanie. Les Ougandais annoncent en premier le 16 janvier la mort de Kabila, peu après ce sera au tour du ministre des Affaires étrangères belge de confirmer la mort du président congolais, quant aux Américains ils restent discrets et hésitent encore à confirmer la nouvelle. Il faut attendre deux jours pour que la RDC annonce, le 18 janvier, la mort de Laurent-Désiré Kabila. Coïncidence ou pas, l'ex-maquisard qui avait participé à la rébellion contre *les impérialistes de Léopoldville* en 1964, meurt pratiquement jour pour jour 40 ans après son propre leader, le Premier ministre Patrice Emery Lumumba, assassiné le 17 janvier 1961. Les critiques de la presse occidentale se déchaînent alors sans vergogne à l'égard de Kabila. On peut lire des titres tels que : « Un bilan calamiteux » dans le Financial Times ; « Fallait-il faire confiance à un marxiste ? » dans le Wall Street Journal ; « Faux libérateur, vrai despote » dans Le Monde, « Chronique d'un désastre annoncé » dans Le Figaro, et L'Intelligent de Jeune Afrique annonce « La mort d'un despote » et fait remarquer que Kabila a « vite repris à son compte les méthodes qui ont fait la sinistre réputation de son prédécesseur »[340].

Pour une fois, personne ne se bouscule au portillon pour prendre la place du président, chacun craint de se voir accusé d'être l'instigateur de cet assassinat. Le résultat de cette situation calamiteuse est que tous les responsables politiques et militaires sont soulagés et approuvent immédiatement la proposition de Pierre Victor Mpoyo, alors ministre d'Etat chargé du Pétrole, qui avance le nom du général-major Joseph Kabila Kabange qui, comme son nom l'indique, n'est autre que le fils du président assassiné[341]. C'est ainsi que cet homme, âgé de 29 ans, dont il est dit alors qu'il ne parle couramment ni le français ni le lingala, prend en main la destinée du pays. Si, dans un premier temps, ce n'est que le chef d'Etat qui change, peu à peu l'entourage et les politiciens changeront également. Joseph Kabila, fait partie de cette nouvelle génération qui n'a pas connu la colonisation. Son manque d'expérience politique a l'avantage qu'il ne traîne pas un héritage particulier, cela peut s'avérer un atout dans ce pays cherchant un nouveau leader. C'est peut-être avec une certaine innocence et fraîcheur juvénile qu'il remplace plusieurs personnalités influentes de son entourage, ce qui indique un changement de politique très remarqué à l'étranger. Cette nouvelle situation en RDC est peut-être une chance pour Hofmann qui ne désespère toujours pas de trouver un jour une équipe capable d'entreprendre de sérieuses démarches dans le but assigné par Soumialot.

NÉGOCIATIONS (2001-2002)

L'arbre qui tombe fait plus de bruit que la forêt qui pousse.
(Proverbe congolais)

Joseph Kabila contacte Hofmann (mai 2001)

Le ministre des Droits humains prend contact avec Hofmann mais celui-ci reste prudent et ne donne pas suite à la demande peu précise. Puis, par un bel après-midi du 28 mai 2001, le téléphone sonne, à l'autre bout du fil Léonard Beleke Tabu, un membre du cabinet présidentiel. Quatre mois ont suffi pour que le nouvel homme fort de la RDC se manifeste. Hofmann fait à nouveau connaître ses prétentions : sa demande d'un mandat officiel du président pour la récupération de l'or déposé par Soumialot et le but social des fonds récupérés. Le 17 juillet, Joseph Kabila est personnellement orienté des conditions. Le 19 septembre 2001, le directeur du cabinet présidentiel donne mandat, au nom du général-major Joseph Kabila, à Léonard Beleke Tabu et Faustin Mukela Luanga, membres de son cabinet, assistés de Martin Hofmann « (…) de mener, au nom de la RDC, toutes les démarches nécessaires auprès de toute institution concernée, basée en Suisse en vue de récupérer l'or déposé par Gaston Soumialot au nom du gouvernement Congolais ». Hofmann fait remarquer aux deux membres du cabinet présidentiel que Soumialot n'a pas déposé l'or au nom du gouvernement congolais comme mentionné dans le mandat, mais au nom de la rébellion. Néanmoins, par rapport au passé, il y a une évolution plus professionnelle dans les démarches de la RDC et Hofmann s'en réjouit. En revanche, le mandat est limité à la Suisse et cela le déçoit.

Première rencontre avec les représentants de Kabila (octobre 2001)

Les 4 et 5 octobre 2001, les deux membres du cabinet présidentiel sont en Suisse et rencontrent pour la première fois Hofmann à Berne pour des séances de travail. Ces deux personnes, très sérieuses, font partie d'une nouvelle génération de Congolais dont Hofmann n'a pas l'habitude. En effet, Beleke et Mukela sont des universitaires, ils ont étudié à l'étranger et passé bon nombre d'années en Europe. Ce qui surprend le plus, c'est leur attitude professionnelle. Ils ont de l'expérience, sont équipés d'ordinateurs portables, prennent des notes, rédigent des procès-verbaux, sont ouverts à toutes les discussions, sans tabou, semblent sérieusement intéressés au dénouement de cette affaire et font preuve de doigté, de la sensibilité nécessaire pour ce dossier très délicat. Plus surprenant encore, ils notent consciencieusement toutes les dépenses engendrées, ce qui est du jamais vu selon l'expérience d'Hofmann.

Les discussions n'ont pas lieu uniquement au Continental, un petit hôtel trois étoiles à Berne où ils résident, mais essentiellement au domicile d'Hofmann. En préalable, fait unique, les deux visiteurs se sont identifiés à l'aide de leurs passeports. Vu la sensibilité du dossier, ils conviennent de limiter le nombre des intervenants aux seules personnes impliquées à cette époque. Hofmann prouve une fois de plus ses allégations en présentant différents documents certifiant l'existence du trésor et leur fait part des objectifs et de la volonté de Soumialot quant à l'utilisation du butin. Ensemble, ils définissent ensuite une méthodologie de travail, déterminent la stratégie à adopter avec tous les acteurs du projet et établissent un budget provisoire. Afin de finaliser les dispositions administratives et budgétaires du projet, il s'avère que la présence d'Hofmann à Kinshasa est fondamentale

Les proches de Mobutu, de Laurent-Désiré Kabila puis de Joseph Kabila ont toujours eu des doutes quant à l'ampleur du trésor ; non pas qu'ils ne croyaient pas au transfert en 1964 d'un important butin par la rébellion dans des lieux plus favorables aux Simba, mais de véritables preuves étayant ces affirmations manquaient et certains se demandaient si ce trésor n'avait pas été dilapidé depuis lors. Pourtant, les initiés, c'est-à-dire aussi bien Mobutu que ses successeurs, savaient qu'il devait y avoir tout au moins une partie du trésor des Simba au Soudan. Grâce aux contacts fournis par Soumialot et à sa volonté infatigable de réunir le plus de preuves possibles concernant ce butin, Hofmann a constitué depuis 1986 un des dossiers les plus complets contenant multiples informations, dont des documents historiques et inédits relatifs au trésor des Simba. Cela se savait au plus haut lieu à Kinshasa.

Hofmann rencontre Joseph Kabila (novembre 2001)

Après la rencontre avec les deux émissaires de Kabila, tout va très vite. Vingt jours plus tard, une invitation du directeur du cabinet du président informe Hofmann que « Son Excellence Monsieur le Président de la République » le recevra le 7 novembre 2001. C'est ainsi qu'il va pour la énième fois dans ce pays, mais pour la première fois au XXIe siècle et sous l'appellation de *République démocratique du Congo*. Etant un invité du chef de l'Etat, il est logé dans *le quartier de l'OUA*. Ce séjour qui dure du 4 novembre au 23 décembre lui permet de revoir ses amis et de renouer avec toutes ses connaissances. Mais ce qui lui importe le plus c'est de rencontrer son ami Soumialot, et c'est dans ce cadre qu'il l'accueille et le présente à Beleke. Comme il l'avait craint, Hofmann constate que la santé de son ami est précaire et nécessite un contrôle médical approfondi qui ne peut se faire à Kinshasa. En effet, il rencontre un homme qui semble absent par moment, il décèle parfois des incohérences troublantes dans ses dires. Des signes qui ne le rassurent pas, il pense même à des signes précurseurs d'Alzheimer.

Le 7 novembre 2001, Hofmann rencontre le jeune président Joseph Kabila avec qui il s'entretient à huis clos concernant le trésor des Simba. Curieusement, hormis une remarque que le président est un homme timide, aucune note ou document relatant ce voyage n'a été trouvé. Il semble donc que la plus grande discrétion ait été de mise. Pourtant, après l'entrevue avec le président, il ne se passe longtemps rien. Dans l'entourage, en revanche, il y a un changement de taille : le conseiller Faustin Mukela Luanga ne fait plus partie de l'opération Kasangulu, il est remplacé par Nestor Diambwana[1].

Kabila au Soudan (février 2002)

Le 18 février 2002, Joseph Kabila est en visite de travail au Soudan et saisit l'occasion pour parler de l'or des Simba durant les entretiens qu'il a avec son homologue soudanais Omar Al Bachir. Dès son retour, le président congolais prend des décisions confirmant son engagement et sa volonté de mener à terme l'opération Kasangulu. Le 23 février 2002, il mandate dans cette affaire Léonard Beleke Tabu, Nestor Diambwana et Martin Hofmann pour entreprendre tout ce qui est nécessaire au nom de la RDC. Cette fois-ci les investigations et les démarches ne se limitent plus à la Suisse mais peuvent également avoir lieu « à l'étranger ». De même, le mandat s'étend aux « autres valeurs » déposées par Soumialot et ne se limite donc plus à l'or. Début mars, le conseiller technique du chef de l'Etat, Léonard Beleke, annonce à Hofmann que la deuxième phase de la mission Kasangulu peut démarrer et l'informe de l'arrivée en Suisse de la délégation selon l'ordre de mission délivré par la présidence à savoir lui-même, Diambwana et Soumialot. Il faut préciser que les noms ne sont jamais cités dans les échanges de courrier, les correspondances font référence à des documents laissant deviner la personne concernée ou alors les initiales des intéressés sont utilisées. Les autorités congolaises prennent très au sérieux la volonté d'observer une grande discrétion dans cette affaire. Une certaine euphorie est perceptible, c'est la première fois que des actes concrets de la part des autorités congolaises sont entrepris. Hofmann est convaincu qu'avec l'apport officiel de l'Etat congolais et des informations clés que lui seul possède, les chances de récupérer le trésor n'ont jamais été aussi grandes. S'ajoute le fait qu'il a également le soutien de la RDC

---

[1] *Né en 1948 à N'Kobo dans le Bas-Congo, Diambwana a obtenu une licence en sciences commerciales et financières en 1975 à l'Université nationale du Zaïre ; il a fait carrière à la BCZ (Banque Commerciale du Zaïre) jusqu'en 1997 où il a rejoint l'AFDL (Alliance des forces démocratiques pour la libération du Congo) de Laurent-Désiré Kabila comme conseiller économique et financier ; le 26 novembre 1997, il a été nommé vice-gouverneur de la Banque Centrale du Congo, fonction qu'il quittera le 13 mars 2006.*

concernant l'utilisation de ces fonds. Il est pour la première fois confiant que la volonté de Soumialot sera respectée.

Alors que les autorités congolaises montrent enfin leur bonne volonté, c'est la politique suisse qui met un frein. Le voyage prévu pour le 19 mars ne se fera pas : les visas n'ont pas été délivrés ! Hofmann s'adresse alors à l'ambassadeur de Suisse à Kinshasa pour, d'une part, rappeler que l'Office fédéral de la police a été informé du dossier par ses soins et pour, d'autre part, se renseigner sur les motifs de son hésitation à délivrer les visas nécessaires, deux personnes étant tout de même titulaires de passeports diplomatiques. Ces atermoiements sont d'autant moins compréhensibles que l'ambassadeur de Suisse avait été s'informer personnellement du bien-fondé de cette mission auprès du directeur du cabinet du président congolais. Hofmann ne recevra pas de réponse de l'ambassade, un silence surprenant qui laisse songeur. La RDC fait également l'expérience de ce mutisme helvétique lorsque le ministre des Affaires étrangères convoque l'ambassadeur pour obtenir des explications concernant les problèmes de visas. Mi-avril, Hofmann somme l'ambassadeur de Suisse de lui faire parvenir une décision formelle du refus d'octroyer les visas demandés le 7 mars et de lui faire connaître les motifs avec les moyens de recours. L'ambassade lui fait savoir par retour de courrier que les visas n'ont pas été refusés mais que les demandes « ont été transmises en Suisse aux autorités compétentes » et qu'ils sont en attente d'une décision. La politique de la Suisse en matière d'octroi de visa s'est considérablement durcie à l'égard des citoyens de la République démocratique du Congo, car les abus sont apparemment fréquents.

C'est à cette époque que, dans le cadre de la Chambre de Commerce et d'Industrie Suisse pour les pays d'Afrique centrale (CCISAC), dont Hofmann est le vice-président, ce dernier fait la connaissance de l'avocat suisse Me Bonvin. Il deviendra une aide précieuse pour l'opération Kasangulu. Me Bonvin s'adresse directement aux autorités helvétiques demandant une décision formelle par rapport aux visas de la délégation congolaise. Mis à part l'annonce que l'affaire est traitée, personne n'obtient de plus amples renseignements. Est-ce la lourdeur de l'administration suisse qui nécessite près de deux mois pour prendre une simple décision ? Ou se cacherait-il là une attitude volontaire dont les raisons échappent ? Quoi qu'il en soit, la conséquence est qu'Hofmann se voit obligé de s'occuper de la santé de Gaston Soumialot et d'organiser les réunions hors du territoire suisse. Le choix portera sur Londres où il est plus facile d'obtenir des visas pour les citoyens soudanais, la nationalité de Me Adham. C'est seulement à ce moment-là que les autorités helvétiques accordent finalement aux deux détenteurs de passeports diplomatiques un visa à une seule entrée mais pas à Soumialot. Le vice-gouverneur de la Banque Centrale, Nestor Diambwana, arrive début mai à Genève mais cet octroi de visa arrive trop tard, le rendez-vous a déjà été pris à Londres.

La création de l'ADSS à Londres (mai 2002)

Le 14 mai 2002, accompagné de Me Bonvin, Hofmann s'envole pour Londres. Auparavant il a fait le nécessaire pour que Soumialot puisse passer des examens approfondis dans un hôpital londonien où il est arrivé quelques jours plus tôt. Dans une lettre, Soumialot s'adresse à son ami Me Adham afin qu'il le rejoigne, car il veut que l'opération Kasangulu puisse enfin se régler. L'ancien chef rebelle précise : « Cette restitution est faite en faveur du peuple Congolais, comme j'en avais toujours manifesté l'intention, n'ayant jamais voulu conserver ces montants par devers moi, ni voulu m'enrichir personnellement. (…) Aussi, je confirme le mandat institué en faveur de M. Martin Hofmann, afin que tu lui remettes tous les originaux des dépôts, transferts et tous autres documents que tu possèdes concernant cette affaire. Je tiens, en effet, à préserver mon honneur et celui de ma famille, afin qu'elle ne subisse aucun désagrément et déshonneur. »

Cette lettre est très importante, car la santé de Soumialot se détériore, il perd de plus en plus la mémoire et a des moments de sénescence. Il a 80 ans et veut réitérer la confiance qu'il porte à *son fils Martin* tant qu'il a encore les idées claires. Cette démarche est pour l'opération Kasangulu extrêmement importante, pour Hofmann elle représente une attention particulière car c'est tout simplement la confirmation d'une longue amitié.

Une solution doit être trouvée concernant les fonds déposés au Soudan et Hofmann veut absolument que les autorités congolaises en place à Kinshasa confirment par écrit que ces fonds seront affectés à des buts sociaux sans dépendre d'une hiérarchie officielle congolaise ni n'entrent dans le budget de l'Etat du Congo. C'est sur cette base que la délégation va travailler sans perdre de temps.

Après de longues discussions, de prises de contact avec Kinshasa et une multitude d'ébauches statutaires, un accord est trouvé. Le 17 mai 2002 à Londres, en présence d'un notaire anglais, une association sans but lucratif, formée de cinq membres, sous la dénomination A.D.S.S. (Association pour le Développement Sanitaire et Social de la République Démocratique du Congo) est constituée. Cette association est créée en tant que commission préparatoire à la création d'une fondation avec siège à Genève, et se dissoudra une fois les objectifs atteints ; ce sera cette fondation qui sera chargée de la gestion des fonds. Hofmann n'en démord pas, il veut que la fondation corresponde aux exigences selon la loi suisse et y soit domiciliée, le seul moyen pour lui d'échapper à toute influence néfaste de la part de la hiérarchie congolaise. Les cinq membres fondateurs de l'ADSS sont : Gaston Soumialot, Léonard Beleke, Nestor Diambwana, Me Bonvin et Martin Hofmann.

Dans les statuts de l'ADSS on peut lire que Soumialot a accepté « de céder à l'association tous les avoirs du CNL placés en son temps auprès de la Banque du Soudan, puis ultérieurement, partiellement du moins, auprès d'autres établissements bancaires (...) ». Il est également à noter que par la création de cette association en tant que fondateur de l'ADSS, Gaston Soumialot annule « (...) toute procuration et pouvoir qu'il a pu antérieurement conférer à tout tiers dans le cadre de la gestion des fonds placés auprès de la Banque Centrale du Soudan dans un premier temps ou auprès de tout autre établissement bancaire ». L'association devient ainsi la nouvelle propriétaire du trésor des Simba ; dès lors, elle est chargée de récupérer ces fonds et devient l'interlocutrice officielle de toute autorité gouvernementale ou d'établissement bancaire. L'ADSS doit « préparer, tant sur le plan juridique qu'organisationnel, la création de la Fondation » et proposer les modalités lui permettant de remplir sa mission. Fait important, aussi bien pour Soumialot que pour Hofmann, l'ADSS doit « faire toutes les études de faisabilité et démarches relatives aux besoins du Congo tant dans les domaines de la santé publique que des infrastructures sociales. »

C'est une grande victoire pour Soumialot, le trésor appartient désormais à cette association qui a le soutien direct du président congolais mais reste indépendante vis-à-vis du pouvoir politique de Kinshasa. L'ADSS obtient ainsi l'appui de la RDC ce qui permettra de récupérer le trésor et de créer indépendamment la fondation qui gèrera par la suite ces fonds.

Quant au financement de l'opération Kasangulu, la RDC semble prendre ses responsabilités : la Banque Centrale du Congo donne l'ordre d'effectuer un versement, l'ADSS dispose désormais d'un budget appréciable pour débuter ses démarches.

On note qu'il n'est plus question de Gbenye. Cela s'explique par le fait que Soumialot a fourni les preuves de l'existence du trésor et de dépôts d'or au Soudan ce qui fait de lui le seul dépositaire reconnu en tant que tel. Gbenye, lui, n'a jamais démontré qu'il avait procédé à des dépôts au Soudan ou en Egypte. Son attitude ne permettant pas une recherche de solution pour ce trésor, il s'est lui-même mis à l'écart de ce projet. D'ailleurs, et on le verra plus tard, ni la RDC ni le Soudan l'ont considéré comme un interlocuteur utile.

Première assemblée générale de l'ADSS à Kinshasa (29 mai 2002)

Après des années de passivité, les réunions et les voyages sont de nouveau à l'ordre du jour nécessitant une disponibilité constante et un engagement en temps considérable. C'est ainsi qu'Hofmann quitte Londres pour la Suisse ; le lendemain, Beleke, Me Bonvin et Hofmann s'y réunissent pour une séance de travail et ils décident d'organiser une assemblée générale extraordinaire de l'association à Kinshasa. Il est aussi convenu qu'Hofmann et Me Bonvin se rendent au Moyen-Orient afin de rencontrer Me Adham. Lors de cette séance, il est question, pour la première fois, de proposer des noms de personnalités aptes à assumer la présidence de la fondation à créer, telles que Kofi Annan ou Adolf Ogi, l'ancien président de la Confédération helvétique, afin de les soumettre dans une première démarche à la haute hiérarchie de la RDC (ces personnalités ne seront par la suite jamais abordées). Une des préoccupations constantes d'Hofmann est l'état de santé de Soumialot qui se détériore. Le sujet de sa prise en charge est également discuté et les membres jugent qu'il faut lui éviter le voyage de retour à Kinshasa. En conclusion, l'ADSS décide de le faire transférer de Londres en Suisse dans une maison de repos et de prendre contact avec les autorités helvétiques pour l'obtention d'un visa.

Le 29 mai 2002 à Kinshasa a lieu la première assemblée générale extraordinaire de l'ADSS réunissant tous les membres fondateurs sauf Soumialot resté en Angleterre mais représenté par Hofmann à l'aide d'une procuration. Ils constituent le comité de direction ; Beleke en est le président, Diambwana le vice-président, Me Bonvin le secrétaire et Hofmann le trésorier. Afin d'éviter toute surprise, l'ADSS décide de soumettre ses statuts aux autorités judiciaires de la RDC pour approbation. Le procureur général de la République approuve lesdits statuts en y apposant le sceau officiel et en paraphant le document. L'assemblée décide aussi que l'ADSS sera domiciliée chez un notaire à Genève et envisage, à moyen terme, d'avoir ses propres locaux dans cette ville située au bout du lac Léman, mais également d'établir un second siège à Kinshasa. La sensibilité du dossier ne permet pas l'établissement du siège principal de l'ADSS en RDC, car les démarches ne pourraient être faites dans la discrétion requise et, surtout, en toute indépendance.

Le comité de direction de l'association se réunit afin de réglementer, organiser et définir divers aspects administratifs. L'ADSS prend forme. Les objectifs et les intentions se concrétisent. Voilà que pour la première fois une véritable structure, réunissant la RDC et l'ancien leader rebelle, a pu être établie afin de se donner les meilleures chances de réalisation du projet Kasangulu. Il n'y a jamais eu situation plus favorable depuis le début de cette aventure.

Rencontre avec Maître Adham au Moyen-Orient (juin 2002)

Comme on l'a vu, la personne clé dans l'affaire du trésor des Simba est l'avocat de Gaston Soumialot au Soudan. Me Adham, qui possède les documents étayant les affirmations de Soumialot, n'était pas venu à Londres mi-mai, c'est pourquoi Hofmann se rend au Moyen-Orient.

C'est sous une chaleur torride et en se faisant accompagner de Me Bonvin qu'Hofmann rencontre l'avocat de Soumialot. Celui-ci admet ne pas être venu à Londres parce qu'il ne voulait pas rencontrer les représentants de la RDC. Me Adham avait en outre appris qu'une délégation de la RDC s'était rendue à Khartoum au sujet de l'or mais que la mission a été un fiasco. Son éthique professionnelle et sa morale déontologique sont à souligner car jamais il n'a essayé de tirer profit de ses connaissances ni des documents originaux attestant l'existence du trésor des Simba en sa possession depuis près de 40 ans. C'est aussi un homme droit, car il n'a jamais répondu aux sollicitations qui n'étaient pas conformes à la volonté exprimée par Soumialot. La lettre que ce dernier avait écrite à Me Adham lui demandant « les originaux des dépôts, transferts et tous autres documents » lui est remise en mains propres. Si le lien qui dure à l'époque depuis 15 ans déjà n'avait pas existé, et sans la lettre de Soumialot, jamais Me Adham ne serait entré en matière ; l'avocat estime qu'Hofmann est le seul à avoir été honnête dans cette affaire mais répète toutefois à plusieurs reprises qu'en aucun cas il ne veut avoir affaire avec les autorités congolaises, quelles qu'elles soient.

Hofmann et Me Bonvin constatent qu'il y a quelques problèmes de communication avec Me Adham car aucun des trois ne maîtrise parfaitement l'anglais. Cela les incite à faire appel à une interprète arabe/français qu'ils trouvent à leur hôtel en la personne d'une citoyenne marocaine, diplômée universitaire en littérature anglaise, et dont les talents de communication sont un apport capital. La décision de s'entourer d'une traductrice s'avère un choix judicieux qui non seulement soulage Me Adham en facilitant la communication mais l'incite aussi à être plus ouvert et à approfondir les discussions. Si l'interprète facilite grandement la levée des points de désaccord et de mauvaise compréhension, c'est en fin de compte la conviction de Me Adham qu'Hofmann est bel et bien l'ami de Gaston Soumialot qui est déterminante. C'est dans cette ambiance de confiance où la compréhension linguistique ne pose plus réellement de problème qu'ils parlent alors de tous les sujets, comme du dépôt signé par le gouverneur El Sid El Fil de la Banque du Soudan. D'après Me Adham, ces fonds doivent toujours se trouver dans ce pays. Il répète que d'autres dépôts ont été faits à la Banque Centrale du Soudan par les révolutionnaires, mais il n'en connaît pas les montants.

Le but de ce voyage au Moyen-Orient est atteint le 8 juin 2002, lors de leur ultime rencontre. Me Adham remet enfin à Hofmann tous les documents, dont les originaux qui sont la clé pour toutes négociations avec le Soudan. Cependant, l'avocat émet la condition suivante :

Hofmann doit promettre que tout produit découlant de cette entreprise devra exclusivement être utilisé pour le bien du peuple congolais. Les discussions traduites en arabe et en français ont définitivement contribué au succès de ces rencontres. L'efficacité et la personnalité de l'interprète convainquent Hofmann et Me Bonvin de l'engager pour le voyage prévu au Soudan.

L'avocat soudanais se rappelle

Les recherches effectuées par Hofmann représentent un travail de longue haleine, un travail minutieux s'étalant sur plus de 20 ans et les preuves et témoignages ne sont apparus qu'au compte-gouttes. Sans son obstination et sa volonté permanente de chercher à connaître tous les détails de l'histoire du trésor des Simba, ces événements auraient été condamnés à rester définitivement dans les ténèbres du passé congolais. Sa connaissance linguistique et culturelle du pays, les rencontres préparées de longue date, mais parfois aussi fortuites, lui ont permis d'acquérir de précieuses informations.

A force de discuter de l'époque où les Simba ont battu en retraite vers le Soudan, cela a rafraîchi la mémoire de l'avocat qui s'est rappelé certains événements. Ainsi, il s'est souvenu que les dirigeants des rebelles congolais conduits par Soumialot, voyageant depuis Juba, ont été accueillis à Khartoum en novembre 1964 par le gouvernement soudanais d'alors, connu sous le nom de *gouvernement révolutionnaire d'octobre*. Me Adham les a accompagnés à Khartoum et organisé des rencontres avec certains membres du gouvernement. L'une des rencontres les plus importantes a été celle avec le ministre des Finances qui a accepté d'aider les rebelles de plusieurs façons, notamment en leur octroyant un laissez-passer à travers le Soudan pour eux et leur chargement. Le ministre, à la demande des rebelles, a accepté qu'ils transportent leur or au Soudan, mais l'accord n'a été donné que verbalement. L'or a été apporté en plusieurs fois par les rebelles, mais Me Adham en ignore le nombre. Cependant, il se souvient de deux fois où lui-même était présent. La première livraison à la Banque du Soudan a été transportée par un avion affrété des lignes soudanaises, celle-là même qui avait fait l'objet du dépôt en novembre 1964. Une autre fois, Me Adham a conseillé au général Olenga de mettre l'or en sécurité dans une filiale de la Banque du Soudan à Juba.

Cet or a été transporté par la suite par un vol régulier de la compagnie aérienne soudanaise et réceptionné à l'aéroport de Khartoum par la douane pour être consigné le lendemain à la Banque du Soudan.

Etant donné que le gouvernement du Soudan à l'époque continuait à entretenir des relations normales avec le gouvernement de Mobutu arrivé au pouvoir peu après en 1965, il n'a pas reconnu le gouvernement des rebelles. C'est pour cette raison que l'avocat soudanais et les autorités en place ont donc convenu de conclure un accord verbal entre le ministre des Finances et avocat de profession, Mubarak Zarrouk, le gouverneur de la Banque Centrale El Sid El Fil, Gaston Soumialot et Me Adham ; dans cet accord, le Soudan acceptait le dépôt d'or et d'autres valeurs, mais les signatures de deux des trois chefs révolutionnaires étaient indispensables pour opérer des retraits ou autres opérations, dans le but de leur permettre de poursuivre leur action révolutionnaire. Me Adham s'est rappelé qu'à l'époque il avait protesté par lettre recommandée auprès du ministre des Finances en insistant sur la procédure à suivre et les accords initiaux, car Gbenye avait voulu retirer de l'argent avec sa seule signature. On se rappelle que cela avait été un des éléments essentiels dans le désaccord entre Soumialot et Olenga d'une part, et Gbenye de l'autre.

Préparatifs pour la mission au Soudan (juin 2002)

Avant de se rendre au Soudan, le cabinet du président congolais informe Hofmann et Me Bonvin qu'ils sont attendus le 18 juin 2002 à Kinshasa afin de régler les derniers préparatifs. Sur ce, Hofmann fait un aller-retour à Londres pour obtenir une procuration et un mandat général de la part de Soumialot qui certifie, entre autres, que « Monsieur Martin Hofmann parlera en mon nom, et tout ce qu'il prendra comme mesures d'entente avec les autorités du Soudan, il le fera en mon nom. Je ratifie d'ores et déjà toutes les dispositions qu'il pourra prendre ». Il remet en outre deux copies de lettres à Hofmann, l'une s'adresse au président soudanais pour lui annoncer l'arrivée de la délégation du comité de direction de l'ADSS, afin que tous les biens et avoirs déposés en son temps à la Banque Centrale du Soudan soient mis à la disposition de l'ADSS ; l'autre s'adresse au gouverneur de la Banque Centrale lui annonçant les objectifs de cette délégation, à savoir l'établissement de l'inventaire de la totalité des avoirs consignés dans cet établissement soudanais et d'y examiner les modalités de transfert.

Le comité de direction de l'ADSS se réunit pour la deuxième fois dans la capitale de la RDC et établit, entre autres, un budget prévisionnel car les déplacements, les différents frais d'administration et l'acquisition de certains supports techniques ont absorbé toutes les ressources mises à disposition. Il informe le président Kabila des activités de l'ADSS, de sa situation, le rend attentif à l'embargo commercial et financier auquel le Soudan est soumis par les Etats-Unis. De ce fait, il est important de rencontrer des représentants du congrès ou de l'administration Bush. Me Bonvin a déjà pris des contacts préliminaires pour trouver une solution afin de parer à cet embargo et il lui a été suggéré de rencontrer M. James Backer, ancien ministre des Affaires étrangères de George Bush. Le contact avec les Américains est primordial pour éviter tout risque de séquestre des avoirs et permettre ainsi leur transfert en Suisse par voie aérienne. L'embargo avait été établi pour répondre par des mesures économiques au soutien du Soudan au terrorisme ; l'administration Clinton avait bloqué, le 4 novembre 1997, les avoirs du Soudan et interdit toute transaction financière ou économique avec ce pays.

A Kinshasa, Hofmann et Me Bonvin se rendent à l'ambassade de Suisse pour présenter leurs vives protestations concernant les restrictions et les tracasseries administratives relatives à l'octroi de visas aux Congolais, ce qui cause d'énormes problèmes à l'ADSS. Par ailleurs, la volonté de ramener Soumialot en Suisse reste également bloquée par la problématique de l'obtention du visa. Peu après, Hofmann est reçu par le ministre des Affaires étrangères congolais, She Okitundu, qui l'informe que Joseph Kabila est intervenu directement auprès du président Omar Hassan Al Bachir concernant la visite de l'ADSS. Le ministre saisit également l'occasion pour lui faire part de l'attitude de l'ambassade suisse à Kinshasa concernant les visas qu'il juge vexatoire à l'égard du Congo et se pose la question si, dans ces conditions, la place suisse est appropriée pour accueillir la fondation.

Dans l'entre-temps, les autorités congolaises ont achevé les derniers préparatifs : les ordres de missions ont été émis par le cabinet du président, l'ambassade du Soudan à Kinshasa a été contactée pour annoncer la délégation officielle qui est porteuse d'un message du président Kabila à son homologue soudanais. Cette démarche est nécessaire pour que l'ADSS puisse être reçue au plus haut niveau. La délégation, formée de Beleke, Diambwana, Me Bonvin, l'interprète et bien sûr Hofmann, peut s'envoler pour Khartoum.

L'ADSS chez Omar Hassan Al Bachir (juillet 2002)

Le soir du 9 juillet 2002, la délégation arrive à Khartoum où elle est accueillie par un conseiller spécial du président du Soudan accompagné de plusieurs hauts dignitaires soudanais. Elle bénéficie de l'accueil réservé aux hôtes de marque à bord de voitures officielles escortées par des motards avec les sirènes adéquates. A son retour d'un voyage en Afrique du Sud, le président du Soudan reçoit, à Khartoum, la visite de Kofi Annan, secrétaire général des Nations unies, ce qui retarde la rencontre du président avec l'ADSS. Ce n'est donc que le 13 juillet 2002 que le président Omar Hassan Al Bachir reçoit en audience officielle la délégation de l'ADSS. Cet ancien chef militaire et politicien avait pris en main la destinée de son pays en 1989. Beleke remet la lettre du président Kabila adressée à son homologue soudanais. Dans cette lettre, le président congolais fait un bref rappel historique de la rébellion de Soumialot, du dépôt du trésor et des preuves attestant la réception de ces fonds par la Banque Centrale. Il explique également les raisons de la création de l'ADSS et présente la composition des membres de la délégation. Quant aux raisons du voyage, Joseph Kabila écrit : « Le but de cette mission consistera à vérifier la consistance de ces avoirs, composés principalement des dépôts en or et de trouver un mode de dénouement, sous Votre Haute Autorité et avec Votre bénédiction, permettant de préparer leur transfert en Suisse en faveur de l'Association pour le Développement Sanitaire et Social du peuple congolais. »

Après avoir pris connaissance de la lettre, Omar Al Bachir se montre très positif et donne immédiatement des instructions à son conseiller politique afin que le dossier soit géré avec la Banque Centrale du Soudan. Plus surprenant encore est le fait que le président soudanais assure la délégation de sa pleine assistance et déclare même que « si les avoirs du C.N.L. (Comité [sic] National de Libération) réclamés n'existaient plus physiquement à la Banque du Soudan, il accepterait de fournir une compensation ». De plus, il assure donner les instructions nécessaires afin que la délégation soit reçue par la Banque Centrale du Soudan pour débattre de ces dépôts, cette institution dépendant directement du président soudanais.

Le lendemain, rejointe par le chargé d'affaires de l'ambassade de la RDC à Khartoum, l'ADSS rencontre la haute direction de la Banque Centrale du Soudan accompagnée d'une délégation soudanaise qui se compose d'un conseiller du président, d'un député, d'un représentant du ministre des Affaires étrangères et de l'avocat de la banque. Hofmann remet des copies de documents prouvant l'existence des dépôts d'or, de diamants, de cassitérite, d'ivoire et d'argent. Le récépissé du mois de novembre 1964 où le gouverneur de la banque soudanaise certifie au nom du gouvernement avoir reçu un dépôt d'or attire une attention particulière. Le vice-gouverneur de la Banque Centrale du Congo, Nestor Diambwana, précise alors qu'une banque centrale ne peut recevoir des dépôts de personnes privées, physiques ou morales étrangères, c'est pourquoi le gouverneur de la banque de l'époque a dû établir l'attestation selon laquelle l'or serait gardé au nom du gouvernement de la République du Soudan. Très certainement dans une optique de gain de temps, les représentants soudanais font remarquer qu'ils nécessitent un certain délai afin de vérifier l'authenticité de ces documents qui datent quand même de 38 ans. Diambwana admet que cela est tout à fait compréhensible et qu'il ne doute pas un seul instant que ces recherches s'avéreront positives, d'autant plus que les banques centrales ont la réputation d'être des établissements sérieux, comme d'ailleurs celle du Soudan. Il rappelle que la Banque Centrale du Congo avait, quant à elle, dû retracer dans une autre affaire des dépôts datant de l'époque coloniale entre 1952 et 1956, ce qui doit donc aussi être possible au Soudan. L'établissement soudanais a été actif depuis 1960, on peut en conséquence espérer trouver les archives correspondantes. Cependant, le gouverneur soudanais fait remarquer que la banque a déjà entrepris des recherches concernant ces avoirs réclamés par l'ADSS et qu'il n'y en avait aucune trace. Afin d'initier tout inventaire de ces dépôts, il faut tout d'abord retracer leur enregistrement dans les archives. Cette affirmation qui peut être lourde de conséquences pour l'ADSS ne tombe pas dans l'oreille d'un sourd, car il est question que les archives avaient brûlé. Me Bonvin et Hofmann en prennent bonne note, toute nouvelle preuve ne pouvant être que bénéfique. A la vue des documents fournis par la délégation venant du Congo, de nouvelles recherches seront entreprises. Selon le *mémo* fait à l'attention de Kabila, le gouverneur de la banque soudanaise a fait une remarque qui démontre l'efficacité de l'association, car il a dit que « c'est la toute première fois que la banque du Soudan acceptait de recevoir une délégation du Congo, munie des éléments aussi indicatifs pour traiter de ce problème ». La copie du document du dépôt de l'or effectué en 1964 au gouverneur El Sid El Fil, certifiée *copie conforme* par un notaire, est déterminante car, après vérification, les autorités soudanaises admettent qu'il a bel et bien été gouverneur de la Banque Centrale, mais cela fait plus de 20 ans qu'il est mort.

Les délégations congolaises et soudanaises se sont mises d'accord pour signer une déclaration commune. Lors de leur troisième rencontre, la partie soudanaise soumet à ce sujet un nouveau projet qui fait l'objet d'un long débat. Les intenses discussions rendent le gouverneur soudanais très tendu, à tel enseigne qu'il montre des signes d'énervement. Cela va même jusqu'au point qu'il refuse systématiquement la position de l'ADSS sur plusieurs points discutés l'avant-veille. Beleke déploie alors ses talents de diplomate et fait comprendre que les deux délégations doivent répondre de leurs actes envers leur président respectif ; pour ce faire, il est nécessaire d'harmoniser les différents points de vue sur la déclaration commune. Le fait que les représentants de l'ADSS se montrent prêts à lâcher du lest contribue fortement à détendre l'atmosphère, de telle manière que le gouverneur réaffirme sa volonté de collaborer pour aboutir à une issue concernant ces fonds. Cela démontre une fois de plus que cet or est un sujet des plus délicats. Les Soudanais assurent les membres de l'ADSS de les informer des conclusions de leurs recherches et les deux parties se mettent alors d'accord pour se rencontrer à nouveau un mois plus tard à Khartoum afin de procéder à un échange d'informations. Le 16 juillet 2002, une déclaration commune, signée par les deux délégations, clôt les négociations.

Au retour à Kinshasa de la délégation de l'ADSS, le président Joseph Kabila remercie son homologue soudanais dans une lettre où il écrit entre autres : « Quant au dossier relatif au dépôt d'or effectué en 1964 à la Banque du Soudan, et dont la propriété a été cédée au peuple Congolais par le biais de l'Association pour le Développement Sanitaire et Social du Congo (ADSS), je Vous félicite pour Vos instructions transmises à Votre Institut d'Emission qui s'est déjà mis au travail pour Vous soumettre les éléments pouvant Vous permettre de décider. D'ores et déjà, j'ai retenu Votre promesse de tout mettre en œuvre pour trouver une issue à ce litige. (…) Au vu de ce qui précède, j'ai l'assurance qu'au nom de notre fraternité et de notre amitié, les propositions concrètes seront mises à la disposition de ma délégation qui rentrera très prochainement à Khartoum conformément au joint statement signé et par mes délégués et par les Vôtres représentés par le Gouverneur et le Vice-Gouverneur de la Banque du Soudan. »

L'ADSS en Egypte (août 2002)

Immédiatement après le voyage au Soudan, les Affaires étrangères congolaises sont informées par le directeur du cabinet de Kabila qu'une délégation se rendra au Caire afin de rencontrer les représentants de l'ambassade de Cuba en Egypte. Le vice-ministre de ce département est prié d'annoncer aux autorités égyptiennes et à celles de l'ambassade de Cuba au Caire, suivant les usages diplomatiques, l'arrivée de cette délégation qui se déplace pour une mission officielle ; elle est composée de Diambwana, Me Bonvin, l'interprète et Hofmann, et séjournera au Caire du 4 au 10 août 2002.

Quinze ans après la visite de Soumialot à l'ambassade de Cuba au Caire, une nouvelle tentative est lancée concernant les deux valises ou malles qui y avaient été déposées en 1968. Gaston Soumialot écrit alors une lettre à l'ambassadeur cubain au Caire concernant la visite de la délégation, lui faisant savoir que, si besoin est, celle-ci est prête à se rendre à Cuba pour y rencontrer Castro. Des témoins au Caire confirment qu'il y avait également eu des dépôts d'or et de diamants dans des institutions bancaires de la capitale égyptienne. Ces valises contiennent donc très probablement les actes de ces dépôts. En conséquence, il est plus que probable que des employés de l'ambassade ont un jour ouvert les valises et que le contenu a trouvé le chemin de la Havane. La détermination à retrouver ces valises est à la hauteur de la valeur historique des documents.

La rencontre a lieu, les diplomates cubains écoutent sagement les demandes émises par l'ADSS mais l'entrevue doit faire l'objet d'une communication aux autorités de La Havane avant que les diplomates cubains puissent entreprendre quoi que ce soit. L'ambassade cubaine ne reprendra jamais contact avec la délégation. La recherche des deux bagages est donc un échec et leur contenu restera inconnu. Pour Diambwana, la conclusion de ce silence est qu'un déplacement à La Havane s'avère dès lors nécessaire.

Le voyage en Egypte présente tout de même un avantage : Hofmann peut rencontrer les anciens combattants Simba réfugiés au Caire. S'il a eu certains contacts par le passé grâce à Soumialot, il ne les a jamais vus. Le fait que son fils avait rencontré une partie de ces anciens combattants Simba en 1987 a beaucoup aidé car ceux-ci se souvenaient de la visite de Soumialot et de ce jeune homme qui l'accompagnait. Hofmann fait la connaissance de Joseph K. qui avait suivi Soumialot durant tout son séjour au Caire. Un soir tard, un appel téléphonique d'Hofmann à son fils lui dit juste que quelqu'un veut lui parler. Cette courte conversation avec Joseph K., au cours de laquelle quelques bons souvenirs sont échangés et des salutations transmises à la belle Fatuma, confirme à l'ancien combattant que l'homme qu'il a en face de lui est bien celui qu'il prétend être.

Durant toutes les années d'exil, les anciens combattants sont restés organisés à travers le monde entier ; les ramifications et la communication interne sont bien structurées, en particulier entre le Soudan, l'Egypte, l'Allemagne et Cuba où la plupart des anciens Simba ont trouvé refuge, sans oublier l'Ouganda et la Tanzanie. Ainsi, après le passage de la délégation de l'ADSS au Soudan, la nouvelle a vite fait le tour des réfugiés. Leurs liaisons sont si bien organisées qu'ils ont même réussi à découvrir l'endroit où Soumialot réside à Londres.

De longs entretiens, parfois en français, souvent en lingala et jusque tard dans la nuit, permettent à Hofmann de convaincre les anciens rebelles de collaborer avec l'ADSS, dont il leur remet les statuts. Si les anciens Simba sont d'accord de l'aider à récupérer les avoirs que Soumialot avait déposés hors des frontières de la RDC, ils refusent dans un premier temps de rencontrer un représentant officiel de la RDC.

Ces anciens partisans lumumbistes ne font absolument pas confiance aux Congolais au pouvoir à Kinshasa malgré le fait que Joseph Kabila est le fils d'un Simba. Lors de la chute de Mobutu, des proches des anciens rebelles habitant Kinshasa avaient averti les réfugiés au Caire et à Khartoum que le pouvoir de la RDC n'avait rien à voir avec le passé lumumbiste. Laurent-Désiré Kabila avait écarté les camarades d'antan et cela s'est su dans ces milieux. Il ne faut donc pas croire, comme certains lumumbistes à Kinshasa, que l'arrivée au pouvoir de Laurent-Désiré Kabila était leur victoire. Un des enfants d'une grande personnalité de la rébellion ira jusqu'à prévenir les réfugiés au Caire de ne pas faire l'erreur de retourner en RDC en précisant que les temps avaient bien changé : « Le pouvoir en place au Congo n'est pas le nôtre, même si vous voyez quelqu'un connu au gouvernement comme Abdoulay Yerodia [ministre des Affaires étrangères], beaucoup ne sont plus idéologiquement les mêmes que vous aviez connus dans le passé, ils sont là pour leurs propres intérêts en devenant riches aux dos de la population Congolaise en volant la richesse du pays (…). » Là est une des explications de la méfiance des Simba au Caire envers les représentants du pouvoir de la RDC.

Après deux jours d'intenses pourparlers, Hofmann réussit à convaincre les anciens Simba de rencontrer le représentant de Joseph Kabila. C'est ainsi que le 10 août 2002, Nestor Diambwana se joint aux discussions avec les Simba. S'ils acceptent le concept, les actions et les objectifs de l'ADSS, ils posent une condition : ils exigent que Hofmann soit leur garant de la bonne utilisation des fonds dans le respect du but statutaire. A la suite de cette rencontre, Hofmann reprend les entretiens avec les anciens combattants ; son engagement est immense et les palabres parfois interminables, mais il veut s'assurer d'un soutien honnête et total. Les représentants d'anciens combattants Simba, militants du MNC (Mouvement National Congolais), font part, au nom des leurs, qu'ils soutiennent fermement l'initiative salutaire prise par Soumialot et Hofmann parce qu'elle témoigne d'une volonté sacrée de la révolution, à savoir le bien de la communauté congolaise. Ils saisissent l'occasion de dénoncer certains « renégats » qui ont terni l'image de la révolution en agissant contre les intérêts supérieurs du peuple congolais et dans leur seul intérêt personnel. Ils adhèrent complètement à l'idée d'une fondation qui aura pour vocation de rendre service au peuple congolais et cela pour tout le monde, sur un pied d'égalité, et saluent le fait que cette organisation non gouvernementale soit hors de portée des politiciens actuels ou futurs et de n'importe quelle mouvance politique congolaise. Ils s'opposent par un refus catégorique à toute ingérence de Kinshasa dans la gestion de ces biens. Etant donné les conditions difficiles dans lesquelles les réfugiés doivent vivre, ils demandent que tous les combattants ainsi que les membres de leur famille puissent bénéficier d'une infime partie de ces avoirs dans un cadre à définir. Cela pourrait leur permettre de rentrer au pays. Les Simba qui, en 1964, n'avaient pas de doctrine révolutionnaire bien définie ou ne s'y tenaient pas, semblent s'être assagis et leur morale rebelle semble avoir évolué en acceptant le fait de remettre leur butin de guerre au bénéfice du peuple congolais. Un trésor qui, soit dit en passant, a été volé au peuple, aux expatriés et aux concessionaires des mines de diamants et d'or.

L'attitude de la Suisse

Le 20 septembre 2002, le chargé d'affaires suisse informe qu'il n'est pas en mesure d'accorder de nouveaux visas aux partenaires congolais de l'ADSS en raison des dettes que la RDC a en Suisse, notamment les arriérés de la mission permanente auprès des Nations unies à Genève et de l'ambassade à Berne. La Confédération helvétique empêche de ce fait les Congolais, membres de l'ADSS, de se rendre en Suisse afin de créer cette fondation. Pourtant la Suisse connaît le dossier *Kasangulu* qui avait non seulement été remis à la police fédérale mais aussi présenté à son ambassade à Kinshasa. Que faire si le Soudan libère soudainement un montant considérable devant être versé à cette fondation ? Faut-il, d'ici là, déposer ces fonds à Kinshasa ? Ce scénario révulse Hofmann car cela équivaudrait à la dilapidation du trésor. L'ADSS veut trouver une place financière protégée et politiquement stable pour sa fondation, où elle peut déposer des fonds déclarés permettant de soutenir des projets et des ONG en RDC. C'est justement dans cet environnement helvétique que la fondation devait pouvoir agir dans une totale indépendance tout en ayant les organisations internationales et les ONG au même endroit.

La réaction des Simba à Khartoum

La rencontre entre Hofmann et les anciens Simba du Caire permet de faire un lien avec ceux du Soudan. En effet, un représentant des Simba du Caire se rend à Khartoum le 29 août 2002 pour informer les collègues réfugiés au Soudan. Selon un rapport fait à Hofmann sur la mission à Khartoum et dans les villes environnantes, il a été question de sensibiliser les anciens militants de l'APL (Armée populaire de libération), ou leurs descendants résidant au Soudan, du bien-fondé de l'ADSS et de recueillir toutes informations ou documents relatifs à ce patrimoine. Les personnes contactées « (…) ont salué avec enthousiasme l'idée de la création de cette association et de la future fondation qui en résultera ». La communauté a en outre promis de fournir tous documents concernant l'affaire même si cela nécessite quelques investigations.

Il y a comme un souffle d'espoir pour ces personnes exilées depuis des décennies. En 2002, cela fait presque 40 ans que personne ne s'était intéressé à eux hormis la visite de Soumialot au Caire en 1987. La rencontre a aussi déclenché des attentes, des volontés et des motivations chez ces réfugiés, à l'image de l'élaboration de statuts regroupant la communauté dans l'*Association des combattants de liberté congolais* (ACC).

Au Soudan, les anciens Simba ont pris connaissance des statuts et objectifs de l'ADSS et ont également été informés qu'Hofmann est en possession d'une procuration pour représenter valablement Soumialot. Dix-sept anciens Simba de Khartoum représentant les anciens combattants, tous nés entre 1936 et 1950, ainsi que deux enfants représentant leur père, se sont réunis et ont signé un document dans lequel ils approuvent et entérinent le mode d'agir de Soumialot, leur chef révolutionnaire. Ils soutiennent fermement Hofmann dans son action et ses activités au sein de l'ADSS ainsi que dans la future fondation. Tous, sans exception, désapprouvent cependant la présence d'hommes politiques congolais au sein de la future fondation. Les représentants de la communauté des anciens combattants au Soudan témoignent en revanche d'une grande confiance à l'égard d'Hofmann en ajoutant dans le document : « Nous, les anciens combattants de l'armée populaire de libération du Congo-Kinshasa déléguons à notre tour Monsieur Martin Hofmann, qui accepte, afin qu'il soit notre porte-parole et le trait d'union entre nous et notre collectivité au Soudan pour qu'il nous représente au comité de l'association et de la future fondation et défende nos intérêts légitimes. »

Hofmann parle de ses *frères* lorsqu'il est question de Congolais mais, dans ce cas particulier, il y a une différence notoire : la confiance lui est témoignée par des *vieux*, ces personnes considérées comme des sages et que l'on appelle aussi *anciens*, et a de ce fait une importance fondamentale pour lui. Il ne prend pas cette déposition à la légère, sa loyauté et sa sincérité sont engagées ; cela le poursuivra jusqu'à son dernier souffle, car l'attente et l'espoir de ces personnes sont énormes et reposent sur lui seul.

Malgré les intenses contacts, Hofmann ne voit pas en ces vieilles personnes les impitoyables guerriers d'alors ; il semble oublier les souffrances que les Simba ont générées lors de leur rébellion, il ne cherche pas à les connaître, ce sujet reste tabou. En tous cas, il n'en fait jamais mention. Parfois, on peut se poser la question si, conscient des horreurs commises par ses interlocuteurs, son approche n'eut pas été différente, et quelle aurait été son attitude s'il avait vécu les événements à Stanleyville. Dans ses démarches pour la récupération du trésor, il a toujours fait abstraction des idées politiques du mouvement rebelle et des conséquences désastreuses pour la population, pour lui cela faisait partie intégrante de tout conflit armé. Hofmann était un *athée* de la politique, il n'y voyait que palabres interminables sans résultat concret, cela ne l'intéressait pas. Ni la gauche, ni la droite ne le faisait rêver, il était un idéaliste ; l'utopisme ne l'effrayait pas. Les ambitions politiques de la rébellion en 1964 ne l'interpellaient donc absolument pas. N'ayant fréquenté ses camarades à peau blanche qu'à l'école, il avait grandi avec les villageois congolais et avait été très tôt confronté à la réalité des conflits tribaux et ethniques. Ces rivalités ne se limitaient pas à de la rhétorique antagoniste ou à des conséquences sociales, mais se terminait parfois dans le sang. Pour lui, les abominations commises lors de la rébellion devaient s'expliquer par ce mélange de haine tribale combinée aux conséquences de la politique menée lors de l'indépendance. En revanche, ce dont on peut être convaincu, c'est qu'il voyait les bienfaits que la récupération du trésor pouvait offrir. Cela représentait enfin une aide concrète pour le peuple congolais, c'est pourquoi il mettait tout en œuvre pour que ces richesses soient récupérées et ne tombent pas dans de mauvaises mains.

Les premières inquiétudes d'Hofmann (septembre 2002)

Peu après son retour en Suisse du Caire, Hofmann constate que l'effervescence des membres congolais de l'ADSS s'est soudain refroidie ou affaiblie. Soudainement, le silence de Kinshasa est à l'ordre du jour, les appels téléphoniques restent sans réponse. Il s'adresse donc par écrit à Diambwana et Beleke pour leur rappeler leurs responsabilités et obligations, il attire leur attention sur les deux valises à Cuba qu'il ne faut pas négliger si l'on veut obtenir le plus possible d'informations sur les dépôts effectués au Soudan et en Egypte et rappelle qu'il avait été prévu de retourner sous peu au Soudan. Il les informe également qu'un contact fort important établi par les Simba est prêt à rencontrer Hofmann au Caire, cette personne étant en possession de documents en relation avec divers dépôts effectués à Khartoum et au Caire. Afin de financer ce déplacement, Hofmann demande la libération par les autorités congolaises du budget qu'ils avaient élaboré quelques mois plus tôt, une décision à ce sujet étant plus qu'urgente.

Mais ce qui, à ce moment-là, commence à inquiéter le plus Hofmann, est l'attitude des deux membres congolais du comité directeur par rapport à Gaston Soumialot. Les deux émissaires de Joseph Kabila, sont les seuls qui peuvent exercer l'influence nécessaire à Kinshasa afin que les moyens financiers soient mis à disposition de l'ADSS. Si ces ressources sont nécessaires pour entreprendre toutes les démarches et activités afin d'atteindre les buts de l'association, elles sont indispensables pour garantir les soins de Soumialot à Londres. Cet aspect du budget est primordial. Après plusieurs rappels téléphoniques, Hofmann leur fait part par courrier qu'il trouve leur comportement inadmissible. Lors de leur séjour à Londres, ils avaient donné à espérer à Soumialot que son épouse[1], Maman Rose, pourrait le rejoindre ou tout au moins lui rendre visite, or ils n'ont rien entrepris concernant ce voyage. De plus, l'hôpital prend directement contact avec Hofmann car les fonds pour le traitement du patient vont bientôt manquer.

Afin de régler sur place les problèmes qui peuvent surgir, Hofmann trouve à Londres un compatriote congolais qui veut bien s'occuper de Soumialot. A la fin du mois de septembre, ce compagnon appelle Hofmann pour l'informer que l'hôpital demande de prendre les dispositions nécessaires pour déplacer le patient dans un autre établissement. Cette situation provoque une nouvelle intervention des plus énergiques de la part d'Hofmann auprès de Beleke et Diambwana

---

[1] *Mme Rose Soumialot ainsi que ses enfants ont quitté leur exil cubain quelques années auparavant pour rejoindre Soumialot à Kinshasa.*

et il demande que Kabila soit mis au courant de la situation rapidement pour qu'il prenne ses responsabilités. L'attitude des autorités congolaises à l'égard de Gaston Soumialot le choque au plus haut point, il est furieux.

Me Bonvin se joint aux propos tenus par Hofmann et attire l'attention du président de l'ADSS, Beleke, et du vice-président Diambwana que si la RDC n'accepte pas le budget proposé ou en octroie tout au moins un autre, la situation de Soumialot ainsi que toutes les démarches urgentes à entreprendre restent bloquées ce qui risque d'avoir des conséquences désastreuses et même de compromettre tout le projet de l'ADSS.

Après l'euphorie de la prise de contact par les représentants de Joseph Kabila, la création de l'ADSS et les voyages au Soudan puis au Caire, la confiance d'Hofmann commence à vaciller et les intentions de Kinshasa sont pour la première fois mises en doute. Les raisons de cet atermoiement et de ce silence sont inconnues, ce sont pourtant des signes précurseurs néfastes.

Les anciens combattants aident l'ADSS (octobre 2002)

Pendant ce temps, les anciens partisans de Lumumba s'activent, plus particulièrement au Soudan puisque là est le terrain le mieux exploré à ce moment-là. Ils cherchent tout élément et toute preuve pouvant contribuer à la récupération des biens de la rébellion et tentent même de gagner diverses personnalités soudanaises à cette cause. Ainsi, en octobre 2002, les anciens combattants s'adressent de leur propre chef à différentes personnes que les Simba considèrent être des amis du peuple congolais tels que les anciens chefs d'Etat soudanais. Ils écrivent donc à Gaafar Mohamed El Numeiry qui avait été au pouvoir entre 1969 et 1985, à Abdel Rahman Souwar El Dahab qui avait, par un coup d'Etat, chassé Gaafar El Numeiry du pouvoir en 1985 et également au président du parlement soudanais. Dans cette missive, ils demandent leur intervention pour que les membres de l'ADSS obtiennent des facilités dans le cadre de leur mission.

En même temps, les anciens combattants se concertent pour trouver des indices et des preuves datant de 1964. C'est ainsi qu'ils découvrent qu'il existe à Juba des archives contenant des documents et correspondances entre le quartier général des Simba et les autorités soudanaises et décident d'envoyer une équipe à Juba pour faire des recherches dans les archives des services douaniers. Les anciens partisans de Lumumba ont également pu établir une liste de personnes soudanaises qui étaient actives au moment de la traversée des cargaisons à Yei et à Juba. Cette liste énumère les noms de ceux qui étaient aux postes à responsabilités à cette époque dans le sud du Soudan comme celui du président du haut conseil exécutif du Sud-Soudan, du commandant de garnison à Yei et Juba ou encore du chef comptable à Juba. Une autre liste fait mention des personnalités à Khartoum. Les preuves du trésor caché au Soudan s'amoncellent et corroborent les dires de Soumialot.

Londres et ses archives

Alors que de Kinshasa c'est toujours le silence, les soucis d'Hofmann s'accentuent en particulier concernant la situation de Soumialot. S'inquiétant de son moral, de sa condition de santé et de son avenir, il va le visiter à Londres en compagnie de Me Bonvin. De passage dans la capitale anglaise, Me Adham les rejoint. Lors de ces rencontres, les liens de confiance s'approfondissent et les échanges d'informations laissent parfois découvrir des éléments pouvant se révéler importants par la suite.

En effet, la Banque du Soudan avait fait part à la délégation de l'ADSS qu'elle n'avait pas trouvé de trace concernant l'or et précisait d'ailleurs qu'une partie des archives de la banque avait été détruite lors d'un incendie. Me Bonvin et Hofmann se muent alors en véritables détectives. On se rappelle que les documents qu'Hofmann avait pu récupérer, faisant mention de transferts d'or entre la *Bank of Sudan* et l'UBS en 1964 et 1965, portaient une notice au bas de la page indiquant : « lequel montant a été transféré en votre faveur à la Bank of England, Londres, via la Midland Ltd ». Les deux enquêteurs s'adressent à la Banque d'Angleterre et obtiennent des copies de rapports annuels de la Banque du Soudan pour les années 1964 à 1968, l'institution ayant gardé dans ses archives les documents bancaires concernant cette période au Soudan. Après étude, il ressortirait qu'en effet aucun dépôt n'a jamais été enregistré dans les livres comptables de la Banque du Soudan. Par contre, et selon les mêmes rapports annuels, une vente importante d'or aurait été faite à cette période. Se pose alors la question cruciale : comment peut-on vendre de l'or s'il n'y en a pas en dépôt ?

Kinshasa reprend l'initative (octobre 2002)

Soudainement, à mi octobre 2002, Beleke s'annonce et invite Hofmann et Me Bonvin à se rendre en RDC pour des séances de travail. Une fois sur place, ils apprennent que l'ambassadeur du Soudan a communiqué que *les autorités soudanaises de la Banque du Soudan* les attendent à Khartoum. En effet, le 25 octobre 2002, l'ambassade du Soudan s'est manifestée auprès de Beleke et Diambwana concernant l'arrivée de la délégation de l'ADSS à Khartoum. Le comité directeur de l'ADSS est reçu en audience par le président Joseph Kabila le 29 octobre ; il l'informe que, en fait, la Banque du Soudan n'est qu'un organe technique au service de son gouvernement mais aussi que la démarche entreprise pour la récupération des biens est conforme au droit international puisque la partie congolaise, par l'intermédiaire de son président, a saisi par sa lettre d'introduction son homologue soudanais lors de la visite de la délégation de l'ADSS. C'était d'ailleurs à l'issue de l'audience accordée à la délégation que le président Omar Al Bachir avait instruit la Banque du Soudan d'ouvrir les négociations avec la partie congolaise. L'ADSS demande aussi des instructions à Kabila afin de définir la marge de négociation. Plusieurs questions se posent, comme par exemple au cas où le Soudan aurait vendu tous les biens du trésor, ce qui est bien possible après 38 ans, quelle forme de compensation il convient de réclamer ? En espèces ou en nature ? L'ADSS propose de désintéresser la partie soudanaise par le paiement d'un droit de garde à déduire du montant convenu de la compensation. Et, pour terminer, il faut s'entendre avec les Soudanais pour trouver un délai d'exécution.

Lors de cette rencontre, le président congolais libère des fonds pour le remboursement de frais divers et pour les frais hospitaliers de Soumialot ; quant au budget demandé, il n'en est même pas fait mention. Hofmann n'aura que bien plus tard le soupçon d'une attitude cupide de Kabila.

Deuxième voyage au Soudan (novembre 2002)

Selon les rapports faits au président Kabila, ce voyage est bien plus chaotique que le précédent. En effet, la délégation arrive le 31 octobre à Khartoum mais, surprise, il n'y a aucun protocole d'Etat soudanais à l'aéroport pour accueillir la délégation. Après cette attitude surprenante des autorités soudanaises, la deuxième déception : le gouverneur de la Banque du Soudan refuse de les rencontrer. La raison de cette attitude est expliquée par le fait que le dossier a été clôturé à son niveau ; son rapport a été transmis aux autorités gouvernementales qui ont désormais la responsabilité de gérer ce contentieux. Voilà que tout d'un coup la fraternité, l'amitié et la solidarité africaines exprimées lors de la dernière rencontre, sont mises en question. Après l'intervention de l'ambassade de la RDC à Khartoum ainsi que celle auprès de la représentation du Soudan à Kinshasa, le comité directeur de l'ADSS constate une tergiversation du protocole d'Etat soudanais et du ministère des Affaires étrangères pour fixer un programme de travail. Au niveau du chef de l'Etat soudanais il avait été convenu lors de la dernière visite que le cabinet du conseil politique du président avait la charge de suivre le dossier jusqu'à son aboutissement. Celui-ci communique cependant verbalement à l'ambassade de la RDC à Khartoum avoir clôturé le dossier et remis le rapport au ministre d'Etat aux Affaires étrangères qui doit désormais le gérer. Il y a sans aucun doute un malaise du côté de Khartoum. Le sixième jour après leur arrivée, le protocole d'Etat se manifeste enfin et demande aux représentants de l'ADSS d'attendre la rencontre avec le ministre d'Etat aux Affaires étrangères, absent du pays à ce moment-là. Pourquoi cette attitude des autorités soudanaises ? Nul ne le sait, mais on rappellera qu'entre-temps les réfugiés Simba s'étaient également manifestés par différentes correspondances auprès des autorités politiques et bancaires du Soudan ce qui a apparemment causé des réactions contre-productives. Les autorités soudanaises semblent être dans l'embarras et essaient peut-être d'adopter la politique d'usure en espérant que tôt ou tard la délégation retourne en RDC sans pour autant avoir résolu le contentieux. L'ADSS contacte Joseph Kabila et lui propose de faire citer l'ambassadeur du Soudan afin de lui faire part de son mécontentement.

Les Simba se souviennent

Pendant ce temps à Khartoum, les jours passent et la délégation commence sérieusement à s'inquiéter de la passivité soudanaise. Beleke décide de rentrer en RDC. Hofmann profite de ce séjour pour rencontrer les anciens Simba réfugiés au Soudan et a avec eux, à plusieurs reprises, de longues et intenses conversations. Grâce à la confiance des anciens partisans de Patrice Lumumba à son égard et malgré les 38 années écoulées depuis les événements, Hofmann peut prendre note de témoignages très intéressants concernant le trésor des Simba. Des souvenirs toujours gravés dans la mémoire de ces hommes sont mis sur papier lors de ces rencontres. Ils racontent la récolte de l'or et des diamants durant l'avancée des troupes et leur parcours depuis le Congo jusqu'au Soudan, décrivent les divers transports des richesses de leur révolution, nomment toutes les personnes impliquées avec leurs fonctions. Ils profitent aussi pour relater la dégradation, depuis 1970, de leurs conditions de vie au Soudan et Hofmann apprend que beaucoup de ces anciens rebelles âgés aimeraient rentrer au pays.

La délégation de l'ADSS enfin reçue à Khartoum (novembre 2002)

La protestation de la présidence de la RDC au sujet du comportement des autorités soudanaises exprimée à madame l'ambassadrice du Soudan à Kinshasa n'a pas eu l'effet escompté. Diambwana et Me Bonvin, qui se trouvent encore au Soudan après le départ d'Hofmann pour raison de santé, suggèrent à Kabila de prendre directement contact avec son homologue Omar Al Bachir afin de connaître les raisons de cette attitude. Dix jours après leur arrivée à Khartoum, ils décident de solliciter un rendez-vous avec le gouverneur de la Banque du Soudan. Grand est leur soulagement lorsqu'ils obtiennent la confirmation d'une audience pour le lendemain avec le vice-gouverneur de la Banque du Soudan et le directeur de cabinet du gouverneur. En dépit du fait que la partie soudanaise se sent obligée de se cacher derrière des excuses comme n'avoir jamais reçu la lettre adressée au gouverneur et avoir été pris par des conférences malgré un emploi du temps surchargé, l'entretien s'est déroulé dans un esprit cordial. Lors de cette conversation, Diambwana informe que les Congolais connaissent le dossier de l'or du Soudan. Au niveau international, les réfugiés Simba vivent en Europe, en Afrique du Nord, en Afrique subsaharienne, en Amérique et les informations circulent vite et bien, et l'ADSS est en outre en lien avec des organisations internationales. Le dossier du trésor simba n'est donc pas totalement inconnu d'un plus large public malgré le fait qu'il n'y a jamais eu d'information officielle à ce sujet. Diambwana précise qu'à part le fait que Joseph Kabila est le chef d'Etat de la RDC, il est le fils d'un Simba et se sent de ce fait personnellement concerné. Sur ce, le vice-gouverneur de la banque soudanaise répète que ce dossier n'est plus de la compétence de cette institution qui s'était limitée à faire un rapport circonstancié et que, sur instruction du chef de l'Etat soudanais, un comité d'experts des ministères de la Justice, des Affaires étrangères, des Finances et de la Banque du Soudan s'est constitué le 7 novembre pour trouver une solution au litige. L'intervention de Kabila semble donc avoir eu de l'effet. Diambwana prie ses interlocuteurs de bien vouloir organiser un rendez-vous avec le ministère de la Justice a qui le président a donné la charge de piloter ce dossier. A la fin de cette rencontre et en signe de remerciement pour l'accueil dont le Soudan a finalement fait preuve, Diambwana remet un cadeau lourd de sous-entendus ; ce présent n'est pas anodin, il a fait l'objet de discussions intenses et a été sciemment choisi par l'ADSS. Diambwana donne en effet un exemplaire du Coran ainsi qu'une copie des quatre rapports de la Banque du Soudan des exercices 1964 à 1968, période à laquelle se réfère le dépôt de l'or et dont l'association en possède la preuve. Ce sont exactement ces rapports que les représentants de la Banque du Soudan prétendent ne plus avoir, car apparemment ces documents avaient été brûlés par le passé en même temps que les archives de la Banque du Soudan. Ensuite, comme convenu au sein de l'ADSS, il fait référence au Coran qu'il vient d'offrir en mentionnant un extrait de la loi coranique concernant *Al-Amana*. De quoi s'agit-il ? Cette institution du droit coranique stipule que « (…) Al-Amana (…) est un dépôt en confiance qui doit reposer sur la parole donnée, la loyauté, l'intégrité, la résistance à toute épreuve à toutes les tentations, et sur bien d'autres qualités[342] ». En d'autres termes, toute personne qui reçoit en dépôt ou en garde les biens d'autrui a l'obligation de les restituer quelle que soit la durée du dépôt. L'ADSS invoque ainsi l'engagement pris par les autorités soudanaises en 1964 ; les rapports bancaires de cette époque démontrent que l'association est bien informée, qu'il est désormais difficile de se cacher derrière des excuses prétextant l'inexistence d'archives.

Sous la pression des événements et l'inorganisation du mouvement, les dirigeants rebelles n'ont pas porté à l'époque une attention particulière à ce trésor. Aucun inventaire total, rapport ou document prouvant une stratégie concernant ce butin n'a été trouvé, les négociations et les décisions se faisant de manière orale. Mais, au vu des témoignages des anciens Simba récoltés par Hofmann, des affirmations de Me Adham et des documents qu'Hofmann a pu récupérer, il ressort que les rebelles avaient emmené avec eux un trésor de guerre fort impressionnant. Le reçu prouvant la remise de 27 tonnes d'or au gouverneur de la Banque du Soudan n'est que la pointe de l'iceberg et, cela, les Soudanais le savent. A ce moment-là, le trésor est estimé par les initiés à un milliard de dollars. Il y a lieu de préciser que ce chiffre estimé en 2002 est conséquent pour le Soudan dont on sait qu'à cette même époque la part du budget de l'Etat consacré à la guerre était de 680 millions d'Euros.

Le 12 novembre 2002 enfin, Diambwana et Me Bonvin sont reçus par le président de la commission interministérielle soudanaise responsable d'étudier le cas des dépôts d'or datant de 1964. La constitution du comité alors que la délégation se trouvait déjà à Khartoum et attendait de rencontrer les autorités soudanaises illustre le malaise que la présence à Khartoum de l'ADSS a provoqué. L'ancien procureur confie à l'ADSS que c'est la quatrième fois que des recherches sont entreprises concernant cette affaire, car plusieurs personnes sont intervenues prétendant avoir des droits sur cet or. Ces recherches datent de 1967, 1995 et 1997. C'est ce que l'ADSS avait déjà découvert : Mobutu s'y était cassé les dents par deux fois et ensuite Laurent-Désiré Kabila. En 2002, le Soudan y est à nouveau confronté avec, cette fois-ci, Joseph Kabila à la tête de la RDC. Cette rencontre est importante car c'est la première fois que la partie soudanaise est forcée d'admettre l'existence du dépôt d'or. En effet, il ressort très clairement de cette entrevue que le président du comité interministériel a reconnu que des quantités d'or avaient été déposées à la Banque du Soudan par Gaston Soumialot. Il sait aussi qu'à cette époque les rebelles avaient loué des maisons et recevaient de la nourriture, des soins et de l'argent de poche. Il est également au courant que les rebelles avaient noué des contacts pour la vente d'armes. Cela démontre clairement que les recherches sont en cours du côté soudanais. L'ADSS déclare ne pas réclamer l'ensemble du trésor déposé au Soudan mais uniquement la partie qu'elle peut prouver de manière certaine et irréfutable, tel le dépôt de novembre 1964 effectué auprès du gouverneur El Sid El Fil. Comme mentionné dans la note à l'attention de Kabila : « Le fait de faire valoir les droits uniquement sur les documents et témoignages de premier ordre permet de limiter la discussion sur l'essentiel en évitant ainsi de débattre sur des aspects secondaires et de faire des calculs d'apothicaires. » Car il s'agit bien d'une négociation et non d'une procédure judiciaire.

Etant donné que les recherches de ce comité avancent rapidement, son président estime que son rapport devrait être terminé à la mi-décembre 2002. Les deux parties se mettent alors d'accord pour se rencontrer à nouveau à l'issue de ce délai. Le séjour de l'ADSS se termine le 13 novembre.

D'autres traces du trésor

S'occupant depuis 1986 de l'opération Kasangulu, Hofmann a désormais la confiance des anciens combattants. Avec son expérience, la connaissance du terrain, ses contacts innombrables et ses liens d'amitiés dans le monde africain, il continue inlassablement de recueillir non seulement des indications, des informations, mais également des preuves et même des documents originaux d'une valeur historique incontestable.

Hofmann prétendra à ses amis congolais de l'ADSS avoir un document que lui avait remis Nicolas Olenga. Il semblerait plutôt que ce document provienne d'un ancien Simba, mais Hofmann a très probablement voulu protéger sa source des représentants de la RDC et peut-être aussi des autres anciens combattants qui ne connaissaient pas l'existence de ce document. Il s'agit du cahier original de la *Trésorerie Nationale de l'Armée Populaire de Libération – Brigade Financière – de la République Populaire du Congo* datant de janvier 1965. Ce document, qui ressurgit près de 40 ans après les événements, prouve que le trésor des Simba ne se limitait pas au dépôt de novembre 1964. Les confidences des anciens combattants du Soudan faites à Hofmann semblent concorder avec ce document. Il y a bel et bien eu plusieurs convois dont on ignorait l'histoire. Ce cahier gérait un butin qui contenait :

- 505'320 Francs Belges
- 191 malles remplies de Francs Congolais
- 1'278 kg en lingots d'or
- 37 kg de diamants
- 5 tonnes de cassitérite[I].

L'inventaire est signé par le général Nicolas Olenga. Dans ce cahier sont notés scrupuleusement tous les retraits effectués entre les mois de janvier et mai 1965. On peut y lire le montant des retraits et les bénéficiaires ; différents noms plus ou moins connus y figurent comme celui du colonel Pakassa. Quelques justifications telles que *prime de voyage*, *pour l'Armée populaire* ou *salaires simba* sont inscrites. A la lecture du document, on constate qu'aucun retrait n'a été effectué pour le compte de Soumialot ou d'Olenga, alors que quatre retraits ont eu lieu pour Gbenye. Si une des ponctions de 17,5 millions de francs congolais[II] fait mention de *salaires Aba*, celles de 7 millions, de 5 millions et d'un lingot d'or ne portent que la mention *pour le compte du Président Gbenye*. Le dernier retrait noté dans ce cahier à été effectué au mois de mai et le dernier bilan du stock est daté du 13 mai 1965. Hofmann est également en possession d'un autre cahier, de la même année, qui révèle également des prélèvements. Là, il s'agit d'un cahier scolaire où la mention *Gouvernement Populaire* est écrite à la main sur la couverture et, à la dernière page du cahier, est imprimée la table de multiplication...

L'argent, le nerf de la guerre (décembre 2002)

Dans les contacts entre les membres de l'ADSS, un problème revient de temps à autre : *les moyens financiers*. Etonnamment, ce sujet devrait être beaucoup plus souvent à l'ordre du jour, mais autant Me Bonvin qu'Hofmann sont complètement absorbés par la réalisation de l'objectif de l'association et sont convaincus d'un proche dénouement. Pourtant, le temps passant, l'aspect financier

---

[I] *La cassitérite, principal minerai d'étain, est exploitée pour sa grande valeur économique.*
[II] *Cours du marché noir de l'époque : 10 millions de francs congolais valaient environ 25'000 dollars.*

devient de plus en plus crucial, aussi bien au niveau des investigations et des moyens pour atteindre l'objectif que de leur rémunération. A la demande de Beleke de le rejoindre à Kinshasa pour mi-décembre, ils répliquent qu'ils acceptent à la condition que le montant total budgétisé leur soit crédité avant leur départ afin de faire face à leurs engagements financiers. Pour la première fois, on peut sentir un certain agacement de la part d'Hofmann et de Me Bonvin. Mais Beleke répond que le budget nécessaire à la suite des opérations, soumis à Kabila, a été accepté. Si cette nouvelle les réjouit, ils restent méfiants car le montant du budget soi-disant libéré se fait attendre. Beleke réaffirme quelques jours plus tard que « le Chef de l'Etat a tracé sa ligne de conduite en donnant le feu vert à l'opération Kasangulu avec ses instructions à la finalisation dudit dossier ». Mais ne voyant pas les actes suivre les paroles, Hofmann insiste à nouveau pour la libération du budget demandé et suggère de remettre le voyage à Kinshasa puis à Khartoum au début de l'année 2003.

En dépit de ces contretemps incessants, Hofmann, resté en contact avec son réseau, communique immédiatement à Beleke et à Diambwana une information confidentielle reçue du Caire, selon laquelle « le Président du Soudan aimerait terminer au plus vite le dossier – sans ses ministres – avec le Président Kabila ». Fidèle et loyal vis à vis de ces collègues congolais de l'ADSS, il transmet cette information. Celle-ci devrait pourtant, à nouveau, être un signal d'alarme pour lui, d'autant plus que cette missive restera sans réaction aucune de la part de Kinshasa.

Dans l'entre-temps, Me Bonvin adresse un courrier au président de la commission interministérielle soudanaise, à qui il remet une copie de la lettre du général Olenga, datée du 15 juin 1965, qui fait mention d'un dépôt de 8,5 tonnes d'or ainsi que d'une lettre non datée au ministre des Réfugiés, Sayed Ahmed Babiker Isa, mentionnant le dépôt de 817 kg d'or et de 3 kg de diamants. Lors d'un contact téléphonique, Me Bonvin apprend que la commission interministérielle doit rendre son rapport à la fin du mois de décembre 2002. Apparemment, les recherches du côté soudanais semblent corroborer celles de l'ADSS. Cependant, le président de la commission dit accessoirement lors de cette conversation qu'il y a une bonne collaboration avec le gouvernement congolais actuel. Si cette affirmation n'attire alors pas particulièrement l'attention de Me

Bonvin et d'Hofmann, cela démontre qu'il y a un contact direct entre les autorités soudanaises responsables du dossier de l'or et la RDC. Il faut se demander si les Soudanais cherchent à éviter de passer par le canal de l'ADSS qui pourtant est l'interlocutrice officielle mandatée par Kabila ou si cela a été ordonné par Kinshasa.

L'année 2002 se termine sans que les objectifs de l'ADSS ne soient atteints. Et pourtant, pendant longtemps, il semblait que l'opération Kasangulu allait enfin aboutir.

PROJET COMPROMIS (2003-2006)

Plus le singe grimpe en hauteur sur l'arbre, plus on voit son derrière.
(Proverbe congolais)

L'année 2003 « annus horribilis »

L'année commence comme la précédente avait débuté, à savoir par la situation embarrassante de Gaston Soumialot à Londres provoquée par les frais de soins impayés, une conséquence directe du blocage budgétaire par la RDC. Le 7 janvier, Hofmann envoie un message à ses collègues congolais, dans lequel il met clairement en doute sa confiance envers Kinshasa en reprochant que les promesses congolaises ne sont jamais tenues. Il attire l'attention de Beleke et Diambwana concernant la situation de Soumialot qu'il trouve absolument scandaleuse et prévient que les Simba à travers le monde crieront avec raison au scandale si l'établissement qui l'abrite le met à la porte : il serait alors à la rue.

La situation financière est un problème crucial de l'opération Kasangulu et les promesses telles que « Le Chef de l'Etat a donné son feu vert », « Le Président a confirmé que l'ADSS continue l'opération Kasangulu et le Vice-gouverneur fera le transfert », « Vu l'invitation du Président J. Kabila par le Président Soudanais, le budget va être libéré sous peu » ne sont jamais concrétisées.

L'année 2003 ne débute décidemment pas sous les meilleurs auspices et ne sera pas glorieuse. Les Simba de Khartoum qui se manifestent constamment et la situation de Soumialot à Londres donnent du fil à retordre aux deux Suisses. Si l'on observe les activités de l'ADSS au courant de cette année-là, il faut se demander si Kinshasa n'est pas en train de neutraliser cette association.

Les activités de l'ADSS sont bloquées (2003)

Les membres de l'ADSS, sans Diambwana, se retrouvent à Londres au cours d'un week-end fin janvier, ce qui leur permet de rendre visite et d'entourer quelque peu Soumialot. La situation financière est évidemment largement évoquée par Hofmann, Me Bonvin de son côté fait part du lobbying qu'il a effectué auprès de personnalités ayant des contacts au Soudan pour favoriser une solution positive, et Beleke informe le comité de difficultés rencontrées ces derniers temps. Lors de cette réunion, l'association envisage également des solutions pour une compensation du trésor qui ne dort sans doute plus au fond des coffres-forts, le Soudan en ayant très probablement disposé depuis longtemps, ce qui apparaît d'ailleurs être plus une réalité qu'une hypothèse.

Comme Kabila doit rendre visite au président soudanais, l'ADSS s'adresse au président de la commission interministérielle soudanaise pour lui faire savoir que les membres de l'association désirent le rencontrer à cette occasion. L'association l'informe également qu'elle est prête à accepter des compensations en nature au cas où le trésor n'existerait plus. Mais le président de la commission ne semble pas pressé de les voir venir. Plus le temps passe, plus la situation semble se détériorer. Par ailleurs, la menace des USA d'intervenir en Irak se fait de plus en plus pressante[1] et a de quoi inquiéter surtout si l'on veut se rendre sur un territoire islamique tel que le Soudan.

L'information qu'Hofmann a obtenue par son propre réseau est confirmée par l'ambassadrice du Soudan : elle fait savoir que seul un contact personnel entre Kabila et le président soudanais permettra l'accomplissement de la prochaine étape. Le 14 mars, Beleke et Diambwana s'adressent à Kabila et lui rappellent le déroulement des

---

[1] *Le déclenchement de la guerre aura lieu un mois plus tard, le 20 mars 2003.*

événements depuis le mandat qu'il leur avait confié le 23 février 2002. Etant donné que, pour des raisons de politique interne, Kabila semble ne pas pouvoir se rendre à Khartoum pour assister aux travaux du COMESA (Common Market for Eastern and Southern Africa), l'ADSS propose à Kabila que Beleke s'y rende et soit porteur d'un message sous forme de demande de nouvelles. Rien ne se fera. Un mois après cette prise de contact avec Kabila, Beleke et Diambwana s'adressent à nouveau à leur président : « (…) nous sollicitons de Votre Haute Autorité la possibilité de réexaminer le projet de Votre visite officielle au Soudan afin de permettre aux experts de nos deux pays de se prononcer sur tout le projet de finalisation du dossier "Or du Congo" et entamer ainsi le processus tant de récupération de notre Trésor que du rapatriement de nos anciens Simba au pays de leurs ancêtres. »

Le ballon est dans le camp de Joseph Kabila, c'est à lui de débloquer la situation sinon elle risque de s'embourber. Le changement d'attitude des autorités soudanaises envers les réfugiés congolais est une réalité qu'Hofmann n'a cessé de relayer auprès des représentants de Kinshasa. En effet, depuis leur lettre adressée au président de l'Assemblée nationale soudanaise et au président Bachir, « ils sont devenus l'objet d'intimidations et de persécutions de la part des services spécialisés soudanais, contraignant même quelques-uns d'eux à fuir leurs lieux de résidence ».

Rien ne semble bouger à Kinshasa ; ni Hofmann ni Me Bonvin ne sont informés de quelconques démarches des autorités congolaises. Me Bonvin essaie de remotiver ses collègues en rappelant le chemin parcouru depuis près d'un an et fait l'éloge de Soumialot qui « (…) a su se détacher du matérialisme ambiant. Il a résisté à la tentation que le pouvoir de l'argent aurait pu lui apporter. (…) Papa Gaston nous a passé le témoin. (…) A nous de poursuivre cette noble mission et la route qui nous a réunis en suivant la voie qui a déjà été tracée ».

Hofmann reçoit également des encouragements d'un de ses amis congolais à Kinshasa. Celui-ci a été à ses côtés depuis plus de vingt ans, il l'a secondé dans diverses activités lorsque'Hofmann était actif dans ce pays. Ce Congolais est plus que son homme de confiance, c'est un frère. Il met tout en œuvre pour convaincre Hofmann que, d'après lui, Beleke est resté constant et correct, lui portant même une grande estime. Le problème vient plutôt du fait que Beleke ne peut concrétiser son action sans le support financier de la Banque Centrale. Selon cet ami, Hofmann doit venir sur place pour trouver des solutions en l'assurant que, pour le moment, il n'y a aucun danger pour lui de se rendre à Kinshasa. Pourtant, à l'en croire, cette affaire n'est pas totalement sans risque. Si son nom n'est pas dévoilé par l'auteur, c'est parce qu'il a dit que lui-même et sa famille sont suffisamment impliqués dans l'opération Kasangulu pour qu'une brouille ou un froid entre Hofmann et le pouvoir en place risque d'avoir des répercussions néfastes envers sa personne. Cet ami précise que cela concerne également les autres personnes qui ont eu à l'aider dans ce projet. Ces craintes, justifiées ou non, rappellent une fois encore à Hofmann le danger réel de l'opération Kasangulu ; il n'a jamais oublié la mort du général Olenga.

Un mois s'est écoulé depuis le dernier message adressé à Kabila lorsque celui-ci réagit enfin à mi-mai 2003 et ordonne à Beleke de finaliser très rapidement l'opération Kasangulu. Beleke fait savoir à ses collègues de l'ADSS que le président de la RDC demande aussi de régler le retour de Soumialot au Congo. Pour ce faire, il est prévu d'acheter une maison et de l'équiper décemment pour ainsi garantir sa santé. Il s'agit également de régler toute question pendante liée à son séjour à Londres, en d'autres termes : régler les impayés. Selon la volonté de Kabila, Beleke doit organiser dans un délai très court la réunion de la direction du comité de l'ADSS en vue de présenter un programme précis concernant l'aboutissement de l'opération Kasangulu. Malgré ces objectifs, les moyens financiers pour les réaliser ne sont pas évoqués. Mais comme Kabila a demandé de finaliser le dossier, cela se fera selon le programme arrêté par le comité directeur de l'ADSS et il y a fort à parier que la question pécuniaire sera sérieusement débattue à ce moment-là. Diambwana rappelle au gouverneur de la banque congolaise que « conformément aux instructions initiales vous données par le Président de la République, les dépenses inhérentes au traitement de ce dossier incombent à la Banque Centrale du Congo ». Mais le temps file et, une fois de plus, rien ne se passe.

Le 28 juin 2003, Hofmann a un contact téléphonique avec Diambwana. Apparemment, malgré la volonté apparente du président Kabila d'aller de l'avant, les moyens ne sont pas mis à disposition et toute l'opération Kasangulu est bloquée. Pire, au mois de juillet,

Beleke informe Me Bonvin que « la Banque Centrale du Congo ne pouvait plus procéder à des paiements en faveur de l'ADSS et qu'il faudrait dès lors trouver d'autres moyens financiers pour poursuivre cette opération ». Ces allégations étonnent au plus haut point Hofmann qui n'hésite pas à poser la question aux membres congolais de l'ADSS : « Ne serait-ce pas un évincement de Maître Bonvin et moi-même du projet avant son aboutissement ? »

Le silence se prolonge jusqu'au jour où les deux Suisses apprennent, au courant du mois de septembre, que l'ambassadrice du Soudan à Kinshasa s'est vu interdire par le ministre des Affaires étrangères de son pays de délivrer des visas en faveur des membres de l'ADSS. Cela est un changement radical de la situation. Hofmann et Me Bonvin demandent que Kabila prenne officiellement position sur la suite à donner à ce dossier. Mais le silence à Kinshasa prévaut ; il devient de plus en plus lourd, insupportable, et suscite des questions : et s'il y avait de la part des autorités congolaises la volonté de trouver un accord avec le Soudan sans l'implication de l'ADSS ? L'association, pourtant propriétaire du trésor, semble être mise à l'écart. Les énormes travaux préparatoires fournis par Hofmann et ensuite par l'association sont achevés et les preuves remises aux Soudanais, il est donc possible pour Kabila ou pour son gouvernement de chercher maintenant un accord entre les deux Etats sans que le trésor des Simba soit utilisé selon les conditions de Soumialot. Un accord entre les deux pays concernant ces fonds arrangerait au fait les deux nations, ce qui donnerait raison aux Simba au Caire et au Soudan, ainsi qu'à Me Adham qui ne voulaient pas rencontrer les représentants de la RDC.

Soumialot abandonné par la RDC

Pendant ce temps, Soumialot est toujours en Angleterre et ne remarque pas vraiment l'agitation que sa présence à Londres suscite. Il est néanmoins seul et doit se sentir abandonné par les siens qui ne peuvent le visiter faute de moyens. L'homme par qui la rébellion a été déclenchée, qui est à la source du trésor obligeant les chefs d'Etat de la RDC et du Soudan à trouver une solution, croupit seul et isolé dans une chambre d'hôpital loin de son Afrique natale. Cette situation hérisse au plus haut point les deux Suisses de l'ADSS.

De janvier à décembre de l'année 2003, il y a une correspondance fournie entre les membres de l'ADSS concernant Soumialot car, le budget n'étant pas libéré, les factures et les rappels de l'établissement spécialisé dans les soins et l'hébergement de personnes âgées sont d'une régularité consternante. La menace permanente depuis la fin de l'année 2002 de voir ce vieil homme se faire mettre à la rue par les responsables de cette institution est hélas une réalité. L'aspect humain et l'amitié qui lie Hofmann à Soumialot lui rend cette situation insupportable. C'est pourquoi, dans un vibrant appel, il rappelle une nouvelle fois les responsabilités du chef de l'Etat congolais : « (…) l'administration de la clinique (…) menace de poursuite par voie légale par l'entremise de l'Ambassade du Congo au Royaume Uni (…). Cette situation, en plus d'être extrêmement désobligeante pour Papa Gaston, nous révèle également le laxisme dans toutes ces opérations de paiement, des transferts qui n'aboutissent pas, ou que partiellement, des silences aux rappels. »

Aussi bien les activités de l'ADSS que le séjour de Soumialot semblent être mis en péril par Kabila en 2003.

Les Simba de Khartoum en difficultés (2003)

Cette année 2003 désastreuse a également des répercussions sur les anciens combattants ; des mésententes entre les Simba du Caire et ceux de Khartoum ne facilitent pas la tâche d'Hofmann. Un employé de l'ambassade de la RDC au Caire s'est vu soudainement être le centre d'une polémique provoquée par les réfugiés Simba ; il a dû être rappelé à Kinshasa. L'influence de ces réfugiés congolais n'est donc pas négligeable.

Hofmann a plusieurs contacts hebdomadaires avec les anciens partisans de Lumumba. Afin d'obtenir une certaine structure représentative, il crée un groupe de *coordination de l'ADSS* au Caire et un autre à Khartoum, dans lesquels se trouvent les représentants Simba les plus influents. Il a une collaboration très intéressante avec les anciens combattants, comme avec ceux de Khartoum qui font un recensement des familles des anciens combattants résidant à Khartoum se chiffrant à plusieurs centaines de personnes.

Le bureau de coordination de l'ADSS de Khartoum fait part à Hofmann des difficultés au Soudan. En effet, un des représentants des Simba à Khartoum a été sommé de comparaître quotidiennement au bureau des Affaires des réfugiés soudanais chargé de la sécurité où il doit répondre à une multitude de *questions tordues* sur les activités des réfugiés congolais à Khartoum. On lui fera savoir que les réunions de la communauté des réfugiés congolais de plus de trois personnes sont interdites sans l'autorisation de la sécurité soudanaise. Leur liberté de mouvements est également limitée et le renouvellement des cartes de réfugiés peut présenter d'énormes difficultés.

Les autorités soudanaises cherchent par ailleurs à se renseigner sur la fonction ou le rôle de Joseph K. dont il était question lors du voyage de Soumialot au Caire en 1987 et de la rencontre avec Hofmann en 2002. Il avait signé ou cosigné les lettres adressées à l'Assemblée nationale et aux ex-présidents Numeiry et El Dahab. Apparemment, il y a également eu des courriers adressés à l'ex-Premier ministre Sadiq El Mahdi et au président de l'organisation pour la propagation de l'islam. On se rappelle que Joseph K. l'avait fait en tant que *Président honoraire des anciens combattants du Caire et de Khartoum* pour sensibiliser ces personnalités et ces institutions à propos de l'ADSS et pour obtenir leur soutien en vue de trouver une solution à la restitution du trésor. Mais la lettre adressée à l'Assemblée nationale a été transmise au bureau chargé des Affaires des réfugiés (commissioner office for refugees). C'est ainsi qu'une enquête sur Joseph K., réfugié au Caire, a été ouverte pour ingérence dans les affaires d'un autre pays. Un des anciens Simba faisant partie du bureau de coordination de l'ADSS à Khartoum fait savoir à Hofmann : « En plus il se pourrait également que les personnalités Soudanaises qui avaient une première fois, que la question de cette cargaison ait été soulevée, réagi en éloignant tous les témoins possibles, puissent cette fois, chercher à intimider les simba afin de faire taire le sujet. »

La nervosité des réfugiés Simba au Soudan concernant leur sécurité est immédiatement communiquée à Beleke afin que le président Kabila en soit informé. D'autant plus que les messages venant de Khartoum et faisant mention des intimidations se font soudainement en lingala pour être plus difficiles à comprendre s'ils devaient être interceptés. Par leur démarche de soutien à l'ADSS, les Simba ont hélas déclenché l'effet contraire. Il est pourtant significatif de noter que la sécurité soudanaise leur fait savoir que le trésor est un problème entre les gouvernements soudanais et congolais, et non des réfugiés congolais. L'interlocuteur des Soudanais ne serait donc plus l'ADSS mais le gouvernement congolais ; cette affirmation donnerait raison à Hofmann qui avait déjà mentionné la mise à l'écart de l'association.

Des pressions se font également sentir au Caire à l'exemple de cet ancien Simba fort influent lors de la rébellion en 1964. En effet, sa fille et ses petits-enfants ont dû quitter Le Caire précipitamment pour un autre pays africain car ils avaient « reçu des menaces par des gens du gouvernement » les accusant d'être en contact avec des autorités occidentales pour les aider à récupérer l'or caché au Soudan. La fille de cet influent ex-rebelle écrit à Hofmann en faisant allusion à son père : « Les menaces sont arrivées au point de l'éliminer ou d'avoir atteinte à ma vie et à celle de mes enfants. » Pourtant dans la même missive, elle lui demande « de ne pas laisser tomber cette cause ».

Par divers courriers, Hofmann ne cesse d'alerter le conseiller du président Kabila, Beleke, que les Simba « (…) sont désespérés de l'attitude et du silence de Kinshasa, ce après leur ralliement et leur accord à l'ADSS ». Ne voulant pas mettre en danger ses interlocuteurs, Hofmann ne mentionne jamais les noms des réfugiés lorsqu'il informe Kinshasa des intimidations qui lui sont rapportées.

Les anciens Simba ne font pas seulement part à Hofmann des menaces dont ils sont l'objet mais donnent aussi leur point de vue sur les deux membres congolais de l'ADSS. A en croire les Simba du Caire, ils n'ont pas véritablement confiance en Diambwana qu'ils soupçonnent d'avoir « eu les fonds nécessaires pour les démarches, peut-être à compte-gouttes, mais il a quand même eu de l'argent » et sont certains qu'il y a abus de confiance de sa part. Ils conseillent à Hofmann de faire « confiance à Beleke sans désavouer Diambwana » et espèrent que Beleke ramène le vice-gouverneur sur le bon chemin tout en insistant sur le fait qu'il faut « aussi trouver d'autres créneaux pour pouvoir faire parvenir les feedbacks des démarches à la Haute Hiérarchie ».

Si les représentants des réfugiés congolais ont une entière confiance en Hofmann, la base commence à douter de lui. Afin de palier à cette situation, les anciens combattants font savoir que seule la visite de Hofmann à Khartoum pourrait remettre du baume au cœur à toute la communauté de réfugiés congolais. Peu après, ils lui font parvenir une liste avec les noms d'une centaine d'anciens combattants influents exilés au Soudan, cela démontre la confiance et l'espoir que ceux-ci fondent en lui. Il est fort important de ne pas perdre le soutien des réfugiés Simba, car leur confiance est primordiale pour la crédibilité de l'ADSS.

Les autorités soudanaises avaient laissé tomber les réfugiés au Soudan en les excluant de toute assistance humanitaire lorsque Mobutu avait fait pression sur le gouvernement de Khartoum à la fin des années soixante. Etant donné que ces réfugiés sont à nouveau victime d'intimidations, Hofmann pense qu'il est indiqué d'approcher la Croix-Rouge et d'autres organismes internationaux pour plaider leur cas. Une démarche au nom de l'ADSS pourrait éventuellement améliorer leur sort et les sortir de l'anonymat. Jusque-là il n'y avait pas grand monde qui connaissait l'existence de ces réfugiés congolais au Soudan et au Caire, et les tractations concernant le trésor des Simba n'étaient pas connues du grand public. Hofmann écrit à Beleke et Diambwana au mois d'août 2003 : « par ailleurs, la situation des Simba va m'obliger à prendre contact avec les instances internationales à Genève afin de trouver une solution pour ce peuple abandonné par le Congo. J'aurais préféré que le mandat du Chef de l'Etat soit appliqué… »

Hofmann a de quoi être désespéré : d'un côté il reçoit les appels au secours des réfugiés et de l'autre aucune réponse ni soutien de Kinshasa. Il en va de même quant à la situation déplorable de Soumialot. Il se trouve entre le marteau et l'enclume et ne peut que répéter à ses interlocuteurs exilés au Soudan : « Ne perdez pas courage ». Mais ce conseil qu'il prodigue aux autres vaut surtout pour lui.

2004 et 2005 des années désespérantes pour l'opération Kasangulu

Aucune nouvelle de Beleke et Diambwana en 2004. Les anciens combattants au Soudan et au Caire sont dans la même situation et se sentent abandonnés. Il ne reste plus qu'à rappeler régulièrement au vice-gouverneur Diambwana les factures et honoraires impayés. En 2005, le mutisme est total de la part de Kinshasa.

Entre 2003 et 2005 beaucoup d'eau a coulé sous les ponts. Soumialot est retourné à Kinshasa mais il n'a été contacté ni par Beleke ni par Diambwana. Hofmann a essayé de faire jouer ses relations aux Etats-Unis pour prendre contact avec l'ONU et le Haut Commissariat pour les réfugiés, mais cela ne semble pas avoir abouti. Il apprend par ailleurs une rumeur circulant parmi quelques initiés du dossier qui insinue que Beleke aurait fait une confidence selon laquelle l'Etat du Soudan aurait déjà commencé à verser un montant mensuel de 200'000 dollars sur le compte de l'Etat congolais. S'il faut prendre cette rumeur avec grande prudence, on peut effectivement se demander si la RDC n'a pas finalement trouvé un accord avec le Soudan oubliant sciemment l'ADSS et ses objectifs.

Les conséquences de la vie tumultueuse et très active d'Hofmann, sans oublier le fardeau de sa promesse faite à Soumialot et aux réfugiés Simba ainsi que les déceptions vécues à travers l'ADSS, commencent à se faire sentir physiquement. Il souffre de ses problèmes cardiaques. Il n'y a que les vœux de bon rétablissement venant du Caire et de Khartoum qui le réconfortent, alors que pendant ce temps ces Simba se désespèrent. L'inquiétude se fait ressentir et la recherche de réponses est oppressante. Evidemment, tout cela se canalise vers Hofmann qui ne sait que répondre. Les réfugiés Simba ne sont maintenant plus les seuls à avoir été abandonnés par les responsables à Kinshasa.

Cependant, un changement notoire est intervenu à Kinshasa ; Beleke est limogé de son poste de conseiller personnel du chef de l'Etat, ce qui n'a, de fait, aucune conséquence pour l'ADSS : il en est toujours le président. Veut-on de cette manière couper les ponts entre l'ADSS, propriétaire du trésor, et Kabila ?

Des réfugiés congolais au Soudan rentrés au pays (mai 2006)

En novembre 2005, une délégation congolaise du ministère de l'Intérieur a négocié avec le gouvernement soudanais pour permettre le rapatriement de réfugiés congolais exilés au Soudan. Ces négociations n'incluent pas seulement les anciens combattants Simba mais également les civils qui avaient fui les troubles des années 1963 et 1964 ainsi que les Congolais qui ont pu échapper aux différents conflits depuis 1990 et plus particulièrement à la guerre qui a débuté en 1996 à l'Est du pays. Cela prouve bien que Kinshasa était en contact avec Khartoum. Et on peut dès lors s'imaginer que le sujet du trésor des Simba n'est pas pour rien dans ces négociations concernant le rapatriement des réfugiés qui ont attendu tout de même près de 40 ans pour être pris en compte.

Il faudra toutefois attendre le 30 janvier 2006 pour que des accords tripartites entre la RDC, le Soudan et le HCR soient signés. Cet accord ne concerne pas seulement le rapatriement volontaire en RDC de 6'800 réfugiés congolais se trouvant au Soudan, notamment à Khartoum, Juba, Ezo et Yambio, mais également en contrepartie celui de 13'300 exilés soudanais au Congo. Le 9 mai 2006, le HCR débute le rapatriement d'environ 850 réfugiés congolais. Certains Simba qui avaient fait régner la terreur à Stanleyville et s'étaient enfuis en 1964 lors de l'arrivée des parachutistes belges, retournent au bercail, dans cette ville qui s'appelle désormais Kisangani. L'UNHCR ne considère pas pour autant « les zones spécifiques de rapatriement comme favorables pour un retour durable » mais donne son accord, car il s'agit d'un « groupe particulier de réfugiés congolais »[343]. L'UNHCR n'omet pas de préciser qu'il s'agit d'un « groupe [qui] avait fui les violences lors de la période postindépendance et le coup d'Etat qui a porté Mobutu Sese Seko au pouvoir en 1965[344] ». Si l'UNHCR permet leur rapatriement, c'est parce qu'ils sont âgés et vivent dans de pénibles conditions au Soudan. L'organisation onusienne les informe néanmoins de la « situation difficile qui les attend dans leurs zones de retour et du fait qu'aucune assistance à la réintégration ne sera possible[345] ». Si l'ADSS avait eu gain de cause dans l'affaire du trésor, elle aurait pu participer au financement de cette réintégration. Toutes ces personnes âgées, accompagnées de leurs enfants qui ne connaissent pas leur patrie, retournent dans une région qu'ils avaient quitté plus de quatre décennies auparavant ; non seulement ils reviennent totalement démunis mais ils n'ont aucune idée si leurs proches sont encore en vie et où ils se trouvent. Un des derniers messages daté du 20 mai 2006 qu'Hofmann reçoit du quartier général des anciens combattants de l'Armée populaire pour la libération du Congo à Khartoum lui fait part : « Souffrance et misère dans lesquelles nous vivons il y a plus de quatre décennies a poussé la plupart des anciens combattants d'accepter et répondre positivement à l'appel de rapatriement lancé par le représentant du Haut Commissariat des

Nations unies pour les réfugiés au Soudan. Effectivement quatre rotations de rapatriement ont été effectuées précisément : deux opérations Juba-Kisangani et deux opérations Khartoum-Kisangani. »

Les Simba du Caire projettent de se déplacer à Khartoum pour se rendre compte de la situation de leurs camarades au Soudan et d'intensifier les efforts et les démarches concernant la récupération du trésor. Ils ont également l'intention de préparer une réunion afin d'établir une stratégie concernant l'avenir de tous les anciens combattants exilés pour garantir leur intégration dans leur mère patrie et espèrent la venue d'Hofmann.

Le sort en a voulu autrement. En effet, victime d'une pneumonie en mars 2006, Hofmann est amené aux urgences d'un hôpital à Berne, son cœur ayant de graves faiblesses. La situation ne s'arrangeant pas, il y retourne deux mois plus tard. Jusqu'à la dernière minute, il aura été en lien avec l'Afrique et aura gardé l'espoir que l'ADSS puisse un jour contribuer au bien social et sanitaire du peuple congolais à travers le trésor des Simba, sa seule priorité durant les dernières années de sa vie. Hofmann sera opéré du cœur et restera durant deux longs mois dans un profond coma jusqu'à sa mort le 29 août 2006 à l'âge de 63 ans.

ÉPILOGUE

Quand un fruit mûr tombe de l'arbre, il ne remonte plus sur celui-ci.
(Proverbe congolais)

Gaston Soumialot a été le concepteur, le réalisateur et le leader de la rébellion des Simba en 1964. C'est lui qui a été reconnu en tant que tel aussi bien par les rebelles, les adversaires politiques que les médias. C'est encore lui qui a été reçu en tant que président du Conseil suprême de la révolution avec tous les honneurs protocolaires par de grands leaders politiques. Pour certains observateurs, Olenga a été à la tête du mouvement rebelle parce qu'il avait le contrôle de l'armée ; pour d'autres, c'est Gbenye car il a toujours porté de grandes responsabilités politiques dans des organisations telles que le CNL s'opposant au gouvernement congolais. Mais seul l'esprit révolutionnaire de Gaston Soumialot est à l'origine de cette rébellion et de son organisation, et c'est lui qui décidait de la marche à suivre[1], de la stratégie et ce également après 1964. Il voulait obtenir une seconde indépendance car la première, *offerte* par la Belgique, n'avait apporté que désastre et désillusion comme la mort de son leader politique pourtant élu démocratiquement ; elle avait également divisé le pays en provoquant les scissions d'énormes et importantes régions, avait continuellement appauvri la population et mis le pays dans une

---

[1] *Entre la prise et la chute de Stanleyville, on note cependant que, au niveau local, Gbenye et Olenga sont plus au-devant de la scène.*

totale confusion. L'indépendance aurait dû promouvoir l'espoir d'un avenir meilleur, d'une liberté politique, d'une justice équitable pour tous et d'un développement économique prospère sans l'influence ou la mainmise d'une élite coloniale ou bourgeoise, mais ces espérances se sont vite avérées être une utopie car les conséquences de la structure politique mondiale de l'après-guerre ont eu raison de toute tentative de construction d'une démocratie africaine. Soumialot a malgré tout voulu soutenir l'unité du pays telle qu'elle avait été prônée par Lumumba. Si cela est tout à son honneur, il est un fait que Soumialot a surtout été le leader rebelle d'une guerre qui a fait d'innombrables morts, souvent dans la plus grande cruauté et une violence atroce envers la population qui en a énormément souffert. D'ailleurs, des victimes telles que Michael Hoyt, Frans Quinteyn ou Patrick Nothomb, décrivent parfaitement dans leurs ouvrages l'horreur qu'ils ont dû endurer au quotidien sous le régime de Gbenye, Olenga et Soumialot.

La rébellion a été vite et bien menée les premiers mois jusqu'à la prise de Stanleyville. Mais cela a changé lorsque Gbenye a rejoint le mouvement et qu'Olenga est devenu conscient du pouvoir qu'il avait entre ses mains. C'est pourquoi ce mouvement s'est doté à ce moment-là d'une hiérarchie politique et militaire. Gbenye était président, Soumialot ministre de la Défense et Olenga général autoproclamé de l'armée. Tous les autres Simba portant officiellement des responsabilités dans cette hiérarchie rebelle étaient des acteurs sans grande influence ni pouvoir mais s'arrogeaient le droit de prendre n'importe quelle décision sans en référer à la hiérarchie. D'un jour à l'autre, de simples personnes se sont attribué un pouvoir immense et même le pouvoir suprême de vie ou de mort sur autrui. Cette organisation anarchique est à la source des atrocités commises à travers tout le pays. Il y avait cependant une différence notoire entre Gbenye, Soumialot et Olenga par rapport à tous les autres Simba satellites de ce mouvement, à savoir leur influence sur le mouvement rebelle. Cette influence était d'ailleurs le problème majeur entre les trois qui ne respectaient qu'un strict minimum le rôle hiérarchique de l'un et de l'autre dirigeant. Comme déjà mentionné, le militaire rechignait à se soumettre aux ordres de son ministre et ce dernier résistait à ceux de son président qui, lui, s'attribuait tous les droits sans en débattre avec son gouvernement. Cette anarchie structurelle était la base de l'indiscipline à tous les niveaux. Cependant, il est surprenant de constater qu'il y avait un respect tacite par rapport à la responsabilité naturelle qui s'était établie au fil des événements entre eux : Gbenye était le politicien, Olenga le militaire et Soumialot le révolutionnaire.

Comment s'imaginer que Gaston Soumialot a été un révolutionnaire ayant déclenché une rébellion aussi sanguinaire ? Que cet homme d'apparence si modeste a été l'interlocuteur de Fidel Castro, Che Guevara, Mikhaïl Andréïévitch Souslov ou encore de Mao Tse-Toung ? Comment ne pas croire que Soumialot n'ait pas été impliqué d'une manière ou d'une autre dans les meurtres et les abominations de cette guerre ? A-t-il froidement tué des gens à l'image d'Olenga qui a exécuté lui-même le colonel Kifakio ? Les archives et les témoignages trouvés ne font pas mention de tels actes mais révèlent que Soumialot était le moins barbare des trois leaders Simba. Cela ne change rien au fait qu'en tant que dirigeant de cette rébellion il restera à tout jamais coupable, tout comme Gbenye et Olenga, de chaque goutte de sang qui a coulé lors de cette rébellion et, plus personnellement, pour toutes les violences commises au Maniema. La conclusion reste indéniable : Soumialot est responsable de la misère, de la souffrance et de la mort de tant d'innocents que sa rébellion a provoquées, même s'il était convaincu que là était le prix à payer pour *sauver* son pays. Pour beaucoup de Congolais, Soumialot a été un criminel de guerre alors que d'autres compatriotes l'ont considéré comme un héros, un espoir et une figure emblématique. Soumialot fait partie de ceux qui ont fait l'Histoire de la République démocratique du Congo, portant toutes les conséquences de ses convictions politiques qui l'ont mené à cette tentative de *libération* du pays de l'impérialisme. S'il a toujours cru savoir ce qui n'était pas bon pour son pays, on peut douter qu'il aurait su quel programme politique aurait été opportun pour son pays et, si cela avait été le cas, le doute persiste encore plus sur ses capacités à mettre ses idées en œuvre. Cela dit, il est indéfectiblement resté attaché à ses convictions révolutionnaires et a toujours persisté pour que le trésor profite au peuple congolais. Nicolas Olenga, décédé dans des circonstances aujourd'hui encore obscures, n'a malheureusement pas eu le temps de dire sa vérité et de contribuer à ce rapatriement. Peut-être qu'avec son aide, et malgré l'attitude contre-productive de Gbenye, le trésor aurait pu être transféré dans la fondation et qu'aujourd'hui un grand nombre de Congolais pourrait en bénéficier. Christophe Gbenye n'a pas fait hommage à ses deux anciens camarades de combat en reprenant l'histoire de ce trésor à son propre compte ainsi que *son* idée héroïque de vouloir le remettre au peuple congolais sans rien entreprendre pour que cela se fasse et en abandonnant à leur sort les milliers de réfugiés que son régime avait provoqués. Ludo de Witte écrit : « De tous les chefs simbas, Gbenye était incontestablement le personnage le plus faible, car à l'inverse du *ministre de la Défense* Soumialot et du général Olenga, il était de tous les hauts responsables le plus éloigné de la seule vraie base de pouvoir, l'APL[346] ». Le Dr Fred E. Wagoner, colonel de l'armée américaine, décrit Gbenye en 1980 comme « un opportuniste frustré aux talents douteux, ayant des goûts occidentaux et des enfants à l'école en Suisse, il avait d'habitude un besoin grave de fonds cherchant des soutiens financiers dans toute l'Europe et l'Afrique[347] ». Le consul américain Michael Hoyt décrit Gbenye lors de la conférence de presse du 27 novembre 1964 de la manière suivante : « Il tentait d'être sympathique, mais c'est comme lorsque quelqu'un sourit en plantant un couteau en vous. Le sourire ne le rend pas sympathique...[348] ». Autant Hoyt que Nothomb tiennent Gbenye pour le principal responsable d'avoir ordonné le massacre des otages à Stanleyville[349]. Pourtant, c'est bien lui qui a reçu, en tant que Pionnier de l'indépendance et lors des cérémonies jubilaires du cinquantenaire de la RDC, l'insigne de Grand cordon de l'Ordre national *Héros Nationaux Kabila-Lumumba* en reconnaissance des sacrifices qu'il a consentis et des immenses services rendus à la nation... Pour certains cela est un comble de l'histoire ou d'une ignorance volontaire du passé sombre de Gbenye et représente une deuxième mort pour toutes les victimes innocentes qu'a produit le régime sous sa présidence en 1964. La seule explication que l'on peut entrevoir pour cette décoration est qu'il s'agit peut-être d'une manière de pardonner ou de vouloir oublier pour mieux aller de l'avant. Lors de la mort de Christophe Gbenye le 3 février 2015, le vice-Premier ministre et ministre de l'Intérieur Evariste Boshab se recueillera auprès de la dépouille. Une fois de plus, on ne tarira pas d'éloges pour Gbenye, on dira de lui qu'il a été un patriote et nationaliste au service de la nation. L'Observateur paru à Kinshasa, a écrit : « Christophe Gbenye décédé, le secret du trésor estimé à un milliard de dollars que les rebelles Simba avaient emporté de Stanleyville au Soudan en 1964, l'accompagne dans sa tombe, laissant cette affaire toujours opaque et les Congolais bénéficiaires dans un grand suspense. Donc avec la disparition de l'ancien chef rebelle des Simba, l'affaire des stocks d'or (...), reste toujours une énigme dont les Congolais attendent, depuis des décennies, un dénouement heureux. (...) Sans doute, le dossier de la récupération de ce trésor fabuleux qui a suscité beaucoup d'espoir et de convoitises auprès des Congolais, reste-t-il à jamais hors de leur portée[350] ». Cet article rapporte qu'en 2015, donc 51 ans après la rébellion, la véritable histoire de ce trésor reste inconnue du grand public, de la presse et des politiciens congolais, de plus tout laisse à croire que même Gbenye ignorait les négociations entre le Soudan et l'ADSS. Ainsi, lors des dernières années de sa vie, il a pu se pavoiser de tenir les informations nécessaires permettant l'obtention du trésor caché au Soudan.

En parfaite contradiction et avant d'être rapatrié en RDC, Soumialot a dû, à la fin de sa vie, souffrir de sa solitude dans des conditions difficiles à Londres, parce que les soutiens financiers avaient été coupés par le président Kabila. Lors de son décès le 11 février 2007, il a été tout simplement oublié, ignoré, négligé, mis de côté par la RDC aussi bien par les autorités que par une grande partie des médias. L'Histoire congolaise ignore Soumialot, que ce soit du point de vue purement historique, pour le blâmer des atrocités commises par sa rébellion, ou pour lui reconnaître le geste sage et révolutionnaire de vouloir remettre le trésor des Simba à la nation. N'oublions pas qu'à la disparition de Soumialot, le pays est sous l'égide de Joseph Kabila qui connaissait non seulement l'histoire de Soumialot mais, plus important encore, l'histoire du trésor des Simba. Il n'avait pas vécu l'époque de la rébellion mais devait en connaître les horreurs, ne fut-ce que par les récits de son père qui y avait participé.

Et maintenant ?

La disparition de Hofmann a certainement arrangé bon nombre de personnes à Kinshasa, car le secret autour du trésor des Simba persiste et le seul qui aurait pu être un élément perturbateur pour tous ceux qui voulaient se l'accaparer était Hofmann. Cependant, le flou demeure. Les anciens combattants restés à l'étranger continuent de vivre dans des conditions extrêmement difficiles et le peuple congolais ne verra probablement jamais la couleur de ce trésor. Deux questions restent toujours d'actualité : où est ce trésor et qui en a profité ?

La plus haute autorité de la RDC, à savoir le président en personne, a pourtant soutenu les efforts de Hofmann pour la récupération du trésor et a permis la création de l'Association pour le Développement Sanitaire et Social du peuple congolais. Il a reconnu les buts de celle-ci, à savoir le transfert des fonds en Suisse et la cession au peuple congolais à travers l'ADSS. Pourquoi les efforts entrepris par l'ADSS en 2002 au Soudan n'ont tout à coup plus été soutenus par Kinshasa ? L'ADSS s'est-elle fait instrumentaliser dès le départ ? Le Soudan qui avait fini par reconnaître cette dette lors des négociations avec l'ADSS, devait donc trouver un accord afin de mettre un terme une fois pour toute à ces revendications de réparation. Les autorités congolaises ont-elles profité du travail fourni par l'ADSS pour ensuite trouver un accord secret avec le Soudan ? Il est clair qu'en faisant croire à l'ADSS qu'elle devait continuer sa mission, cela permettait à d'autres acteurs de négocier parallèlement en toute tranquillité avec le Soudan, vu que les preuves de l'existence du trésor avaient été fournies par l'ADSS. Cette procédure donnait la possibilité de neutraliser l'association et de mettre ainsi Me Bonvin et Hofmann sur une voie de garage, ces deux étant très gênants parce qu'incorruptibles. S'il y a eu accord entre Khartoum et Kinshasa, se pose alors la question : où est cette fortune ?

De deux choses l'une, ou ce trésor se trouve toujours au Soudan et Khartoum a spolié le peuple congolais de ses biens, ou Kinshasa a trouvé un accord et a obtenu tout ou partie du trésor, voire des compensations, et de ce fait a dépossédé l'ADSS. Dans tous les cas de figure, l'association n'a pas pu récupérer la plus petite valeur du butin des Simba et la vraie victime dans cette affaire est une fois de plus le peuple congolais. Gaston Soumialot avait raison lorsqu'il avait exigé que ces fonds ne retournent pas en RDC et qu'ils ne tombent pas dans les mains des autorités congolaises, d'où la volonté d'une fondation en Suisse. Mais la Confédération helvétique, elle non plus, n'a pas contribué à trouver une solution ; son attitude réticente face à la fondation en refusant d'octroyer les visas indispensables n'ont pas permis d'offrir l'environnement nécessaire à ce projet.

Si l'on observe avec recul le déroulement des affaires depuis l'arrivée au pouvoir de Joseph Kabila en 2001, on peut se poser la question si, dès le départ, une stratégie a été définie afin de neutraliser les ambitions philantropiques de Soumialot et de Hofmann. Ces derniers tenaient la clé du trésor, il ne fallait plus que la prendre sans que ceux-ci s'en rendent compte. Malgré leur prudence et leurs bonnes intentions, Hofmann, Me Bonvin et Soumialot ne pouvaient pas rivaliser avec le pouvoir de deux Etats, à savoir la RDC et le Soudan. Leur volonté de trouver à tout prix une solution peut expliquer une certaine précipitation qui soulève cependant quelques questions relatives aux statuts. Pourquoi créer une association comme commission préparatoire à la création d'une fondation qui, elle, devait gérer ces fonds ? Et dans ce cas, pourquoi Soumialot a cédé ces fonds à l'ADSS et non à cette fondation avec mandat à l'association de récupérer ces avoirs ? Il semble qu'ils aient été mis échec et mat sans s'en rendre compte. Cela ne change rien au fait que l'ADSS propriétaire du trésor a été spoliée, mais étant donné que deux membres fondateurs sont décédés, il ne reste plus que Me Bonvin, MM. Beleke et Diambwana pouvant réclamer légalement le bien de l'association. Rappelons tout de même que les deux représentants congolais sont des proches de Kabila. Le propriétaire légal de ce trésor est ainsi neutralisé.

Hofmann a été le seul à pouvoir faire admettre aux autorités soudanaises qu'ils avaient bel et bien réceptionné en 1964 le trésor des Simba. A-t-il ainsi ouvert à la RDC la porte du trésor sans s'en rendre compte ? Sa subite disparition a mis un terme définitif à l'opération Kasangulu sans avoir pu découvrir le destin de ces fonds. Ce trésor suscite toujours, plus d'un demi-siècle plus tard, une multitude de questions. Aujourd'hui, un seul homme a vraisemblablement les réponses à toutes ces questions : le président Joseph Kabila Kabange. Au nom du peuple congolais, cette question lui est adressée :

Où se trouve le trésor des Simba et qu'en est-il advenu ?

POSTFACE

L'histoire est magnifique.
Mais quand on est occupé à la vivre, on ne le réalise pas.
(Mohamed Ali)

En étudiant les documents de l'époque, la littérature adéquate et, surtout, les récits et les importantes révélations que Gaston Soumialot nous a confiés, j'ai pu retracer la vie de Soumialot par rapport au déroulement des événements de ces années soixante. J'ai été surpris par le contraste entre la simplicité du personnage et la complexité de son passé historique ainsi que de la dimension internationale de cette rébellion. Sa jeunesse reflète bien l'ambiance dans laquelle vivaient les Congolais sous la colonie belge, mais il fait bien la distinction : sa rage se dirige vers l'autorité belge et non pas vers la race blanche. Cette période est responsable du développement de la haine du jeune Gaston Soumialot envers toute autorité étrangère, comme on a pu le constater chez des milliers de Congolais qui avaient tout d'abord enduré les brimades des représentants du roi Léopold II puis celles des émissaires du gouvernement belge. Il a aussi profité des apports bénéfiques de la colonisation à savoir la médecine, l'instruction scolaire et la formation professionnelle, mais ce sont ces rancœurs qui sont à l'origine du révolutionnaire qu'il a été. L'histoire de sa jeunesse est celle de beaucoup d'autres qui se sont investis plus tard dans la destinée du pays. Ce sont eux qui ont fait l'histoire postcoloniale de 1960 et on ne peut attendre d'une seule génération qu'elle reproduise l'expérience des époques de Louis XVI, Napoléon, et Charles de Gaulle afin de créer une véritable démocratie comme fondement politique. Et l'Afrique n'est pas l'Europe, les sensibilités et les visions ne sont pas les mêmes. Si l'avenir se construit sur le passé, chaque pays a besoin de ses propres figures et références historiques, mais il faut aussi donner du temps au temps et ne pas précipiter les événements. L'Europe d'aujourd'hui ne s'est pas faite en cinq mois comme ce fut le cas du Congo ! Néanmoins, le Congo des années soixante a fait naître beaucoup de personnalités qui ont marqué l'histoire du pays, certains au-devant de la scène politique, d'autres dans les coulisses. Beaucoup de ces hommes et de ces femmes qui ont participé d'une manière ou d'une autre à la naissance du Congo indépendant, ne sont pas ou que peu connus, car souvent ils ont été écartés de la vie publique par le régime de Mobutu qui a aussi manipulé les livres d'Histoire.

La vie de Soumialot nous fait revivre – pour une fois de la vue d'un Africain – les conditions de vie d'une époque révolue, à savoir le colonialisme et ses effets néfastes, la décolonisation catastrophiquement bâclée et les déceptions de toutes ces vocations démocratiques voulant prendre leur destin en main. Un passé conçu et endoctriné par l'Occident à travers le pouvoir colonial. Mais un avenir également inspiré par les influentes manipulations occidentales qui ont permis l'oppression par un seul homme : Mobutu, un enfant du pays. Tout idéalisme libertaire, intellectuel, éducatif, démocratique, économique ou politique est mort-né à ce moment-là, le résultat de cette conséquence désastreuse est en grande partie responsable de la situation de la RDC d'aujourd'hui.

La perception d'une injustice ségrégationniste à la fin des années 50 était la source d'un sentiment de révolte et une recherche d'émancipation. Les autochtones, ou plus exactement les indigènes comme ils étaient appelés par l'administration coloniale, donnant une connotation péjorative à ce terme, savaient qu'ils n'accéderaient jamais au style de vie luxueux des Blancs car ces derniers ne l'auraient pas toléré. Ce sont ces maltraitances aussi bien physiques que morales qui feront naître chez certains Congolais la haine de l'homme blanc, car beaucoup ne feront hélas pas la différence entre la race et le colon, l'une représentant l'autre. Les maltraitances, les humiliations et les vexations que de multiples peuplades colonisées ont dû endurer, en particulier au cours des XIXe et XXe siècles, ont certainement été le vecteur principal qui a fait naître des révolutionnaires tels qu'un Soumialot. Pourtant, ce dernier n'a de fait pas combattu les Blancs mais ses propres concitoyens car, une fois Lumumba assassiné, il s'est rebellé contre les gouvernements congolais successifs en les accusant d'être à la solde de l'Occident, ce qui semble d'ailleurs avoir été sa seule motivation. Car il faut bien le reconnaître, mis à part Mulele qui, lui, a été endoctriné par le maoïsme en Chine, la rébellion de Soumialot ne peut prétendre appartenir à une doctrine particulière ou même d'en avoir développé une propre à l'Afrique. Le combat des mulelistes et des Simba était le même mais la motivation était totalement différente. La Chine pensait que l'Afrique était un terrain propice à l'adhésion révolutionnaire maoïste mais cette espérance s'est muée en une amère déception. Un des grands révolutionnaires du XXe siècle, Che Guevara, a également été âprement déçu des dirigeants de la rébellion au Congo car il a vite remarqué le manque d'idéologie. La vie de Soumialot est le miroir d'une génération qui a vécu différentes étapes majeures de l'histoire congolaise, à savoir la colonie belge, l'indépendance, la dictature de Mobutu jusqu'à l'arrivée de Kabila père et fils.

Avec le recul et en analysant l'histoire de ce pays, on constatera que ce n'est pas un hasard qu'un dénommé Laurent-Désiré Kabila a été l'homme qui a renversé le régime de Mobutu en 1997 et qu'un certain Antoine Gizenga, âgé de plus de 80 ans, a été nommé Premier ministre en 2006 et le restera pendant plus de six cents jours jusqu'en 2008. Gizenga, que l'on disait être le *fils spirituel* du lumumbisme, n'a pas été nommé par pure coïncidence plus de 40 ans après les événements de l'indépendance. Jusqu'en janvier 2017 on trouve toujours et encore l'éternel opposant Etienne Tshisekedi[1] qui non seulement était actif dans la politique nationale mais est resté un homme influent jusqu'à sa mort. Ils ont tous été des acteurs importants de la politique des années 60. Il faut connaître l'Histoire du Congo pour comprendre la symbolique du pouvoir à Kinshasa et l'importance des personnalités qui ont émergé lors de l'indépendance. D'ailleurs, en connaissant la politique congolaise, on s'explique mieux les aléas du pouvoir en Afrique. Sinon, comment expliquer que, sous la présidence de Kabila junior, Gizenga, ennemi juré de l'ex-président

---

[1] *Etienne Tshisekedi Wa Mulamba est décédé le 1er février 2017 à Bruxelles.*

Mobutu, a été le Premier ministre d'un gouvernement avec le ministre d'Etat Nzanga Mobutu, fils de l'ancien dictateur ! L'Afrique, c'est toujours une histoire de famille. Cette attitude remplit le fossé d'incompréhension entre l'Occident et l'Afrique, là se trouve toute la différence entre la culture bantoue et l'esprit cartésien. Pour comprendre l'importance des personnages ou de leur filiation qui, aujourd'hui encore, influencent la destinée de la République démocratique du Congo (RDC), il faut revenir aux événements situés entre l'indépendance et le coup d'Etat de Mobutu. Et c'est à cette époque que survient la rébellion de Soumialot qui aura principalement lieu à l'Est du pays. D'ailleurs cette région a toujours été le souffre-douleur et ce malheureusement jusqu'à aujourd'hui : après l'esclavagisme, les rébellions et guerres ethniques, cette contrée est toujours, au début du XXIe siècle, le théâtre de violences et d'atrocités. La chute de Mobutu en 1997 a déclenché à l'Est du pays la guerre la plus meurtrière depuis la seconde guerre mondiale[351].

Si l'on trouve de rares publications concernant cette rébellion et quelques évocations concernant Soumialot, il n'existe, à ma connaissance, aucun ouvrage sur ce mythique chef rebelle. Les commentaires à son égard varient d'assassin sanguinaire, comme le décrit Jacques le Bailly qui lui attribue par erreur l'assassinat du maire de Stanleyville, ou d'apprenti révolutionnaire comme le décrit Che Guevara en lui attestant une culture politique limitée et doté d'un instinct primaire. Il existe aussi des interprétations plus flatteuses à l'image de David Reed soutenant que Soumialot était considérablement plus intelligent que les autres autorités Simba et qu'il avait quelques connaissances et intérêts pour les événements ayant lieu à travers le monde[352]. Tout et n'importe quoi a été écrit à son sujet, ce qui rend difficile d'établir une sculpture détaillée du personnage ; d'après la littérature, il devrait avoir un double visage, celui d'un sanguinaire opaque au doux sourire innocent. Le Consul américain Michael P.E. Hoyt qui a connu le calvaire à Stanleyville lors de la rébellion, écrit en 2000 dans son ouvrage *Captive in the Congo* qu'après la rébellion, Soumialot serait resté pendant des années dans la région de Fizi-Baraka et que l'on pense qu'il se serait fait tuer par ses propres hommes[353]. En réalité, Soumialot n'a jamais vécu à Fizi-Baraka et est décédé en 2007 à Kinshasa de mort naturelle. Si toutes sortes d'affirmations farfelues ont pu circuler à son sujet, c'est qu'à partir des années 70 Soumialot a vécu sous l'autorité de Mobutu, ce qui explique ce silence. Toutes ces allégations, affirmations ou accusations provenant de l'Occident n'ont jamais provoqué une mise au point de l'intéressé. De plus, Soumialot n'a jamais dû rendre des comptes ; là est peut-être aussi une des raisons de la méconnaissance du personnage. La vie de Soumialot, à savoir son enfance, son parcours professionnel, sa vie politique, mais aussi son rôle dans la rébellion sont toujours restés une énigme. Soumialot est non seulement méconnu mais est encore décrit dans la littérature selon les rumeurs et les histoires datant des années soixante. Il est temps d'y remédier, car ce personnage ambigu, admiré par certains, haï par d'autres, fait partie, qu'on le veuille ou non, de l'Histoire du Congo, voire même d'une partie de l'Histoire du rideau de fer. Le personnage est toujours resté extrêmement discret et de ce fait secret, malgré le fait qu'en 1964 il était à la une de la presse écrite mondiale. Soumialot, on l'a vu, a son importance dans le déroulement des événements, aussi bien politiques que dans la lutte armée.

Certains contemporains qui connaissaient bien Gaston André Eté Tambwe Kingombe Soumialot l'appelaient Souga. Nous l'appelions Papa Gaston. Ce personnage m'était alors assez sympathique car je n'ai fort heureusement pas connu le leader rebelle mais un vieux Papa.

Les quelques jours passés ensemble au Caire, ont créé un lien entre le jeune homme de 22 ans que j'étais alors et un papa de 65 ans. Pour la première fois, j'ai été confronté à des récits concernant la rébellion et aussi amené à rencontrer beaucoup de gens qui me parlaient tous de ce conflit et des événements de l'époque mais pas une fois je n'ai entendu des confidences laissant deviner les atrocités commises par les Simba. Leurs discussions étaient très animées, je ne pouvais pas vraiment les suivre car ils conversaient surtout en lingala et, mes connaissances étant très rudimentaires, je n'ai donc pas toujours pu en saisir l'importance. On m'a parlé des bienfaits et des motivations politiques de cette rébellion sans jamais mentionner les méfaits dont ce mouvement est responsable. Je ne savais pas que Soumialot avait eu des liens aussi intenses avec Patrice Emery Lumumba et encore moins l'admiration et l'énorme respect qu'il portait à cette illustre personnalité ; il va sans dire que j'ignorais que sa veuve habitait Le Caire. C'est ainsi que j'ai découvert de jour en jour lors de ce voyage, et plus tard au fil des années, l'envergure de Soumialot.

Les rares reportages filmés en noir et blanc, où l'on voyait des mercenaires faire la guerre, des huttes brûlées, des Congolais battre d'autres Congolais, des enfants pleurer, étaient pour moi la guerre pour l'accession à l'indépendance. A 16 ans lorsque j'ai rencontré Soumialot pour la première fois, je croyais qu'il n'y avait eu qu'un seul conflit, une sorte de pot-pourri où les différentes sécessions, les troubles, l'affaire Lumumba, la rébellion étaient une et seule guerre. Les victimes congolaises et belges ont évidemment une approche différente à l'égard de l'Histoire en général et de Gaston Soumialot en particulier, lui qui a pourtant été l'interlocuteur principal de grands leaders de l'époque tels que Fidel Castro ou Mao.

La relation entre Martin Hofmann et Gaston Soumialot a fait l'objet de nombreux commentaires et accusations gratuites, comme par exemple dans un blog internet où Hofmann est accusé de manipulation et même d'infiltration en tant qu'agent de Mobutu. On lui reprochait également d'être un agent de la CIA. Pourtant, il ne faisait pas partie du système Mobutu et, indépendant face au régime, il pouvait agir sans contrainte. C'est cette indépendance qui a profité à Soumialot alors qu'un vieux réflexe de révolutionnaire faisait que ce dernier n'accordait de confiance à personne, même pas à ses proches les plus intimes, ce qui a alimenté les conjectures.

Dans les années quatre-vingts, celui qui voulait connaître l'histoire de l'indépendance du Congo devait se rendre en Belgique afin de trouver quelques rares livres pour la plupart déjà épuisés. En 1986, donc plus de vingt ans après la rébellion, il y a eu les articles de Jean Kestergat dans *La Libre Belgique* et ensuite son livre *Du Congo de Lumumba au Zaïre de Mobutu*, publié à Bruxelles. A l'époque, pour les Zaïrois, l'histoire ne s'écrivait pas avec un grand H mais avec un grand M comme Mobutu ; les événements étaient adaptés à la vérité du pouvoir. L'indépendance du 30 juin 1960 était célébrée chaque année et le régime ne manquait pas d'élever Lumumba en héros national mais personne ne faisait allusion à la rébellion de 1964. Il y avait tout de même quelques rares exceptions, comme la bande dessinée intitulée *Histoire du Zaïre, il était une fois... Mobutu* où il est aussi question des Simba. Là, toute la rébellion se résume à l'incroyable héroïsme de Mobutu lorsqu'il prit une mitraillette en criant *Soldats suivez-moi* pour défendre le pont de Kamanyola face aux Simba. C'était l'époque où la seule vérité était celle du dictateur ; ainsi, la rébellion des Simba était taboue dans le Zaïre de Mobutu.

Lors de l'ouverture du 2ᵉ congrès ordinaire du MPR[1] en 1977, Mobutu a dit : « ... Il est navrant de constater que les arachides et les beignets se vendent dans nos marchés dans les documents publics d'archives... A cause de cet état de chose, bon nombre de services sont démunis de toute mémoire... et se trouvent, faute de données, dans l'incapacité de refaire objectivement l'historique d'un problème important (...). Il est grand temps de mettre fin à cette ère dominée par la tradition orale[354] ». Excuse qui l'arrangeait... Dans les villages, l'Africain n'a, par tradition, pas l'habitude des écrits mais raconte l'histoire de génération en génération. C'est pourquoi *les vieux* dans la société africaine sont reconnus comme des sages car, non seulement ils connaissent le passé et l'histoire de leurs aïeux, mais ils sont ceux qui peuvent expliquer, conseiller ou juger grâce à leur savoir ancestral. D'ailleurs, Amadou Hampâté Bâ, écrivain et ethnologue malien, a dit : « En Afrique, un ancien qui meurt, c'est une bibliothèque qui brûle ».

Notons tout de même que mes connaissances de l'Histoire de la RDC se basent sur des écrits produits par des Européens qui eux-mêmes ont analysé le passé de ce pays d'après leur raisonnement, leur éducation, leur culture. C'est pourquoi il est important que les Congolaises et les Congolais qui ont fait ce pays, ceux dont les actes, aussi insignifiants soient-ils, ont contribué d'une manière ou d'une autre à l'histoire de la RDC, écrivent et expliquent leur point de vue. Ce sont les acteurs qui doivent être la source de la mémoire collective. Les historiens africains feront le reste. Le tout premier des Premiers ministres après l'indépendance, Patrice Emery Lumumba, a dit : « Le Congo écrira sa propre histoire qui ne sera pas celle écrite ou enseignée à Bruxelles, Paris, Londres et Washington[355] ». A part le fait que les pays du nord dictent encore la marche à suivre aussi bien politiquement qu'économiquement, la vision de Lumumba s'avère malheureusement fausse car l'histoire, les analyses et les récits concernant le Congo proviennent majoritairement de ces capitales. Et alors ? Je ne sais pas comment les Français accepteraient le fait que l'histoire de Napoléon soit uniquement écrite par des Anglais. Non seulement les sages doivent continuer à raconter les histoires

---

[1] *Le Mouvement Populaire de la Révolution (MPR) est le parti unique fondé par Mobutu.*

africaines, mais il faut que la nouvelle génération des *vieux* ait le courage de prendre la plume pour écrire leur propre histoire. Il est temps que les enfants congolais connaissent leur véritable histoire et se rappellent des événements qui ont suivi l'indépendance. Heureusement que depuis la fin du régime Mobutu cela a changé car de plus en plus d'acteurs, d'historiens, d'intellectuels et de témoins congolais mettent sur papier leur vécu, leurs expériences, leurs points de vue, leurs analyses.

Soumialot, qui m'appelait *mon petit-fils*, m'a permis d'être témoin d'une partie de sa vie. Le côté sombre de son passé, je l'ai découvert à travers mes recherches. Il me semble être de mon devoir envers la jeunesse congolaise de restituer les faits tels que je les ai perçus, vécus, trouvés dans les archives ou qui m'ont été rapportés. Il est également important que l'Histoire et la jeunesse congolaise d'aujourd'hui n'oublient pas que ce conflit a trouvé son origine dans la disparition violente de Lumumba. Je veux ainsi raviver la mémoire de ces victimes qui ne doivent pas être oubliées et rappeler que l'Histoire du Congo ne connaît qu'un seul héros : le peuple congolais.

Ce Congo que mon père m'a fait découvrir est énigmatique, compliqué mais paradoxalement tout aussi surprenant par sa beauté, sa richesse culturelle et par sa population qui n'a jamais perdu le sourire. Le fleuve qui traverse le Congo est à l'image de son histoire : tranquille, magnifique, turbulent et parfois extrêmement violent, mais rien ne change vraiment, l'eau continue de couler au même endroit.

REMERCIEMENTS

Un grand merci à Nathalie pour son apport graphique.

Je n'oublie pas André, l'ami de mon père, pour l'avoir soutenu lors de ses recherches ainsi que Roger pour son soutien à travers toutes ces années.

Mes remerciements les plus chaleureux vont avant tout à Jeannette, ma mère, pour son aide incommensurable ainsi qu'à ma sœur Eliane et mes amis Florent, Pierre-Alain, Vincent, Domenico, Bruno, Rick et Nadja qui m'ont toujours aidé, soutenu et encouragé dans ce projet. Je remercie également Etienne et Marc-Alain pour leur fidélité amicale.

Je remercie tout particulièrement Sandra, mon épouse, pour son inlassable soutien, sans elle ce livre n'aurait jamais vu le jour.

ANNEXES

TABLE DES MATIÈRES

AVANT-PROPOS	**7**
INTRODUCTION	**9**
CHAPITRE I	**11**
NAISSANCE D'UN RÉVOLUTIONNAIRE	**13**
La jeunesse de Gaston Soumialot (1922)	13
Début de la vie active (1938)	15
L'épouse du jeune Soumialot	20
Les Evolués (1952)	23
Soumialot face à l'administration coloniale	24
Soumialot part pour Léopoldville (1951)	27
L'INDÉPENDANCE	**31**
L'émancipation devient un sujet (1955)	31
Début de la vie politique pour les Congolais	33
Exposition universelle à Bruxelles (octobre 1958)	34
Création du MNC (octobre 1958)	36
La conférence panafricaine d'Accra	37
La Force publique	39
Les événements du 4 janvier 1959	40
Le réveil brutal des colons belges	42
Scission au sein du MNC	44
Premier Congrès extraordinaire du MNC	46
Soumialot part au Kivu et au Burundi	48
La Table Ronde à Bruxelles (janvier 1960)	50
Soumialot développe le MNC à l'Est du pays.	51
Soumialot rejoint Lumumba à Léopoldville	53
La fin du colonialisme en Afrique	56
L'indépendance du Congo (30 juin 1960)	59
Les premières personnalités politiques congolaises	62
Signe avant-coureur (4 juillet 1960)	63
Début de mutinerie à Léopoldville (5 juillet 1960)	65
Mutinerie à Thysville (6 juillet 1960)	66
Mobutu devient colonel (8 juillet 1960)	67
Troubles à Luluabourg (9 juillet 1960)	69
Interventions belges	70
Sécession du Katanga (11 juillet 1960)	71

L'attitude de Lumumba	73
Sollicitation de l'aide des Nations unies	75
Soumialot nommé commissaire de district (21 juillet 1960)	78
L'armée belge se fait plus discrète (août 1960)	80
Le Katanga sécessioniste et l'ONU	80
Le destin de Lumumba et la CIA	82
Sécession du Sud-Kasaï (9 août 1960)	84
Kasa-Vubu et Lumumba se destituent mutuellement (5 septembre 1960)	85
Le district du Maniema proclamé « zone neutre »	86
Mobutu neutralise les autorités du pays (septembre 1960)	88
Réaction du bloc de l'Est	94
Situation ambiguë à Léopoldville	94
Lumumba en fuite (novembre 1960)	96
Soumialot arrêté	97
Lumumba un prisonnier encombrant	98
L'intervention de Soumialot auprès de Gizenga	99
La mort de Lumumba (17 janvier 1961)	100
La République libre du Congo de Gizenga (décembre 1960)	108
Soumialot ministre de la Justice (février 1961)	109
Réaction de Soumialot à la mort de Lumumba	111
L'ONU et l'attitude belge à l'égard du Katanga	113
Naissance d'une République fédérale du Congo (février 1961)	114
Soumialot éjecté du gouvernement (juin 1961)	115
Le conclave de Lovanium (juillet 1961)	116
Dag Hammarskjöld et le Katanga (septembre 1961)	118
La mort du Secrétaire général de l'ONU (18 septembre 1961)	120
L'affaire des Italiens (11 novembre 1961)	123
L'ONU pousse Tshombé à la négociation (décembre 1961)	124
Léopoldville et Bruxelles à nouveau réunies	125
Les horreurs commises par les gizenguistes	125
La fin définitive de la République libre du Congo (janvier 1962)	126
Soumialot retourne à Léopoldville	127
Fin de la sécession du Sud-Kasaï (décembre 1962)	127
Fin de la sécession du Katanga (janvier 1963)	128
Tension entre le gouvernement Adoula et le MNC	130
Pierre Mulele réapparaît (août 1963)	131
Coup d'Etat au Congo-Brazzaville	133
Création du Conseil national de libération (CNL) (octobre 1963)	133
Fuite des dirigeants du CNL au Congo-Brazzaville	135
Laurent-Désiré Kabila	137
LA RÉBELLION	**139**
Soumialot et Kabila projettent la rébellion (janvier 1964)	140
Les deux rebelles partent pour le Burundi (février 1964)	142
Soumialot organise sa base d'appui politique à Bujumbura	143

Soumialot déclenche la guerre à l'est du Congo (avril 1964)	144
Les rebelles Simba	146
Le CNL rencontre Tschombe (février 1964)	147
Doctrine révolutionnaire	148
Soumialot mène la guerre depuis le Congo (mai 1964)	151
Soumialot établit son point d'appui militaire à Uvira	152
L'ONU quitte le Congo (juin 1964)	153
Le dawa et les Simba	155
Les Simba ne sont pas des mulelistes	158
Le retour de Tshombe à la politique congolaise (juin 1964)	160
La République populaire du Congo (septembre 1964)	166
L'historique de la rébellion de Soumialot et de ses Simba	168
La brutalité des Simba est inimaginable	183
L'Ommegang (3 novembre 1964)	198
L'affaire Carlson	203
L'opération Dragon Rouge (24 novembre 1964)	208
La résistance rebelle continue	214
Che Guevara et les Simba (avril 1965)	215
La guérilla se limite à l'étendue entre Fizi et Baraka	222
Mobutu prend définitivement le pouvoir (novembre 1965)	223
Soumialot et le Conseil suprême de la révolution (CSR)	225
La famille de Soumialot	227
La mort de Mulele (octobre 1968)	228
La mort de Tshombe (juin 1969)	229
Le retour de Gbenye et Olenga (1969)	230
Soumialot retourne au Zaïre (1975)	230
Gaston Soumialot le révolutionnaire	232

CHAPITRE II — *233*

RENCONTRE AVEC SOUMIALOT — 235
Martin Hofmann	235
Kasangulu	238
Respect et amitié	240

CHAPITRE III — *251*

LES RECHERCHES (1985-1987) — 253
Une question de confiance (1982-1985)	253
Le grand secret des Simba (1985-1986)	254
Le trésor des Simba et Mobutu	259
L'opération Kasangulu	260
La rencontre avec le général Olenga (18 mai 1986)	261
Soumialot s'adresse à Mobutu	263
La méfiance et la duplicité de Gbenye	264
Olenga se méfie	266

Le retour d'Hofmann en Suisse (juin 1986)	266
Première trace du trésor	267
Des dissensions qui datent de 1964	269
Le choc (août 1986)	273
Premier voyage de Soumialot en Suisse (août-novembre 1986)	276
Des informations sur la mort d'Olenga	278
Soumialot informe Gbenye (décembre 1986)	279
Soumialot à Khartoum et au Caire (20-28 juin 1987)	280
L'attitude ambiguë de Gbenye (juillet 1987)	281
Fondation Elikia (août 1987)	283
Colère de Gbenye (septembre 1987)	284
Première rencontre avec Maître Adham (septembre 1987)	285
Deuxième voyage au Caire de Soumialot (octobre 1987)	286
La réaction de Gbenye (octobre 1987)	290

ANNÉES D'IMMOBILITÉ (1988-2001) — 293

Le calme plat (1988-1989)	293
Gbenye se manifeste dans le quotidien Elima (1990)	293
La Conférence nationale souveraine (1991-1992)	294
La chute de Mobutu relance l'opération Kasangulu (mai 1997)	296
Laurent-Désiré Kabila contacte Hofmann (janvier 1998)	297
L'or des Simba et la Suisse	302
L'assassinat de Laurent-Désiré Kabila (janvier 2001)	305

NÉGOCIATIONS (2001-2002) — 309

Joseph Kabila contacte Hofmann (mai 2001)	309
Première rencontre avec les représentants de Kabila (octobre 2001)	310
Hofmann rencontre Joseph Kabila (novembre 2001)	311
Kabila au Soudan (février 2002)	312
La création de l'ADSS à Londres (mai 2002)	314
Première assemblée générale de l'ADSS à Kinshasa (29 mai 2002)	316
Rencontre avec Maître Adham au Moyen-Orient (juin 2002)	317
L'avocat soudanais se rappelle	319
Préparatifs pour la mission au Soudan (juin 2002)	320
L'ADSS chez Omar Hassan Al Bachir (juillet 2002)	322
L'ADSS en Egypte (août 2002)	325
L'attitude de la Suisse	328
La réaction des Simba à Khartoum	328
Les premières inquiétudes d'Hofmann (septembre 2002)	330
Les anciens combattants aident l'ADSS (octobre 2002)	332
Londres et ses archives	333
Kinshasa reprend l'initative (octobre 2002)	334
Deuxième voyage au Soudan (novembre 2002)	335
Les Simba se souviennent	336
La délégation de l'ADSS enfin reçue à Khartoum (novembre 2002)	336
D'autres traces du trésor	339

L'argent, le nerf de la guerre (décembre 2002)	340
PROJET COMPROMIS (2003-2006)	**343**
L'année 2003 « annus horribilis »	343
Les activités de l'ADSS sont bloquées (2003)	344
Soumialot abandonné par la RDC	347
Les Simba de Khartoum en difficultés (2003)	348
2004 et 2005 des années désespérantes pour l'opération Kasangulu	351
Des réfugiés congolais au Soudan rentrés au pays (mai 2006)	352
ÉPILOGUE	***355***
Et maintenant ?	359
POSTFACE	***363***
ANNEXES	***375***
TABLE DES MATIÈRES	**377**
NOM DES LOCALITÉS	**382**
CARTE DU CONGO BELGE / RDC	**383**
ABRÉVIATIONS	**384**
BIBLIOGRAPHIE	**387**
LIVRES	387
JOURNAUX, MAGAZINES	402
SITES WEB	404
TÉLÉVISION, FILMS, VHS, DVD	406
NOTES	**407**

NOM DES LOCALITÉS

ANCIEN	NOUVEAU	NOUVEAU	ANCIEN
Aketi Port-Chaltin	Aketi	Aketi	Aketi Port-Chaltin
Albertville	Kalemie	Bambumines	Kilomines
Bakwanga	Mbuji-Mayi	Bandundu	Banningville
Banningville	Bandundu	Bukavu	Costermansville
Banzyville	Mobayi-Mbongo	Djokupunda	Charlesville
Baudouinville	Moba	Ilebo	Port-Francqui
Cattier	Lufu-Toto	Isiro	Paulis
Charlesville	Djokupunda	Kalemie	Albertville
Coquilhatville	Mbandaka	Kananga	Luluabourg
Costermansville	Bukavu	Kinshasa	Léopoldville
Elisabetha	Lukutu	Kisangani	Stanleyville
Elisabethville	Lubumbashi	Kwilu-Ngongo	Moerbeke
Jadotville	Likasi	Likasi	Jadotville
Kilomines	Bambumines	Lubao	Sentery
Léopoldville	Kinshasa	Lubumbashi	Elisabethville
Leverville	Lusanga	Lufu-Toto	Cattier
Luluabourg	Kananga	Luila	Wolter
Moerbeke	Kwilu-Ngongo	Lukutu	Elisabetha
Nouvelle-Anvers	Makanza	Lusanga	Leverville
Paulis	Isiro	Makanza	Nouvelle-Anvers
Ponthierville	Ubundu	Mbandaka	Coquilhatville
Port-Francqui	Ilebo	Mbanza-Ngungu	Thysville
Sentery	Lubao	Mbuji-Mayi	Bakwanga
Stanleyville	Kisangani	Moba	Baudouinville
Thysville	Mbanza-Ngungu	Mobayi-Mbongo	Banzyville
Wolter	Luila	Ubundu	Ponthierville

Un rebelle et un trésor oubliés au Congo

CARTE DU CONGO BELGE / RDC

© Nathalie le Doussal

ABRÉVIATIONS

ABAKO	Association des Bakongo, Alliance des Bakongo
ACC	Association des Combattants de liberté Congolais
ADSS	Association pour le Développement Sanitaire et Social du peuple congolais
AFDL	Alliance des Forces Démocratiques pour la Libération du Congo
ANC	Armée Populaire de Libération
APRC/64	Armée Populaire de la Révolution Congolaise 64
ATCAR	Association des Tchokwe du Congo, de l'Angola et de la Rhodésie
BALUBAKAT	Association des Baluba du Katanga
BCC	Banque Centrale du Congo
BCZ	Banque Commerciale du Zaïre
BNS	Banque Nationale Suisse
CCR	Centres Communautaires Ruraux
CEFAKI	Compagnie des Chemins de Fer du Kivu
CEREA	Centre de Regroupement Africain
CFL	Compagnie Ferroviaire des grands Lacs
CIA	Central Intelligence Agency
CICR	Comité International de la Croix-Rouge
CNL	Conseil National de Libération
CNS	Conférence Nationale Souveraine
COMESA	Comon Market for Eastern and Southern Africa
CONAKAT	Confédération des associations tribales du Katanga
CSR	Conseil Suprême de la Révolution
CWG	Congo Working Group
FAO	Organisation des Nations unies pour l'alimentation et l'agriculture
FAZ	Forces Armées Zaïroises
FIKIN	Foire Internationale de Kinshasa
FMI	Fonds Monétaire International
GI	Soldat de l'armée des Etats-Unis
GSSP	Groupe Spécial de la Sécurité Présidentielle
HCR	Haut Commissariat pour les Réfugiés

KGB	Sigle russe pour le Comité pour la Sécurité de l'Etat
MGL	Compagnie Minière des Grands Lacs
MNC	Mouvement National Congolais
MNC-L	Mouvement National Congolais Lumumba
MOI	Main d'œuvre indigène
MPR	Mouvement Populaire de la Révolution
OGEDEP	Office de Gestion de la Dette Publique
OMS	Organisation Mondiale de la Santé
ONG	Organisation Non Gouvernementale
ONU	Organisation des Nations unies
OTRACO	Office d'Exploitation des Transports Coloniaux
OUA	Organisation de l'Unité Africaine
PAD	Parti pour l'Alternance Démocratique (Congo Brazzaville)
PALIPEHUTU	Parti pour la Liberation du Peuple Hutu (Burundi)
PDC	Parti Démocratique Chrétien
PNP	Parti National du Progrès
PRP	Parti de la Révolution Populaire
PSA	Parti Solidaire Africain
PTC	Parti Travailliste Congolais
RDC	République Démocratique du Congo
RTB	Radio Television Belge
SBS	Société de Banque Suisse
SDN	Société des Nations
SEDEC SA	Société anonyme d'entreprise commerciale du Congo belge
SOCOLI	Société Commerciale de l'Inkisi
SPP	Servitude Pénale Principale
UBS	Union de Banque Suisses
UDA	Union Démocratique Africaine
UMHK	Union Minière du Haut Katanga
UNAR	Union Nationale du Ruanda
UNECO	Union des Evolués de la Province de Costermanville
UNECO	Union Economique Congolaise
UNESCO	Organisation des Nations unies pour l'éducation, la science et la culture
UNHCR	Haut Commissariat des Nations unies pour les Réfugiés
UPROHUTU	Union pour la Promotion Hutue (Urundi)
UPRONA	Union pour le Progrès National (Urundi)

URSS	Union des Républiques Socialistes Soviétiques
USA	United States of America

BIBLIOGRAPHIE

LIVRES

ANONYME. (1908). Belgique et Congo, traité de cession de l'Etat Indépendant du Congo à la Belgique. Bruxelles : Fédération pour la défense des intérêts belges à l'étranger.

ANONYME. (1951). Guide du voyageur au Congo belge et au Ruanda-Urundi (2e édition). Bruxelles: Office du tourisme du Congo belge et du Ruanda-Urundi.

ANONYME. (1956). Annuaire du Touring Club Royal du Congo Belge. Bruxelles : Touring Club Royal du Congo belge.

ANONYME. (1960). Le Pari Congolais, aide-mémoire illustré sur la question congolaise. Bruxelles : Charles Dessart Editeur.

ANSPRENGER, F. (1973). Auflösung der Kolonialreiche. Munich: Deutscher Taschenbuch Verlag.

BAYARD, J.-F. (1989) L'État en Afrique, la politique du ventre. France : Fayard.

BILÉ, S. (2008). Quand les noirs avaient des esclaves blancs. Saint-Malo : Pascal Galodé éditeurs.

BOISSONNADE, E. (1990). Le mal zaïrois. Paris: Editions Hermé.

BOTT, S. (2013). La Suisse et l'Afrique du Sud 1945-1990. Marché de l'or, finance et commerce durant l'apartheid. Zurich : Chronos Verlag.

BOUAMAMA, S. (2017). Figures de la révolution africaine. Paris : La Découverte.

BRABANT, B. (2016). Qu'on nous laisse combattre et la guerre finira. Paris : Éditions La Découverte.

BRAECKMAN, C. ; GÉRARD-LIBOIS, J. ; KESTERGAT, J.; VANDERLINDEN, J.; VERHAEGEN, B.; WILLAME, J.-C. (2010). Congo 1960, échec d'une décolonisation. Bruxelles : André Versaille éditeur – GRIP.

BRAECKMAN, C. (1992). Le dinosaure. Le Zaïre de Mobutu. Paris : Fayard.

BRAECKMAN, C. (1999). L'enjeu Congolais, l'Afrique centrale après Mobutu. France : Fayard.

BRAECKMAN, C. (2009). Lumumba un crime d'Etat. Bruxelles : Les Éditions Aden.

BRAECKMAN, C. (1994). Rwanda. Histoire d'un génocide. Paris : Fayard.

BRAECKMAN, C. (1996). Terreur Africaine. Burundi, Rwanda, Zaïre : les racines de la violence. France. Fayard.

BRAIBANT, J. (2014). Congo. Un pari stupide. Histoire du gâchis congolais. Bruxelles-Paris : Éditions Jourdan.

BRASSINE, J., & KESTERGAT, J. (1991). Qui a tué Patrice Lumumba? Paris-Louvain-la-Neuve: Duculot.

BUANA KABUE (1976). L'expérience Zaïroise, du casque colonial à la toque de léopard. Paris : Afrique Biblio Club.

BRUYNEN, J. (1996). La ferme de mon père au Katanga. San José : Ed. La Golondrina S.A.

BUREAU POLITIQUE, RÉPUBLIQUE DU ZAÏRE. (1975). Histoire du Mouvement Populaire de la Révolution. Kinshasa : Institut Makanda Kabobi.

C.R.I.S.P. (1967). Congo 1965. Political documents of a developing nation. New Jersey: Princeton university press.

CARLSON, L. (1967). Le docteur Paul Carlson mon mari. Belgique: Casterman.

CARLSON, L. (1966). Monganga Paul. The Congo Ministry and Martyrdom of Paul Carlson, M.D. New York: Harper & Row, Publishers

CAUVIN, A. (1956). Bwana Kitoko. Bruxelles: Elsevier.

CÉSAIRE, A., & Malcolm X. (2010). Black revolution. Paris: Éditions Demopolis.

CHALUX. (1925). Un an au Congo Belge. Bruxelles : Albert Dewit.

CHANG, J., & HALLIDAY, J. (2006). Mao. L'histoire inconnue. France: Editions Gallimard.

CHARPENTIER, J. (1997). En naviguant sur le Congo et l'Oubangui... en 1950. Paris : L'Harmattan.

CHE GUEVARA, E. (2000). Passages de la guerre révolutionnaire : le Congo. Paris : Éditions Métailié.

CHE GUEVARA, E. (2009). Journal du Congo. France : Mille et une nuits.

CHE GUEVARA, E. (2012). Congo Diary. Episodes of the Revolutionary War in the Congo. Australia : Ocean Press.

CHEVRIER, J. (1998). Les Blancs vus par les Africains. Lausanne : Favre.

CHOMÉ, J. (1967). Mobutu et la Contre-Révolution en Afrique. Waterloo : Tiers-Monde et Révolution Éditeur.

CHOMÉ, J. (1974). L'ascension de mobutu, du sergent joseph désiré au général sese seko. Bruxelles : Éditions Complexe.

CHOMÉ, J. (1975). Mobutu, guide suprême. Bruxelles : Editions Complexe.

CORMIER, J. (2017). Che Guevara, le temps des révélations. Monaco : Groupe Elidia Editions du Rocher.

CONGO, R. D. (1964). La rébellion au Congo. Léopoldville: Services de Presse.

CONGO, R. D. (s.d.). Recueil des discours et harangues du Président de la République le Lieutenant-Général Joseph Désiré Mobutu, août 1960-août 1970. Kinshasa: SEI/ANC.

COOPER, F. (2008). L'Afrique depuis 1940. Paris : Payot.

COQUERY-VIDROVITCH, C., Forest, A., & Weiss, H. (1987). Rébellions-Révolution au Zaïre 1963-1965 (Vol. I). Paris : L'Harmattan.

COQUERY-VIDROVITCH, C., Forest, A., & Weiss, H. (1987). Rébellions-Révolution au Zaïre 1963-1965 (Vol. II). Paris : L'Harmattan.

CORNEVIN, M. (1980). Histoire de l'Afrique contemporaine. Paris : petite bibliothèque payot.

DAVIDSON, B. (1980). L'Afrique au XXe siècle, l'éveil et les combats du nationalisme africain. Paris : éditions j.a.

DAVISTER, P. (1960). Katanga, enjeu du monde. Bruxelles: Editions Europe-Afrique.

DAYAL, R. (1976). Mission for Hammarskjold. The Congo crisis. London : Oxford University Press.

DE MAERE D'AERTRYCKE, A. ; SCHOROCHOFF, A.; VERAUTEREN, P.; VLEURINCK. A. (2015). Le Congo au temps des Belges. L'Histoire manipulée, les contrevérités réfutées 1885-1960. Bruxelles : Dynamedia.

DE MONSTELLE, A. (1965). la débâcle du congo belge. Bruxelles: Leclerc.

DE VILLERS, G. (1995). De Mobutu à Mobutu. Trente ans de relations Belgique – Zaïre. Bruxelles : De Boeck Université.

DE VOS, L. ; GERARD, E. ; GÉRARD-LIBOIS, J. ; RAXHON, P. (2005). Les secrets de l'affaire Lumumba. Bruxelles: Racine.

DE VOS, P. (1975). La décolonisation, les événements du Congo de 1959 à 1967. Bruxelles : Editions ABC.

DE WITTE, L. (2016). L'ascension de Mobutu. Comment la Belgique et les USA ont installé une dictature. Belgique : Investig'Action.

DE WITTE, L. (2000). L'assassinat de Lumumba. Paris : Éditions Karthala.

DECEUNINCK, V. (1999). Pionnier de la coopération agricole au Congo-Zaïre (1947-1977). France, Canada : L'Harmattan.

DELLICOUR, M.F. (s.d.). Les propos d'un colonial belge. Bruxelles: Editeur M. Weissenbruch S.A.

DENARD, B. (1998). Corsaire de la République. Paris : Robert Laffont.

DERKINDEREN, G. (1958). Congo, territoire d'outre-mer. Bruxelles: Elsevier.

DEVLIN, L. (2007). Chief of Station, Congo. Fighting the Cold War in a Hot Zone. New York: Public Affairs.

DEVLIN, L (2009). C.I.A. Mémoires d'un agent. Ma vie de Chef de poste pendant la guerre froide. Paris-Bruxelles : Jourdan Editeur.

DEY-DEBOVE, J., & REY, A. (2010). Le Nouveau Petit Robert. Paris: Le Robert.

DOYLE, A. C. (2005). Le Crime du Congo belge. Paris : les nuits rouges.

DREKE, V. (2002). From the Escambray to the Congo: In the Whirlwind of the Cuban Revolution. USA: Pathfinder Press.

DRUET, F.-M. (1933). Scènes congolaises au Katanga. Bruxelles : Office de Publicité, Anc. Établiss. J. Lebègue & Cie

DUCAP, R. (1950). Stanley, le vainqueur de la forêt vierge. Zurich : OSL.

DUMONT, G.-H. (1998). La vie tragique du lieutenant Lippens (1855-1892). Bruxelles : Éditions J.-M. Collet.

DUSAUSOY, J. (2018). Kolwezi 1977. Un technicien belge dans les mines du Katanga. Waterloo: Editions Luc Pire.

EPSTEIN, H. (1965). Revolt in the Congo 1960-64. New-York: Facts on File, Inc.

ERGO, A-B. (2005). Des Bâtisseurs aux contempteurs du Congo Belge. L'odyssée coloniale. Paris : L'Harmattan.

FRALON, J-A. (2001). Baudoin. L'homme qui ne voulait pas être roi. Paris : Fayard.

GAISE, R. (2015). La rébellions de 1964 en RD Congo : cinquante ans après, situation de la Province de l'Uélé. Paris : L'Harmattan.

GALVEZ, W. (1998). Le rêve africain du Che. Bruxelles, Anvers : EPO.

GARLIET, R. (1976). Les Maîtres de la brousse. Kinshasa : Editions la Grue Couronnée.

GBABENDU ENGUNDUKA, A., & EFOLO NGOBAASU, E. (1991). Volonté de changement au Zaïre. Paris : L'Harmattan

GÉRARD-LIBOIS, J. (1960). Congo 1959. Bruxelles ; C.R.I.S.P.

GÉRARD-LIBOIS, J. (1967). Congo 1966. Bruxelles: C.R.I.S.P., I.N.E.P.

GÉRARD-LIBOIS, J., & VAN LIERDE Lierde, J. (1965). Congo 1964. Bruxelles: C.R.I.S.P., I.N.E.P.

GÉRARD-LIBOIS, J., & Van Lierde, J. (1966). Congo 1965. Bruxelles: C.R.I.S.P., I.N.E.P.

GÉRARD-LIBOIS, J., & Verhaegen, B. (s.d.). Congo 1960 (Vol. Tome 1). Bruxelles: C.R.I.S.P.

GÉRARD-LIBOIS, J., & VERHAEBEN, B. (1963). Congo 1962. Bruxelles: C.R.I.S.P.

GÉRARD-LIBOIS, J., Kestergat, J., Vanderlinden, J., Verhaegen, B., & Willame, J-C., (2010). Congo 1960, échec d'une décolonisation. Bruxelles: GRIP-André Versaille éditeur

GEVERS, G. (1952). Un mois au Congo. Anvers: Les Editions du Parc.

GIORDANO, R. (2008). Belges et Italiens du Congo-Kinshasa. Récits de vie avant et après l'Indépendance. Paris : L'Harmattan.

GOUDAL, J. (1933). Visite aux bantous. Bruxelles : Maurice Lamertin.

GREINDL, L. (s.d.). L'Afrique noire au XIXe siècle. De l'abolition de l'esclavagisme à la période coloniale. Kinshasa : Ed. Centre de Recherches Pédagogiques.

HALLET, J.-P. (1967). Le Congo des magiciens. Paris : La Table Ronde.

HAUT-COMMISSARIAT A L'INFORMATION. (s.d.). Le président Mobutu vous parle. 24 novembre 1965 - 24 novembre 1966 - Kinshasa, Congo. Paris-Rome-Tunis : éditions grafica international.

HAYES, M. (1966). Captive of the Simba, missing - believed killed... New-York: Harper & Row Publisher

HEINZ, G., & DONNAY, H. (1966, réed. 1976). Lumumba Patrice, les cinquante derniers jours de sa vie. Bruxelles, Paris: C.R.I.S.P., Le Seuil.

HELBIG, D. (2005). Paroles du Congo belge. Bruxelles: Editions Luc Pire.

HIMA, M. (1998). Sagesse africaine. Paris: La Table Ronde.

HOARE, M. (2008). Congo Mercenary. Boulder: Paladin Press.

HOCHSCHILD, A. (1999). King Leopold's ghost. New-York: First Mariner Books Edition.

HOEDT E. (2014). L'année du Dragon Congo 1964. Bruxelles: Editions Masoin.

HONORIN, M. (1970). La fin des mercenaires. Paris : éditions j'ai lu.

HOYT, M. (2000). Captive in the Congo. A Consul's Return to the Heart of Darkness. Annapolis, Mariland USA: Naval Institute Press.

HUDSON, A. (2012). Congo Unravelled. Military Operations from Indenpendance to the Mercenary Revolt 1960-68. England: Helion & Company Limited; South Africa: 30° South Publishers (Pty) Ltd.

HUGO, J.-F. (2006). La République démocratique du Congo. Une guerre inconnue. Paris: Éditions Michalon.

HUYBRECHTS, A.; MUDIMBE, V.Y.; PEETERS, L.; VANDERLINDEN, J.; VAN DER STEHEN, D.; VERHAEGEN, B. (s.d.). Du Congo au Zaïre 1960 - 1980. Bruxelles: CRISP.

IGNACIO TAIBO II, P. ; ESCOBAR, F. ; GUERRA, F. (1995). L'année où nous n'étions nulle part. Extraits du journal de Ernesto Che Guevara en Afrique. Paris: Éditions Métailié.

IGNACIO TAIBO II, P. (2017). Ernesto Guevara, connu aussi comme le Che. Tome II. Paris : Editions Métaillé/Editions Payot & Rivages.

JANSSENS, E. (1961). J'étais le général. Bruxelles : C. Dessart, Éd.

JORIS, L. (1990). Mon oncle du Congo. Arles : Actes Sud, Terres d'aventure.

KABAMBA NKAMANY A BALEME, V. (1997). Pouvoirs et idéologies tribales au Zaïre. Paris, Montréal : L'Harmattan.

KABEYA M.M., P.-E. (2003). Regards sur la presse congolaise. Du Congo belge à celui des kabila. Sans oublier le Zaïre de Mobutu. Paris : L'Harmattan.

KALONJI DITUNGA MULOPWE, A. (2005). Congo 1960, la sécession du Sud-Kasaï. La vérité du Mulopwe. France: L'Harmattan.

KAMITATU, C. (1971). la grande mystification du congo-kinshasa, les crimes de mobutu. Paris: François Maspero.

KANGAFU, V. (1998). L'Année Blanche du Prince Kadogo, une épopée dorée... Kinshasa : Club Nation et Modernité.

KANYARWUNGA I.N., J. (2006). République Démocratique du Congo Les Générations condamnées, Déliquescence d'une société précapitaliste. Paris: Editions Publibook.

KANZA, T. (1972). Conflict in the Congo, The Rise and Fall of Lumumba. Middlesex: Penguin Books Ltd

KATANGA-TSHITENGE, J. D. (1969). Grandes Périodes Educatives chez les Baluba. Kinshasa : Editions Imprideco.

KAZADI WA MASHINDA ; TSHIBANGU MUTAMBA (1991). Mukamba Kadiata Nzemba, homme d'état Zaïrois. France : Editions Pythagore.

KESTERGAT, J. (1961). André Ryckmans. Bruxelles: Charles Dessart.

KESTERGAT, J. (1965). *Congo Congo*. Paris : L'Ordre du jour, La Table Ronde.

KESTERGAT, J. (1985). Quand le Zaïre s'appelait Congo. (P. Legrain, Éd.) Bruxelles.

KESTERGAT, J. (1986). Du Congo de Lumumba au Zaïre de Mobutu. (P. Legrain, Éd.) Bruxelles.

KIRCHMAYR, O. (1967). Mort d'un affreux. Paris: Buchet/Castel.

KISONGA MAZAKALA, A. (2005). 45 ans d'Histoire Congolaise. L'expérience d'un lumumbiste. Paris : L'Harmattan.

KONAN, V. (2011). Chroniques Afro-sarcastiques. 50 ans d'indépendances, tu parles. Lausanne : Favre.

KROLL, R. (1997). Un planteur du Congo Belge. 1948-1960. Paris : L'Harmattan.

LABARTHE, G. (2007). L'or africain. Pillages, trafics & commerce international. Marseille : Agone.

LANGELLIER, J.-P., (2017). Mobutu. Paris : Perrin.

LAURO, A. (2005). Coloniaux, ménagères et prostituées. Au Congo belge (1885-1930). Loverval : éditions Labor.

LE NEVEU, C.A. (1938). Les Empires coloniaux. Paris : J. de Gigord, éditeur.

LEFEVER, E. (1965). Crisis in the Congo. A United Nations Force in Action. Washington: The brookings institution.

LEGUM, C. (1961). Congo Disaster. Baltimore : Penguin Books.

LOGIEST, G. (1988). Mission au Rwanda. Un blanc dans la bagarre Tutsi-Hutu. Bruxelles: Didier Hatier.

LUGAN, B. (2013). Les guerres d'Afrique. Des orgines à nos jours. Éditions du Rocher.

LUMENGA-NESO, K. (1982). Aux origines de la ville de Kinshasa. Kinshasa: Centre de Recherches Pédagogiques.

LUMUMBA, P. (1961). Le Congo terre d'avenir est-il menacé ? Bruxelles: Office de Publicité, S.A.

MANYA K'OMALOWETE A DJONGA. (1985). Patrice Lumumba, le Sankuru et l'Afrique. Lutry, Suisse: Les Editions Jean-Marie Bouchain.

MARRES, J., & DE VOS, P. (1959). L'équinoxe de janvier. Bruxelles: Editions Euraforient.

MASSON, P. (1985). Les guerres d'un grand reporter. Bruxelles: Editions J.M. Collet.

MASSOZ, M. (1984). Le Congo de Papa. Liège : Michel Massoz.

MASSOZ, M. (1989). Le Congo de Léopold II, récit historique. Liège : Michel Massoz.

MASSOZ, M. (1991). Les femmes bantoues du XXe siècle. Liège : Michel Massoz.

MAUREL, A. (1992). Le Congo, de la colonisation belge à l'indépendance. Paris: L'Harmattan.

MAZOV, Sergey. (2010). A distant front in the cold war. The USSR in west africa and the Congo, 1956-1964. Washington: Woodrow Wilson Center Press.

MBAJUM, S. (2013). Les combattants africains dits "Tirailleurs Sénégalais » au secours de la France (1857-1945). Paris : Riveneuve éditions.

MBUMBA Ngimbi. (1982). Kinshasa 1881 - 1981, 100 ans après Stanley. Problèmes et avenir d'une ville. Kinshasa : Ed. Centre de Recherches Pédagogiques.

MENDIAUX, E. (1961). Histoire du Congo. Bruxelles: Charles Dessart.

MENRATH, M. (2012). Afrika im Blick, Afrikabilder im deutschsprachigen Europa 1870-1970. Zürich : Chronos Verlag.

MICHEL, S. ; BEURET, M. (2008). La Chinafrique. Paris : Grasset.

MINISTÈRE DES AFFAIRES ÉTRANGÈRES (2002). Documents Diplomatiques Français. 1964 Tome II (1er juillet – 31 décembre). Paris : P.I.E.-Peter Lang SA.

MOBUTU (1973). Discours du Chef de l'Etat à la tribune des Nations Unies à New-York. Kinshasa : Département de l'Orientation Nationale.

MOBUTU (1975). Mobutu, discours, allocutions et messages tome 1 1965-1975. Paris : Editions J.A.

MOBUTU (1975). Mobutu, discours, allocutions et messages tome 2 1965-1975. Paris : Editions J.A.

MOBUTU (1988). Mobutu, discours, allocutions, messages tome 3 1976-1982. Paris : Les Editions du Jaguar.

MOBUTU (1988). Mobutu, discours, allocutions, messages tome 4 1983-1988. Paris : Les Editions du Jaguar.

MOBUTU (1970). Recueil des discours et harrangues du Président, le Lieutenant-général Joseph Désiré Mobutu. Août 1960 – août 1970. Kinshasa : Editions SEI/ANC.

MONHEIM, F. (1962). Mobutu, l'homme seul. Bruxelles: Editions Actuelles.

MOULES, L. C. J. (1965).This is no accident. Testimonies of a trial of faith in Congo 1964. London: Worldwide Evangelization Crusade.

MOUSTAPHA DIALLO, M. (2014). Visionäre Afrikas. Der Kontinent in ungewöhnlichen Porträts. Wuppertal: Peter Hammer Verlag.

MOVA SANKANYI, H.; RAMAZANI, Y.; NSONGO, O. (2008). De L.-D. Kabila à J. Kabila, la vérité des faits ! Paris : L'Harmattan ; Éditions Safari.

MPASE NSELENGE MPETI (1974). L'évolution de la solidarité traditionnelle en milieu rural et urbain du Zaïre. Kinshasa : Presses Universitaires du Zaïre.

MPISI, J. (2007). Antoine Gizenga. Le combat de l'héritier de P. Lumumba. Paris : L'Harmattan.

MUELLER, S. (1965). Les nouveaux mercenaires. Paris: Éditions France-Empire.

MUJYNYA, E. N. (1972). L'homme dans l'univers Bantu (Thèse présentée à la faculté des lettres de l'université de Fribourg (Suisse), pour obtenir le grade de docteur). Lubumbashi : Presses de l'Université nationale du Zaïre.

MUMMENDEY, D (1997). Beyond the reach of reason. The Congo story 1960-1965. USA: Sora Mummendey.

MUSEE ROYAL DE L'AFRIQUE CENTRALE (1989). Naissance du Congo Belge. Bruxelles : Didier Hatier.

NAGIFI, V. (2003). Les derniers jours de Mobutu à Gbado-Lite (Congo-Zaïre). Paris: L'Harmattan.

NAMIKAS, L. (2013). Battleground Africa: Cold war in the Congo 1960-1965. USA: Lise Namikas.

NANTET, B. (2008). Dictionnaire de l'Afrique. France : Larousse.

NDAYWEL È NZIEM, I. (1998). Histoire générale du Congo. De l'héritage ancien à la République Démocratique. Paris, Bruxelles: C.G.R.I.-Duculot-A.C.C.T.

NDJATE, A. (2011). La police des étrangers sous le règne du maréchal Mobutu. Paris : L'Harmattan.

NDom Nda Ombel, C. (2009). Le prix du destin. Paris : L'Harmattan.

NGAL, G. (1994). « Lire… » le Discours sur le Colonialisme d'Aimé Césaire. Paris : Présence Africaine.

N'GBANDA NZAMBO KO ATUMBA, H. (1994). Afrique : Démocratie piégée. France : Equilibres aujourd'hui.

N'GBANDA NZAMBO KO ATUMBA, H. (1995). La transition au Zaïre. Le long tunnel. Kinshasa : Éditions NORAF.

N'GBANDA NZAMBO KO ATUMBA, H. (1999). Ainsi sonne le glas! Les Derniers Jours du Maréchal Mobutu. Paris: Editions Gideppe.

NGBANDA NZAMBO, H. (2004). Crimes organisés en Afrique centrale. Paris : éditions Duboiris.

NICOLAÏ, M. (1987). Ici Radio Katanga... 1960-1961. Bruxelles: Editions J.M. Collet.

NIMY MAYIDIKA NGIMBI, J. P. (2006). Je ne renie rien Je raconte... L'histoire d'un parcours sur un parcours d'histoires. Paris: L'Harmattan.

NLANDU-TSASA, C. (1997). La rumeur au Zaïre de Mobutu. Paris: L'Harmattan.

NOTERMAN, J. A. (2004). Congo belge, l'empire d'Afrique. Souvenirs du XXe siècle. Bruxelles: Arobase Edition.

NOTHOMB, P. (1993). Dans Stanleyville. Paris-Louvain-la-Neuve: Duculot.

O'BRIEN C. (1962). To Katanga and Back, a U.N. Case History. London: Hutchinson & Co LTD.

ODOM, Thomas P. (1988). Dragon Operations: Hostage Rescues in the Congo, 1964-1965. USA: Combat Studies Institute.

O'DONOGHUE, D. (2006). The Irish Army in the Congo 1960-1964. The Far Battalions. Dublin: Irish Academic Press.

OFFICE DU TOURISME (1951). Guide du voyageur au Congo-Belge et au Ruanda-Urundi. Bruxelles : Office du tourisme du Congo belge et du Ruanda-Urundi.

OMASOMBO, J.; VERHAEGEN, B. (2005). Patrice Lumumba, acteur politique. De la prison aux portes du pouvoir. Juillet 1956 - février 1960. Paris: L'Harmattan, Musée royal de l'Afrique centrale, « Cahiers africains ».

ONANA, Ch. (2012). Europe, crimes et censure au Congo. Paris : Editions Duboiris

OTHMAN, M.; MACAULAY, K.; LARSEN, H. (2015) *Enquête sur les conditions et les circonstances de la mort tragique de Dag Hammarskjöld et des personnes qui l'accompagnaient. Rapport du Groupe d'experts indépendants créé par la résolution 69/246 de l'Assemblée générale.* Nations Unies : A/70/132

PEARSON F, P. (2006). The Congo: Independence and the Simba Rebellion. Paul F. Pearson.

PERRAULT, G. (1990). Notre ami le Roi. France : Gallimard.

PESNOT, P. (2010). Les dessous de la Françafrique. Paris : nouveau monde éditions.

PRESIDENCE DE LA RÉPUBLIQUE (1973). Mobutu chez Mao, le périple chinois du 10 au 20 janvier. Kinshasa : l'agence Zaïre presse.

QUINTEYN, F. (2004). Stanleyville sous la terreur simba. Mateka, le temps des ombres. Paris: L'Harmattan.

RAXHON, Ph. (2002). Le débat Lumumba. Histoire d'une expertise. Bruxelles : Édtions Labor, Éditions Espace de Libertés.

REPUBLIQUE DEMOCRATIQUE DU CONGO (1964). La rébellion au Congo. Léopoldville : Les Services de Presses.

REED, D. (1966). 111 Days in Stanleyville. London: Collins.

REED, D. (1988). Save the Hostages. New York: Bantam.

REMILLEUX, J.-L. (1989). Mobutu. Dignité pour l'Afrique. Paris: Albin Michel.

RENAULT, M. (2011). Frantz Fanon. De l'anticolonialisme à la critique postcoloniale. Paris : Éditions Amsterdam.

ROELENS, V. (1948). Notre vieux Congo, souvernirs du premier évêque du Congo Belge. Louvain: Collection Lavigerie.

RUEGG, J. (1943). Ab bata fa. Aus Afrika zum Aktivdienst. Schweiz: Neue Schweizer Bibliothek.

RUHIMIBIKA, M. (2001). Les Banyamulenge (Congo-Zaïre) entre deux guerres. Paris, Montréal : L'Harmattan.

RYCKMANS, A., MWELANZAMBI BAKWA, C. (1992). Droit coutumier africain. Proverbes judiciaires Kongo (Zaïre). Paris : L'Harmattan.

RYCKMANS, P. (1948). Dominer pour servir (éd. nouvelle édition). Bruxelles: L'édition Universelle.

SAINT-MICHEL, S. ; GOUTTMAN, A. (1977). Il était une fois... Mobutu. Histoire du Zaïre. Paris : Afrique Biblio Club.

SANZ GADEA, J. (1980). éména, médecin au Zaïre. Paris: Denoël.

SCHOLL-LATOUR, P. (1989). Mort sur le grand fleuve. Paris: France Loisirs.

SCHÖLLER, A. (1982). Congo 1959-1960. Mission au Katanga. Intérim à Léopoldville. Bruxelles : André Schöller ; Paris-Gembloux : Éditions Duculot.

SCHRAMME, J. (1969). Le bataillon Léopard, souvenirs d'un Africain blanc. Paris : Robert Laffont.

SCHWEITZER, A. (1952). A l'orée de la forêt vièrge. Paris: Albin Michel.

SENGHOR, L. S. (1984). Liberté 1, négritude et humanisme. Paris : Éditions du Seuil.

SERGENT, P. (1978). La légion saute sur Kolwezi. Opération Léopard. Paris : Presses de la Cité.

SIMONS, E.; BOGHOSSIAN, R.; & VERHAEGEN, B. (1996). Stanleyville 1959, le procès de Patrice Lumumba et les émeutes d'octobre. Paris: L'Harmattan, Institut Africain-CEDAF.

SŒUR MARIE-ANDRÉ DU SACRÉ-CŒUR. (1953). La condition humaine en Afrique noire. Paris : Bernard Grasset.

SPAAK, P.-H. (1969). Combats inachevés, de l'indépendance à l'Alliance. Paris : Fayard.

STANLEY M., H. (1890). In Darkest Africa; vol I, vol II. Londres: Sampson Low & Co.

STENGERS, J. (1989). Congo, mythes et réalités. 100 ans d'histoire. Paris: Duculot.

THIEFFRY, E. (1926). En Avion de Bruxelles au Congo Belge. Bruxelles : La renaissance du livre.

TIN, L.-G. (2013). Esclavage et réparations. Comment faire face aux crimes de l'histoire... Paris : Éditions Stock.

TRAN-MINH THIET. (1962). Congo ex-Belge, entre l'Est et l'Ouest. Paris: Nouvelles Editions Latines.

TRUBY W., D. (1966). Congo saga: an authentic record of the Heroes of the Cross during the Simba rising. London: Unevangelized Field Mission.

TSHILENGI WA KABAMBA (1992). Rapport de la commission des biens mal acquis de la Conférence Nationale Souveraine. CNS 92 fra BMA

TSHINKELA, G. (1965). Le miroir Mukongo. Tumba : Germain Tshinkela F.S.C.

TSHOMBE, M. (1975). Mémoires de Moïse Tshombe. Bruxelles: Editions de l'Espérance.

TULLY, A. (1962). CIA the inside story. New York: William Morrow and Company.

TURNBULL, C. (1961). Le peuple de la forêt. Paris : Éditions Stock.

VALERY GISCARD D'ESTAING (1988). Le pouvoir et la vie. France : Compagnie 12.

VAN DEN BOSCH, J. (1986). Pré-Zaïre, le cordon mal coupé. Bruxelles: Le Cri.

VAN DER KERKEN, G. (1920). Les sociétés bantoues du Congo belge et les problèmes de la politique indigène. Bruxelles: Etablissement Emile Bruylant.

VAN REYBROUCK, D. (2012). Congo. Une histoire. Arles : Acte Sud.

VANDERLINDEN, J. (1985). La crise congolaise. Bruxelles: Editions Complexe.

VANDEWALLE, F. (1967). L'Ommegang. Odyssée et reconquête de Stanleyville 1964. Bruxelles : Le Livre Africain.

VERGER, P. (1952). Congo Belge. Bruxelles: Librairie générale.

VERHAEGEN, B. (1962). A.B.A.K.O. 1950-1960. Bruxelles: C.R.I.S.P.

VERHAEGEN, B. (1966). Rébellions au Congo (Vol. Tome I). Bruxelles : C.R.I.S.P.

VERHAEGEN, B. (1969). Rébellions au Congo (Vol. Tome II Maniema). Bruxelles: C.R.I.S.P.

VERHAEGEN, B., BEYS, J., & GENDE-BIEN, P.-H. (s.d.). Congo 1963. Bruxelles: C.R.I.S.P., I.N.E.P.

VERHAEGEN, B. (2006). Mulele et la révolution populaire du Kwilu (République Démocratique du Congo). Paris: L'Harmattan, « Cahiers africains ».

VILLENEUVE, R. (1973). Le cannibalisme. Mesures et démesures de l'anthropophagie. Verviers : bibliothèque marabout.

VILLERS, A. (1961). Nous les avons libérés de l'esclavage. Bruxelles: Le Rond-Point.

VLASSENROOT, K. (2013). South Kivu. Identity, Territory, and Power in the Eastern Congo. London: Rift Valley Institute.

WAGONER, F. (1980). Dragon Rouge, The rescue of hostage in the Congo. Washington, DC: National Defense University.

WALSCHLAP, G. (1956). Insurrection au Congo. Bruxelles: Elsevier.

WARD, H. (1910). Chez les cannibales de l'Afrique centrale. Paris : Librairie Plon.

WASSON HOYT, J. (1966). For The Love of Mike. New-York: Random House.

WEISS, H. (1967). Congo 1965. Political Documents of a Developing Nation. Princeton: Princeton University Press.

WEISS, H., & Verhaegen, B. (1963). Parti solidaire africain (P.S.A.), documents 1959-1960. Bruxelles: C.R.I.S.P.

WEISSMAN, S.R. (1974). American Foreign Policy in the Congo 1960-1964. Ithaca, London: Cornell University Press.

WILLAERT, M. (1990). Servir au Congo. Bruxelles: Didier Hatier.

WILLAME, J.-C. (1992). L'automne d'un despotisme. Pouvoir, argent et obéissance dans le Zaïre des années quatre-vingt. Paris: Editions Karthala.

WILLIAMS, S. (2016). Who killed Hammarskjöld? The UN, the cold war and white supremacy in africa. London: Hurst & Company.

WILTZ, M. (2015). Il pleut des mains sur le Congo. Paris : Magellan & Cie.

WILUNGULA B. Cosma, (1997). Fizi 1967-1986 le maquis Kabila. Bruxelles: Institut Africain-CEDAF, Paris :L'Harmattan

ZIEGLER, J. (1979). Le pouvoir africain. Paris: Nouvelle édition Points.

ZIEGLER, J. (1996). L'or du Maniema. Paris: Éditions du Seuil.

ZIEGLER, J. (2008). La Haine de l'Occident. Paris: Albin Michel.

JOURNAUX, MAGAZINES

ANONYME (1964). 300 Congolais et 19 Européens sont massacrés par les rebelles avant la prise de Paulis par les parachutistes belges, quatres milles noirs ont été tués en quatre mois par les « simbas ». La Montagne, p. 16.

ANONYME (1964). Congo : Bruxelles et Washington se consultant avant d'aider militairement Moïse Tchombé. La Chine soutient financièrement les rebelles de Gaston Soumialot a confirmé l'ex-diplomate chinois « disparu » au Burundi. La Nouvelle République, p. 12.

ANONYME. (1964). Congo Martyr, photographs, eyewitness reports of the massacre. Dr. Paul Carlson in the service of his mission before Congo rebels killed him. Life, p. 32.

ANONYME (1964). Gaston Soumialot : prochainement au Caire, une conférence va unir toutes les forces patriotiques du Congo. Le Monde, p. 14.

ANONYME (1964). Les paras commandos belges ont quitté le Congo. La Liberté, p. 14.

ANONYME (1964). Les rebelles de Soumialot ont fait leur entrée dans Stanleyville. L'Aurore, p. 10.

ANONYME (1964). Soumialot : Je serai bientôt à Léopoldville. La Liberté, p 10.

ANONYME (1964). The Congo massacre, Dr. Paul Carlson. Time Magazine, p. 28.

ANONYME (1964). Vive inquiétude à Léopoldville à la suite de la prise d'Albertville par les rebelles de Gaston Soumialot. La Liberté, p. 14.

BRAECKMAN, C. (2006). Sur la piste du fabuleux trésor des Simba. Le Soir, pp. 2-3.

BUHRE, W. (novembre 1965). Das Massaker von Stanleyville. Das Beste, Reader's Digest (11), pp. 161-230.

COUBARD, J. (1964). Gaston Soumialot: prochainement au Caire, une conférence va unir toutes les forces patriotiques du Congo. L'Humanité, p. 12.

LE BAILLY, J. ; LEFEBVRE, A. (05.12.1964). La tragédie des otages de Stanleyville. Paris Match (No. 817).

M.E. (1964). Tschombé « en difficulté ». Les troupes de Soumialot avancent sans trouver de résistance. Combat le journal de Paris, p. 10.

RIBEAUD, P. (1964). Congo, zéro zéro. La nuit, des buissons en marche... ce sont les rebelles de Soumialot. La Nouvelle République, p. 12.

NGOYI KABUYA, I. & ABDURAZAK, M. (1999). Révélations de S.E. M. Bwana Muzuri Ambassadeur de la RDC à Khartoum. La Libération - Journal du Peuple .

KPATIONÉ, F. (23 au 29 janvier 2001). Le « kadogo » se dirige vers Kabila, dégaine et tire. L'intelligent, Jeune Afrique (2089).

VERHAEGEN, B. (1 février 1978). Patrice Lumumba, martyr d'une Afrique nouvelle. Jeune Afrique (891).

SCHRÖDER, D. (16 septembre 2002). BWB-Goldinitiative. Dem Geheimnis des Nationalbank-Goldes auf der Spur. Bieler Wirtschaftsbrief (136).

SITES WEB

AKOUJAN, M. (s.d.). Eclairages de l'islam. Consulté le 2 décembre 2009, sur www.islamjeunesse.com: http://www.islamjeunesse.com/eclairages/eclair5amana.php

ANONYME. (12 juin 2009). 1 mort et 1 blessé, bilan des affrontements entre Fardc et Maï Maï à Uvira. Consulté le 16 février 2010, sur Digitalcongo.net: http://www.digitalcongo.net/article/58775

ANONYME. (18 janvier 2006). Christophe Gbenye demande au gouvernement de démarcher pour la récupération des stocks d'or emportés par les lumumbistes et logés au Soudan. Consulté le 9 février 2006, sur digitalcongo: http://www.digitalcongo.net/fullstory.php?id=63395

ANONYME. (3 octobre 2003). Révolution Congolaise Lumumba-Mulele-Kabila. Consulté le 13 mai 2009, sur www.deboutcongolais.ch: http://www.deboutcongolais.info/revcongo-01-complet.pdf

ANONYME. (s.d.). Charia. Consulté le 26 mai 2010, sur wikipédia: http://fr.wikipedia.org/wiki/Charia

BAKEBA, M. (25 septembre 2009). Le pays étant en voie de démocratisation. Consulté le 23 novembre 2009, sur Lobservateur: http://www.lobservateur.cd/index.php?option=com_content&view=article&id=447:le-pays-etant-en-voie-de-democratisation&catid=44:politique&Itemid=58

KLÉBER KUNGU (6 février 2015). *Ancien chef rebelle et proche de Patrice Lumumba, Christophe Gbenye vient de rendre l'âme.* Consulté le 26 février 2015 sur http://www.lobservateur.cd/2015/02/ancien-chef-rebelle-et-proche-de-patrice-lumumba-christophe-gbenye-vient-de-rendre-lame/

LE MONDE.FR avec AFP (29.06.2005). *Le président algérien relance la polémique avec Paris sur le rôle de la France durant la colonisation.* Consulté le 26 avril 2010, sur http://www.lemonde.fr/afrique/article/2005/06/29/colonialisme-m-bouteflika-denonce-la-cecite-mentale-de-la-france_667692_3212.html

Le POTENTIEL. (30 janvier 2006). L'or congolais bloqué au Soudan. Consulté le 26 mai 2010, sur www.Lepotentiel.com: http://www.lepotentiel.com/afficher_article.php?id_edition=&id_article=21567

Le prince Louis Rwagasore: Un héros de l'Indépendance du Burundi. (s.d.). Consulté le 24 avril 2010, sur arib, Association de Réflexion et d'Information sur le Burundi: http://www.arib.info/index.php?option=com_content&task=view&id=338&Itemid=92

MAISHI, & Le Potentiel. (7 janvier 2006). Diplomatie: le ministre des Affaires étrangères Ramazani Baya annonce la prise en charge des Congolais de l'étranger. Consulté le 7 janvier 2006, sur Digitalcongo: http://www.digitalcongo.net/fullstory.php?id=62995

MUNYENGAYI, T. (2005, février). Rappel historique du plan Van Bielsen, 50 ans après. Consulté le 21 mars 2009, sur http://www.lepotentiel.com/afficher_article.php?id_edition=&id_article=22803.

SOYOUZ NEROUCHIMY (16.08.2012). Discours Che Guevara ONU. Consulté le 16 septembre 2016, sur youtube : https://www.youtube.com/watch?v=0gv58jaiA2o

TAMBA, G. (18 janvier 2005). Ultime appel de Gbenye pour l'or congolais à Khartoum. Consulté le 19 décembre 2009, sur Congovision: http://www.congovision.com/nouvelles/post12.html

TIME MAGAZINE. (4 Décembre 1964). The Congo Massacre. Consulté le 3 mars 2009, sur www.time.com: www.time.com/time/magazine/article/0,9171,830872,00.html

UNHCR. (5 mai 2006). Sud-Soudan: Rapatriement de 850 réfugiés congolais. Consulté le 7 janvier 2010, sur www.unhcr.fr: http://www.unhcr.fr/cgi-bin/texis/southsudan?page=briefing&id=44606cd12

VIDIBIO, C. (5 août 2009). Moralité des Casques bleus de la Monuc: trop de cas des scandales à répétition qui frisent l'indécence ! Consulté le 6 août 2009, sur Digitalcongo.net: http://www.digitalcongo.net/article/60084

MEES, M. (2011). Ce jour-là. 24-11-1964 : les paras sautent sur Stan. Production : Renaud Gilles, RTBF. Consulté le 3 juillet 2013, sur Dailymotion.com : http://www.dailymotion.com/embed/video/xkpktd

TÉLÉVISION, FILMS, VHS, DVD

CHARLIER, M., co-réalisation Grod G., (12 mars 1976). La sécession du Katanga, de la série Les Dossiers Noirs. Production : FR3 et Gaumont.

CHARLIER, M., co-réalisation Grod G., (19 mars 1976). Le destin tragique de Moïse Tshombé, de la série Les Dossiers Noirs. Production : FR3 et Gaumont.

MICHEL, T. (2000). Mobutu, Roi du Zaïre. Tragédie africaine. Co-production : Les Films de la Passerelle, Image Création, RTBF-Liège, VRT-Canvas CBA [be], Les Films d'Ici, Canal+ [fr], Eurimages, Commission européenne (DGVIII), ORF, Media, Agence de la Francophonie Congo-Zaïre RTNC, [vidéocassette VHS] Vidéo Editions Montparnasse, durée 135 min.

GIEFER, T. (2007). Une mort de style colonial. L'assassinat de Patrice Lumumba, de la collection Assassinats Politiques. Production : Solférino Images. [DVD] L'Harmattan, ICTV, 52 min.

NOTES

[1] Kléber Kungu (6 février 2015). *Ancien chef rebelle et proche de Patrice Lumumba, Christophe Gbenye vient de rendre l'âme.* Consulté le 26 février 2015 sur http://www.lobservateur.cd/2015/02/ancien-chef-rebelle-et-proche-de-patrice-lumumba-christophe-gbenye-vient-de-rendre-lame/

[2] Coquery-Vidrovitch, C., Forest, A., & Weiss, H. (1987). *Rébellions-Révolution au Zaïre 1963-1965* (Vol. I). Paris: L'Harmattan, p. 160.

[3] Schweitzer, A. (1952). *A l'orée de la forêt vièrge.* Paris: Albin Michel, p. 113.

[4] Boissonnade, E. (1990). *Le mal Zaïrois.* Paris: Editions Hermé, p. 37.

[5] Ryckmans, P. (1948). *Dominer pour servir* (nouvelle édition). Bruxelles: L'édition Universelle.

[6] Kestergat, J. (1985). *quand le Zaïre s'appelait Congo.* (P. Legrain, Éd.) Bruxelles, p. 139.

[7] Boissonnade, E. (1990). op.cit., p. 35.

[8] Roelens, V. (1948). *Notre vieux Congo, souvernirs du premier évêque du Congo Belge.* Louvain: Collection Lavigerie, pp. 57-58.

[9] Lumumba, P. (1961). *Le Congo terre d'avenir est-il menacé?* Bruxelles: Office de Publicité, S.A., p. 146.

[10] Vanderlinden, J. (1985). *La crise congolaise.* Bruxelles: Editions Complexe, p. 22

[11] Cauvin, A. (1956). *Bwana Kitoko.* Bruxelles: Elsevier, p. XI.

[12] Tshilombo Munyengayi. (2005, février). *Rappel historique du plan Van Bielsen, 50 ans après.* Consulté le 21 mars 2009, sur http://www.lepotentiel.com/afficher_article.php?id_edition=&id_article=22803

[13] Janssens, E. (1961). *J'étais le général.* (C. Dessart, Éd.) Bruxelles, p. 103.

[14] Ndaywel è Nziem, I. (1998). *Histoire générale du Congo. De l'héritage ancien à la République Démocratique.* Paris, Bruxelles: C.G.R.I.-Duculot-A.C.C.T., p. 525.

[15] Monheim, F. (1962). Mobutu l'homme seul. Bruxelles : Editions Actuelles, p. 39.

[16] Kanyarwunga I.N., J. (2006). *République Démocratique du Congo Les Génération condamnées, Déliquescence d'une société précapitaliste.* Paris: Editions Publibook, p. 31.

[17] Janssens, E. op.cit., p. 46.

[18] Ndaywel è Nziem, I. op.cit., p. 532.

[19] Mutamba-Makombo, J. (1980). *Histoire du Zaïre par les textes.* Edideps Editions [cité dans Ndaywel è Nziem, I. op.cit., p. 535].

[20] Janssens, E. op.cit., p. 31.

[21] Ibid. p. 25.
[22] Ibid. p. 21.
[23] Marres, J., & De Vos, P. (1959). *L'équinoxe de janvier*. Bruxelles: Editions Euraforient, p. 73.
[24] Simons, E., Boghossian, R., & Verhaegen, B. (1996). *Stanleyville 1959, le procès de Patrice Lumumba et les émeutes d'octobre*. Paris: L'Harmattan, Institut Africain-CEDAF., p. 10.
[25] Nlandu-Tsasa, C. (1997). *La rumeur au Zaïre de Mobutu*. Paris: L'Harmattan, p. 136.
[26] Mutamba M. (1977) [cité dans Ndaywel è Nziem, I. op. cit., p. 537]
[27] Marres, J., & De Vos, P. (1959). *L'équinoxe de janvier*. Bruxelles: Editions Euraforient [cité dans Ndaywel è Nziem, I. op.cit., p. 537].
[28] de Monstelle, A. (1965). *la débâcle du congo belge*. Bruxelles: Leclerc, p. 134.
[29] Kestergat, J. (1985). op.cit., p. 217.
[30] Robert, P. (2010). *Le Petit Robert, Dictionnaire alphabétique et analogique de la langue française*. Paris : Dictionnaires Le Robert, p. 467.
[31] Maurel, A. (1992). *Le Congo, de la colonisation belge à l'indépendance*. Paris: L'Harmattan, p. 263.
[32] Braeckman, C. (1999). *L'enjeu congolais, L'Afrique centrale après Mobutu*. France: Fayard, p. 80.
[33] Kestergat, J. (1985). op.cit., p. 293.
[34] Braeckman, C. (1999). op.cit., p. 80.
[35] *Le prince Louis Rwagasore: Un héros de l'Indépendance du Burundi*. (s.d.). Consulté le 24 avril 2010, sur arib, Association de Réflexion et d'Information sur le Burundi: http://www.arib.info/index.php?option=com_content&task=view&id=338&Itemid=92
[36] Kestergat, J. (1985). op.cit., p. 239 et 241.
[37] van den Bosch, J. (1986). *Pré-Zaïre, le cordon mal coupé*. Bruxelles: Le Cri, p. 18.
[38] Hochschild, A. (1999). *King Leopold's ghost*. New-York: First Mariner Books Edition, p. 233.
[39] Le Monde.fr avec AFP (29.06.2005). *Le président algérien relance la polémique avec Paris sur le rôle de la France durant la colonisation*. Consulté le 26 avril 2010, sur http://www.lemonde.fr/afrique/article/2005/06/29/colonialisme-m-bouteflika-denonce-la-cecite-mentale-de-la-france_667692_3212.html
[40] Legendre, B., Gaïdz, M., (2007). *Histoire mémoire et mondialisation. Le Monde*, 27 décembre 2007 [cité dans Ziegler, J. (2008). *La Haine de l'Occident*. Paris: Albin Michel, p. 15.].
[41] Devlin, L. (2007). *Chief of Station, Congo. Fighting the Cold War in a Hot Zone*. New York: Public Affairs, p. 259.
[42] Ziegler, J. (2008). *La Haine de l'Occident*. Paris: Albin Michel, p.15.
[43] Devlin, L., op.cit., p. 9.
[44] Kanyarwunga I.N., J., op.cit., p. 68.
[45] Ibid. p. 47.
[46] Gerard-Libois, J., & Verhaegen, B. (s.d.). *Congo 1960* (Vol. Tome 1). Bruxelles: C.R.I.S.P., pp. 318-319.
[47] Ibid. p. 323.

[48] Kanza, K. (1972) *Conflict in the Congo*. London: Penguin Books, pp. 119-120 [cité dans Willame, J.-C. (1992). *L'automne d'un despotisme. Pouvoir, argent et obéissance dans le Zaïre des années quatre-vingt*. Paris: Editions Karthala, pp. 26-27].
[49] Monheim, F., op.cit., p. 69.
[50] Ibid. p. 72.
[51] Kestergat, J. (1986). *du Congo de Lumumba au Zaïre de Mobutu*. Bruxelles : P. Legrain Éd., p. 24.
[52] van den Bosch, J. op.cit., p. 43.
[53] Manya K'Omalowete a Djonga. (1985). *Patrice Lumumba, le Sankuru et l'Afrique*. Lutry, Suisse: Les Editions Jean-Marie Bouchain, p. 46.
[54] Langellier, J.-P., (2017). *Mobutu*. Paris : Perrin, p. 35-36.
[55] Monheim, F., op.cit., p. 96.
[56] Michel T. (2000). *Mobutu, Roi du Zaïre. Tragédie africaine*, co-production : Les Films de la Passerelle, Image Création, RTBF-Liège, VRT-Canvas CBA [be], Les Films d'Ici, Canal+ [fr], Eurimages, Commission européenne (DGVIII), ORF, Media, Agence de la Francophonie Congo-Zaïre RTNC, [vidéocassette VHS] Vidéo Editions Montparnasse, durée 135 min.
[57] Monheim, F., op.cit., p. 97.
[58] van den Bosch, J., op.cit., p. 48.
[59] Devlin, L., op.cit., p. 35.
[60] van den Bosch, J., op.cit., p. 50.
[61] Kestergat, J. (1986), op.cit., p. 34.
[62] Rapport fait au nom de la commission d'enquête par MM. Daniel Bacquelaine, Ferdy Willems et Mme Marie-Thérèse Coenen. (16 novembre 2001). *Enquête parlementaire visant à déterminer les circonstances exactes de l'assassinat de Patrice Lumumba et l'implication éventuelle des responsables politiques belges dans celui-ci*. Chambre des Représentants de Belgique, p. 50.
[63] Ibid. p. 51.
[64] Janssens, E., op.cit., p. 11.
[65] Giefer, T. (2007). *Une mort de style colonial. L'assassinat de Patrice Lumumba*, de la collection *Assassinats Politiques*. Production : Solférino Images. [DVD] L'Harmattan, ICTV, 52 min.
[66] Devlin, L., op.cit., p. 25.
[67] Giefer, T., op.cit.
[68] van den Bosch, J., op.cit., p. 116.
[69] Verhaegen, B. (1969). *Rébellions au Congo Maniema* (Vol. Tome II). Bruxelles: C.R.I.S.P., I.R.E.S., p. 131
[70] Michel T. op.cit.
[71] Devlin, L., op.cit., pp.63, 66.
[72] Kalonji Ditunga Mulopwe, A. (2005). *Congo 1960, la sécession du Sud-Kasaï. La vérité du Mulopwe*. France: L'Harmattan, p. 214.
[73] Devlin, L., op.cit., p. 65.
[74] Ibid. p. 67.
[75] Verhaegen, B. (1969). op.cit., p. 130.
[76] Chomé, J. (1974). L'ascension de Mobutu. Bruxelles : Éditions complexe, p. 71.
[77] Devlin, L., op.cit., p. 88
[78] Ibid. pp. 72-73.

[79] Ibid. pp. 78-79.
[80] Ibid. pp. 79-80.
[81] Ibid. pp. 102-103.
[82] Michel T. op.cit.
[83] Congo, R. D. (s.d.). *Recueil des discours et harangues du Président de la République le Lieutenant-Général Joseph Désiré Mobutu, août 1960- août 1970.* Kinshasa: SEI/ANC, p. 3.
[84] Remilleux, J.-L. (1989). *Mobutu. Dignité pour l'Afrique.* Paris: Albin Michel, p. 54.
[85] Devlin, L., op.cit., p. 123.
[86] Brassine, J., & Kestergat, J. (1991). *Qui a tué Patrice Lumumba?* Paris-Louvain-la-Neuve: Duculot, p. 65
[87] Monheim, F., op.cit., p.196.
[88] Devlin, L., op.cit., pp. 90-92.
[89] Ibid. pp. 94-96.
[90] Ibid. p. 107.
[91] Heinz, G., & Donnay, H. (1966, réed. 1976). *Lumumba Patrice, les cinquante derniers jours de sa vie.* Bruxelles, Paris: C.R.I.S.P., Le Seuil, p. 37.
[92] Ibid., p. 36-37.
[93] Ibid., pp. 37-38.
[94] Ibid., p. 38.
[95] Devlin, L., op.cit., p. 107.
[96] Verhaegen, B. (1969) op.cit., p. 131.
[97] Ibid., p. 132.
[98] Mpisi, J. (2007). Antoine Gizenga. Le combat de l'héritier de P. Lumumba. Paris : L'Harmattan, p. 247
[99] MM. Daniel Bacquelaine, Ferdy Willems et Mme Marie-Thérèse Coenen. (2001), op.cit., p. 221.
[100] Mpisi, J. (2007) op.cit., p. 251
[101] Verhaegen, B. (1 février 1978). *Patrice Lumumba, martyr d'une Afrique nouvelle.* Jeune Afrique (891), p. 87.
[102] Brassine, J., & Kestergat, J. (1991). op.cit., p. 76.
[103] Ibid.
[104] Verhaegen, B. (1 février 1978). op.cit., p. 87.
[105] Monheim, F. (1962). op.cit., p. 198.
[106] Braeckmann, C. (2009). *Lumumba un crime d'État.* Bruxelles : Les Éditions Aden, p.48.
[107] Mpisi, J. (2007). op.cit., p. 265
[108] Ibid. p. 266
[109] Brassine, J., & Kestergat, J. (1991). op.cit., p. 118.
[110] Mpisi, J. (2007). op.cit., p.273.
[111] Ibid, p. 274.
[112] MM. Daniel Bacquelaine, Ferdy Willems et Mme Marie-Thérèse Coenen. (2001), op.cit., p. 297.
[113] Ibid, p. 298.
[114] Nicolaï, M. (1987). *Ici Radio Katanga... 1960-1961.* Bruxelles: Editions J.M. Collet, p. 123.

[115] Ndaywel è Nziem, I. op.cit., p. 588.
[116] Giefer, T., op.cit.
[117] Mpisi, J. (2007). op.cit., p.279.
[118] Brassine, J., & Kestergat, J. (1991).op.cit., p.204.
[119] Mpisi, J. (2007). op.cit., p., p. 284
[120] Ibid, p. 240.
[121] MM. Daniel Bacquelaine, Ferdy Willems et Mme Marie-Thérèse Coenen. (2001), op.cit., p. 212-213.
[122] Giefer, T., op. cit.
[123] Mpisi, J. (2007). op.cit., p. 278.
[124] Soyouz nerouchimy (16.08.2012). Discours Che Guevara ONU. Consulté le 16 septembre 2016, sur youtube : Discours Che Guevara à l'Onu. https://www.youtube.com/watch?v=0gv58jaiA2o
[125] Devlin, L., op.cit., pp. 118-119.
[126] Ndaywel è Nziem, I. op.cit., p. 595.
[127] Kestergat, J. (1986), op.cit., p. 124.
[128] Verhaegen, B. (1969) op.cit., p. 151.
[129] Kestergat, J. (1986), op.cit., pp. 100-104
[130] Verhaegen, B. (1969) op.cit., pp. 160-161.
[131] Devlin, L., op.cit., p. 158.
[132] Mpisi, J. (2007), op.cit., p. 309.
[133] Ibid, pp. 309-310.
[134] Charlier, M., co-réalisation Grod G., (12 mars 1976). *La sécession du Katanga*, de la série *Les Dossiers Noirs*. Production : FR3 et Gaumont.
[135] Charlier, M. (12 mars 1976) op.cit.
[136] Ibid.
[137] Devlin, L., op.cit., p. 168.
[138] Ibid.
[139] Othman, M., Macauley, K., Larsen, H. (2015). *Rapport du Groupe d'experts indépendants créé par la resolution 69/246 de l'Assemblée générale.* Nations Unies, p. 62.
[140] Monheim, F., op.cit., p. 147.
[141] Kestergat, J. (1986), op.cit., pp. 116-117.
[142] Devlin, L., op.cit., p. 174.
[143] Tshombe, M. (1975). *Mémoires de Moïse Tshombe.* Bruxelles: Editions de l'Espérance, pp. 203-204.
[144] Verhaegen, B. (1969) op.cit., p. 185.
[145] Kestergat, J. (1986), op.cit., pp. 125-126.
[146] Kalonji Ditunga Mulopwe, A. (2005), op.cit. p. 138.
[147] Devlin, L., op.cit., p. 202.
[148] Gerard-Libois, J., & Verhaegen, B. (1963). *Congo 1962.* Bruxelles: C.R.I.S.P., p. 423.
[149] Devlin, L., op.cit., p. 182.
[150] Kestergat, J. (1986), op.cit., p. 140.
[151] Devlin, L., op.cit., p. 66.
[152] Chang, J., & Halliday, J. (2006). *Mao. L'histoire inconnue.* France: Editions Gallimard, p. 15.

[153] Gerard-Libois, J., & Van Lierde, J. (1965). *Congo 1964*. Bruxelles: C.R.I.S.P., I.N.E.P., 246.
[154] Verhaegen, B., Beys, J., & Gende-Bien, P.-H. (s.d.). *Congo 1963*. Bruxelles: C.R.I.S.P., I.N.E.P., p. 234-235.
[155] Congo, R. D. (1964). *La rébellion au Congo*. Léopoldville: Services de Presse, pp. 15, 28.
[156] Coquery-Vidrovitch, C., Forest, A., & Weiss, H., op.cit., p.220.
[157] Verhaegen, B. (1987). « Réflexions sur l'histoire politique récente du Zaïre », dans Coquery-Vidrovitch, C., Forest, A., & Weiss, H. (sous la direction de) *Rébellions-Révolution au Zaïre 1963-1965* (Vol. I). Paris: L'Harmattan, pp. 75-76.
[158] Mbaya, E.-R. (1987). « Le Conseil National de Libération (1963-1964) », dans Coquery-Vidrovitch, C., Forest, A., & Weiss, H. (sous la direction de) *Rébellions-Révolution au Zaïre 1963-1965* (Vol. I). Paris: L'Harmattan, p. 202.
[159] Verhaegen, B., Beys, J., & Gende-Bien, P.-H. (s.d.). op.cit., p. 331.
[160] Verhaegen, B. (2006). *Mulele et la révolution populaire du Kwilu (République Démocratique du Congo)*. Paris: L'Harmattan, « Cahiers africains », p. 181.
[161] Gerard-Libois, J., & Van Lierde, J. (1965). op.cit., p. 263.
[162] Ibid., p. 58.
[163] Ignacio Taibo II, P., Escobar, F., & Guerra, F. (1995). *L'année où nous n'étions nulle part. Extraits du journal de Ernesto Che Guevara en Afrique*. Paris: Éditions Métailié, p. 79.
[164] Wilungula B. Cosma. (1997). *Fizi 1967-1986, le maquis Kabila*. Bruxelles : Institut Africain CEDAF, Paris : L'Harmattan, p. 35.
[165] Charlier, M. (12 mars 1976). op.cit.
[166] Manya K'Omalowete a Djonga. op.cit., p. 106.
[167] Gerard-Libois, J., & Van Lierde, J. (1965). op.cit., p. 284.
[168] Ibid., p. 293.
[169] Sanz Gadea, J. (1980). *éména, médecin au Zaïre*. Paris: Denoël, p. 210.
[170] Reed, D. (1966). *111 Days in Stanleyville*. London: Collins, p. 101.
[171] Gerard-Libois, J., & Van Lierde, J. (1965). op.cit., p. 286.
[172] Reed, D. (1966). op.cit., p. 60.
[173] Ibid., p. 83.
[174] CIA Report, « Tanzania Taking the Left Turn », 21 mai 1965, *LBJ Library*, NSF, Country File, Tanzania, Box 100. [cité dans De Witte, L. (2017). *L'ascension de Mobutu. Comment la Belgique et les USA ont installé une dictature*. Belgique : Investig'Action, p. 334].
[175] Vidibio, C. (2009, août 5). *Moralité des Casques bleus de la Monuc: trop de cas des scandales à répétition qui frisent l'indécence!* Consulté le 6 août 2009, sur Digitalcongo.net: http://www.digitalcongo.net/article/60084
[176] Brabant, J. (2016) op.cit., pp. 33-34.
[177] Verhaegen, B. (1969) op.cit., p. 574.
[178] Ngbanda Nzambo, H. (2004). *Crimes organisés en Afrique centrale*. Paris : éditions Duboiris, p. 276.
[179] Nagifi, V. (2003). *Les derniers jours de Mobutu à Gbado-Lite (Congo-Zaïre)*. Paris: L'Harmattan, p. 71.
[180] Verhaegen, B. (1966). *Rébellions au Congo, tome 1*. Bruxelles : C.R.I.S.P., p 314.
[181] Gerard-Libois, J., & Van Lierde, J. (1965). op.cit., p. 56.

[182] Hoyt, Michael P.E. (2000). *Captive in the Congo*. Annapolis: Naval Institute Press, pp. 22-23.
[183] Ibid., p. 71.
[184] Ministère des Affaires Etrangères (2002). *Documents Diplomatiques Français. 1964 Tome II (1er juillet-31 décembre)*. Paris : P.I.E.-Peter Lang SA, p. 285.
[185] Devlin, L., op.cit., p. 225.
[186] Kestergat, J. (1986), op.cit., p. 150.
[187] Gerard-Libois, J., & Van Lierde, J. (1965). op.cit., p. 170.
[188] Congo, R. D. (1964). op.cit., p. 7.
[189] Gerard-Libois, J., & Van Lierde, J. (1965). op.cit., p. 134.
[190] Ibid., p. 210.
[191] Ibid., p. 211.
[192] Ibid., p. 216.
[193] Ibid., p. 213.
[194] Ibid., pp. 218-219.
[195] Kestergat, J. (1986), op.cit., p. 152.
[196] Quinteyn, F. (2004). *Stanleyville sous la terreur simba. Mateka, le temps des ombres*. Paris: L'Harmattan, p. 10.
[197] Gerard-Libois, J., & Van Lierde, J. (1965). op.cit., p. 213.
[198] Congo, R. D. (1964). op.cit., p. 9.
[199] Gerard-Libois, J., & Van Lierde, J. (1965). op.cit., p. 224.
[200] Ibid., p. 223.
[201] Ibid., p. 224.
[202] Martens, L. (1987). « L'idéologie du mouvement révolutionnaire au Congo-Kinshasa 1963-1968. Forces et faiblesses», dans Coquery-Vidrovitch, C., Forest, A., & Weiss, H. (sous la direction de) *Rébellions-Révolution au Zaïre 1963-1965* (Vol. I). Paris: L'Harmattan, p. 219.
[203] Gerard-Libois, J., & Van Lierde, J. (1965). op.cit., pp. 294-295.
[204] Reed, D. (1966). op.cit., p. 54
[205] Gerard-Libois, J., & Van Lierde, J. (1965). op.cit., p. 76.
[206] Verhaegen, B. (1966). op.cit., p. 488.
[207] Scholl-Latour, P. (1989). *Mort sur le grand fleuve*. Paris: France Loisirs, p. 284.
[208] Gerard-Libois, J., & Van Lierde, J. (1965). op.cit., p. 225.
[209] Hoyt, M. (2000). op.cit., p. 20.
[210] Nothomb, P. (1993). *Dans Stanleyville*. Paris-Louvain-la-Neuve: 1993, p. 106.
[211] Gerard-Libois, J., & Van Lierde, J. (1965). op.cit., p. 233.
[212] Ibid., p. 238.
[213] Devlin, L., op.cit., pp.215-222.
[214] Hoyt, M., op.cit., p. 10.
[215] Nothomb, P. (1993). op.cit., p. 168.
[216] Kestergat, J. (1986), op.cit., p. 144.
[217] Gerard-Libois, J., & Van Lierde, J. (1965). op.cit., pp. 238-239.
[218] Reed, D. (1966). op.cit., p.53.
[219] Hoyt, M. (2000). op.cit., p. 148.
[220] Ibid. p. 188.
[221] Ibid. p. 176.
[222] Gerard-Libois, J., & Van Lierde, J. (1965). op.cit., p. 231.
[223] Reed, D. (1966). op.cit., p.51.

[224] Congo, R. D. (1964). op.cit., p.11.
[225] Quinteyn, F. (2004). op.cit., p.44.
[226] Nothomb, P. (1993). op.cit., p. 107.
[227] Charlier, M., co-réalisation Grod G., (19 mars 1976). *Le destin tragique de Moïse Tshombé*, de la série *Les Dossiers Noirs*. Production : FR3 et Gaumont.
[228] Reed, D. (1966). op.cit., p. 96.
[229] Ibid., p. 97.
[230] Nothomb, P. (1993). op.cit., p. 93.
[231] Charlier, M. (19 mars 1976). op.cit.
[232] Hoyt, M. (2000). op.cit., pp.88-89
[233] Congo, R. D. (1964). op.cit., p.11.
[234] Nothomb, P. (1993). op.cit., p. 107.
[235] Congo, R. D. (1964). op.cit., pp.11-12.
[236] Hoyt, M. (2000). op.cit., p. 194.
[237] Quinteyn, F. (2004). op.cit., p. 45.
[238] Nothomb, P. (1993). op.cit., pp. 107-108.
[239] Congo, R. D. (1964). op.cit., p.11.
[240] Reed, D. (1966). op.cit., p.96.
[241] Charlier, M. (19 mars 1976). op.cit.
[242] Reed, D. (1966). op.cit., p.52
[243] Ndaywel è Nziem, I. op.cit., p. 624.
[244] Scholl-Latour, P. (1989). op.cit., p. 282.
[245] Reed, D. (1966). op.cit., p. 115.
[246] Ministère des Affaires Etrangères (2002). op.cit., p. 286.
[247] Reed, D. (1966). op.cit., p. 115
[248] Wagoner, F. (1980). *Dragon Rouge. The Rescue of Hostage in the Congo*. Washington DC: National Defense University, p. 65.
[249] Reed, D. (1966). Op.cit., 69.
[250] Ibid., p. 112.
[251] Congo, R. D. (1964). op.cit., p.12.
[252] Ibid., p. 13.
[253] Ibid., pp.12-13.
[254] Verhaegen, B. (1969). op.cit., p. 448.
[255] Ibid., p. 449.
[256] Ibid., p. 450.
[257] Gerard-Libois, J., & Van Lierde, J. (1965). op.cit., p. 278.
[258] Ibid., p. 279.
[259] Ibid., p. 284.
[260] Braeckman, C. (2009), op.cit., p. 56 & Kestergat, J. (1965). Congo Congo. Paris: l'ordre du jour, la table ronde, p. 188.
[261] Odom, Thomas P. (1988). *Dragon Operations: Hostage Rescues in the Congo, 1964-1965*. USA: Combat Studies Institute, p. 25-33.
[262] Kestergat, J. (1986), op.cit., p. 158.
[263] Reed, D. (1966). op.cit., pp. 180.
[264] Gerard-Libois, J., & Van Lierde, J. (1965). op.cit., p.317.
[265] Ibid., p. 347.
[266] Nothomb, P. (1993). op.cit., pp. 246,249.
[267] Kestergat, J. (1986), op.cit., p. 160.

[268] Nothomb, P. (1993). op.cit., p.236.
[269] Scholl-Latour, P. (1989). op.cit., p. 278.
[270] Nothomb, P. (1993). op.cit., p.237.
[271] Gerard-Libois, J., & Van Lierde, J. (1965). op.cit., p. 383.
[272] Hoare, M. (2008). *Congo Mercenary*. Colorado: Paladin Press. p. 303
[273] Hoyt, M. (2000). op.cit., p. 207.
[274] Gerard-Libois, J., & Van Lierde, J. (1965). op.cit., p. 387.
[275] Odom, Thomas P. (1988). op.cit., p. 42.
[276] Reed, D. (1966). op.cit., p.194.
[277] Mueller, S. (1965). *Les nouveaux mercenaires*. Paris: Éditions France-Empire, p. 187.
[278] Ibid., p. 186.
[279] De Witte, L. (2017). *L'ascension de Mobutu. Comment la Belgique et les USA ont installé une dictature*. Belgique : Investig'Action, p. 234.
[280] Time Magazine. (1964, Décembre 4). *The Congo Massacre*. USA : Bernhard M. Auer, p. 28.
[281] Carlson, L. (1967). *Le docteur Paul Carlson mon mari*. Belgique: Casterman, p. 190.
[282] Reed, D. (1966). op.cit., p. 258.
[283] Ibid, p. 272.
[284] Ibid, p. 263.
[285] Gerard-Libois, J., & Van Lierde, J. (1965). Op. cit., p. 499.
[286] Reed, D. (1966). Op.cit., p. 264.
[287] Ibid, p.p. 268-269.
[288] Odom, Thomas P. (1988). op.cit., pp. 180-181.
[289] Reed, D. (1966). op.cit., p. 273.
[290] Chiffres au Cabinet du ministre des Affaires étrangères, « Note. Personnes libérées de la zone rebelle », 10 mars 1965, et Commission Liekendael, « Rapport sur les atteintes à la personne commises, depuis 1964 dans la République démocratique du Congo. Commission d'information AR du 16 juillet 1960 et du 2 mars 1965 », 15 octobre 1966, tous deux dans *Archives AE*, 18.287 I. [cité dans De Witte, L. (2017). op.cit., p. 278].
[291] Gerard-Libois, J., & Van Lierde, J. (1966). *Congo 1965*. Bruxelles: C.R.I.S.P., I.N.E.P., p.141-142.
[292] Ignacio Taibo II, P., Escobar, F., & Guerra, F. (1995). op.cit., p. 19.
[293] Ibid., p. 207.
[294] Ibid., p. 207.
[295] Ibid., p. 19.
[296] Ibid., pp. 41.
[297] Ibid., pp. 52-53.
[298] Ibid., p. 75.
[299] Ibid., p. 107.
[300] Ibid., p. 132.
[301] Gerard-Libois, J., & Van Lierde, J. (1966). op.cit., pp.140-141.
[302] Cormier, J. (2017). *Che Guevara, le temps des révélations*. Monaco : Groupe Elidia Editions du Rocher, p. 408.
[303] Cormier, J. (2017). op.cit., p. 409.
[304] Ibid., p. 408.

[305] Ignacio Taibo II, P. (2017). *Ernesto Guevara, connu aussi comme le Che*. Paris : Editions Métaillé / Editions Payot & Rivages, p. 241.
[306] Guevara, E. (2009). *Journal du Congo*. France: Mille et une nuits, p. 33.
[307] Wilungula B. Cosma, (1997), op.cit., p. 42.
[308] Hugo, J.-F. (2006). *La République démocratique du Congo. Une guerre inconnue*. Paris: Éditions Michalon, p. 21.
[309] Langellier, J.-P., op.cit., p. 128
[310] Devlin, L., op.cit., p. 234.
[311] Sur la visite de Soumialot à Cuba, du 31 août au 12 septembre 1965, voir D.R. Ashe (BE Havana) à G.E. Hall (F.O), 11233/65, 17 septembre 1965, *National Archives UK*, dans FO 371/177776. [cité dans De Witte, L. (2017). Op.cit., p. 361-362.]
[312] Gerard-Libois, J., & Van Lierde, J. (1966). op.cit., pp. 191-192.
[313] Gérard-Libois, J. (1967). *Congo 1966*. Bruxelles: C.R.I.S.P., I.N.E.P., p. 421.
[314] Kestergat, J. (1986), op.cit., p. 236.
[315] Martens, L. (1985). *Pierre Mulele ou la seconde vie de Patrice Lumumba*. Berchem: EPO, Dossier International, p. 263 [cité dans Verhaegen, B. (2006). *Mulele et la révolution populaire du Kwilu (République Démocratique du Congo)*. Paris: L'Harmattan p.263].
[316] Verhaegen, B. (2006). op.cit., p. 263.
[317] Kestergat, J. (1986), op.cit., p. 236.
[318] Ibid., p. 237.
[319] N'Gbanda Nzambo Ko Atumba, H. (1999). *Ainsi sonne le glas! Les Derniers Jours du Maréchal Mobutu*. Paris: Editions Gideppe, p. 32.
[320] Ibid.
[321] Ibid.
[322] Willame, J.-C. (1992). *L'automne d'un despotisme. Pouvoir, argent et obéissance dans le Zaïre des années quatre-vingt*. Paris: Editions Karthala, p. 121.
[323] Time Magazine. (1964, Décembre 4) op.cit., p. 30.
[324] Hoyt, M. (2000). op.cit., p. 22.
[325] Ibid., pp. 176-177.
[326] Gerard-Libois, J., & Van Lierde, J. (1966). op.cit., p. 173.
[327] Ibid., p. 184.
[328] Ignacio Taibo II, P., Escobar, F., & Guerra, F. (1995). op.cit., p. 142.
[329] Bakeba, M. (25 septembre 2009). *Le pays étant en voie de démocratisation*. Consulté le 23 novembre 2009, sur Lobservateur: http://www.lobservateur.cd/index.php?option=com_content&view=article&id=447:le-pays-etant-en-voie-de-democratisation&catid=44:politique&Itemid=58.
[330] Ibid.
[331] Ibid.
[332] Ibid.
[333] République du Zaïre, Conférence Nationale Souveraine (1992). *Commission des finances, banques, monnaie et crédit. Annexe III. 1. Dossier or/Soudan. Constats*. Zaïre : Palais du Peuple-Septembre 1992.
[334] Ibid.
[335] Ibid.
[336] Ibid.

[337] Ngoyi Kabuya, N., & Abdurazak, M. (1999). Révélations de S.E. M. Bwana Muzuri Ambassadeur de la RDC à Khartoum. *La Libération - Journal du Peuple*, p. 7.

[338] Bott, S. (2013). *La Suisse et l'Afrique du Sud, 1945-1990. Marché de l'or, finance et commerce durant l'apartheid.* Zurich : Chronos Verlag, pp. 225-230.

[339] Pesnot, Patrick. (2010). *Les dessous de la Françafrique.* Paris : nouveau monde éditions, p. 386.

[340] Kpatinoé, F. (2001, janvier 23 au 29). *Le "kadogo" se dirige vers Kabila, dégaine et tire. L'intelligent, Jeune Afrique.* pp. 10-13.

[341] Ibid. p. 11.

[342] Akoujan, M. (s.d.). *Eclairages de l'islam.* Consulté le 2 décembre 2009, sur www.islamjeunesse.com: http://www.islamjeunesse.com/eclairages/eclair5amana.php.

[343] UNHCR. (5 mai 2006). *Sud-Soudan: Rapatriement de 850 réfugiés congolais.* Consulté le 7 janvier 2010, sur www.unhcr.fr: http://www.unhcr.fr/cgi-bin/texis/vtx/southsudan?page=briefing&id=44606cd12.

[344] Ibid.

[345] Ibid.

[346] De Witte, L. (2017). op.cit, p. 218.

[347] Wagoner, F. (1980) op.cit., p. 52.

[348] Hoyt. M. (2000). op.cit., p. 243.

[349] Ibid. p. 264.

[350] Kléber Kungu (6 février 2015). op.cit.

[351] Brabant, J. (2016). Qu'on nous laisse combattre, et la guerre finira. (La Découverte) Paris, p. 33.

[352] Reed, D. (1966). op.cit., p. 134.

[353] Hoyt, Michael P.E. (2000) op.cit, p. 236.

[354] Lumenga-Neso, K. (1982). *Aux origines de la ville de Kinshasa.* Kinshasa: Centre de Recherches Pédagogiques, p. 7.

[355] Nimy Mayidika Ngimbi, J. P. (2006). *Je ne renie rien. Je raconte... L'histoire d'un parcours sur un parcours d'histoires.* Paris: L'Harmattan, p. 22.

www.ingramcontent.com/pod-product-compliance
Lightning Source LLC
Chambersburg PA
CBHW071202240426
43668CB00032B/1851